15

TROIS SIÈCLES D'HISTOIRE
MÉDICALE AU QUÉBEC.
CHRONOLOGIE DES INSTITUTIONS
ET DES PRATIQUES
(1639-1939)
est le quatre cent cinquième ouvrage
publié chez
VLB ÉDITEUR
et le vingt-deuxième de la collection
«Études québécoises».

TROIS SIÈCLES D'HISTOIRE MÉDICALE AU QUÉBEC

Chronologie des institutions et des pratiques (1639-1939)

REMERCIEMENTS

Nous remercions cordialement les organismes et les personnes qui ont contribué d'une façon toute particulière à la réalisation de cet ouvrage:

Monsieur Gilles Beaudry, doyen, décanat des études avancées et de la recherche, Université du Québec à Trois-Rivières (fonds institutionnel de recherche);

Sœur Marie-Paule Cauchon, o.s.a., service des archives de l'Hôtel-Dieu de Québec;

Monsieur Germain Chouinard, directeur de la bibliothèque du Centre hospitalier de l'Université de Sherbrooke;

Monsieur René Hardy, professeur au Centre d'études québécoises de l'Université du Québec à Trois-Rivières;

Monsieur Othmar Keel, professeur au Département d'histoire de l'Université de Montréal;

Monsieur Wayne LeBel, Assistant, History of Medicine Librarian, Osler Library, université McGill;

Madame Édith Manseau ainsi que le personnel de la bibliothèque de l'Université du Québec à Trois-Rivières;

Monsieur Normand Séguin, directeur du Centre d'études québécoises de l'Université du Québec à Trois-Rivières.

Denis Goulet
André Paradis

Trois siècles d'histoire médicale au Québec

Chronologie des institutions et des pratiques (1639-1939)

vlb éditeur

VLB ÉDITEUR
Une division du groupe Ville-Marie Littérature
1000, rue Amherst, suite 102
Montréal (Québec)
H2L 3K5
Tél.: (514) 523-1182
télécopieur: (514) 282-7530

Maquette de couverture:
Katherine Sapon

Photo de la couverture:
Une salle du Montreal General Hospital
en 1892, Bibliothèque Osler,
Université McGill

Distribution:
AGENCE DE DISTRIBUTION POPULAIRE
955, rue Amherst
Montréal (Québec)
H2L 3K4
Tél.: à Montréal: 523-1182
de l'extérieur: 1-800-361-4806

Dépôt légal: 1er trimestre 1992
Bibliothèque nationale du Québec
ISBN 2-89005-474-8

À nos compagnes, Isabelle et Thérèse

LISTE DES SIGLES

ACCTMR: Association canadienne contre la tuberculose et les maladies respiratoires.
ACH: American and Canadian Hospitals.
AGMEPQ: Association des gardes-malades enregistrées de la province de Québec.
AMHDQ: Archives du monastère de l'Hôtel-Dieu de Québec.
AMM: Archives municipales de Montréal.
AUL: Annuaire de l'Université Laval.
BAJMPS: *The British American Journal of Medical and Physical Science.*
BAMPJ: *The British American Medical and Physical Journal.*
BCRMCC: Brochure du Collège royal des médecins et chirurgiens du Canada.
BH: *Le Bulletin d'hygiène.*
BMQ: *Le Bulletin médical de Québec.*
BRH : *Bulletin de recherche historique.*
CAMLF: Congrès de l'Association des médecins de langue française de l'Amérique du Nord.
CHS: Centre hospitalier de Sherbrooke.
CL: *Canada Lancet.*
CMHMC: Colloque médical sur l'histoire de la médecine au Canada.
CMJMR: *Canada Medical Journal and Monthly Record of Medical and Surgical Science.*
CMR: *The Canada Medical Record.*
CMSJ: *The Canada Medical and Surgical Journal.*
CNA: Canadian Nurses Association.
CPHA: The Canadian Public Health Association/ L'Association canadienne d'Hygiène publique.
CSGM: Communauté des sœurs grises de Montréal.
DBC: *Dictionnaire biographique du Canada.*

DICMR: Document de l'Institut canadien de microreproductions.
EO: Édits et ordonnances.
EOR: Édits et ordonnances royaux, déclarations et arrêts du Conseil d'État du Roi concernant le Canada.
FCI: Fondation Cooke Incorporée.
FD: *Le Foyer domestique.*
GEHD: *A Guide for the Exhibitions at the Hôtel-Dieu.*
GIT: The Grosse Isle Tragedy and The Monument to the Irish Fever Victims.
GM: *La Gazette médicale.*
GOQ: *La Gazette officielle du Québec.*
GRHHND: Groupe de recherche sur l'histoire de l'Hôpital Notre-Dame.
HCA: *Un héritage de courage et d'amour.*
HGSC: L'Hôpital Général des sœurs de la Charité.
HMHC: Les Hôpitaux du Montreal Hospital Council.
JALQ: Journaux de l'Assemblée législative du Québec.
JHP: *Le Journal d'hygiène populaire.*
LIIPQ: Liste informatique des incorporations de la province de Québec.
LC: *Le Canadien.*
LH: *L'Hôpital.*
LLC: *La Lancette canadienne.*
LM: *Laval médical.*
LN: *Le Nouvelliste.*
MC: *The Medical Chronicle.*
MI: *Le Monde illustré.*
MMG: *The Montreal Medical Gazette.*
MMJ: *The Montreal Medical Journal.*
OPQ: Ordonnances de la Province de Québec.
OTE: *Our Tribute Everlasting 50th Anniversary, Jewish General Hospital.*
PHMQ: *Petite histoire de la médecine au Québec.*
QG/GQ: *The Quebec Gazette/ La Gazette de Québec.*
RAHH: *Rapport annuel du Homoeopathic Hospital.*
RC: *La Revue canadienne.*
RCHCPQ: Rapport de la première réunion de la Conférence des hôpitaux catholiques de la province de Québec.

RM: *La Revue médicale.*
RSCHM: Rapport du sous-comité d'hygiène de Montréal.
RUL: *La Revue de l'Université Laval.*
SC: Statuts du Canada.
SL: *Saint-Luc, 75 ans d'hospitalité.*
SPBC: *Statuts de la Province du Bas-Canada.*
SPC: *Statuts de la Province du Canada.*
SPQ: *Statuts de la Province de Québec.*
TAO: Table des actes et ordonnances du gouvernement et du conseil législatif de la Province de Québec.
UMC: *L'Union médicale du Canada.*
VMCF: *La Vie médicale au Canada français.*
WHM: *The Western Hospital of Montreal 1874-1924: A Half Century of Service.*

Introduction

1. Objectifs, contenu et repères méthodologiques

L'objectif de cette chronologie est de rendre accessibles à un large public des informations de base sur l'histoire médicale québécoise de 1639 à 1939. L'idée de regrouper chronologiquement les faits saillants de cette histoire n'est pas absolument nouvelle. Déjà, en 1928, le médecin et historien J. J. Heagerty publiait un ouvrage thématique et chronologique intitulé *Four Centuries of Medical History in Canada* qui faisait le point sur l'état des connaissances factuelles de l'histoire médicale au Canada. Peu après, en 1931, paraissait, dans la même veine, l'ouvrage du docteur M. E. Abbott: *History of the Medicine in the Province of Quebec*. Cependant, ces deux publications sont devenues non seulement difficiles à trouver avec le temps, mais aussi insuffisantes, car elles n'ont pas assez mis en valeur certaines sources documentaires importantes, notamment les Statuts de la province de Québec et les périodiques médicaux. Depuis lors, de nombreuses études sur l'histoire des institutions et des pratiques médicales au Québec ont vu le jour. Il nous est donc apparu important de faire le point sur cette question et de rassembler des informations jusqu'ici disséminées pour la plupart et parfois contradictoires.

Le lecteur constatera que nous avons envisagé l'histoire médicale du Québec dans un sens très large. Font en effet partie de cette histoire: les lieux de soins, les écoles de médecine, les associations professionnelles, les sociétés savantes, les journaux médicaux et l'ensemble des événements importants (débats institutionnels et professionnels, commissions d'enquête, congrès) qui ont affecté l'organisation et le contrôle de la profession, la formation et la qualification des médecins, la diffusion des connaissances et le développement de la science médicale. Nous avons aussi accordé une attention particulière aux épidémies, aux mesures préventives ainsi qu'aux organismes publics et privés d'hygiène qui ont contribué grandement au processus de médicalisation de la société québécoise. S'ajoutent à cette histoire certains événements d'ordre institutionnel qui ont jalonné l'histoire du personnel infirmier, des pharmaciens, des dentistes, des optométristes ou des vétérinaires.

Pour des raisons de clarté, d'homogénéité et de commodité, nous avons regroupé nos informations sous les cinq sections suivantes:

1. *Les institutions hospitalières.* Parmi celles-ci nous avons inclu, outre les hôpitaux, les institutions officiellement reconnues où des soins médicaux ont été prodigués à des personnes souffrant de maladies physiques ou mentales, que ce soit en clinique interne ou externe (hôpitaux de maternité, sanatoriums, préventoriums, dispensaires, asiles, cliniques spécialisées, instituts de recherche, etc.). Sont également incluses: les commissions d'enquêtes et les lois concernant les hôpitaux, que ce soit au niveau de leur incorporation, des contrats et des ententes passées avec le gouvernement ou au niveau de leur financement *ad hoc* par celui-ci.

2. *Les épidémies, l'hygiène et la santé publiques.* Ce thème, très large, englobe tout ce qui touche de près ou de loin aux grandes épidémies, aux soins prodigués aux contagieux, à la mise en place des politiques et des mesures prophylactiques, à la sensibilisation et à l'éducation de la population et aux moyens mis en œuvre pour assurer aux indigents un minimum de soins de santé. Sont donc inclus dans cette seconde section: les institutions hospitalières responsables des contagieux, les mesures législatives et les dispositions réglementaires de prophylaxie sociale (quarantaines, vaccinations publiques, inspections sanitaires, etc.) ainsi que les organismes d'éducation populaire et de prévention en matière d'hygiène (bureaux et commissions de santé, bureaux de vaccination, sociétés, dispensaires, associations, conseils et journaux d'hygiè-

ne, etc.). Les événements que nous avons jugés les plus pertinents dans l'histoire de l'hygiène et de la santé publiques font également partie de cette rubrique.

3. *Les associations, les sociétés, les revues et les événements d'intérêt professionnel.* Sont regroupés sous cette troisième section: les corporations professionnelles, les lois spécifiant leur champ de juridiction et régissant leur fonctionnement, hormis les dispositions juridiques qui concernent l'enseignement, les sociétés et les associations médicales, les périodiques médicaux et paramédicaux spécialisés ainsi que certaines associations canadiennes qui ont joué un rôle particulièrement important au Québec. La tenue de congrès locaux, la délégation de praticiens à des congrès étrangers et les débats entourant certaines initiatives d'intérêt professionnels comptent parmi les informations retenues.

4. *L'enseignement médical.* Cette section comprend les facultés et les écoles de médecine, les écoles d'infirmières, les écoles vétérinaires ainsi que les associations impliquées dans la régie des études professionnelles. Les débats parfois houleux qui ont ponctué l'histoire du contrôle de l'enseignement médical y sont succinctement présentés. Comptent aussi parmi les informations retenues les lois qui ont normalisé l'enseignement, ses contenus, ses modalités d'examens et ses critères de sélection.

5. *Le développement de la science médicale au Québec.* Tout en mentionnant quelques rares innovations et découvertes médicales, cette dernière section rend surtout compte de l'introduction au Québec de divers instruments médicaux et chirurgicaux et de nouvelles techniques d'intervention déjà connues à l'étranger, de la publication d'ouvrages médicaux importants, de la création d'instituts de recherche et de la mise en place de départements spécialisés dans les hôpitaux. Nous avons aussi sélectionné d'autres événements significatifs dans l'histoire des connaissances médicales.

Ce découpage en cinq champs thématiques nous a paru le plus approprié et le plus économique pour regrouper nos informations. Une chronologie globale et générale ne pouvait qu'alourdir notre propos et lui enlever de sa rigueur, de son homogénéité et de son intelligibilité. Les cinq chronologies qui suivent sont, en effet, largement complémentaires tout comme peuvent l'être, par exemple, les répercussions d'une découverte et la création d'une nouvelle discipline ou encore la fondation d'un hôpital et le développement d'un enseignement clinique. D'où l'avantage de consulter nos cinq chronologies tant horizontalement que verticalement. Par exemple, afin de rendre plus intelligible la chronologie sur l'hygiène et la santé publiques, nous y avons inclus certains établissements déjà mentionnés dans la chronologie des institutions hospitalières. Comment, en effet, exclure de l'histoire de l'hygiène les hôpitaux ou les instituts spécifiquement destinés aux contagieux? De même, il nous est apparu pertinent de répéter au chapitre de l'enseignement certaines lois ou données de base déjà mentionnées dans la chronologie des associations. Ces répétitions occasionnelles sont voulues. Elles ont pour but d'aider le lecteur à mieux suivre la trame des événements.

Pour chacune des chronologies, les informations sont classées par année et selon un ordre d'exposition précis. Sont présentées en premier lieu les lois avec leur libellé accompagné, lorsqu'il ne s'agit pas d'amendements mineurs ou de détails secondaires, d'un résumé de leur contenu; viennent ensuite les organismes et les établissements et enfin, les événements que nous avons jugés les plus significatifs. Cette façon de procéder n'est pas nécessairement la plus apte à faire ressortir le cours chronologique voire logique des événements dans une même année, mais elle a l'avantage de faciliter grandement la consultation et le repérage des données. Les organismes et les établissements de santé apparaissent normalement au moment de leur fondation ou, en l'absence d'informations précises à cet effet, lors de l'année de leur création, de leur incorporation ou de leur ouverture. Les faits pertinents rendant compte de l'histoire de chaque organisme et de chaque établissement sont systématiquement regroupés et présentés selon leur ordre d'occurrence chronologique. Dans le cas d'un établissement hospitalier, il peut s'agir de la mise sur pied de départements ou de cliniques, d'ajouts de pavillons, de modifications apportées à ses statuts et règlements, etc. On constatera que certains organismes et établissements sont nettement avantagés sur le plan des sources et de l'historiographie, compte tenu de leur rôle dans l'histoire. Sous ce rapport, notre chronologie présente le double avantage de mettre en valeur les items où l'information abonde et de souligner les lacunes au niveau des sources imprimées et/ou de l'historiographie.

Nous avons également jugé opportun de regrouper les lois qui régissent la pratique des dentistes, des pharmaciens, des vétérinaires et des optométristes sous les items concernant leurs associations professionnelles respectives, lesquelles apparaissent au moment de leur incorporation. Même si les aperçus que nous donnons du contenu de ces lois ne constituent pas en soi une étude de la législation, ils devraient permettre au lecteur de mieux saisir le processus de structuration de ces associations professionnelles, de même que l'évolution du contrôle qu'elles ont exercé sur leurs membres. Le cas des lois régissant la pratique médicale échappe toutefois à cette règle. Comme les lois qui intéressent le Collège des médecins et chirurgiens sont nombreuses, nous avons préféré les présenter conformément au plan général «annuel». Il en va de même des lois sur l'hygiène et la santé publiques. Ces lois marquent d'ailleurs les grands tournants de l'histoire médicale au Québec et peuvent servir de repères pour mieux comprendre d'autres événements plus ou moins concomittants.

Chaque item d'information se termine par la mention de ses sources. Elles apparaissent par ordre chronologique de publication et sont identifiées de la façon suivante: nom de l'auteur, année de la publication, pages. Dans le cas des statuts, des périodiques et de certains livres, journaux ou brochures sans auteur, un sigle renvoyant au titre du document permet d'en retracer la référence exacte. Dans le cas spécifique des statuts, le chapitre de la loi tient généralement lieu de page, auquel cas l'abréviation *chap.* apparaît nécessairement. En ce qui concerne les périodiques, c'est l'année de parution de l'information, et non le volume, qui sert de référence. Le lecteur trouvera au début du présent ouvrage la liste des sigles utilisés et, à la fin, une bibliographie classée par ordre alphabétique de noms d'auteurs. Un index des noms propres et des thèmes principaux facilite également le repérage des institutions et des événements. L'index renvoie aux années d'occurrence de l'information recherchée et à chacune des chronologies concernées. Chaque chronologie est identifiée par un chiffre romain (de I à V) en caractère gras.

Les citations textuelles, les précisions, les informations contradictoires et ce que nous estimons être des erreurs sont signalées par des renvois en bas de page. Dans les cas où nous ne pouvions nous prononcer sur la validité d'informations contradictoires ou apparemment inconciliables, nous mentionnons les variantes en bas de page. Soulignons enfin que le libellé des lois apparaît en italique, de même que les noms de journaux médicaux et les titres d'ouvrage.

Les sources que nous avons utilisées ne sont pas absolument exhaustives mais elles n'en sont pas moins variées et abondantes. Plus de 120 études — volumes, articles, communications, thèses — ont en effet été dépouillées. Les périodiques médicaux québécois du XIXe siècle, francophones et anglophones, qui comptent plus de 175 volumes, ont été consultés de même que certains périodiques médicaux importants du XXe siècle. Le *Dictionnaire biographique du Canada* compte également parmi nos sources importantes. La législation québécoise concernant la pratique médicale et les institutions de santé, depuis les débuts de la Colonie jusqu'en 1939, a également été entièrement dépouillée. Nous avons tenté d'en restituer brièvement le contenu dans les limites de nos moyens. Quant à la législation fédérale, qui n'affecte que marginalement le domaine de la santé à partir de 1867, nous nous y sommes référés dans la mesure où son effet sur l'histoire médicale québécoise était manifeste. Enfin, d'autres documents, tels les journaux, les brochures, les pamphlets et certains documents d'archives, ont été mis à contribution, quoique d'une façon très sommaire. Des recherches plus systématiques à ce niveau, et plus particulièrement au niveau des archives, aideraient sans doute à combler les lacunes existantes.

Nous espérons enfin que cette chronologie deviendra un guide autant pour les «profanes», les étudiants, les bibliothécaires, le personnel des hôpitaux que pour les historiens de métier, qu'elles sauront non seulement les intéresser et les informer adéquatement, mais aussi leur inspirer une curiosité nouvelle pour l'histoire médicale et donner lieu peut-être à des pistes de recherche inédites. Si la visée propre d'une bonne chronologie est de situer «topologiquement», de la façon la plus critique et rigoureuse possible, des faits marquants et significatifs, elle doit aussi, croyons-nous, avoir le mérite de suggérer plus que ce qu'elle affiche littéralement.

2. Une courte revue de l'historiographie

La rédaction de cette chronologie n'a pu se faire que grâce à de nombreux auteurs qui, depuis quelques années, ont fait progresser nos connaissances en histoire médicale et paramédicale. Sans leur contribution, la qualité et la somme des informations contenues dans cet ouvrage seraient diminuées considérablement. Nous désirons donc, dans les lignes qui suivent, rendre compte brièvement de ces travaux.

Nous avons déjà mentionné l'importante contribution de Heagerty (1928) et de Abbott (1931) qui ont posé les premiers repères en histoire de la médecine au Québec. Nous avons déjà mentionné l'importante contribution de Heagerty (1928) et de Abbott (1931) qui ont posé les premiers jalons de l'histoire de la médecine au Québec. Comptent également parmi les ouvrages importants le livre de J. Bernier sur la médecine au Québec (1989) ainsi que le collectif dirigé par Fournier, Gingras, Keel (1987) dans lequel on trouve des analyses de fond sur l'enseignement, la vaccination, les premiers essais radiologiques et l'Institut du cancer. Ces ouvrages nous ont été particulièrement utiles..

La normalisation de la pratique médicale nous est mieux connue grâce aux travaux de J. Bernier (1979, 1980, 1981, 1983, 1989), R. Lessard (1988, 1989) et B. Tunis (1979, 1981). Ces auteurs ont contribué à l'étude de l'évolution des effectifs professionnels et des moyens mis en œuvre par les médecins pour légitimer leur statut de praticiens privés et se faire reconnaître comme corps social: collaboration avec le gouvernement colonial dans la mise sur pied de politiques prophylactiques et d'une première infrastructure hospitalière, souci de limiter la pratique médicale à un groupe exclusif de praticiens, efforts pour regrouper ces praticiens en un corps unifié par le biais d'associations professionnelles et de périodiques spécialisés, promotion d'une meilleure formation académique et quête de la sanction législative de leur identitié professionnelle.

Les travaux de Boissonnault (1953), Weisz (1987) et Bernier (1983, 1989) nous permettent de mieux saisir l'évolution de l'enseignement médical au Québec. On trouve dans ces ouvrages une analyse du processus d'institutionnalisation de l'enseignement de la médecine à travers la législation et le développement des écoles et des universités. L'ouvrage de Pépin (1986) comble une lacune importante dans l'histoire de la profession vétérinaire. Bien peu d'études cependant rendent compte du développement des programmes d'études et de l'enseignement clinique médical et chirurgical, du début du XIXe siècle jusqu'aux années trente. On ignore aussi à peu près tout de l'influence des écoles de médecine allemandes, britanniques, françaises ou américaines sur l'enseignement francophone et anglophone en sol québécois.

L'histoire hospitalière soulève aussi depuis quelques années un intérêt croissant. Les travaux de MacDermot (1950), Sclater Lewis (1969), Kenneally (1983), Perron

(1984), Gamelin (1987) et Rousseau (1989) permettent de mieux saisir les caractéristiques des hôpitaux québécois et de préciser leur évolution structurelle. Ceux de Beaudet (1976), Paradis *et al.* (1977, 1978), Boudreau (1984) et Keating (1986) portent plus spécifiquement sur l'histoire des asiles tandis que Desjardins *et al.* (1973), Petitat (1989) et Daigle (1990) posent des jalons importants dans l'histoire de la profession infirmière. L'ouvrage de Segall (1988) sur le développement de la cardiologie et celui, récemment paru, de Meunier (1988) sur l'histoire de la chirurgie à l'Hôtel-Dieu de Montréal comptent enfin parmi les rares contributions à l'histoire de la clinique hospitalière. L'émergence des spécialités, l'inventaire des effectifs et des ressources dans l'application des méthodes diagnostiques et thérapeutiques constitueraient sûrement des objets de recherche intéressants[1].

Le champ de la santé publique est le plus riche en études malgré des lacunes importantes pour la période précédant l'Union. Intimement lié à l'histoire sociale et à l'histoire urbaine, le domaine de la santé publique a suscité beaucoup d'intérêt parmi les historiens depuis une décennie. Les recherches portent généralement sur les grandes épidémies, les mesures d'hygiène en milieu urbain ou la mise en place d'une politique de santé publique. Mentionnons les travaux majeurs de Bilson (1980, 1981) sur le choléra; de Farley, Keel, Limoges (1982) sur la mise en place des mesures de santé publique à Montréal; de Farley, Keating, Keel (1987) sur la vaccination; de Desrosiers, Gaumer, Keel (1987, 1989) sur l'enseignement et le développement de la santé publique ainsi que ceux de Pierre-Deschênes (1980, 1981) sur les campagnes sanitaires; de Cassell (1987) sur les maladies vénériennes; de Wherrett (1977) sur la tuberculose et de Tétrault (1979) sur l'état de santé d'une partie de la population

1. Un ouvrage en préparation de O. Keel, D. Goulet et F. Hudon sur l'histoire de l'Hôpital Notre-Dame rendra largement compte du développement médical au sein de cette institution.

montréalaise. Malgré ces nombreux travaux, bien des avenues demeurent encore à explorer. Nous connaissons encore mal, par exemple, l'histoire de la législation sur les mesures de santé publique de même que celle des hôpitaux pour contagieux et des mesures de quarantaine ou encore des grandes campagnes antivénériennes et antituberculeuses.

L'histoire de la science médicale au Québec est certainement le domaine de recherche le plus négligé. Les ouvrages de Gingras *et al.* (1987) et de Segall (1988) ainsi que les travaux de Goulet et Keel (1989, 1990, 1991) sur l'émergence de la bactériologie au Québec et sur l'introduction de l'antisepsie en chirurgie comptent actuellement parmi les rares contributions du genre. Les lacunes sont importantes en ce qui regarde l'évolution des conceptions théoriques et des procédés thérapeutiques. L'introduction et le développement des techniques et des instruments médicaux et chirurgicaux constituent encore des champs à peu près inexplorés, de même que l'implantation et le développement des moyens diagnostiques et thérapeutiques, de l'anesthésie, de la pharmacologie, de la radiologie ou des sciences de laboratoire.

Enfin, de façon plus générale, des études sur l'histoire sociale et culturelle de la maladie et des recherches sur les pratiques médicales et paramédicales en milieu rural manquent encore à notre connaissance des étapes de la médicalisation de la société québécoise.

3. Le contexte historique

Il nous est apparu utile de présenter une brève synthèse de l'évolution des savoirs, des pratiques et des institutions pour le lecteur non familier avec l'histoire médicale du Québec afin de lui faciliter la lecture de cette chronologie.

a) Vers une structuration de la profession médicale

Les conditions de la pratique médicale des débuts de la Nouvelle-France jusqu'à la Conquête semblent, à la lumière des rares travaux sur le sujet, relativement stables. Les médecins sont rares en une terre où le recours aux services médicaux demeure exceptionnel et où le travail hospitalier est mal rémunéré. Peu contrôlée, la pratique médicale consiste généralement à fournir des soins et des services qui chevauchent la médecine, la chirurgie et la pharmaceutique. La frontière entre ces trois professions demeure assez floue, quoique la plupart des praticiens se prévalent du titre de chirurgien, comme le souligne Lessard (1989). Après la Conquête, la composition du corps médical se modifie au profit des chirurgiens militaires britanniques qui occupent une position dominante tant au niveau des responsabilités qu'au niveau des effectifs. Cependant, au début du XIXe siècle, avec l'accroissement des médecins diplômés des universités britanniques et américaines s'amorcent les premières initiatives d'institutionnalisation et de réglementation. Toutefois le corps médical s'avère très divisé. Les rivalités sont fortes entre les médecins militaires d'origine britannique et les médecins civils francophones. En principe, une législation tenant compte des intérêts des deux principaux groupes ethniques devrait répondre aux demandes de réglementation de la profession médicale pour endiguer le flot croissant des soi-disant «charlatans». Mais le pouvoir britannique a une vision impérialiste de la situation. Aussi, lorsqu'en 1788 une ordonnance de Lord Dorchester met en place des bureaux nominatifs d'examinateurs qui contrôlent le droit d'exercice de la médecine, il est déjà prévu que le personnel y sera unilatéralement britannique et se recrutera essentiellement parmi les chirurgiens militaires. Les Canadiens français n'y auront aucun représentant jusqu'en 1826.

À partir des années 1820, les médecins canadiens-français organisent des mouvements de protestation et revendiquent une représentation équitable au sein des organes de contrôle de Québec et de Montréal. La création en 1823 d'un nouveau bureau d'examinateurs par le gouverneur Dalhousie constitue cependant une rebuffade aux revendications des médecins francophones: le bureau sera désormais exclusivement composé des médecins anglophones de la nouvelle Montreal Medical Institution. Le monopole d'un petit groupe de médecins anglophones demeure temporairement assuré. Ceux-ci obtiennent le contrôle exclusif des certificats de pratique tout en possédant la seule institution reconnue d'enseignement médical.

En 1831, à l'aube d'une conjoncture tendue sur le plan tant social que politique, les protestations redoublées des médecins francophones et l'augmentation de leurs effectifs assurent une pression suffisante pour que le gouverneur daigne modifier la nomination des examinateurs. Le bureau sera désormais électif. Le poids démographique des médecins francophones permet alors un renversement de situation et favorise la nomination des leurs. Le docteur Joseph Painchaud est même nommé président du bureau. Mais le gain se révèle de courte durée puisque la loi de 1831 devient caduque après la révolte des Patriotes de 1837: elle est alors remplacée par l'ordonnance de 1788 qui prévaudra jusqu'à l'obtention de la charte de 1847. Parmi les nombreux médecins qui participent à la rébellion, certains sont déportés, d'autres emprisonnés. Mais le corps médical canadien-français ne se retrouve pas pour autant à la case départ. Plus cohérent, plus homogène et jouissant probablement de l'appui de plusieurs confrères anglophones assujettis aussi aux médecins de la nouvelle faculté de médecine de l'université McGill, il constitue un corps professionnel de mieux en mieux organisé et capable de répondre aux aspirations de l'ensemble des praticiens.

La première étape véritablement importante dans le processus de professionnalisation et d'unification n'est franchie qu'avec l'adoption de la charte de 1847. Celle-ci, à la suite de rivalités exacerbées entre factions, concrétise un certain consensus et permet aux médecins de se dégager de l'emprise de l'État qui, jusque-là, avait provoqué mécontentements et dissensions. Le Collège des médecins devient alors la principale autorité pour réglementer la pratique de la médecine, de la chirurgie, de l'obstétrique et de la pharmacie. Les acquis de la loi de 1847 consolident le pouvoir médical même si celui-ci demeure, malgré tout, relativement fragile. Certes, les rivalités ethniques s'atténuent et les médecins obtiennent davantage de contrôle sur la pratique médicale. Mais l'enseignement et la diffusion des connaissances médicales, particulièrement en milieu francophone, vivent une situation précaire: plusieurs médecins sont encore formés par apprentissage, l'encadrement associatif dans les villes reste déficient et les journaux médicaux vivotent au gré de la bonne volonté de leurs abonnés. Par ailleurs, les étudiants en médecine francophones sont relativement peu nombreux, que ce soit à l'École de Médecine et de Chirurgie de Montréal ou à l'École de Médecine de Québec. Leur accès à l'enseignement clinique demeure limité et l'obtention automatique de la licence de pratique demeure un privilège réservé aux diplômés de l'université McGill, ce qui ne manque pas de dévaloriser les écoles francophones et d'entretenir un lobbying permanent auprès de l'Assemblée. Une véritable consolidation institutionnelle aurait dû passer par une meilleure collaboration entre membres anglophones et francophones de la profession et par la création de réseaux associatifs plus stables. Or, au milieu du XIXe siècle, cette solidarité est à peine embryonnaire et maints efforts de regroupement se soldent par des échecs. Difficultés de communication et de financement des écoles et faible implication des médecins de campagne ne favorisent certes guère le développement de la profession. C'est dans ce contexte extrêmement difficile, encore ponctué par les épidémies de choléra et de typhus, que naîtra pourtant, en 1854, la faculté de médecine de l'Université Laval.

À partir des années 1870, le processus d'institutionnalisation de la profession médicale s'intensifie avec une vigueur et une rapidité sans précédent. Les associations professionnelles, telles la Montreal Medico-Chirurgical Society, la Société médicale de Montréal et la Canadian Medical Association sont établies grâce à l'initiative de médecins soucieux de cultiver une sorte de confraternité et un affinement de l'expertise médicale. L'expansion d'un réseau ferroviaire qui facilite grandement les déplacements assure une présence plus régulière des membres aux assemblées. À l'instar du Collège des médecins qui a raffermi ses pouvoirs avec la loi de 1876, ces associations se veulent des instruments de contrôle et de pouvoir contre les sages-femmes et les pratiques parallèles dites «illicites». Vers la fin du XIXe siècle, ces sociétés médicales s'établissent sur des bases encore plus solides. Tout en respectant l'atteinte de leurs objectifs corporatifs, elles s'efforcent de promouvoir systématiquement le développement et la diffusion du savoir médical. Telle est la vocation de la Société médicale de Montréal: «cimenter l'union qui doit régner entre les membres de la profession médicale; fournir aux médecins un motif de réunion et l'occasion de fraterniser et de se mieux connaître; s'instruire mutuellement par des lectures, des discussions et des conférences scientifiques; engager tous ceux qui en feraient partie à pratiquer mutuellement tout ce que l'honneur et la fraternité prescrivent aux membres d'une même profession». Les attentes sont grandes mais les assistances ne sont pas toujours aussi nombreuses qu'on le souhaiterait. Néanmoins, la présentation des cas cliniques les plus intéressants et l'intégration à l'ordre du jour de sujets controversés soulèvent des discussions scientifiques parfois animées. Les débats de la Montreal Medico-Chirurgical Society et ceux qui opposent les vaccinateurs et les antivaccinateurs à la Société médicale de Montréal en font foi. C'est dire qu'au cours des dernières décennies du XIXe siècle, la profession médicale québécoise accroît considérablement sa légitimité professionnelle, grâce notamment aux progrès réalisés en bactériologie, en chimie et en technologie médicale. Il y a certes encore la concurrence des fabricants de remèdes brevetés[2], des «rebouteurs» ou des sages-femmes et contre lesquels on part volontiers en guerre, mais ces adversaires ne peuvent plus vraiment porter atteinte au monopole visé par la profession.

À compter de la dernière décennie du XIXe siècle, de nombreuses associations et sociétés médicales sont fondées dans les différents comtés de la province: Société médicale du comté de Charlevoix, Société médicale de Fraserville, Société médicale du comté de Terrebonne, Association médicale de l'ouest de Montréal, etc. Ces petites sociétés régionales, plus ou moins fonctionnelles, constituent un réseau voué à la défense des intérêts d'une profession qui veut s'assurer le monopole de la pratique médicale sur l'ensemble du territoire. Au tournant du XXe siècle, ce mouvement aboutira à la création de sociétés plus structurées, comme la Société médico-psychologique de Québec (1898) qui regroupe l'ensemble des aliénistes en fonction dans les asiles, l'Association des médecins de langue française de l'Amérique du Nord (1900) et la section montréalaise de la British Medical Association. Cette tendance à l'intégration vaudra d'ailleurs à Montréal, dès 1897, la tenue de son premier grand congrès international: celui de la prestigieuse British Medical Association. D'autres congrès prestigieux de portée continentale se tiennent également à Montréal et à Québec dès cette époque: mentionnons ceux de l'American Public Health Association, de l'American Pediatric Society et de l'American Pharmaceutical Association en 1896, ou celui encore de l'American Medico-Psychological Association en 1902.

Jusqu'à la fin du XIXe siècle, la profession médicale n'admet aucune femme dans ses rangs. Ce n'est qu'en 1890 que la faculté de médecine du Bishop's College de-

2. Voir à ce propos Goulet (1987).

vient la première faculté de médecine au Québec à permettre l'admission des femmes à son programme d'enseignement. Trois ans plus tard, dix femmes obtiendront leur diplôme en médecine de cette faculté. Bishop's demeurera la seule université québécoise à accueillir les femmes jusqu'à la fermeture de la faculté en 1905. La faculté de médecine de McGill, qui absorbera la faculté de Bishop's en 1905, ne leur ouvrira ses portes qu'en 1919. La profession restera néanmoins essentiellement réservée à une clientèle masculine.

Les femmes n'avaient cependant jamais été absentes de la pratique médicale. Bien au contraire. L'art de l'accouchement, le soin des malades et la préparation des remèdes étaient largement réservés à la population féminine. Des débuts de la Colonie au dernier tiers du XIXe siècle, les sœurs hospitalières, les matrones et les sages-femmes prodiguaient leurs soins aux malades à partir d'un savoir empirique acquis par l'apprentissage. Les sœurs hospitalières préparaient elles-mêmes, à partir de petits jardins d'herbes, de plantes indigènes et de produits importés, les onguents, sirops et pommades nécessaires au traitement des malades. Quant aux sages-femmes, le haut taux de natalité et l'absence de médecins ou de chirurgiens en zone rurale où elles pratiquaient la majorité des accouchements leur conféraient un statut privilégié. Les relations entre sages-femmes et chirurgiens au XVIIIe siècle et jusqu'au milieu du XIXe siècle semblent relativement bonnes. Certains chirurgiens proposaient leurs bons offices pour donner un complément de formation pratique aux sages-femmes. C'est le cas des chirurgiens Gil et Serres qui, à la fin du XVIIIe siècle, leur offraient des cours sur l'art des accouchements[3].

À partir de 1847, année de l'incorporation de la profession médicale, la formation des sages-femmes est soumise au contrôle du Collège des médecins et chirur-

3. Voir à ce propos Lessard (1989).

giens. Durant les décennies suivantes, deux arguments principaux sont invoqués de façon récurrente pour abolir le droit de pratique des sages-femmes: incompétence et concurrence financière déloyale. Mais l'opposition aux sages-femmes est loin d'être partagée par tous les membres de la profession. Certes, la tolérance à leur égard diminue à mesure que l'on avance dans le siècle; mais il y a peu de contrôle effectif avant 1880. Ceci s'explique de plusieurs façons. Beaucoup de médecins méconnaissent l'obstétrique à une époque où l'enseignement en ce domaine s'avère encore rudimentaire, même dans les facultés. Les membres du clergé — notamment les sœurs hospitalières — hésitent à accepter les étudiants dans les maternités; les départements d'obstétrique sont rares dans les hôpitaux et le nombre de médecins dans les campagnes est insuffisant.

En fait, la marginalisation progressive des sages-femmes à partir des dernières décennies du XIXe siècle, particulièrement en milieu urbain où réside l'élite médicale de la province, est le lent résultat d'une série de mesures administratives qui tendent à augmenter les critères de compétence sans que leur soient offerts des moyens concrets de mettre en place des structures d'acquisition des connaissances théoriques et pratiques nécessaires. D'autres facteurs aussi sont déterminants. Mentionnons, entre autres, le développement de la science obstétricale et des intruments d'intervention au seul profit des médecins (la loi de 1909 interdit aux sages-femmes, même à celles possédant un permis, d'employer les instruments médicaux); le progrès des pratiques antiseptiques et des moyens d'anesthésie (utilisation croissante du chloroforme) et la pression du clergé maintenant la femme dans le carcan épouse-mère-foyer. Cette marginalisation s'accentuera considérablement tout au long du XXe siècle.

À l'inverse, la profession infirmière, qui s'était développée timidement à la fin du XIXe siècle, se voit de plus en plus reconnue, à mesure que l'on avance dans le XXe siècle, comme indispensable au fonctionnement hospitalier et à la mise en pratique des programmes de santé publique. La plupart des hôpitaux fondent leur école de gardes-malades, ce qui ne manque pas de constituer une réserve de personnel essentielle à leur expansion. Jusqu'alors essentiellement constituée de sœurs hospitalières en milieu francophone, la profession se laïcise de plus en plus, voit ses effectifs augmenter considérablement et ses tâches se spécialiser davantage. Le besoin de se regrouper se faisant alors pressant, des associations de gardes-malades, locales et provinciales, voient le jour.

b) L'enseignement médical au Québec: de l'apprentissage aux études universitaires

Des débuts de la Colonie jusqu'à la fondation des premières écoles médicales au début du XIXe siècle, la formation du futur praticien s'appuie sur l'apprentissage. Le clerc, après contrat passé avec un chirurgien ou un médecin reconnu, reçoit un enseignement pratique d'une durée variant de trois à quatre années. Généralement, l'apprenti habite chez son maître et l'assiste dans la préparation des médicaments et dans les petites opérations chirurgicales. Un enseignement illustrant les procédés diagnostiques et thérapeutiques est aussi donné au lit des malades. Mis à part Michel Sarrazin, Jean Madry ou quelques autres, peu de praticiens en Nouvelle-France possèdent une formation médicale qui dépasse le stade d'un apprentissage sommaire.

La première référence officielle que nous avons trouvée concernant l'enseignement médical en Nouvelle-France date de 1658. Il s'agit d'une permission accordée à Jean Madry par la commission des officiers civils de justice pour établir la maîtrise et le chef-d'œuvre dans toute la Nouvelle-France «afin que les passants, allants et séjournants puissent mieux et sûrement être servis, pansés et médicamentés en cas de besoin et nécessité». La maîtrise et le chef-d'œuvre sont des dénominations utilisées en France jusqu'à la Révolution pour qualifier les niveaux d'examens au terme de l'apprentissage en chirurgie. La maîtrise consiste généralement en une épreuve orale faisant suite à un compagnonnage de quatre à cinq ans. Elle donne droit au titre de chirurgien externe. Le chirurgien externe ne pratique généralement que des opérations mineures et est subordonné au chirurgien interne. Le chef-d'œuvre répond habituellement à une série d'examens de chirurgie, d'anatomie, de pharmacie, d'ostéologie et à un examen dit de rigueur qui implique la rédaction d'une thèse. Le candidat a alors accès au titre de chirurgien interne qui lui vaut la meilleure clientèle des villes et lui confère le droit de pratiquer les grandes opérations. Il est raisonnable de penser que la permission accordée à Jean Madry d'établir la maîtrise et le chef-d'œuvre en Nouvelle-France répondait en gros à ces critères. Nous ne savons pas toutefois ce qu'il est advenu de cette permission, mais il est probable que Madry n'usa jamais de ce privilège.

Au cours du XVIIIe siècle ainsi qu'au début du XIXe siècle, certains médecins offrent aussi des cours privés à leurs cabinets, dans les hôpitaux ou les dispensaires. Mais un tel mode d'enseignement, fondé sur l'initiative privée, a le désavantage de n'offrir aucun contrôle sur le contenu, la durée et le coût des études. La formation de chaque praticien s'avère donc très inégale. Des cours plus variés sur l'anatomie, l'obstétrique, la chirurgie et la pratique médicale sont parfois dispensés de façon un peu plus «académique» comme c'est le cas à Québec, en 1819, alors que A. von Iffland, F. Blanchet, P. de Salles Laterrière et C. N. Perreault enseignent ces matières au dispensaire de la ville. Mais là encore, faute de moyens et d'infrastructures officiellement reconnues, l'expérience est de courte durée. Au mieux, les étudiants les plus fortunés et les plus aventureux se rendent à Paris, à Édimbourg, à Londres et aux États-Unis pour y suivre des cours d'art médical et pour acquérir une formation plus uniforme et qui tient compte des développements récents de la science médicale, notamment de la médecine anatomo-clinique. Dès les années 1820, il semble que les étudiants intéressés à une carrière médicale soient un peu plus nombreux, compte tenu de la croissance démographique et de la demande accrue de praticiens dans les villes.

En 1823, la fondation de la Montreal Medical Institution, qui deviendra, six ans plus tard, la faculté de médecine de l'université McGill, inaugure le mouvement d'institutionnalisation de l'enseignement médical au Québec. Suivront l'École de Médecine et de Chirurgie de Montréal (1843), l'École de Médecine de Québec (1846), qui deviendra en 1854 la faculté de médecine de l'Université Laval, la Saint Lawrence School of Medicine (1850), l'École de Médecine de Berthier en 1851, la faculté de médecine du Bishop's College (1871) et la faculté de médecine de la Succursale de l'Université Laval à Montréal (1890). Entre 1829 et 1890, huit écoles de médecine verront donc le jour sur le territoire québécois. Mais ces innovations n'excluent pas d'emblée les modes de transmission plus traditionnels du savoir médical. L'apprentissage demeure encore officiellement reconnu jusqu'à la loi de 1876, même si depuis le milieu du XIXe siècle cette forme d'enseignement décline. Selon Weisz (1987), entre 1842 et 1847, seulement 52 médecins sur 187 possèdent un diplôme officiel de médecine délivré par une faculté. Il faudra attendre encore quarante ans pour que la quasi-totalité des médecins détienne un diplôme universitaire ou l'équivalent.

Les transformations de l'enseignement ne se limitent évidemment pas à l'établissement d'écoles médicales. Il faut s'assurer aussi du contrôle des études. Les travaux de J. Bernier ont mis en évidence le rôle joué par la charte de 1847 et par les lois de 1876 et 1909 dans l'élaboration et le raffermissement des critères d'admission, des cours obligatoires et de la durée des études, et dans l'uniformisation des diplômes. Il est par ailleurs notoire que tout au long du processus d'institutionnalisation de l'enseignement de la médecine, le Collège des médecins et les écoles de médecine ne cesseront de rivaliser dans la délimitation de leurs champs respectifs de juridiction. Le contrôle des études s'accompagnera de rivalités particulièrement âpres et soutenues entre les partisans d'un contrôle centralisé et fédéral et les partisans de l'absolue juridiction des provinces en matière d'éducation. Néanmoins, les groupes et les parties impliqués, en dépit des désaccords fréquents suscités par les allégeances politiques, par la disparité des programmes et par les conditions d'accès à la pratique médicale, finissent toujours par s'entendre pour réglementer les études et pour structurer un enseignement qui puisse correspondre à l'évolution du savoir et aux exigences grandissantes de la profession.

La prévalence de la méthode anatomo-clinique et l'importance prise par l'anatomie pathologique tout au long du XIXe siècle en Occident n'ont pas manqué d'orienter l'enseignement vers l'étude des rapports entre la symptomatologie clinique et les lésions organiques. Alors que l'enseignement des sciences met du temps à s'imposer dans les facultés francophones au Québec, les leçons cliniques et l'art de la dissection deviennent essentiels à une formation médicale adéquate. Dans ces conditions, les facultés de médecine ne peuvent se passer d'une affiliation institutionnelle à un ou plusieurs hôpitaux. C'est ainsi que la faculté de Médecine de l'Université Laval annexe l'Hôpital de la Marine et l'Hôtel-Dieu de Québec en 1852. La fondation, en 1880, de l'Hôpital Notre-Dame par les membres de la faculté de médecine de la Succursale de l'Université Laval à Montréal est un bon exemple de l'urgence des besoins de la communauté médicale francophone d'alors. Si l'université demeure le lieu central de la formation théorique, particulièrement dans le domaine de l'anatomie, de la physiologie et de la thérapeutique médicale, l'hôpital devient donc peu à peu le cadre privilégié et le complément essentiel d'une bonne formation pratique. Ce qui valait depuis les années 1840 pour l'art de l'obstétrique devient, en d'autres termes, le prérequis pour l'étude tant soit peu sérieuse de la pathologie et des traitements.

Au cours des premières décennies du XXe siècle, le cursus de l'enseignement médical s'oriente résolument vers l'acquisition de connaissances en sciences de base qui permettent aux étudiants en médecine de suivre l'évolution scientifique et technologique de la science médicale. En 1908, l'université McGill, toujours à l'avant-garde, institue une cinquième année d'études médicales. Les autres facultés suivront bientôt. Pourtant l'enseignement progresse de façon très inégale. Cette inégalité se reflète dans le rapport d'un Américain, le docteur Flexner, chargé d'enquêter sur l'état des facultés médicales aux États-Unis et au Canada. Évidemment, l'université McGill est alors, à juste titre, classée comme la meilleure au Canada avec l'Université de Toronto. Mais les remarques de Flexner concernant les facultés de médecine de l'Université Laval à Montréal et à Québec sont incisives et soulignent leurs nombreuses lacunes au niveau de l'enseignement des sciences de base et des sciences de laboratoire. Même s'il faut faire la part des choses, puisque les critiques de Flexner sont fondées sur une méthodologie d'enquête fort discutable, il n'en demeure pas moins que certaines remarques tombent juste. Durant les décennies 1920 et 1930, les facultés francophones feront d'énormes efforts, malgré la crise, pour relever le niveau pédagogique et scientifique de l'enseignement médical. À tel point, qu'au début de la Seconde Guerre mondiale, les institutions d'enseignement médical québécoises pourront déjà rivaliser avec la plupart des institutions américaines et européennes.

c) Le développement des institutions hospitalières

La grande trilogie fonctionnelle des institutions hospitalières depuis le Moyen Âge — aider, soigner, renfermer — est assumée dès les débuts de la Colonie par deux types d'institutions relativement distinctes, l'Hôtel-Dieu et l'Hôpital Général. Ces institutions, dont le modèle est importé de France, sont établies dans la Colonie au XVIIe siècle à Québec, à Montréal et à Trois-

Rivières. Elles remplissent des fonctions différentes mais néanmoins complémentaires. Les hôpitaux généraux[4] constituent généralement des lieux d'enfermement «des pauvres mendiants, valides et invalides» qui y sont employés «aux ouvrages et travaux que les directeurs dudit hôpital jugeront à propos, à l'exception toutefois de ceux qui seront d'âge à travailler à la culture de la terre». La clientèle de ces institutions est la plupart du temps recrutée parmi les mendiants et les personnes démunies et invalides. C'est aussi dans ces hôpitaux desservis par les communautés religieuses qu'apparaissent les loges destinées aux insensés, prélude un peu sinistre à la naissance des asiles d'aliénés au milieu du XIXe siècle.

C'est aux hôtels-Dieu que revient la responsabilité d'accueillir tous les malades sans distinction de nationalité ni de religion, à l'exception toutefois des contagieux, des femmes enceintes et des aliénés. Pris en charge par des sœurs hospitalières à partir du XVIIe siècle, les hôtels-Dieu observent, à l'instar de leur modèle français, la règle traditionnelle de sauvegarde des corps et des âmes en faisant œuvre de charité et de piété. Bien sûr, l'hôpital possède un médecin attitré, mais ce dernier se borne le plus souvent, lors de sa visite quotidienne, à diagnostiquer et à prescrire les soins ou les remèdes requis aux indigents qui constituent d'ailleurs la clientèle principale de ce type d'institution. C'est aux hospitalières que revient cependant la tâche d'administrer l'hôpital, d'héberger, de laver, de nourrir, de réconforter les patients ainsi que de préparer les médicaments. Jusqu'à l'aurore du XIXe siècle, les hôtels-Dieu et les hôpitaux généraux pour mendiants demeu-

4. Soulignons qu'après la Conquête, la dénomination d'hôpital général renvoie aussi à des institutions hospitalières qui offrent des services médicaux variés à l'ensemble de la population. Le système hospitalier britannique se superpose en quelque sorte au système français. En ce sens, les hôtels-Dieu, tout comme le Montreal General Hospital, sont considérés tout au long du XIXe siècle comme des hôpitaux généraux.

rent les seuls recours hospitaliers de la Colonie. À partir de la deuxième moitié du XIXe siècle, les hôtels-Dieu de Québec et de Montréal se médicalisent davantage avec l'accroissement du nombre des médecins au sein de l'hôpital et le resserrement des liens qui se nouent avec les facultés de médecine. À mesure qu'approche le tournant du XXe siècle, ces institutions établissent une nouvelle structure médicale mieux adaptée aux nouvelles exigences du monde hospitalier, tant au niveau de l'administration et du personnel qu'à celui de l'enseignement clinique et des équipements. Mais entre-temps se sont ajoutées de nouvelles institutions vouées à des vocations multiples.

Les problèmes croissants posés par les différentes épidémies reliées à l'afflux des immigrants dans les premières décennies du XIXe siècle conduisent les autorités militaires et civiles à créer un troisième type d'institutions, les «hôpitaux pour contagieux». Généralement temporaires et souvent localisés dans des bâtisses désaffectées ou louées, ces établissements sont érigés en toute hâte lorsque survient une épidémie. Les locaux sont vétustes, le mobilier rudimentaire et les conditions hygiéniques déplorables. Leur apparition et leur fermeture suivent tout au long du XIXe siècle le trajet sinueux des épidémies de choléra, de typhus ou de variole qui affectent périodiquement la population québécoise, particulièrement le long des grands axes fluviaux. De plus, l'accroissement des activités du port de Québec au début du XIXe siècle entraîne une demande accrue de soins de la part des immigrants et des marins. Les besoins sont tels que les autorités doivent trouver d'autres solutions. À ces institutions temporaires s'ajoutent donc, au tournant des années 1830, des hôpitaux permanents destinés aux marins et aux émigrés. Il s'agit en quelque sorte des premiers hôpitaux gérés par l'État. Au début du XXe siècle, les hôpitaux pour contagieux (Hôpital Saint-Paul, Hôpital Alexandra, etc.) seront beaucoup mieux structurés et répondront aux nouvelles normes inférées à partir des découvertes bactériologiques.

La croissance de l'activité marchande montréalaise dans les premières décennies du XIXe siècle a tôt fait d'attirer des médecins fort actifs qui ne tardent pas à créer leurs propres hôpitaux. Le petit hôpital de quatre lits dénommé House of Recovery, acquis par des hommes d'affaires anglophones de Montréal, devient en 1819 le Montreal General Hospital. Trois ans plus tard, l'hôpital possède déjà 72 lits et est appelé à un bel avenir à la fois comme lieu de soins et comme centre d'enseignement médical pour la faculté de médecine de l'université McGill. Suivront, dans la deuxième moitié du XIXe siècle, deux autres grands hôpitaux généraux anglophones: le Western Hospital of Montreal et le Royal Victoria Hospital. Malgré la présence active de l'Hôtel-Dieu, la population francophone de Montréal est, de son côté, encore assez mal desservie durant le dernier tiers du XIXe siècle au moment où l'industrialisation entraîne sa paupérisation et un accroissement de ses besoins en matière de santé. La population indigente n'a pas les moyens de se payer un médecin. C'est dans ce contexte qu'est alors fondé l'Hôpital Notre-Dame en 1880. L'hôpital contribuera grandement à répondre à l'urgence de la demande dans l'est de Montréal.

L'affluence de malades indigents qui ne requièrent pas l'hospitalisation amène la création de nombreux dispensaires tout au long du XIXe siècle. Étroitement liés aux écoles de médecine, aux hôpitaux et aux communautés religieuses, ces dispensaires procurent une assistance médicale et chirurgicale à «tous les pauvres, sans distinction de croyances ou d'origines». Le dispensaire de Montréal ouvre ses portes dès 1843; les sœurs grises ouvrent le dispensaire Saint-Joseph en 1864 tandis que la création du second dispensaire de Québec en 1866 vient répondre aux besoins de la faculté de médecine de l'Université Laval. Avec le temps, ces dispensaires tendront peu à peu à se spécialiser: dispensaires des maladies des yeux et des oreilles, des enfants, des tuberculeux, des maladies vénériennes, etc. À la fin du XIXe siècle, le Montreal General Hospital, le Royal Victoria Hospital et l'Hôpital Notre-Dame ont chacun leur dispensaire. Apparaissent aussi en milieu urbain tout au long du XIXe siècle de nombreux établissements privés qui mettent en place des services spécifiques. Les hôpitaux de maternité répondent à l'interdiction d'admettre les femmes enceintes dans les grands hôpitaux généraux. Ils reçoivent également les mères célibataires indigentes. Une dizaine de ces établissements verront le jour entre 1840 et 1890. De petits hôpitaux spécialisés dans le domaine des «maladies des femmes», de l'ophtalmologie, du traitement de la tuberculose ou des maladies nerveuses témoignent aussi de l'émergence de pratiques médicales spécialisées, surtout à compter de 1875.

Durant les premières décennies du XXe siècle, les institutions hospitalières connaissent une croissance sans précédent. La médicalisation des hôpitaux, amorcée dans la deuxième moitié du XIXe siècle, s'accentue de façon remarquable. L'articulation des soins médicaux avec l'enseignement médical et la recherche scientifique constitue désormais la préoccupation majeure des grandes et moyennes institutions hospitalières en milieu urbain. La clientèle y est encore en grande partie constituée d'indigents logés dans les grandes salles publiques, mais, de plus en plus, les chambres privées et semi-privées sont en demande. Les besoins en équipements techniques et en instruments de plus en plus sophistiqués constituent des exigences jugées essentielles pour la qualité des soins. Le bureau médical et les services paramédicaux deviennent aussi des éléments prédominants dans la structure hospitalière et ne manquent pas de se heurter aux préoccupations beaucoup plus pragmatiques des administrateurs souvent à cours de ressources financières. La Loi d'assistance publique, votée en 1921, contribue certes à alléger le fardeau financier de l'hôpital, mais elle est nettement insuffisante pour répondre à l'afflux croissant des patients dans les services internes et externes. En dépit de ces difficultés, les grands hôpitaux réussissent néanmoins à se doter de nouveaux moyens diagnostiques et thérapeutiques, établissent des départements et des services de laboratoire spécialisés et encouragent leur personnel médical à exploiter de nouvelles avenues de recherche. Quant aux hôpitaux situés en périphérie qui se sont multipliés à compter des années 1880, ils sont loin de connaître une croissance aussi importante. Perron (1984) montre bien les difficultés de développement de l'Hôtel-Dieu de Chicoutimi qui, encore dans les premières décennies du XXe siècle, remplit des fonctions d'assistance et d'hébergement de patients indigents au détriment de sa vocation proprement médicale. Les progrès considérables de la chirurgie tardent à s'y concrétiser. En matière hospitalière, l'inégalité de développement des établissements ruraux et urbains est patente.

d) La santé publique: des quarantaines aux unités sanitaires

Les premières mesures de santé publique en Nouvelle-France remontent au XVIIIe siècle sous la forme de proclamations de quarantaine. Celles de 1721 et de 1761 visaient respectivement à se protéger de la peste de Marseille et à prévenir l'introduction de certaines maladies contagieuses. Mais ce sont là des mesures exceptionnelles. De même, les ordonnances qui interdisent de jeter les déchets sur les grèves ou de laisser «vaquer les cochons» sont loin de constituer des mesures concertées de salubrité publique. Les grands débats du siècle des Lumières, animés par Johann Peter Frank en Europe, sur la nécessité d'établir une «police médicale» et d'améliorer la santé de la population ne traversent guère l'Atlantique. Les préoccupations en matière de salubrité publique, sous les régimes français et britannique du XVIIIe siècle, sont ponctuelles. Pourtant, les épidémies sont fréquentes et déciment particulièrement les Amérindiens qui ont un bagage génético-immunitaire peu adapté aux nouveaux virus importés d'Europe, notamment celui de la variole. Les habitudes de vie liées au régime alimentaire, à la promiscuité et à l'approvisionnement en eau potable favorisent aussi grandement la virulence des épidémies.

Les proclamations de quarantaine, bien que pratiquées à maintes reprises tout au long du XIXe siècle, se révèlent des mesures peu efficaces pour prévenir l'introduction et la propagation des maladies contagieuses. Plusieurs raisons expliquent cette inefficacité. Malgré les intentions du législateur d'instituer des mesures étanches de quarantaine, celles-ci sont appliquées avec plus ou moins de rigueur. De nombreux navires passent outre à leurs obligations, débarquent illégalement leurs passagers et déchargent leurs marchandises sans autorisation préalable. Il est probable que certains officiers soudoyés délivrent des autorisations de déchargement avant les délais prévus ou ferment les yeux devant certaines entorses aux règlements. Du reste, les mesures de quarantaine entravent le transport maritime et nuisent au commerce, ce qui ne manque pas de déplaire aux hommes d'affaires. Mais il y a une raison plus profonde à ce laxisme qui tient sans doute aux représentations qu'on se fait des maladies épidémiques et de leurs causes.

Durant les deux premiers tiers du XIXe siècle, deux systèmes de représentations s'affrontent: les thèses infectionnistes et les thèses contagionnistes. Sans entrer dans le détail de ces théories, mentionnons que la première variante des thèses infectionnistes défend l'idée que les maladies telles que le choléra, le typhus ou la fièvre typhoïde sont causées par des corruptions de l'air ambiant, lesquelles sont le résultat d'émanations putrides, dénommées «miasmes», dégagées par des substances animales ou végétales en décomposition. Une seconde variante soutient que les perturbations atmosphériques sont à l'origine des maladies épidémiques. Les thèses atmosphériques et miasmatiques admettent que l'air, par les effets conjugués de plusieurs modifications morbides, est la cause essentielle des maladies infectieuses. Les variantes de ce modèle explicatif peuvent être considérées comme relevant d'une doctrine générale, la doctrine aériste. Niant la possibilité de transmission directe de certaines maladies épidé-miques au contact des personnes infectées, les infectionnistes rejettent généralement la quarantaine et les procédés d'isolement comme moyens préventifs et proposent plutôt la désinfection et la fumigation des lieux infectés, l'assèchement des marais, le ramassage des ordures, etc.

Les partisans des théories contagionnistes, quant à eux, défendent l'idée que la transmission d'un contage — agent matériel de la contagion — d'un individu à un autre est responsable de la plupart des maladies épidémiques. Mais on admet la contagion indirecte dans la mesure où le contage, qui ne se reproduit que dans l'organisme humain, est susceptible de se communiquer par la respiration, les exhalaisons cutanées ou de se retrouver sur les vêtements, la literie, etc. Les contagionnistes considèrent comme essentiels la quarantaine et l'isolement des malades pour éviter la transmission de la maladie.

Or, au moment où survient la grande épidémie de choléra de 1832, le débat est toujours ouvert au sein du corps médical, même si la doctrine aériste, la plus populaire, l'emporte aisément sur les thèses contagionnistes. En effet, les variantes infectionnistes, en Amérique comme en Europe, ont nettement la faveur des autorités politiques et surtout des commerçants qui voient d'un mauvais œil les mesures de quarantaine qui entravent la libre circulation des marchandises et provoquent des délais fort coûteux. Cette résistance aux mesures de quarantaine se manifeste de nouveau lors de l'épidémie de choléra de 1834, alors que le bureau de santé de Québec, composé surtout d'individus reliés au monde des affaires, affiche ouvertement son opposition pour des raisons d'ordre économique. La convergence des conceptions étiologiques et des intérêts économiques explique sans doute, en partie du moins, le laxisme des autorités malgré la rigueur des textes législatifs.

Bien avant que Jenner découvre empiriquement la vaccine comme moyen prophylactique contre la variole, le procédé d'inoculation du virus variolique est employé. L'introduction de l'inoculation de la variole en Amérique remonte en fait à la deuxième moitié du XVIIIe siècle. Mais si cette mesure de protection se révèle relativement efficace en l'absence de moyens plus probants, elle s'accompagne toutefois d'un facteur de risque élevé. L'inoculation du virus de la variole provoque en effet chez certains sujets une réaction identique à la maladie et peut même occasionner le décès de l'inoculé. Ceci peut expliquer que l'inoculation n'est favorisée, semble-t-il, que par des initiatives privées et que l'on finisse même par l'interdire en 1853.

La découverte de Jenner, qui date de 1798, permet, à l'échelle même de l'Occident, la mise en œuvre d'une des premières grandes mesures de prévention dans le domaine de la santé publique. Introduite au Bas-Canada en 1802 par le colonel Landman, la vaccination antivariolique soulève une controverse qui ne s'éteindra qu'à la fin du XIXe siècle avec les démonstrations concluantes des expériences bactériologiques. L'introduction de la vaccine dans la Colonie n'empêche pas pour autant la variole de sévir, et ce jusqu'à son point culminant lors de la grande épidémie de 1885. Les résistances de la population à la vaccination antivariolique retardent l'application massive de ce mode préventif. Plusieurs facteurs ont joué. Malgré son apparente efficacité, il est alors difficile de démontrer de façon irréfutable et selon des normes scientifiques rigoureuses la validité du procédé. Du reste, comme l'ont bien démontré Farley *et al.* (1987), les vaccins utilisés ne sont pas toujours de très bonne qualité et ne répondent pas dans tous les cas aux normes de conservation. En l'absence de procédés stricts de désinfection ou d'asepsie, les contaminations accidentelles demeurent toujours possibles.

Les mesures de quarantaine, l'érection d'hôpitaux pour contagieux, l'imposition de la vaccination et l'octroi de fonds publics pour les soins aux marins, aliénés, infirmes ou orphelins constituent, jusqu'en 1865, les principales interventions de la part des autorités en matière de santé publique. Ces interventions sont plus souvent qu'autrement des mesures ponctuelles et temporaires. Sans exagérément noircir le tableau des conditions sanitaires, on peut dire qu'elles sont généralement médiocres: la qualité de l'eau potable et du lait est mauvaise, l'ébouage n'est pas encore une pratique uniforme et répandue, les systèmes d'adduction d'eau, encore rares, sont souvent mal entretenus et le tout-à-l'égout demeure une technique sanitaire marginale. Le taux de mortalité infantile est en conséquence très élevé et les épidémies demeurent fréquentes. Avec la poussée démographique en milieu urbain et le développement de l'industrie, la situation ne peut que se détériorer. Les accidents de travail s'accroissent aussi en milieu ouvrier et, conséquemment, les besoins en soins rapides et adéquats.

S'il y a, au tournant des années 1870, l'amorce d'une prise en charge des conditions sanitaires par les autorités municipales de Montréal[5], ce n'est toutefois qu'à partir de la décennie 1880 que sont véritablement établies des structures permanentes de contrôle de la santé publique. La fondation de la Société d'hygiène de la province de Québec en 1883, du Conseil d'hygiène en 1887 et l'implantation de bureaux de santé dans plusieurs municipalités de la province en font foi. Mais les problèmes sanitaires ne sont pas entièrement résolus pour autant, même si le mouvement hygiéniste obtient davantage d'appuis.

Goulet et Keel (1988) ont montré que l'introduction de la bactériologie au Québec durant les décennies 1880 et 1890, en précisant le rôle des micro-organismes dans les maladies infectieuses, légitime désormais les mesures préventives des infectionnistes (désinfection, système d'adduction d'eau, égouts, etc.) et celles proposées par les contagionnistes (isolement, quarantaine, vaccination, etc.): «Pour se débarrasser du microbe, il faut continuer à construire des égouts, des systèmes d'adduction d'eau, pratiquer la vaccination, se désinfecter les mains,

5. Voir Farley *et al.* (1982).

mais aussi stériliser le lait, dépister la diphtérie, aseptiser les hôpitaux, construire des laboratoires, etc. L'hygiène se trouve à la fois justifiée et fondée sur de nouvelles bases.» Les autorités ne pourront donc plus guère repousser la nécessité d'adopter une politique concertée de santé publique. Les progrès de la bactériologie ne manquent pas en outre d'encourager les initiatives privées, et nombreux sont ceux qui participent activement à la mise en œuvre de grandes campagnes d'éradication du bacille tuberculeux ou du tréponème responsable de la syphilis. Les efforts consentis durant les premières décennies du XXe siècle sont énormes: ligues antituberculeuses et antivénériennes, multiplication des «gouttes de lait», accroissement de la réglementation en matière d'hygiène, d'alimentation et de dépistage des maladies contagieuses, création des unités sanitaires, etc. Les résultats ne seront pas immédiats comme l'indiquent les taux de mortalité infantile qui demeurent très élevés jusque dans les années 1920. Une autre illustration de la précarité de ces résultats nous est donnée par l'épidémie de fièvre typhoïde qui affecte la population montréalaise en 1927 et qui cause près de 500 décès. Néanmoins, la situation ne saurait se comparer à celle du siècle précédent. À cet effet, si les travaux de T. Copp (1978) ont le mérite de préciser les problèmes aigus de santé publique dans les premières décennies du XXe siècle, ils présentent l'inconvénient de ne pas insister suffisamment sur les efforts consentis et les résultats obtenus en matière de prévention. L'hospitalisation des contagieux se fait en effet de façon plus rigoureuse, de nombreux traitements font aussi leur apparition et les laboratoires permettent de procéder à des examens bactériologiques plus nombreux. Les interventions préventives sont de plus en plus soutenues et la mise en place d'assises institutionnelles solides améliorent sensiblement les conditions sanitaires de la province. À la veille du deuxième conflit mondial, le champ de la santé publique au Québec se compare avantageusement à celui des autres pays industrialisés.

e) Les développements de la science médicale au Québec: surtout une importation des savoirs

Les théories qui servent à orienter la pratique médicale, depuis les débuts de la Colonie jusqu'au début du XIXe siècle, découlent généralement du néo-hippocratisme qui a pris naissance sur le continent européen. La doctrine néo-hipppocratique affirme le rôle fondamental de quatre substances humorales (sang, bile, atrabile, phlegme) qui circulent dans le sang et les artères et dont l'équilibre assure la santé de l'organisme. Un déséquilibre entre ces substances provoque la maladie. L'examen clinique du malade correspond généralement à l'observation par la vue et le toucher, à l'interrogation du malade, à l'examen des urines et des humeurs ainsi qu'au calcul du rythme et de la fréquence du pouls qui peut se révéler petit, dur, tendu, élancé, convulsif, rare, tardif, ondoyant, vermiculant, fourmillant, etc. De même, la thérapeutique répond aux exigences de la doctrine humorale en prescrivant, pour rétablir l'équilibre des humeurs, des saignées, des purgation ou des lavements.

Il est certain que la médecine en Nouvelle-France observait en partie les préceptes de la doctrine humorale. Toutefois, il faut se rappeler qu'à l'instar de l'Europe, la pratique médicale s'avère très inégale en Amérique selon les compétences des praticiens et les lieux de pratique. Avant le tournant du XIXe siècle, la majorité des praticiens sont des chirurgiens de «petite expérience» qui ne possèdent que peu de connaissances théoriques et qui pratiquent surtout des opérations chirurgicales externes et superficielles: réduction de fractures, cautérisation de plaies, excision de tumeurs, etc. Du reste, la pharmacopée traditionnelle, utilisée abondamment par les sœurs hospitalières, de même que les pratiques médicales populaires, demeurera en vogue jusque tard au XIXe siècle.

À partir du XIXe siècle cependant, les développements considérables de l'anatomie pathologique, inaugurée en Italie par Morgagni au siècle précédent ainsi que par un certain nombre de praticiens en France, en Grande-Bretagne et dans l'Empire austro-hongrois, modifient les représentations de la maladie. Il s'agit alors d'étudier systématiquement les lésions provoquées par les maladies au moyen de la dissection anatomique. Une telle démarche implique comme corollaire la recherche du foyer des maladies. Les médecins cessent donc peu à peu de considérer les pathologies comme des troubles des humeurs pour les appréhender comme des lésions d'organes et de tissus répondant à des tableaux symptomatologiques spécifiques. Une nouvelle classification des maladies rationalise le diagnostic. Mais l'association entre les symptômes et les lésions retrouvées sur le cadavre lors de l'autopsie ne peut se faire qu'en élaborant parallèlement des méthodes de dépistage clinique de plus en plus perfectionnées.

La technique de percussion mise au point par Auenbrugger et Sköll, l'auscultation au stéthoscope par Laënnec, la palpation, la prise de température à l'aide du thermomètre clinique, ou encore la mesure du pouls, s'implantent dans les mœurs médicales tout au long du XIXe siècle. Les développements de la méthode anatomo-clinique permettent donc aux médecins d'affiner leur diagnostic et, dans les limites des moyens disponibles, d'appliquer une thérapeutique plus efficace. À compter de la deuxième moitié du XIXe siècle, le savoir médical en milieu québécois st aussi tributaire des progrès de la technologie médicale. Nombreux sont les médecins qui, dans leurs bagages, rapportent d'Europe et des États-Unis les plus récents instruments: le stéthoscope, le thermomètre, le spiromètre (qui sert à mesurer la capacité respiratoire des poumons), le laryngoscope, l'ophtalmoscope, l'endoscope, le kymographe, le catheter utérin, le sphygmographe (qui sert à mesure l'intensité et la vitesse du pouls), le masque de Clover, le topomètre (pour l'examen de la vue), le gyromèle de Turck (pour mieux diagnostiquer les maladies de l'estomac), etc.

Durant les premières décennies du XIXe siècle, les élites de la médecine québécoise, anglophones et francophones, influencées certes par la médecine clinique européenne mais dépourvues sur le plan institutionnel, ont quelque peu tardé à mettre en pratique les nouveaux fondements de la science médicale. Au cours des décennies 1820 et 1830, les recherches cliniques en anatomie sont à peu près inexistantes, même si un enseignement clinique de la médecine et de la chirurgie s'organise tant bien que mal à l'Hôpital de la Marine à Québec et au Montreal General Hospital. Les dissections anatomiques demeurent encore rares. Avant la loi de 1843 qui prévoit un certain approvisionnement de cadavres pour les écoles de médecine, les seules dissections autorisées par la loi étaient celles pratiquées sur les corps de prisonniers[6]. Encore faut-il souligner que cette nouvelle loi d'anatomie sera mal appliquée et ne répondra que partiellement aux besoins.

Mais à mesure que l'on avance dans le siècle, les médecins du Québec, à l'instar de leurs confrères européens, se montrent de plus en plus soucieux d'établir des corrélations entre les signes cliniques et les lésions anatomiques et d'en faire part à leurs confrères. À compter de 1860, de nombreux articles témoignent de l'importance prise par l'examen *post-mortem* de malades décédés en clinique et ayant présenté des symptômes peu communs. Sous ce rapport, les études extensives d'Osler en matière de dissection et de pathologie à partir de 1874 s'insèrent dans une voie déjà tracée. Il demeure toutefois qu'Osler, nommé pathologiste du Montreal General Hospital en 1876, devient le premier médecin à pratiquer de façon systématique la dissection anatomique au sein d'une institution hospitalière. Avec le recul des préjugés et l'adoption de nouvelles lois pour régir la

6. S'offraient alors quatre voies légales nettement insuffisantes d'approvisionnement: les cadavres non réclamés dans les institutions financées par le gouvernement, les corps des marins non réclamés, les corps des condamnés à mort et la location des cadavres avec engagement d'inhumer les restes.

fourniture des cadavres non réclamés, le nombre de dissections augmente. Les aliénés décédés en institution et non réclamés par leur famille constituent apparemment une source d'approvisionnement importante en sujets à disséquer. L'ouverture du Pathologica Building en 1895 et du laboratoire provincial de recherches médicolégales de la Morgue de Montréal en 1914, ainsi que la mise sur pied des instituts d'anatomie pathologique des facultés de médecine de l'université McGill, de Montréal et de l'Université Laval, respectivement en 1924, 1927 et 1928, consacreront définitivement l'importance de cette pratique dans l'évolution du savoir médical.

Le savoir médical en milieu québécois doit aussi beaucoup de ses acquis à une pratique hospitalière de plus en plus médicalisée. À partir de la deuxième moitié du XIXe siècle, tous les grands hôpitaux ouvrent leurs portes — parfois non sans certaines réticences — aux professeurs et à leur cortège d'étudiants. Les membres de la profession médicale se font aussi de plus en plus nombreux au sein de ces institutions. Au tournant de notre siècle, la technologie médicale s'impose au sein des hôpitaux et des universités qui font l'acquisition de nouveaux appareils radiologiques et anesthésiques. Parallèlement, l'électrothérapie, d'utilité générale, mais particulièrement prisée en gynécologie, en psychiatrie et en neurologie, devient fort répandue au tournant du XXe siècle. De même, le recours à la centrifugeuse, aux autoclaves ou encore aux électrocardiographes se généralise dans les établissements hospitaliers.

Les revues médicales, devenues plus stables avec la fondation de *L'Union médicale du Canada* et du *Canada Medical and Surgical Journal*, et les associations médicales présentent, analysent et discutent les nouvelles acquisitions de la science médicale et publient les travaux originaux des praticiens québécois. Les associations et les congrès médicaux contribuent aussi de façon importante à la diffusion des travaux des médecins québécois. Généralement, l'élite de la profession médicale est assez prompte à rendre compte des innovations. L'introduction de l'anesthésie à l'éther et au chloroforme en 1847, les travaux de W. Osler à McGill, la réception de la théorie des germes et de la méthodologie listérienne à compter de 1877 ainsi que l'utilisation des rayons X en 1896 en sont des exemples révélateurs.

Toutefois, à l'aube du XXe siècle, la recherche organisée et l'expérimentation en laboratoire, mises à part quelques initiatives prises à la faculté de médecine de l'université McGill, constituent encore des exceptions. De façon générale, les recherches de laboratoire sont effectuées sans grand moyen et sont le plus souvent le fait d'éphémères initiatives privées. Il faudra attendre le tournant des années 1940 et la fin de la deuxième grande guerre pour que soient mises en place de véritables structures de recherche médicale, grâce notamment aux réformes de l'enseignement qui accorderont une plus large part aux sciences positives, trop longtemps considérées comme «accessoires». En dépit de lenteurs dans la recherche de pointe, les progrès de la pratique médicale seront pourtant considérables jusqu'en 1939. L'asepsie du champ opératoire et l'évolution des moyens d'anesthésie augmenteront considérablement les possibilités chirurgicales, tout comme l'utilisation croissante des rayons X permettra, en attendant l'apprivoisement de l'atome, d'intervenir au cœur même des tumeurs cancéreuses à l'Institut du radium de Montréal.

I
Les institutions hospitalières (1639-1939)

1639 Fondation de l'Hôtel-Dieu du Précieux-Sang de Québec par Marie de Vignerot du Pont-de-Courlay, marquise de Combalet et duchesse d'Aiguillon, avec l'aide de son oncle, le cardinal de Richelieu. Il s'agit du premier hôpital en Amérique. Le projet de l'hôpital remonte à 1637, lorsque la duchesse d'Aiguillon obtint la collaboration des augustines[1] de l'Hôtel-Dieu de Dieppe. Le contrat de fondation fut signé à Paris le 16 août 1637 et la construction de l'Hôtel-Dieu débuta le 12 août 1638. Le 1er août 1639, les trois premières hospitalières, embarquées sur le *Saint-Joseph* en date du 4 mai, débarquent à Québec. Elles s'installent d'abord dans une vaste maison appartenant à la compagnie de la Nouvelle-France située en face de la Place d'Armes où est aménagée une petite salle contenant six lits pour les malades[2]. Pour accommoder les jésuites, dont la résidence est incendiée en juin 1640, elles déménagent à Sillery «dans la maison de Sieur Puiseaux[3]» sise dans le voisinage de la mission créée en 1637. C'est dans cette mission destinée aux Algonquins et aux Montagnais qu'est construit leur premier hôpital. L'Hôpital de Saint-Joseph de Sillery, qui les accueille le 1er décembre 1640, sera abandonné en 1644 sous la menace des Iroquois. La même année, «avec la prise en charge de la colonie par la Compagnie des habitants, [...] l'Hôtel-Dieu ouvre ses portes» sur la rue des Pauvres[4]. En 1658, l'Hôtel-Dieu est doté d'un nou-

1. EDC (1987, 929) et Lessard (1989, 47) mentionnent que les augustines se dénommaient officiellement «Religieuses de l'ordre de Sainct *(sic)* Augustin dites les filles de la Miséricorde».
2. Drapeau (1877, 5) précise qu'elles furent «logées dans une maison près du Fort, sur la Montagne ou Promontoir de Québec» où elles demeurèrent jusqu'à la fin du mois d'août 1640. De août 1639 à mai 1640, elles y reçurent une centaine de malades.
3. Rousseau (1990, 48).
4. Anctil Bluteau (1986, 12).

veau bâtiment de pierre qui comprend une grande salle de dix lits, une église et un chœur. En 1672, grâce au soutien financier de l'intendant Talon, l'Hôtel-Dieu ajoute une seconde salle, alors réservée aux hommes. L'hôpital, incendié en 1682, sera reconstruit en 1695 et achevé en 1698.

En 1732, l'hôpital compte une quarantaine de lits. Il sera de nouveau incendié en 1725 et 1755. Deux ans après les débuts de sa reconstruction, en 1759, il sera occupé par les troupes anglaises, les religieuses se réfugiant à l'Hôpital Général de Québec jusqu'à la reddition. À compter de ce moment, l'Hôtel-Dieu de Québec verra le nombre de ses patients considérablement réduit. L'occupation durera jusqu'en 1784 lorsque les autorités gouvernementales remettront aux religieuses les salles qui étaient réservées aux militaires. Les troupes anglaises se transporteront aux casernes de la Citadelle, nouvellement achevée. L'hôpital sera alors réaménagé grâce à une levée de fonds publique et pourra accueillir annuellement, à partir de 1787, plus de 150 patients. En 1825, l'hôpital sera reconstruit de nouveau. On y accueillera annuellement de 500 à 700 malades. Deux services de chirurgie seront aménagés cette année-là, l'un sous les soins du docteur J. Parent, l'autre sous la direction du docteur A. Jackson. En 1878 sera inaugurée une clinique de pédiatrie. De 1689 à 1877, l'hôpital aura accueilli 80 838 patients.

Un troisième service de chirurgie sera inauguré en 1890 et sera confié au docteur Catellier. Cette année-là sera amorcée la construction du pavillon d'Aiguillon qui sera achevée le 12 décembre 1892. Puis, en 1898, un service de gynécologie, dirigé par le docteur Grondin, ouvrira ses portes. L'année 1900 verra l'achat du premier appareil à rayons X. En 1901, un dispensaire sera ouvert au grand public. Suivra, en 1902, la rénovation de la salle de chirurgie et, en 1903, l'établissement d'un service de consultation en dermatologie sous la direction du dermatologue Robert Mayrand. La même année, un département moderne d'électrothérapie sera inauguré

sous la direction du docteur Charles Verge. En 1907, une salle d'opération et une salle de stérilisation pour le service de gynécologie seront aussi ouvertes de même qu'un département pour enfants malades, grâce à un don de 25 000 $ de l'honorable John Sharples, maire de Sillery. L'année suivante, en même temps que l'aménagement d'une deuxième salle de chirurgie au premier étage du pavillon d'Aiguillon, un service spécial de pédiatrie, visant à favoriser l'enseignement clinique, sera mis sur pied et confié au docteur R. Fortier. Une troisième salle de chirurgie sera rendue opérationnelle en 1925. En 1932 seront réalisés les premiers électrocardiogrammes grâce à l'acquisition de l'électrocardiographe du docteur Blanchet du laboratoire de physiologie de l'Université Laval. Enfin, en 1942, seront inaugurés les services d'orthopédie et d'urologie sous la direction respective des docteurs L. P. Roy et A. Bédard.
Sources: Drapeau (1877), 5-9, 12, 20-23, 28-29, 36; BMQ (1903),144; BMQ (1904), 288; BMQ (1908), 93; Heagerty (1928a), 117; Abbott (1931), 22-23; 75; Howell (1933), 28; UMC (1946), 1326; Boissonnault (1953), 260; Jacques (1964), 9, 13, 21-22; MacDermot (1967), 16; Sclater Lewis (1969), 3; Lessard (1970), 6, 16; Guay (1984), 71; Anctil/ Bluteau (1986), 12; Lessard (1989), 41-42, 44-45; PHMQ (1989), 1.3; Rousseau (1990), 35; DBC (3), 89-90; AMHDQ.

1642 Fondation par Jeanne Mance de l'Hôpital provisoire de l'Hôtel-Dieu de Montréal. Érigé à Pointe-Callières, dans l'enceinte du Fort de Ville-Marie, l'hôpital sera relocalisé au coin des rues Saint-Joseph (aujourd'hui Saint-Sulpice) et Saint-Paul. C'est grâce à l'aide de madame de Bullion que l'hôpital permanent ouvrira ses portes le 8 octobre 1644. Il occupera alors une superficie de 60 sur 24 pieds et contiendra deux salles, une cuisine, des appartements pour les servantes et une chambre pour Jeanne Mance. En 1651, lors d'un siège tenu par 200 Iroquois, une garnison de 17 soldats défendra l'Hôtel-Dieu pendant 12 heures. Au retour de Maisonneuve, en 1653, l'Hôtel-Dieu sera agrandi par les hommes de la nouvelle recrue et comptera alors un corps de logis de 80 sur 30 pieds ainsi qu'une chapelle. En 1659, Jeanne Mance ramènera de France trois sœurs de la communauté des hospitalières de Saint-Joseph[5]. L'hôpital passera alors sous leur responsabilité. L'Hôtel-Dieu sera détruit par un incendie en février 1695, mais il sera rapidement reconstruit. Plusieurs autres incendies ravageront par la suite l'hôpital (1721, 1734, 1765). Il sera également ébranlé par un tremblement de terre en 1732. Deux ans plus tard, l'hôpital pourra compter sur une quarantaine de religieuses et hébergera gratuitement de 35 à 40 patients. Le volume de sa clientèle sera relativement stable tout au long du XVIIIe siècle. En 1747, les sœurs de la Charité, dénommées sœurs grises, prendront en charge l'administration de l'hôpital.

L'Hôtel-Dieu déménagera en 1861 au pied du mont Royal sur le site qu'il occupe actuellement et pourra consacrer 150 lits aux malades de Montréal. Le nombre de lits augmentera à 268 en 1902 et à 387 en 1942. En 1871, l'Hôtel-Dieu inaugurera ses premières chambres privées à 1 $ par jour et en novembre 1896 une nouvelle aile sera construite pour abriter les dispensaires d'ophtalmologie et de gynécologie. En 1903, un département de thérapie physiologique sera créé puis, en 1905, un département d'électrologie. En 1919, un département d'électroradiologie sera inauguré et mis sous la direction du docteur L. Pariseau. L'année 1924 verra l'inauguration d'un dispensaire antivénérien et l'agrandissement de l'hôpital qui se dotera d'une centaine de lits supplémentaires. En 1926 sera créé un service d'urologie qui deviendra une clinique d'urologie pour les professeurs de la faculté de médecine de l'Université de Montréal. En octobre 1929, un dispensaire antituberculeux sera également implanté et mis sous la direction du docteur Robichaud, membre de l'Institut Bruchési. Enfin, en

5. Lessard (1989, 42) fait plutôt allusion aux hospitalières de La Flèche.

1934, un service d'anesthésie, avec un appareillage moderne pour l'administration du cyclopropane, marquera une nouvelle étape dans la modernisation de l'hôpital.

La charte de l'hôpital sera amendée à plusieurs reprises, notamment en 1928 et en 1937. L'amendement de 1937 mentionne, parmi les finalités de l'établissement, la création et le développement de laboratoires cliniques, d'expérimentation et de recherches scientifiques, la pratique de la vivisection, de la dissection et de l'autopsie sur les cadavres conformément à la loi de l'étude de l'anatomie. Le même amendement fait également mention du droit de conclure une entente avec des membres du Collège des médecins et chirurgiens de la province de Québec et avec les autorités de l'Université de Montréal pour la formation d'un bureau médical attaché à l'hôpital.
Sources: CL (1863), 4; Drapeau (1877), 56-57, 58-59, 82-83, 86; MMJ (1906), 463; BMQ (1924), 128; SPQ (1928), chap. 132; Abbott (1931), 22-23; UMC (1932), 257; Howell (1933), 28, 31-32, 38-39; SPQ, 1937, chap. 136; Moreau (1942), 102; Bernier (1957), 87-89; Sclater Lewis (1969), 3; UMC (1970), 506; Desjardins (1973), 63; Lahaise (1973), 17; Segall (1988), 253; Petitat (1989), 121; Lessard (1989), 42; Daigle (1990).

1660 Michel Peltier, sieur de la Prade, avec le concours de Pierre Boucher et des jésuites, ouvre au Cap-de-la-Madeleine un hôpital appelé Hôtel de Notre-Dame-de-la-Pitié.
Source: Panneton (1965), 27.

1692 Fondation de l'Hôpital Général de Québec sous les auspices de Monseigneur de Saint-Vallier[6]. L'Hôpital Général de Québec ouvrira ses portes en 1693 et sera confié aux soins des hospitalières de l'Hôtel-Dieu de Québec. L'ordonnance qui accorde les lettres patentes, intitulée

6. Mathieu (1953, 10) situe en 1685 l'inauguration de l'Hôpital Général de Québec.

Permission du Roi d'établir un Hôpital Général à Québec, stipule que les pauvres mendiants, valides et invalides, devront être enfermés à l'Hôpital Général de Québec pour y être employés aux ouvrages et travaux que les directeurs dudit hôpital jugeront à propos, à l'exception toutefois de ceux qui seront d'âge à travailler à la culture de la terre[7]. Les administrateurs, d'abord majoritairement laïcs, auront aussi le droit de correction et de châtiment sur les pauvres internés. L'ordonnance interdit de plus la mendicité publique. Il y est dit que les pauvres ou domestiques de l'hôpital, lorsqu'ils seront malades, pourront être envoyés à l'Hôtel-Dieu pour y être soignés. Par cette ordonnance, Monseigneur de Saint-Vallier, le gouverneur de Frontenac et l'intendant de Champigny obtiennent aussi le droit d'établir des maisons de charité dans toute la Nouvelle-France. L'exercice de ce droit amènera la fondation de l'Hôpital Général de Montréal. En 1698, l'administration de l'Hôpital Général de Québec relèvera de l'évêque de Québec. En 1717, des loges, au nombre de huit, destinées au renfermement des femmes insensées seront érigées[8]. Le roi financera leur garde à compter de 1720. En 1738, un nouveau bâtiment sera érigé pour les invalides. Lors de la Conquête, les religieuses feront réparer six des huit loges existantes. Plus tard, en 1772, d'autres loges seront construites pour les insensés de sexe masculin, aux frais du gouverneur. L'hôpital consacrera par la suite un logement aux femmes «pécheresses». Dans le dernier tiers du XVIIIe siècle, avec le support de l'administration coloniale, l'hôpital pourra accommoder jusqu'à 60 pauvres. En 1816, l'Hôpital Général comptera 18 loges pour les aliénés. Six au-

7. Fait intéressant, Lessard (1989, 43) mentionne que l'Hôpital Général de Québec assure temporairement la relève du Bureau des pauvres institué par le Conseil souverain en 1688.

8. Abbott (1931, 76) mentionne tour à tour 1714 et 1717 comme dates d'érection des loges. Cette hésitation peut s'expliquer puisque Anctil Bluteau (1986, 14) affirment qu'en 1714 l'Hôpital Général de Québec reçoit bien 1 000 £ pour «voir à l'entretien des aliénés».

tres loges, dites loges morales, seront construites au début des années 1820. Les loges fermeront en 1845 lors de l'ouverture de l'Asile de Beauport. De 1776 à 1845, l'hôpital aura enregistré 264 admissions pour les aliénés, dont 111 pour la période 1801-1823 et 219 pour la période 1801-1845[9].

Sources: EO (1692), 282; Abbott (1931), 23; D'allaire (1971), 10-12; Paradis *et al.* (1977a), 11, 262, 265; Paradis (1977b), 2, 5; Anctil/Bluteau (1986), 14; Boisclair (1989), 126; Fecteau (1989), 66; Lessard (1989a), 43; Cellard (1991), 110, 114, 176.

1694 Fondation de l'Hôpital Général de Montréal par les frères Charon[10]. Cet hôpital sert au renfermement des orphelins, des estropiés, des personnes âgées, des infirmes et autres nécessiteux. Ceux-ci sont logés et nourris. Les adultes ont cependant le devoir de travailler et les enfants d'y apprendre un métier. Les frères Charon tiennent leur nom de François Charon de la Barre, promoteur d'un nouvel ordre religieux qui sera sanctionné par Monseigneur de Saint-Vallier le 2 octobre sous le nom de frères hospitaliers de la Croix et de Saint-Joseph. Le 31 août 1692, François Charon avait déjà obtenu du Conseil souverain le droit de commencer les travaux de construction de l'Hôpital Général de Montréal. Il ne reçoit cependant ses lettres patentes que le 15 avril 1694. L'hôpital, fidèle à la vocation traditionnelle des hôpitaux généraux, est une maison de charité qui reçoit les «pauvres mendiants, valides et invalides». En 1697, Louis XIV accordera une gratification de 1 000 £ à l'hôpital. L'établissement cessera ses activités avec la mort de son principal fondateur en 1719.

9. Boisclair (1989, 126) précise que, selon le rapport du comité d'enquête de 1824, 207 aliénés seront admis dans les deux hôpitaux généraux de Québec et de Montréal ainsi qu'à l'Hôtel-Dieu de Trois-Rivières entre 1800 et 1824.

10. Lessard (1989, 43) mentionne plutôt 1692 comme date de fondation.

Repris en main par les sœurs grises, l'Hôpital Général admettra déjà des insensés en 1744. En 1747, Marguerite d'Youville se verra confier la direction provisoire de l'établissement par l'intendant Hocquart[11]. Des lettres patentes émises par Louis XV accorderont en 1753 à mère d'Youville l'administration et la propriété de l'Hôpital Général. Quatre loges seront érigées dès 1750 dans la cour de l'hôpital. Elles seront incendiées en 1765. En 1756, l'hôpital recevra de l'intendant Bigot le mandat de soigner les soldats français et les prisonniers anglais. L'hôpital sera la proie des flammes le 18 mai 1765. En 1793, d'autres loges seront érigées. En 1801, les loges seront remplacées par un bâtiment de pierre, contenant huit cellules, construit aux frais de l'administration coloniale[12]. Au XVIIIe siècle, l'Hôpital Général de Montréal recevra environ 38 insensés. Entre 1801 et 1823, il en accueillera 84. En 1828, après avoir longtemps protesté contre le fardeau trop lourd que représente la garde des insensés à l'hôpital, les sœurs grises cesseront de les recevoir et, en 1831, ils seront transférés à la prison commune[13]. En 1844, le 10 avril, les sœurs verront à ce que les loges soient détruites. En 1870 l'Hôpital Général de Montréal sera reconstruit au coin des rues Dorchester et Guy. On cessera d'y soigner les malades pour y accueillir les personnes âgées et les enfants trouvés. Les statuts de l'hôpital seront amendés en 1915. L'amendement prévoira la formation d'un conseil de régie ainsi que de nouvelles dispositions relativement à la gestion des biens immobiliers, aux opérations financières et aux types d'établissements que la corporation pourra mettre sur pied.

11. Heagerty (1928b, 254) soutient pour sa part que l'Hôpital Général de Montréal passe des sulpiciens à la communauté des sœurs de la Charité de mère d'Youville en 1753. De son côté, Mathieu (1953, 11) affirme que «l'Hôpital-Général des sœurs grises de Montréal fondé en 1738 par Mère d'Youville continuait la fondation des frères Charrons».

12. En 1802 selon Cellard (1991, 122).

13. Keating (1986, 94) mentionne que les loges de l'Hôpital Général de Montréal seront fermées en 1830.

Sources EO (1694), 291; SPQ (1915), chap. 144; HGSC (1916), 20-22; Heagerty (1928b), 177, 254; Abbott (1931), 23, 77; DCA (1938), 6; UMC (1942), 805; Mathieu (1953), 17, 29; Paradis *et al.* (1977a), 42, 265; Lapointe-Roy (1987), 58, 63; Fecteau (1989), 67; Lessard (1989a), 43; Boisclair (1989), 124; Cellard (1991), 109, 189; DBC (2), 139-140.

1697 Fondation de l'Hôtel-Dieu des Trois-Rivières par Monseigneur de Saint-Vallier, le 8 octobre. Par la suite, vraisemblablement en 1700, Monseigneur de Saint-Vallier achètera et fera construire de ses deniers une maison[14] pour y installer l'hôpital. Ce dernier sera mis sous la direction des ursulines. Il servira à soigner les habitants et les soldats de la région. Au début, l'hôpital ne comptera que six lits. C'est en février 1702 qu'il recevra ses lettres patentes[15]. Treize ans plus tard, on ajoutera à l'hôpital un corps de logis et une chapelle. À la fin du XVIIIe siècle, l'hôpital comptera environ 25 lits. L'Hôtel-Dieu sera incendié à deux reprises, en 1752 et 1806. Une souscription sera alors organisée pour rebâtir le couvent et l'Hôtel-Dieu des Trois-Rivières. Elle rapportera 1484 £. À compter de 1808, l'hôpital, désormais pourvu de six loges, recevra officiellement des aliénés. On y enfermera en tout 12 insensés de 1808 à 1824. L'Hôtel-Dieu fermera ses portes le 28 février 1886 en raison d'un différend entre les ursulines et le gouvernement à propos de l'octroi des subventions essentielles au bon fonctionnement de l'institution. La même année aura lieu l'ouverture de l'Hôpital Saint-Joseph de Trois-Rivières par les sœurs de la Providence.

---

14. OA (1702, 529). Panneton (1965, 30-34, 44) soutient pour sa part qu'en 1700 les ursulines avaient acheté de M. de Ramesay une maison de pierre en construction située face au monastère des récollets, en dehors de l'enceinte du fort (aujourd'hui, rue Saint-François-Xavier), et que c'est là que l'Hôtel-Dieu fut initialement installé. Fournier (1978, 38) fait dater lui aussi de 1700 la construction du couvent et de l'hôpital des ursulines.

15. Ces lettres patentes lui seront accordées par une ordonnance intitulée *Établissement d'un hôpital aux Trois-Rivières et émise à la demande de Monseigneur de Saint-Vallier.*

Sources: OA, (1702), 529; EO (1702), 593; mère Marie de Jésus (1911), 442; Heagerty (1928a), 176; Abbott (1931), 23; Paradis *et al.* (1977a), 265; Gamelin (1987), 21; Fecteau (1989), 50; Lessard (1989a), 42, 43, 45; Cellard (1991), 110, 122, 170.

1763 Établissement à Québec d'un hôpital militaire britannique. Cet hôpital fermera en 1782, les autorités préférant louer une maison pour héberger les soldats malades.
Source: Fecteau (1989), 58.

1777 Établissement à Québec, par le gouverneur, d'un hôpital temporaire pour le traitement des personnes syphilitiques venant de Baie-Saint-Paul[16].
Source: Lessard (1989a), 52.

1801 *Acte pour le soulagement des personnes dérangées dans leur esprit et pour le soutien des enfants abandonnés.* Cette loi permet au gouverneur d'affecter 1000 £ par année au soutien des aliénés et des enfants abandonnés. Le gouverneur nommera alors des commissaires chargés de conclure des ententes de financement avec les hôtels-Dieu et les hôpitaux généraux.
Sources: SPBC (1801), chap. 6; Fecteau (1989), 70.

1804 *Acte qui continue, pour un temps limité, les provisions d'un Acte passé dans la quarante-unième année du règne de sa présente Majesté, intitulé «Acte pour le soulagement des personnes dérangées dans leur esprit et pour le soutien des enfants abandonnés».* Cette loi prolonge l'application de la loi de 1801. Elle demeurera en vigueur jusqu'en 1808.
Source: SPBC (1804), chap. 4.

1808 *Acte pour faire l'application d'une certaine somme y mentionnée, à rembourser pareille somme accordée et avancée en conformité d'une adresse de la Chambre d'assemblée, et pour*

---

16. Selon Lessard (1989, 56), un hôpital temporaire pour syphilitiques aurait également été mis sur pied par Badelard à Baie-Saint-Paul entre 1776 et 1780.

le soulagement des personnes dérangées dans leur esprit et le soutien des enfants abandonnés.
Sources: SPBC (1808), chap. 11.

1810 Formation d'une commission spéciale pour surveiller l'administration des loges. Cette commission signale la nécessité de construire un asile.
Source: Boudreau (1984), 26.

1811 *Acte pour le soulagement des personnes dérangées dans leur esprit et le soutien des enfants abandonnés et autres y dénommés.*
Source: SPBC (1811), chap. 15.

Création de l'Hôpital Militaire sur la rue Saint-Louis à Québec[17]. Cet hôpital pourra accommoder de 150 à 200 malades en 1819.
Source: Bernier (1989), 106, 183.

1812 *Acte pour accorder annuellement, pendant un temps limité, une somme d'argent y mentionnée pour le soulagement des malades indigents soignés à l'Hôtel-Dieu de Québec.* Cette loi accorde une somme annuelle de 300 £ à l'Hôtel-Dieu jusqu'en 1816. *Source:* SPBC (1812), chap. 19.

17. Gosselin (1989, 1) situe la fondation d'un Hôpital Militaire de la Garnison, rue Saint-Louis à Québec, en 1800. Les hôpitaux militaires seront relativement nombreux au XIXe siècle. DBC (8, 655) mentionne par exemple l'existence d'un petit hôpital militaire à Sorel en 1811 tandis que Gosselin (1989, 1) fait allusion à la création de l'Hôpital Militaire de la Citadelle à Québec en 1820. Cet hôpital fermera ses portes en 1832. Bernier (1989, 183) mentionne qu'un autre hôpital militaire dénommé Hôpital de la Citadelle est ouvert à Québec en 1834. Noppen *et al.* (1979, 125) situent la construction d'un nouvel Hôpital de la Citadelle en 1848. DBC (11, 534) renvoie de son côté à un hôpital du nom d'Hôpital de Rivière-du-Loup, vraisemblablement un hôpital militaire, en fonction en 1840. Par ailleurs, BAJMPS (1849, 268) semble suggérer que chaque régiment, tant à Montréal qu'à Québec, a généralement son propre *regimental hospital,* tout au moins à compter des années 1830. CMJMR (1865, 241-243) signale un hôpital de ce genre *(regimental hospital)* à Québec en 1865.

1813 *Acte pour continuer, pour un temps limité, un Acte passé dans la cinquante-unième année du règne de sa Majesté, intitulé «Acte pour le soulagement des personnes dérangées dans leur esprit et le soutien des enfants abandonnés et autres y dénommés».* Cette loi prolonge l'application de la loi de 1811. Elle demeurera en vigueur jusqu'au 1er juin 1815.
Source: SPBC, (1813), chap. 7.

1814 *Acte pour accorder une nouvelle somme d'argent pour promouvoir plus efficacement les fins de l'Acte de la cinquante et unième année du règne de sa Majesté, qui pourvoit au soulagement des personnes dérangées dans leur esprit, et le soutien des enfants abandonnés et autres y dénommés.* Cette loi accorde 1400 £ au district de Québec, 700 £ au district de Montréal et 300 £ à celui de Trois-Rivières. Elle demeurera en vigueur jusqu'au 1er avril 1815.
Source: SPBC (1814), chap. 10.

1815 *Acte pour continuer, pour un temps limité, un Acte passé dans la cinquante-unième année du règne de sa Majesté, intitulé «Acte pour le soulagement des personnes dérangées dans leur esprit, et le soutien des enfants abandonnés et autres y dénommés». Et aussi pour accorder une nouvelle somme d'argent pour promouvoir plus efficacement les fins dudit Acte.* La loi, qui accorde 3000 £, demeurera en vigueur jusqu'au 1er avril 1817.
Source: SPBC (1815), chap. 14.

1816 *Bill pour pourvoir aux moyens de bâtir des hôpitaux pour le traitement médical des pauvres malades, pour régler lesdits hôpitaux et pour d'autres objets y mentionnés.* Ce sont les docteurs Blanchet et Bourdages qui font passer ce projet de loi qui a pour but l'érection de deux hôpitaux laïcs à Québec et à Montréal. La loi, qui accorde 11 500 £ au gouverneur à cette fin, sera toutefois invalidée par le Conseil législatif.
Source: Tunis (1979), 99; Fecteau (1989), 183.

Le docteur Hackett, médecin à l'Hôpital Général de Québec, fait parvenir au gouverneur une lettre dans laquelle il déplore les conditions des aliénés.
Sources: Paradis *et al.* (1977a), 40, 262; Fecteau (1989), 154; 187.

1817 *Acte pour continuer, pour un temps limité, un Acte passé dans la cinquante-unième année du règne de sa Majesté, intitulé «Acte pour le soulagement des personnes dérangées dans leur esprit, et le soutien des enfants abandonnés et autres y dénommés». Et aussi pour accorder une nouvelle somme d'argent pour promouvoir plus efficacement les fins dudit Acte.* La loi, qui accorde une somme de 3000 £, demeurera en vigueur jusqu'au 1er mai 1819.
Source: SPBC (1817), chap. 4.

Ouverture d'un hôpital qui a pour nom Hôpital des Émigrés à l'île aux Ruaux, au nord-est de l'île d'Orléans. Il s'agit du premier hôpital pour les émigrés contagieux[18]. Cet hôpital sera réaménagé, peu après son ouverture, à Pointe-Lévis[19].
Sources: Bernier (1989), 38, 41; DBC (6), 75; DBC (9), 239.

Fondation, à Montréal, de la House of Recovery par la Female Benevolent Society, elle-même fondée en 1815. Cet établissement, qui est un lieu de refuge pour les immigrants malades et pauvres, ouvrira ses portes en 1818.

---

18. La fondation de cet hôpital fait apparemment suite aux démarches effectuées en 1816 par un groupe de médecins, dont le docteur Blanchet, pour obtenir l'érection d'un hôpital à Québec et Montréal. Selon Bernier (1989, 38) et DBC (6, 75), une permission fut accordée par la Chambre d'assemblée en 1816 au docteur Blanchet pour l'érection d'un tel hôpital. Une somme de 11 500 £ fut votée pour la création, près de Québec, d'un hôpital pour les immigrants. Mais cette décision fut finalement renversée par le Conseil législatif (voir *supra* I-1816). Il est possible que les autorités aient néanmoins décidé d'ouvrir un hôpital à l'île aux Ruaux.

19. L'opinion de Bernier (1989, 41) diffère toutefois de celle de Fecteau qui soutient que l'Hôpital des Émigrés, fondé en 1820 à la Pointe-Lévis, est un nouvel hôpital, le premier contrôlé par l'État au Québec. Voir *infra* I-1820, *Hôpital des Émigrés.*

Située entre les rues Saint-Jacques et Notre-Dame, à l'ouest du carré Chaboillez dans le faubourg des Récollets, la House of Recovery comprendra alors quatre chambres. Le docteur T. Blackwood, un chirurgien militaire à la retraite, y prodiguera gratuitement ses soins. La House of Recovery sera relayée par le Montreal General Hospital en 1819.
Sources: MMJ (1902), 562; Shepherd (1919), 3; Abbott (1931), 57; Howell (1933), 61; Sclater Lewis (1969), 4.

1818 *Acte pour étendre les provisions d'un Acte y mentionné, et pour accorder une certaine somme d'argent pour pourvoir plus efficacement au soulagement des infirmes et personnes dérangées dans leur esprit, et pour le soutien des enfants trouvés.* La loi accorde une somme de 2500 £ à l'Hôpital Général de Québec pour bâtir et réparer ses loges, 2000 £ à l'Hôpital Général de Montréal pour bâtir des loges et 3500 £ au district de Québec.
Source: SPBC (1818), chap. 13.

Fondation, en décembre, du Dispensaire de Québec par le chirurgien A. von Iffland[20] avec l'aide des docteurs F. Blanchet, P. de Sales Laterrière, W. Holmes, A. Mercier, C. N. Perreault et J. Morrin. Le Dispensaire de Québec ouvrira ses portes le 18 janvier 1819. Situé sur la rue de la Fabrique à Québec, il sera destiné au traitement des marins, des indigents et des immigrants. Il s'agit en quelque sorte d'une clinique de médecine générale. Faute de fonds, ce dispensaire fermera ses portes en janvier 1820. Il sera remis sur pied en 1823 par von Iffland et Blanchet.
Sources: BAJMPS (1848), 25; MMJ (1908), 431; Howell (1933), 58-59; Boissonnault (1953), 88, 90, 97, 98; LM (1967), 186; Bernier (1980), 242; Bois (1984), 88; DBC (6), 75, 636; DBC (10), 412.

---

20. Keating/Keel (1983,123) mentionnent 1819 comme date de fondation alors que Laforce (1985, 95) affirme que le dispensaire fut créé en 1816.

1819 Le Montreal General Hospital ouvre ses portes le 1er mai. Dès 1818, le docteur A. Smythe avait adressé à la Législature un mémoire requérant l'autorisation de créer un hôpital pour les malades pauvres. Réitérée en 1819, cette requête allait alors soulever l'opposition de certains parlementaires, en particulier celle d'un dénommé O'Sullivan, qui privilégiera plutôt l'agrandissement de l'Hôtel-Dieu. Cette opposition conduira à une vive polémique dans les journaux entre O'Sullivan et le docteur W. Caldwell, directement impliqué dans la mise en œuvre du projet. S'ensuivra un duel au pistolet où tous deux seront blessés. L'hôpital finira cependant par obtenir une charte et par être incorporé le 30 janvier 1823.

La création du Montreal General Hospital remonte à l'acquisition par des hommes d'affaires de Montréal de la House of Recovery fondée en 1817. Cet établissement sera remplacé en 1819 par un édifice plus spacieux pouvant contenir 24 lits et situé à l'intersection des rues Craig et Saint-Laurent. Dès 1821, grâce à une souscription populaire, on procédera à l'organisation de la Montreal General Hospital Central Division. Il s'agit d'un bâtiment situé sur la rue Dorchester, sur un terrain dont J. Richardson, W. McGillivray et S. Gerard avaient fait l'acquisition en 1920. Ce bâtiment, érigé au coût de 6000 £, servira de nouvel hôte à l'hôpital en 1822. En mai 1822, le nouvel édifice du Montreal General Hospital ouvrira ses portes. L'hôpital aura alors une capacité de 72 lits. Dès la première année, de mai 1822 à mai 1823, on y accueillera 421 patients au service interne et 397 au service externe. En 1832, l'hôpital se dotera du pavillon Richardson, dont le coût s'élèvera à 3000 £. Seize ans plus tard, l'hôpital s'enrichira du pavillon Reid (ou West Wing), situé au coin des rues Dorchester et Saint-Dominique. Un pavillon pour les maladies infectieuses, l'Hôpital pour contagieux du Montreal General Hospital, sera construit derrière le pavillon Richardson en 1867. Ouvert l'année suivante, il pourra recevoir 40 patients. Le pavillon des contagieux recevra des patients jusqu'en 1893. En 1869, le Montreal General Hospital créera 13 hospices ou asiles pour les personnes âgées, répartis un peu partout dans la province et même aux États-Unis. Cinq ans plus tard, en 1874, le pavillon Morland, destiné aux enfants, sera ouvert sur la rue Saint-Dominique. Il pourra recevoir 30 patients, sans compter ceux admis dans les quelques rares chambres privées. La même année, Osler, de retour d'un stage d'études à Berlin et à Vienne, mettra sur pied le premier service d'autopsie de l'hôpital. En 1875 sera fondée la Montreal General Hospital Western Division, d'une capacité de 100 lits, située à l'intersection des rues Dorchester Ouest et Essex. Deux ans plus tard sera créé le premier service d'ophtalmologie de l'hôpital sous la direction du docteur Buller.

C'est en 1880 que sera créée la première clinique pour enfants par le docteur A. Blackader. Cette clinique de pédiatrie sera localisée sur la rue Saint-Urbain, au University Dispensary mis sur pied l'année précédente. Le University Dispensary comptera aussi à ses débuts une clinique de gynécologie sous la direction de W. Gardner et une clinique de dermatologie d'abord dirigée par T. Roddick, puis par F. J. Shepherd à partir de 1892. Suivra plus tard une clinique des maladies nerveuses sous les soins de J. Stewart. Le premier surintendant et administrateur à plein temps de l'hôpital, le chirurgien J. Bell, sera nommé en 1881.

Les pavillons Campbell et Greenshields destinés à la chirurgie seront ouverts en 1891[21]. Deux ans plus tard, un autre pavillon de chirurgie sera construit. La même année, en 1893, la ville de Montréal procédera à la rénovation du pavillon des contagieux. La vieille partie du

21. Selon Shepherd (1919, 15-16), la décision de construire ces pavillons avait été prise en 1882, à la suite d'un don de 40 000 $ de monsieur David Greenshields et grâce à la contribution de 50 000 $ de Lord Mountstephen. Ce n'est toutefois qu'avec l'aide financière de monsieur George Hamilton, fils de l'Honorable John Hamilton, qu'on put réunir un montant suffisant pour ériger deux pavillons équipés d'une salle de chirurgie. Voir aussi à ce propos MacDermot (1950, 81).

Montreal General Hospital sera également rénovée en 1894, année de l'érection du Pathological Building qui ouvrira ses portes en 1895. Ce bâtiment, situé à proximité du pavillon Richardson, sur la rue Dorchester, comportera une chapelle, un amphithéâtre pour les autopsies et un laboratoire de pathologie. Il sera relocalisé en 1909 et agrandi la même année, de même qu'en 1919. En 1896, le pavillon Morland sera rénové à son tour. Puis, en 1897, l'électricité sera installée dans l'hôpital, ce qui favorisera, l'année suivante, la création d'un département de radiologie sous la direction du docteur Wilkins. Celui-ci deviendra le premier radiologiste à plein temps de l'hôpital en 1908. Une clinique dentaire sera mise sur pied en 1909 dans les anciens locaux du Pathological Building. En 1911, un département de service social, rattaché à l'hôpital, sera créé et mis sous la direction de mademoiselle Foulis. La même année seront également créés un département de chirurgie génito-urinaire sous la direction de R. P. Campbell et un département de chirurgie orthopédique. En 1913, deux nouveaux pavillons (East Wing) seront ouverts. Ces pavillons seront surtout destinés aux patients en chirurgie. L'électrocardiographie sera introduite dans les services de l'hôpital en 1914. En 1926, les docteurs Birchard, Bourne et Segall mettront sur pied une clinique de cardiologie.

La charte du Montreal General Hospital sera amendée en 1859 et en 1910. Ce dernier amendement change le nom francophone de l'hôpital qui, depuis sa première incorporation, le 30 janvier 1823, portait le nom d'Hôpital Général de Montréal. Il transfère en outre les droits et obligations de l'ancienne corporation à la nouvelle et prévoit la formation d'un conseil d'administration composé du président, de deux vice-présidents, du trésorier et de 15 gouverneurs élus en assemblée générale, dont cinq pour un an, cinq pour deux ans et cinq pour trois ans. La même loi prévoit les modalités de leur remplacement et l'élection, en assemblée générale, des officiers, du conseil d'administration et d'un bureau médical. Elle accorde enfin à l'hôpital le droit de fusionner avec:

1) d'autres hôpitaux pour le soin des incurables, des personnes âgées et des infirmes; 2) des sanatoriums pour le traitement de la tuberculose ou autres maladies; ainsi que, 3) des maisons pour les convalescents ou encore de les acheter. Deux autres amendements à la charte seront adoptés en 1916 et 1918. Le premier modifiera les dispositions existantes concernant l'élection des officiers et du conseil d'administration. Il fixera les conditions du droit de vote des membres en assemblée générale et précisera les pouvoirs du conseil d'administration. Le second modifiera les dispositions concernant les conditions d'éligibilité à la charge de gouverneur à vie de l'établissement.

En 1921, le Western Hospital of Montreal effectuera une fusion avec le Montreal General Hospital sous cette dernière raison sociale[22]. La loi autorisant la fusion redéfinira les conditions d'éligibilité des gouverneurs à vie et rappellera les droits et privilèges de la corporation. Elle prévoira en outre la formation d'un comité d'administration de 20 personnes, dont un président, deux vice-présidents, un secrétaire et un trésorier élus en assemblée générale pour un an, et 15 gouverneurs à vie élus pour des mandats d'une durée variant entre un et trois ans. Elle définira les pouvoirs dudit comité, et en particulier celui d'émettre des obligations ou des actions. En 1933, une autre modification à la charte sera apportée. Elle élargira les pouvoirs de l'hôpital en matière d'opérations financières, permettra l'utilisation de legs totalisant 20 000 $ pour la mise sur pied d'un hôpital pour convalescents et autorisera l'hôpital à venir en aide au Montreal Convalescent Home.

Sources: SPC (1859), chap. 116; CMJMR (1866), 291; MMJ (1902), 561-562; SPQ (1910), chap. 96; SPQ (1916), chap. 104; SPQ (1918), chap. 135; Shepherd (1919), 3-6, 11-13, 18-19, 21-22, 28-30; SPQ (1921), chap. 151; Cushing (1925), 133-134; Heagerty (1928b), 184, 186; Abbott (1931), 57, 82, 84; SPQ (1933), chap. 145; Howell (1933),

22. Heagerty (1928b, 187) situe à tort cette fusion en 1923.

61-62 et (1934), 72, 81-82, 89, 161; MacDermot (1950), 3, 49, 56-58, 73, 87, 97-98, 127 et (1967), 95; 165; Sclater Lewis (1969), 4; 112; Tunis (1979), 104; Farley *et al.* (1982), 90; Keating Keel (1983), 123; Anctil/Bluteau (1986), 31; Chartrand *et al.* (1987), 125; Segall (1988), 86, 251; Paradis (1989), 76; HMHC, 18-19.

Un comité d'enquête de la Chambre sur les ressources hospitalières est formé.
Source: Fecteau (1989), 64.

1820 Fondation de l'Hôpital des Émigrés[23] à Québec. Situé sur la rue d'Aiguillon dans le faubourg Saint-Jean à Québec, cet hôpital temporaire mis en fonction en cas d'épidémie occupe un baraquement militaire donné par le gouverneur à une société bénévole, La Société des émigrés de Québec, fondée en 1819[24]. Les soins aux immigrants y sont donnés «gratuitement par des chirurgiens militaires de la garnison[25]» de Québec. En 1823, l'Hôpital des Émigrés, reconnu officiellement par l'Assemblée, est établi sur une base permanente. Une somme de 750 £ est accordée aux juges de paix de Québec qui le dirigent et fixent les critères d'admission. L'hôpital est alors également sous la surveillance des six plus anciens médecins et chirurgiens de Québec. Diverses sommes lui seront allouées par l'Assemblée entre les années 1824 et 1832. La loi de 1831 donne le contrôle de l'hôpital à trois commissaires. Ceux-ci invitent les quatre plus anciens médecins et chirurgiens de la ville de Qué-

23. Fecteau (1989, 182, 217) affirme pour sa part que l'Hôpital des Émigrés est établi en 1819 et précise que le baraquement militaire est donné en 1820 par le gouverneur. Bernier (1989, 41, 106) mentionne de son côté que le premier Hôpital des Émigrés fondé en 1817 est réaménagé dans le faubourg Saint-Jean en 1823 et qu'il est inauguré la même année. Leblond (1970, 49) affirme qu'il est construit en 1823 sur la rue Saint-Jean.
24. Fecteau (1989, 218) ajoute qu'une souscription faite par la Société des émigrés rapporte 575 £.
25. Fecteau (1989, 218).

bec à se charger du soin et du traitement des malades et à établir des règles concernant le régime, les heures de visite et les devoirs des gardiens, apothicaires et gardes-malades. L'hôpital sera détruit par un incendie en 1837 et les patients seront transférés à l'Hôpital de la Marine[26].
Sources: SPBC (1824), 691; SPBC (1825), 61; SPBC (1826), 251; SPBC (1829), 13; SPBC (1830), 763; SPBC (1831), 159-163; SPBC (1832), 357; Mathieu (1953), 46, 49; Drolet (1967), 72; Fecteau (1989), 217-218; DBC (10), 618.

1821 *Acte pour rembourser au Gouvernement de sa Majesté une certaine somme d'argent y mentionnée, et qui fait de plus amples dispositions pour le soulagement des personnes dérangées dans leur esprit, et pour le soutien des enfants trouvés et autres y mentionnés.* Après remboursement d'une avance de 2000 £, les districts de Québec, de Montréal et de Trois-Rivières reçoivent respectivement 2000 £, 1500 £ et 300 £. Un montant de 336 £ est accordé à l'Hôpital Général de Québec pour la réparation de ses loges. La loi stipule aussi que les commissaires sont autorisés à engager comme apprentis les enfants trouvés jusqu'à 21 ans.
Source: SPBC (1821), chap. 18.

1822 *Acte qui approprie une certaine somme d'argent y mentionnée, pour le soulagement des personnes dérangées dans leur esprit et pour le soutien des enfants trouvés.* Des sommes de 1500 £ sont octroyées aux districts de Québec et de Montréal. Le district de Trois-Rivières reçoit une somme de 300 £.
Source: SPBC (1822), chap. 12.

---

26. Bernier (1989, 106) affirme que l'Hôpital des Émigrés sera détruit par un incendie en 1833. Cela nous apparaît peu probable puisque Fecteau (1989, 219) mentionne un rapport des admissions de l'hôpital pour l'année 1836 publié dans la *Gazette de Québec*. L'hôpital aurait alors accueilli, de mai à octobre, 472 matelots et 329 immigrés. Drolet (1967, 72) fait par ailleurs mention d'une épidémie de fièvre typhoïde à l'hôpital durant l'hiver 1836-1837 et d'un incendie qui y éclata le 4 mars 1837.

1823 *Acte pour approprier une certaine somme d'argent y mentionnée, pour le soulagement des personnes dérangées dans leur esprit, des invalides et infirmes et pour le soutien des enfants trouvés.* Une somme totale de 3635 £ est accordée.
Sources: SPBC (1823), chap. 25.

Acte pour approprier certaines sommes d'argent pour aider l'Hôpital Général de Montréal, et pour l'Hôtel-Dieu de Québec. Des sommes de 2139 £ et de 850 £ sont accordées respectivement à l'Hôtel-Dieu de Québec et à l'Hôpital Général de Montréal.
Source: SPBC (1823), chap. 26.

1824 *Acte pour approprier une certaine somme d'argent y mentionnée, pour le soulagement des personnes dérangées dans leur esprit, des infirmes et des malades, pour le soutien des enfants trouvés, et pour d'autres fins.* Les sommes sont réparties comme suit: à l'Hôpital Général de Québec, 1000 £ pour les enfants trouvés, 500 £ pour les insensés et 500 £ pour les invalides; à l'Hôpital Général de Montréal, 1000 £ pour les enfants trouvés et les insensés et 500 £ pour l'acquisition de meubles, vêtements, draps et ustensiles; à l'Hôtel-Dieu de Montréal, 250 £; enfin 300 £ au district de Trois-Rivières pour les enfants trouvés, les malades, les infirmes et les insensés.
Source: SPBC (1824), chap. 28.

Acte pour approprier une certaine somme d'argent y mentionnée, pour le soutien de l'Hôpital des Émigrés établi dans Québec. La loi accorde 600 £ à cet établissement. Elle stipule aussi que les quatre plus anciens médecins et chirurgiens auront libre accès à l'hôpital.
Source: SPBC (1824), chap. 32.

Le Comité spécial du Conseil législatif, désigné aussi sous le nom de Commission Richardson, fait enquête, sous la présidence de P. McGill, sur la condition des enfants trouvés, des malades pauvres et des insensés hébergés dans les hôpitaux et les prisons de la province.

Sources: Howell (1933), 72; Paradis *et al.* (1977), 269; Boudreau (1984), 26; Leblond (1986), 104; Fecteau (1989), 59, 153.

1825 *Acte pour affecter une certaine somme d'argent y mentionnée, pour le soutien de l'Hôpital des Émigrés à Québec.* La loi accorde une somme de 700 £.
Sources: SPBC (1825), chap. 11.

Acte pour affecter une certaine somme d'argent au soutien des hôpitaux, et pour d'autres objets de charité y mentionnés. Les sommes sont réparties comme suit: à l'Hôpital Général de Québec, 900 £ pour les enfants trouvés, 500 £ pour les insensés et 500 £ pour les invalides; à l'Hôpital Général de Montréal, 900 £ pour les enfants trouvés et les insensés et 250 £ pour l'acquisition de meubles, vêtements, draps et ustensiles; à l'Hôtel-Dieu de Montréal, 250 £; enfin 625 £ au district de Trois-Rivières pour les enfants trouvés, les malades, les infirmes et les insensés.
Source: SPBC (1825), chap. 12.

La Chambre d'assemblée nomme, en mars, un comité chargé d'étudier l'opportunité de construire un asile au Bas-Canada. Ce comité est composé des docteurs Blanchet, Barbier, Bélanger, Quesnel et Taschereau. Ce comité, exclusivement francophone, se prononcera à la fin du même mois contre un tel projet, alléguant la maigreur des fonds publics.
Source: Cellard (1991), 201.

1826 *Acte pour affecter une certaine somme d'argent pour le soutien de l'Hôpital des Émigrés à Québec, et pour d'autres fins y mentionnées.* La loi accorde une somme de 950 £. L'hôpital sera désormais sous la surveillance des cinq plus anciens juges de paix du district.
Source: SPBC (1826), chap. 7.

1828 Le docteur F. Blanchet «propose à la Chambre d'assemblée la formation d'un comité chargé d'étudier la possibilité d'ériger un hôpital pour matelots malades et

autres indigents malades non résidents[27]». Il s'agit d'une première démarche pour établir l'Hôpital de la Marine.
Sources: Mathieu (1953), 45; LM (1967), 188.

1829 *Acte pour affecter une certaine somme d'argent y mentionnée, pour le soutien de l'Hôpital des Émigrés établi dans Québec.* Une somme de 700 £ est accordée.
Source: SPBC (1829), chap. 2.

Acte pour affecter certaines sommes d'argent pour le soutien des insensés, des enfants trouvés et autres personnes indigentes dans le district de Trois-Rivières. Une somme de 450 £ est accordée au district de Trois-Rivières pour les insensés, les enfants trouvés et les indigents.
Source: SPBC (1829), chap. 59.

Acte pour faire de plus amples dispositions pour le soulagement des pauvres malades, et pour le soutien des enfants trouvés et autres, et pour rembourser certaines sommes d'argent avancées aux fins susdites. Des sommes pour venir en aide aux institutions de charité sont réparties de la façon suivante: à l'Hôpital Général de Québec, 1119 £ pour le soin des insensés et des invalides, 50 £ pour l'achat de ventilateurs pour les loges; au district de Québec, 585 £ pour les enfants trouvés et 115 £ pour l'achat de vêtements et d'objets divers; à l'Hôpital Général de Montréal, 1000 £ pour l'achat de nouveaux lits et de meubles, 3550 £ pour les insensés, les enfants trouvés et les pauvres malades; à l'Hôtel-Dieu de Québec, 200 £ pour les pauvres malades; enfin à l'Hôpital des Émigrés, 606 £.
Source: SPBC (1829), chap. 54.

Un comité de la Chambre basse est formé pour enquêter sur la condition des aliénés dans la province de Québec.
Source: DBC (6), 358-359.

27. LM (1967, 188).

1830 *Acte pour pourvoir à l'établissement d'un hôpital temporaire pour les personnes attaquées de maladies contagieuses.*
Source: SPBC (1830), chap. 18.

Acte pour pourvoir à l'érection d'un hôpital de marine à ou près de Québec. Cette loi a également pour but l'engagement d'un officier de santé au port de Québec pour inspecter et désinfecter les bateaux.
Sources: SPBC (1830), chap. 23; Pelletier (1940), 13.

Acte pour faire de plus amples dispositions pour le soulagement des pauvres malades, et pour le soutien des enfants trouvés, et autres. Différentes sommes sont allouées aux institutions de Québec, Montréal et Trois-Rivières: 1319 £ à l'Hôpital Général de Québec, 800 £ à l'Hôtel-Dieu de Québec, 400 £ au couvent des ursulines de Trois-Rivières, 820 £ à l'Hôpital Général de Montréal et 157 £ à l'Hôpital des Émigrés.
Source: SPBC (1830), chap. 35.

Acte pour affecter une certaine somme d'argent y mentionnée pour le soutien de l'Hôpital des Émigrés établi dans Québec. Une somme de 700 £ est accordée.
Source: SPBC (1830), chap. 46.

Acte pour affecter une certaine somme d'argent à l'aide de l'Hôpital Général de Montréal. Une somme de 635 £ est accordée.
Source: SPBC (1830), 765.

Création de l'Hôpital Temporaire des Fièvres, dénommé aussi Hôpital Temporaire des Fébricitants[28]. Cet hôpital pour les marins et les immigrants, aménagé à Pointe-Lévis, contient 50 lits. Les passagers malades atteints de typhus, de fièvre jaune, de scarlatine, de peste, de petite vérole, de rougeole et d'autres infections sont transportés en chaloupe jusqu'à l'hôpital. C'est vraisemblablement

28. Bernier (1989, 106, 183) situe par erreur l'ouverture de l'hôpital vers 1820. SPBC (1831, chap. 25) mentionne que trois commissaires peuvent être nommés par le gouverneur «pour gérer et conduire l'établissement commencé à Pointe Lévis».

en 1830 que le docteur Tessier devient administrateur du nouvel hôpital. Une somme de 750 £ lui sera accordée en 1831 pour la location d'une ou plusieurs maisons selon les besoins, pour l'achat d'une chaloupe et de divers articles, ainsi que pour la rémunération de l'officier de santé. Il y aura alors à Québec au moins deux hôpitaux temporaires sur lesquels les autorités pourront compter pendant une épidémie: l'Hôpital Temporaire des Fièvres et l'Hôpital des Émigrés du faubourg Saint-Jean[29]. Mais, face à l'hostilité de la population, l'Hôpital Temporaire des Fièvres sera fermé à la fin de l'année 1832.
Sources: SPBC (1831), chap. 25; Janson (1979), 32; Bernier (1981), 320; Anctil/Bluteau (1986), 24; Leblond (1986), 230; Fecteau (1989), 222; Rousseau (1989), 232.

1831 *Acte pour affecter une certaine somme d'argent y mentionnée pour le soulagement des enfants trouvés et des aliénés.* Différentes sommes sont allouées aux institutions de Québec, Montréal et Trois-Rivières: 1169 £ à l'Hôpital Général de Québec, 580 £ à l'Hôtel-Dieu de Québec, 200 £ au couvent des ursulines de Trois-Rivières et 1420 £ à l'Hôpital Général de Montréal.
Source: SPBC (1831), chap. 18.

Acte pour affecter une certaine somme d'argent y mentionnée au soutien de l'Hôpital des Émigrés à Québec, et qui pourvoit à des dispositions ultérieures relativement à icelui. Les commissaires invitent les quatre plus anciens médecins et chirurgiens pratiquant dans la ville de Québec à se charger des soins et du traitement des malades à l'Hôpital des Émigrés. Ils auront le droit d'établir les règles relativement au régime, aux soins, aux heures de visite et aux devoirs des gardiens, des apothicaires et des gardes-malades.
Source: SPBC, (1831), chap. 26.

---

29. Selon Rousseau (1989, 232), Québec pouvait alors compter, en plus de l'Hôpital des Fièvres, sur deux autres hôpitaux temporaires: l'un situé sur le quai du Roi et l'autre dans le faubourg Saint-Jean. Nous n'avons aucune précision concernant l'hôpital situé sur le quai du Roi sinon qu'en 1834 Lord Aylmer donnera un édifice situé sur le quai pour héberger les malades. Voir *infra* 1834, note 38.

1832 Création du Military Cholera Hospital, le 20 juin, à Québec. Cet hôpital est mis sous la direction du docteur G. Griffin, aidé d'un sergent, de trois infirmières et d'une dizaine d'aides de camp. Cet hôpital est destiné aux soldats et à leurs familles.
Source: BAJMPS (1849), 267-268.

Construction de l'Hôpital de la Grosse-Île. En prévision de l'épidémie de choléra qui sévit dans les îles britanniques, un hôpital et des hangars sont érigés par des ingénieurs du roi à la station de quarantaine de la Grosse-Île qui est mise sous occupation militaire.
Source: Bilson (1980), 9-10.

Création de l'Hôpital Près-de-Ville à Québec. Il s'agit d'un hôpital temporaire mis sur pied par les docteurs O'Callighan et von Iffland en raison de l'épidémie de choléra. L'hôpital est situé sur la rue Saint-Paul.
Sources: LM (1967),189; Gosselin (1989), 1.

Création de l'Hôpital Blue Shed à Québec. Il s'agit également d'un hôpital temporaire situé dans un entrepôt de la vieille ville et destiné à l'hospitalisation des cholériques.
Sources: Howell (1933), 78; Gosselin (1989), 1.

1834 Ouverture de l'Hôpital de la Marine près de Pointe-aux-Lièvres, sur les bords de la rivière Saint-Charles. C'est le docteur F. Blanchet qui avait proposé à la Chambre d'assemblée, dès 1828, la formation d'un comité chargé d'étudier la possibilité d'ériger un hôpital pour matelots malades et autres indigents malades non résidents. La construction de l'hôpital avait débuté avec la pose de la pierre angulaire le 28 mai 1832 par Lord Aylmer[30]. L'Hôpital de la Marine ouvre ses portes le 20 juillet 1834,

30. Heagerty (1928a, 184) mentionne qu'un hôpital temporaire du nom de Emigrant Hospital est construit dans le faubourg Saint-Jean à Québec en 1832. Il s'agit en fait de l'Hôpital de la Marine également appelé Marine and Emigrant Hospital.

après l'épidémie de choléra, même si sa construction n'est pas encore achevée[31]. Il reçoit alors 150 malades. Le financement de l'hôpital est assuré par une taxe que les navires doivent acquitter à l'entrée du port. Au printemps de 1835, la construction de l'Hôpital de la Marine, d'une capacité de 360 lits, sera terminée et on accueillera durant l'été 112 malades. Le docteur von Iffland sera nommé médecin résident et le docteur W. Hall, médecin visiteur. «Pour la première fois dans l'histoire des établissements hospitaliers du Québec, la direction d'un hôpital sera remise à des médecins nommés par le gouvernement[32].» Parmi les 1364 patients que recevra l'Hôpital de la Marine en 1845, 239 seront des syphilitiques. La même année, une salle de dissection y sera aménagée. En 1850, l'hôpital comptera 250 lits. En 1852, il sera affilié à l'Université Laval. Il sera agrandi avec la construction d'une nouvelle aile entre les années 1854 et 1856. Une clinique de maternité sera mise sur pied en 1863 sur l'initiative de la faculté de médecine de l'Université Laval. L'hôpital fermera ses portes en 1890 lorsque l'édifice deviendra la propriété des sœurs du Bon Pasteur qui le transformeront en asile pour jeunes orphelines sous le nom d'Hospice Saint-Charles en 1891[33]. L'établissement deviendra par la suite l'Hôpital des Anciens Combattants, lequel fermera en 1951.

Sources: Heagerty (1928b), 116; Abbott (1931), 64; Howell (1933), 59, 67; LM (1951), 1085-1087; Mathieu (1953), 46; LM (1967), 188; VMCF (1974), 1210; Leblond (1969), 232, 234, 239; Lessard (1970), 6; Noppen *et al.* (1979), 367; Lemoine (1983), 165; Anctil/Bluteau (1986), 24; Leblond (1986), 145; Gosselin (1989), 1; Bernier (1989), 106; DBC (11), 534; AMHDQ.

---

31. Howell (1933, 59, 67) donne à penser que l'hôpital était déjà ouvert dès 1831, ce qui paraît peu vraisemblable.
32. Bernier (1989, 106).
33. Gosselin (1989, 1) situe la fondation de cet hospice en 1870. Lessard (1970, 8) en situe la fermeture en 1886.

Ouverture de l'hôpital Blue Store. La Société des émigrés de Québec lance une souscription publique afin d'ouvrir un nouvel hôpital pour les émigrés souffrant de maladies contagieuses. Elle obtient une somme de 200 £ et décide d'ouvrir un hôpital au début du mois de juin[34].
Sources: Drolet (1967), 71; Bilson (1981), 69.

1838 En annexe au rapport Durham, le docteur Doratt, Inspecteur des hôpitaux du Haut et du Bas-Canada, fait paraître les résultats de son enquête sur l'état des institutions de charité, et en particulier sur la situation des aliénés au Bas-Canada.
Source: Durham (1838), an. A.

1839 Fondation du Montreal Lunatic Asylum[35]. Après le refus des gouverneurs du Montreal General Hospital, en mars, de faire construire un asile pour les aliénés sur leur terrain, le gouverneur Colborne accorde au secrétaire de la province une somme de 2000 £ pour l'amorce d'une nouvelle démarche et pour l'acquisition d'un autre site. Une commission est aussitôt formée, le 27 juin[36]. Les docteurs W. Robertson, J. Crawford, J. B. C. Trestler et J. Stephensen en font partie. Pendant que la commission poursuit ses travaux, le troisième étage de l'édifice de la prison commune de Montréal, appelée prison du Pied-du-Courant, est pressenti comme espace

---

34. Drolet (1967, 71) mentionne que l'hôpital Blue Store est aménagé dans un hangar près du quai du Roi. Or, Bilson (1981, 73) affirme que le gouverneur Aylmer avait donné un édifice situé sur le quai du Roi pour héberger les malades en attendant leur admission dans les hôpitaux. Il est donc possible que ce soit dans cet édifice qu'ait été aménagé le Blue Store. On peut se demander par ailleurs si les dénominations Blue Store et Blue Shed (voir *supra* 1-1832) ne renvoient pas en fait au même hôpital.
35. Bernier (1989, 183) mentionne 1841 comme date de fondation ou d'ouverture.
36. Keating (1980), précise qu'une commission mandatée pour voir à la prise en charge des aliénés avait déjà été formée par Colborne en 1837, mais que ses membres ne furent nommés qu'en 1839.

temporaire. En 1840, le Montreal Lunatic Asylum y ouvrira ses portes et accueillera 40 patients. Le projet d'un bâtiment permanent demeurant toujours en suspens, l'asile, surpeuplé, restera situé dans la prison de Montréal et cessera ses activités en 1845 avec l'ouverture de l'Asile de Beauport. Ses 52 patients y seront alors transférés.
Sources: Paradis *et al.* (1977a), 162, 244; Cellard/Nadon (1986), 346; Keating (1986), 59, 95; Cellard (1991), 162, 178; 203-204, 206.

1840 Ouverture de l'Hôtel-Dieu de Saint-Hyacinthe. Cet hôpital ne sera reconnu juridiquement qu'en 1846. En 1939, la Législature amendera la loi d'incorporation de l'hôpital et lui accordera de nouveaux droits en matière de gestion financière.
Source: SPQ (1939), chap. 144.

1841 Fondation du Montreal Lying-in Hospital par le docteur W. MacNider[37]. Il s'agit du premier hôpital de maternité anglais au Québec. Le Montreal Lying-in Hospital fermera ses portes en 1846, peu après le décès de son fondateur.
Source: Sclater Lewis (1969), 267.

Incorporation de l'Asile de Montréal pour les femmes âgées et infirmes. L'asile, dénommé «Maison jaune», est situé au coin des rues Saint-Hubert (Lacroix) et Sainte-Catherine. Il s'agit d'une maison qui avait été léguée en 1836 par un monsieur Berthelet en faveur de l'œuvre de madame Gamelin. L'asile est le premier noyau de la future communauté des sœurs de la Providence qui sera fondée canoniquement en 1844. Une salle destinée aux infirmes «les plus pitoyables» y sera aménagée en 1843 et sera appelée salle Saint-Jean-de-Dieu. À la Maison jaune, qui sera incendiée en 1844, s'ajoutera en 1841 un autre bâtiment situé sur la rue Saint-Denis, près de

37. Abbott (1931, 83) mentionne 1842 comme date de fondation.

l'église Saint-Jacques. Ce bâtiment portera le nom d'Asile des sœurs de la Providence de Montréal. L'asile, dont la construction sera terminée en 1843, recevra d'abord les dames âgées de la Maison jaune, puis, en 1845, ses trois premiers aliénés. Cette initiative incitera mère Gamelin à entreprendre un voyage aux États-Unis en 1850, notamment au Mount Hope Retreat de Baltimore, pour s'enquérir des meilleurs moyens pour venir en aide aux aliénés.
Sources: SPC (1841), chap. 67; SPC (1861), chap. 115; Heagerty (1928a), 263; Paradis *et al.* (1977a),245; Courteau (1989), 26-28, 31-33, 35.

1843 Fondation du University Lying-in Hospital par les membres de la faculté de médecine de l'université McGill. Le University Lying-in Hospital est alors construit pour rivaliser avec le Montreal Lying-in Hospital mis sur pied par le docteur MacNider, également cofondateur de l'École de Médecine et de Chirurgie. L'hôpital sera incorporé en 1854. La loi d'incorporation mentionne que le but de l'hôpital, rattaché à l'université McGill, est de procurer «les secours de la science» aux femmes indigentes «à l'époque critique de l'enfantement» et d'offrir aux étudiants les «moyens d'acquérir la science obstétrique». M. Lum, M. Mulford et E. Ostell en sont alors les directrices. Les médecins en charge de l'établissement sont A. Hall et B. Workman. Font aussi partie du personnel de l'hôpital les docteurs A. F. Holmes, G. W. Campbell, O. Bureau et W. Sutherland. Entre 1843 et 1866, l'hôpital recevra 3000 patientes. Cet hôpital, qui compte 18 lits en 1863, deviendra le Montreal Maternity Hospital et déménagera en 1874 sur la rue Saint-Antoine dans un nouvel établissement. En 1884, il prendra le nom de University Maternity Hospital[38]. Deux ans plus tard, un comité composé des docteurs Shepherd, Gardner et

38. Voir à ce propos SPQ (1884, chap. 61).

Browne sera désigné par la faculté de médecine de l'université McGill pour faire enquête sur l'administration de l'hôpital. En 1887, le University Maternity Hospital prendra le nom de Montreal Maternity. La charte de l'hôpital sera amendée en 1905. L'amendement modifiera les dispositions existantes relativement au pouvoir de la corporation d'acquérir des biens. Il stipulera que le professeur d'obstétrique en devoir à la faculté de médecine de l'université McGill sera *ex officio* le médecin-accoucheur de la Montreal Maternity. L'amendement prévoira aussi la formation d'un bureau médical composé de membres du personnel enseignant à la faculté de médecine de l'université McGill. L'hôpital sera affilié au Royal Victoria Hospital en 1924 sous le nom de Royal Victoria Montreal Maternity Hospital.
Sources: SPC (1854), chap. 61; CMJMR (1866), 294; CMR (1874), 167; SPQ (1884), chap. 61; SPQ (1887), chap. 36; SPQ (1905), chap. 95; Howell (1934), 134; Abbott (1931), 64, 83; Sclater Lewis (1969), 267; Kenneally (1983), iii.

Fondation du Dispensaire de Montréal (Montreal Dispensary). Faute de fonds, ce dispensaire devra toutefois fermer ses portes. Réouvert au début des années 1850[39] sur l'initiative des docteurs Peltier, Gibb, Fenwick, R. P. Howard, Wright et Boyer, il sera incorporé le 18 décembre 1854. La loi d'incorporation mentionne que le but de l'établissement est de fournir des soins médicaux et chirurgicaux aux personnes pauvres et malades.
Sources: BAJMPS (1850), 306; SPC (1854), chap. 62; CMR (1882), 7; Voyer (1954), 140.

Fondation à Montréal d'un refuge pour les mères célibataires par les sœurs de Notre-Dame de la Charité d'Angers .
Source: Voyer (1954), 19.

39. S'agit-il du même dispensaire que celui ouvert par les sœurs grises en 1846?

1845 Fondation de l'Asile de Beauport. Le gouverneur Metcalfe, qui, en 1843, s'était montré favorable à une réforme dans le traitement dispensé aux aliénés, reçoit les soumissions des docteurs Mount, Badgley / Sutherland et des docteurs Douglas / Morrin / Frémont. Il opte alors, en août, pour un contrat de trois ans avec le docteur James Douglas et ses associés pour l'établissement et l'administration d'un asile temporaire à Beauport. Les aliénés du Montreal Lunatic Asylum y sont alors transférés. Il en va de même des aliénés renfermés à l'Hôtel-Dieu de Trois-Rivières et dans les loges de l'Hôpital Général de Québec. L'Asile de Beauport, qui accueille 82 patients dès sa première année, est d'abord installé par J. Douglas dans un ancien manoir construit par Robert Giffard et situé sur une terre de 200 acres, dont il fait l'acquisition en attendant la construction d'un bâtiment neuf par le gouvernement. Ce bâtiment ne verra pas le jour au terme du contrat de trois ans conclu entre Douglas et le gouvernement. Un deuxième contrat de sept ans amènera Douglas à aménager lui-même, sur une nouvelle propriété un peu plus proche de Québec, un bâtiment pouvant accommoder environ 275 patients. Le Beauport Asylum prendra alors le nom de Quebec Lunatic Asylum (également appelé à l'époque le Beauport Lunatic Asylum). Ce deuxième bâtiment date de 1850 et est situé sur l'emplacement actuel de l'Hôpital Saint-Michel-Archange. L'entreprise de Douglas se terminera en 1863 lorsqu'il sera contraint de résilier son contrat. En 1864, l'Asile de Beauport sera agrandi. L'hôpital pourra dès lors recevoir 900 patients. En 1865, le Quebec Lunatic Asylum prendra la dénomination d'Asile des aliénés de Québec. Le pavillon des femmes sera la proie des flammes en 1875. Le 7 avril 1893, l'Asile de Beauport sera vendu par ses propriétaires, dont l'Honorable Philippe Landry, aux sœurs de la Charité de Québec pour une somme de 425 000 $. Les sœurs grises en feront l'année suivante l'Asile Saint-Michel-Archange. L'asile sera affilié à l'Université Laval en 1924 et prendra alors le nom d'Hôpital Saint-Michel-Archange.

Sources: BAMPJ (1850), 177; SPQ (1881), chap. 50; Heagerty (1928), 253, 259; Howell (1933), 73-74; Paradis *et al.* (1977a), 32, 99, 245; Paradis (1977b), 39; Wallot (1979), 107; Boudreau (1984), 30-31, 55; Leblond (1986),106; Keating (1986), 59, 101; Bernier (1989), 106; Cellard (1991), 206.

Fondation de l'Hospice de la Miséricorde par les sœurs de la Miséricorde[40]. Cet hôpital, appelé aussi Maternité Sainte-Pélagie, est situé sur la rue Saint-Hubert, à Montréal. Il accueille entre 300 et 500 mères célibataires par année. Durant les quatre premières années de fonctionnement, 400 accouchements y seront pratiqués. La direction médicale sera assurée par le docteur E. Trudel de 1845 à 1882. En 1863, l'hôpital compte 75 lits. En 1888, les sœurs de la Miséricorde y ouvriront un dispensaire de gynécologie qui sera mis successivement sous la direction médicale des docteurs A. Dagenais et M. T. Brennan.
Sources: CL (1863), 68; UMC (1888), 616; UMC (1932), 179, 230; UMC (1973), 400-403; Laforce (1985), 97.

Fondation du Montreal Eye and Ear Institution à Montréal. L'hôpital est fondé sur l'initiative du docteur Morson. Le docteur MacDonnell est le médecin consultant. Le docteur H. Howard viendra s'adjoindre au personnel peu de temps après sa fondation. De 1845 à février 1851, l'hôpital recevra 1809 patients.
Sources: BAJMPS (1845), 196; BAMPJ (1851), 472; DBC (11), 468.

40. UMC (1946, 1330) affirme que l'Hôpital Général de la Maternité est «administré par les révérendes sœurs de la Miséricorde depuis sa fondation en 1848 sous le nom de l'Hospice Sainte-Pélagie sur la rue Wolfe». Tanghe (1936, 121) corrobore cette date de fondation alors que Bernier (1989, 183) situe plutôt en 1846 la création de l'Hospice de la Maternité de Sainte-Pélagie. Selon HMHC (10), l'hôpital est plutôt fondé en 1850.

Ouverture d'un dispensaire pour les malades indigents à Montréal par les sœurs grises.
Source: DCA (1938), 8.

Au début de l'année 1845, une commission d'enquête, vraisemblablement mise sur pied par Lord Metcalfe, fait rapport à Québec sur la situation des aliénés au Bas-Canada et formule des recommandations.
Source: Howell (1933), 73.

1847 Ouverture par les sœurs de la Charité de la Providence de l'Hospice Saint-Jérôme-Émilien pour les orphelins irlandais en mauvaise santé ou infirmes. Cet hospice, situé à Montréal, sera détruit par un incendie en mai 1852.
Source: UMC (1971), 1794-1795.

Création à Beauport, lors de l'épidémie de typhus, d'un hôpital appelé Emigrant Fever Hospital destiné à héberger 350 patients. Cet hôpital privé, vraisemblablement créé par le docteur J. Douglas pour accueillir les immigrants malades irlandais, abritera bientôt plus de 1100 patients, ce qui conduira à la mise sur pied d'abris temporaires et à la transformation en hôpitaux provisoires de plusieurs bâtiments situés sur le chemin de Beauport.
Source: MMJ (1902), 581; Voyer (1954), 18.

1848 Formation d'une commission présidée par W. Nelson «pour étudier l'état des hôpitaux et des asiles[41]». Le docteur von Iffland sera membre de cette commission.
Sources: Lesage (1947), 70; DBC (10), 412.

1850 Fondation de l'Asile Sainte-Madeleine à Québec. Il s'agit d'un établissement de charité destiné aux mères célibataires.
Sources: Voyer (1954), 19; Gosselin (1989), 1.

---

41. DBC (10, 412).

1851 *Acte relativement à la réclusion des aliénés dont la mise en liberté pourrait offrir des dangers pour la sûreté publique.* Cette loi permet aux jurés, lors d'un procès, de s'informer de l'état mental d'un inculpé au moment de la perpétration d'un acte criminel et autorise son acquittement et sa réclusion conséquente pour cause d'aliénation mentale. Elle réserve aux juges de la cour du banc de la Reine et de la cour supérieure le droit de procéder dans le cas d'actes criminels commis par des personnes présumées aliénées et dangereuses. Elle autorise par contre les juges de paix de districts à enquêter, avec le concours de médecins et/ou de chirurgiens, sur l'état mental de toute personne détenue dans une prison et en attente de procès. La loi oblige dans de tels cas à l'émission de certificats d'aliénation et au transfert desdites personnes dans un asile et, le cas échéant, à l'émission de certificats de recouvrement de la raison et à la réincarcération de ces mêmes personnes. La loi prévoit aussi l'émission de certificats juridiques autorisant l'arrestation préventive des personnes présumées aliénées, dangereuses et violentes, la saisie de leurs biens pour payer les frais occasionnés par leur détention, ou encore, à défaut de biens suffisants, le paiement de ces frais par les municipalités où elles résident.
Source: SPC (1851), chap. 83.

Acte pour régler l'administration des asiles privés d'aliénés. Cette loi, qui ne s'applique pas à l'Asile de Beauport, autorise les cours de justice à émettre des permis pour les asiles privés qui accueillent des aliénés. Elle prévoit la désignation de visiteurs et fait état des circonstances où ces personnes seront appelées à intervenir. La loi prévoit qu'aucune personne intéressée dans l'administration asilaire ne sera éligible à la fonction de visiteur. Elle oblige les propriétaires d'asiles à fournir aux visiteurs un plan de leur établissement et prévoit des sanctions pour toute déclaration fausse. La loi prévoit aussi les conditions de renouvellement des permis, leur coût et la façon dont on utilisera les fonds ainsi levés. Des dispositions de trans-

fert de privilèges de gestion devront être prises en cas d'incapacité ou de décès par les propriétaires d'asiles. La loi rend obligatoire l'obtention d'un certificat médical pour l'internement de tout patient dans un asile et oblige les médecins à justifier leur expertise. Chaque asile devra disposer d'un registre des visiteurs et d'un registre des patients. Des dispositions sont prévues quant aux abus et au mauvais traitement des patients. La loi précise enfin les procédures à suivre en cas d'évasion ainsi que les obligations de chaque asile quant à son personnel médical et quant au nombre de visites auquel celui-ci est tenu.
Source: SPC (1851), chap. 84.

Incorporation de l'Hôpital Général Protestant du comté de Carleton.
Source: Voyer (1954), 138.

Une commission est mise sur pied par Lord Elgin. Cette commission, composée des docteurs W. Nelson, R. L. MacDonnell et de l'avocat Z. Perreault, a pour mandat d'enquêter et de faire rapport sur l'administration de l'Hôpital de la Marine, notamment sur la tenue de l'hôpital et sur les différends entre le docteur J. Douglas et les autres membres du personnel médical. La commission d'enquête déposera un rapport défavorable de 250 pages qui sera publié par l'Assemblée législative sous le titre *A return to an Address of the Legislative Assembly to His Excellency the Governor General, relating to the Marine and Emigrant Hospital.* Ce rapport sera sévèrement critiqué par le *British American Medical and Physical Journal.*
Sources: BAMPJ (1851), 360; Leblond (1986), 237.

1852 Fondation du Saint Patrick's Hospital (Hôpital Saint-Patrice) à Montréal. La fondation de cet hôpital fait suite à l'achat du Collège Baptiste, le 31 mai, par Monseigneur Bourget qui désire en faire un hôpital pour les Irlandais catholiques. L'établissement, situé sur la rue Guy près de la rue Dorchester, est pris en charge par les

religieuses hospitalières de Saint-Joseph. Le Saint Patrick's Hospital prendra le relais de l'Hospice Saint-Jérôme-Émilien détruit par un incendie en mai 1852. Le 21 juin, les sœurs s'installent à l'hôpital et reçoivent, le 16 août, leurs premiers patients. Lors de la fermeture de l'hôpital, le 7 mai 1860[42], les patients seront transférés au nouveau bâtiment de l'Hôtel-Dieu de Montréal. Les salles Sainte-Brigitte et Saint-Patrick seront alors mises à la disposition des malades irlandais.
Sources: CMR (1882), 7; Heagerty (1928b), 119; UMC (1971), 1794; Lahaise (1973), 52; Kerr (1973), 306-307; Desjardins (1973), 142-144.

Fondation de l'Hospice Saint-Joseph de la Maternité de Québec. Cet établissement de charité fondé par Marie Métivier est destiné à la maternité et à l'accueil des enfants abandonnés. Il sera affilié à la faculté de médecine de l'Université Laval dès sa fondation. Dirigé par une association de dames catholiques, il sera incorporé en 1855 et fermera ses portes en 1874 à la suite de l'ouverture de l'Hospice de la Miséricorde de Québec.
Sources: SPC (1855), 226; Laforce (1985), 97, 124; Gosselin (1989), 1; Lessard (1970), 6; AMHDQ.

1854 Fondation de l'Institution catholique des sourds-muets pour la province de Québec ne sera incorporée sous cette raison sociale qu'en 1874. Elle est dirigée par les clercs de Saint-Viateur. La loi d'incorporation prévoit la formation d'un conseil d'administration composé de toutes les personnes constituant la corporation et présidé *ex officio* par l'évêque de Montréal. En 1898 une autre loi prolonge de trois années le délai de recours des créanciers de l'Institution et valide un contrat de vente de propriété entre un particulier et la corporation. En 1905, une loi amendera la composition du conseil d'administration et

42. Selon HCNDM (1969, 101), la Congrégation de Notre-Dame de Montréal achète des sœurs de l'Hôtel-Dieu, le 8 novembre 1859, le Saint Patrick's Hospital au montant de 8600 £.

le nom de l'établissement, qui s'appellera désormais l'Institut catholique des sourds-muets pour la province de Québec. Cet amendement prévoira la formation d'un conseil d'aviseurs pour la liquidation des dettes de la corporation et suspendra de nouveau pour trois ans le droit de recours des créanciers. En 1916, un autre amendement abolira le conseil d'administration créé par la loi de 1905 et prévoira la formation d'un conseil d'administration comprenant le supérieur provincial des clercs de Saint-Viateur, le directeur et procureur de l'établissement principal recevant les sourds-muets, un professeur nommé par les trois premiers et un autre membre choisi par les quatre premiers. Cette loi accordera à l'Institut des droits élargis au niveau de ses pouvoirs corporatifs et de ses opérations financières, en particulier le droit d'émettre des bons ou obligations.
Sources: SPQ (1874), chap. 39; SPQ (1905), chap. 102; SPQ (1908), chap. 164; SPQ (1916), chap. 105.

1855 Incorporation de l'Asile du Bon Pasteur de Québec. Il s'agit d'un refuge pour les mères célibataires.
Source: SPC (1855), 233.

Fondation de l'Hôpital Saint-Eusèbe de Joliette d'une capacité de 55 lits[43].
Source: Abbott (1931), 86.

1857 *Acte pour établir des prisons pour les jeunes délinquants, pour la meilleure administration des asiles, hôpitaux et prisons publics et pour mieux construire des prisons communes.* Cette loi permet au gouverneur de désigner cinq personnes compétentes pour être inspecteurs de tous les asiles, hôpitaux, prisons publics et autres maisons de détention. Elle autorise ces inspecteurs à visiter l'Asile de Beauport et les «asiles privés pour lunatiques» de même que les hôpitaux financés par le gouvernement en tout

43. Selon Bernier (1989, 183), l'hôpital n'est construit qu'en 1863.

ou en partie. Elle permet également au gouverneur de nommer un surintendant et des officiers pour les asiles publics d'aliénés, d'idiots, de sourds, de muets ou d'aveugles et prévoit l'érection d'un asile pour les aliénés criminels dans les environs du pénitencier provincial de Kingston. Y sont également énoncées les modalités de transfert des aliénés de la prison à l'asile ou de l'asile au pénitencier, de même que les conditions d'élargissement d'un aliéné criminel dont la sentence a été purgée. La nomination des inspecteurs du gouvernement ne se fera toutefois qu'en 1859[44].
Source: SPC (1857), chap. 28.

F. Vogeli, arrivé de France en 1848, ouvre une infirmerie vétérinaire sur la rue Bonsecours à Montréal.
Source: Pépin (1986), 56.

1858 Incorporation de l'Hôpital Général de Trois-Rivières. Le conseil d'administration peut nommer un bureau médical composé «de pas plus de trois médecins ou chirurgiens».
Source: SPC (1858), chap. 71.

1859 *Acte concernant les inspecteurs des asiles et hôpitaux publics du pénitenciaire provincial et de toutes les prisons communes et autres prisons.* Cette loi entraîne la nomination d'inspecteurs qui forment le Bureau des inspecteurs des asiles, prisons, etc. du Canada-Uni. Il s'agit du premier organisme central de contrôle de l'appareil sociosanitaire en Amérique du Nord. Ce bureau se voit confier la surveillance de 62 établissements publics. Les inspecteurs sont chargés de soumettre un rapport annuel.
Sources: SPC (1859), chap. 110; Heagerty (1928b), 260; Keating (1986), 133.

Acte concernant les asiles privés d'aliénés. Cette loi reprend en substance les termes du chapitre 84 des statuts de 1851.
Source: SRC (1859), chap. 73.

44. Voir à ce propos la section IV, 1859.

Acte concernant l'Asile des aliénés criminels. Cette loi reprend en substance les termes de la partie du chapitre 28 des statuts de 1857 qui concerne l'Asile de Kingston.
Source: SRC (1859), chap. 108.

Acte relativement à la réclusion des aliénés dont la mise en liberté pourrait offrir des dangers pour la sûreté publique. Cette loi reprend en substance les termes du chapitre 83 des statuts de 1851.
Source: SRC (1859), chap. 109.

1860 Incorporation de l'Hôpital Général du district de Richelieu[45]. Le conseil d'administration peut nommer un bureau médical composé «de pas plus de trois médecins ou chirurgiens».
Source: SPC (1860), chap. 142.

1861 *Acte pour amender l'acte d'inspection des asiles et prisons.* Cette loi amende la loi de 1859. Elle stipule que les inspecteurs feront leur visite dans les prisons tous les trois mois et prendront des minutes régulières de leurs visites et délibérations. Elle modifie aussi la date à laquelle les inspecteurs doivent faire rapport au gouverneur.
Source: SPC (1861), chap. 11.

Ouverture de l'Hôtel-Dieu du Mont Sainte-Famille, sur l'avenue des Pins à Montréal. Il s'agit de la relocalisation de l'Hôtel-Dieu, antérieurement situé dans le Vieux-Montréal.
Sources: Abbott (1931), 23, 81; Howell (1933), 41; Sclater Lewis (1969), 15; Desjardins (1973), 60.

Ouverture de l'Asile Saint-Jean d'Iberville[46]. L'asile, établi à même les baraques de l'armée et confié au docteur Henry Howard, fermera ses portes en 1875 et ses pa-

45. Cet hôpital est apparemment incorporé à nouveau en 1875 sous le même nom. Voir SPQ 1875, chap. 53.
46. Bernier (1989, 183) semble situer la création de cet hôpital en 1868. Abbott (1931, 86), pour sa part, en situe la fondation en 1866. Boudreau (1984, 32) mentionne par erreur l'Asile Saint-Jean d'Youville.

tients seront alors transférés à l'Asile Saint-Jean-de-Dieu. L'Asile Saint-Jean d'Iberville sera le seul asile dont les frais seront totalement supportés par l'État. L'hôpital compte environ 55 lits.
Sources: Heagerty (1928b), 262; Abbott (1931), 78-79, 86; Paradis *et al.* (1977a), 245; Keating (1986),133.

1862 Ouverture de l'Hôpital Général de Sorel.
Source: Bernier (1989), 183.

1863 Fondation, le 1er juin, du Dispensaire de l'asile des sœurs de la Providence de Montréal.
Source: UMC (1873), 567.

1864 Fondation de l'Hospice Sainte-Mathilde sur la rue Vitré à Montréal. Il s'agit d'un hôpital consacré aux «maladies des femmes». Les médecins consultants sont les docteurs J. B. Thresler, J. G. Bibaud, J. E. Coderre, T. E. d'Orsonnens et H. Peltier.
Source: CL (1864), 93.

Fondation du Dispensaire des Dames de l'Hôpital Général de Montréal, le 1er juin. Cette fondation est le fruit d'une concertation entre l'évêque de Montréal, Monseigneur Bourget, les sulpiciens et les professeurs de l'École de Médecine et de Chirurgie de Montréal.
Source: UMC (1873), 567.

Fondation du Belmont Retreat[47]. Cet asile privé est situé à deux ou trois milles de Québec, sur le chemin de Sainte-Foy. Il est administré par monsieur Wakeham, anciennement surintendant de l'Asile de Beauport pendant une vingtaine d'années. Destiné aux aliénés curables suffisamment riches pour payer leur hospitalisation, cet asile se consacrera également, à compter de 1866, à la désintoxication des alcooliques. En 1869, il accueillera une dizaine de patients.
Sources: CMJMR (1866), 95-96; CMJMR (1869), 93, 524.

---

47. Une réclame publicitaire parue dans le BMQ de 1902 mentionne que le Belmont Retreat a été fondé en 1851.

Incorporation du Dispensaire de Yamaska.
Sources: SPC (1864), chap. 148; Voyer (1954), 146.

1865 Création du Jeffery Hale Hospital de Québec. Cet hôpital protestant est fondé à la suite d'un don d'un riche marchand de Québec. Le projet d'un hôpital protestant avait été formulé dès 1855 avec l'incorporation de l'Hôpital Victoria de Québec. Ce projet n'avait toutefois pas pu se matérialiser. Ouvert en 1867 dans une maison à l'angle des rues des Glacis et Saint-Olivier, le Jeffery Hale Hospital sera agrandi en 1873 pour atteindre une capacité de 61 lits. On y recevra alors les contagieux. En 1866, l'hôpital sera incorporé. L'hôpital achètera de l'Hôtel-Dieu, en 1895, un terrain sur lequel sera construit un nouveau pavillon en 1901. La loi d'incorporation de l'hôpital sera amendée cette année-là. L'amendement modifiera les dispositions existantes concernant les membres éligibles comme directeurs de la corporation. Le nombre de directeurs sera porté à huit, dont au moins six seront directeurs à vie. Les modalités d'élection, le pouvoir des directeurs et les conditions d'éligibilité des membres comme membres votants y seront précisés.
Sources: SPC (1855), 224; SPC (1866), chap. 106; SPQ (1901), chap. 91; Voyer (1954), 140; Noppen *et al.* (1979), 369; Hare *et al.* (1987), 287; Bernier (1989), 106, 183; Gosselin (1989), 1.

1866 Ouverture, le 19 février, du Dispensaire de Québec. Ce dispensaire, qui sert à l'enseignement clinique pour les étudiants de la faculté de médecine de l'Université Laval, accueille les pauvres de la ville, sans distinction de croyances ni d'origines, et leur donne gratuitement les soins et les remèdes que requiert leur état. La même année, une section de ce dispensaire sera consacrée aux maladies des yeux et des oreilles sous la direction du docteur Simard qui sera nommé oculiste de l'Hôtel-Dieu de Québec en 1885[48].

48. Heagerty (1928b, 117) précise: *«this dispensary became a link in the Hôtel-Dieu services»;* mais il en parle nettement comme d'un nouvel établissement, distinct des cliniques de l'Hôpital de la Marine et de l'Hôtel-Dieu.

Sources: Heagerty (1928b), 117; Boissonnault (1953), 232; Voyer (1954), 22.

1868 *Acte concernant les inspecteurs de prisons, hôpitaux et autres institutions.* Cette loi autorise le gouverneur à nommer trois inspecteurs de prisons, hôpitaux et autres institutions et à en nommer le président. Elle fixe le lieu des assemblées et les modalités du vote, précise les devoirs des inspecteurs, dont celui de formuler des règlements pour l'administration des prisons, notamment en ce qui concerne les soins médicaux des prisonniers. Elle les autorise à visiter à leur gré l'Asile de Beauport, ces visites devant toutefois avoir lieu au moins deux fois l'an. Les inspecteurs doivent faire rapport au gouverneur sur l'état et l'administration de l'asile.
Sources: SPQ (1868), chap. 23; Courteau (1989), 42.

1869 Incorporation, à Montréal, de l'Institution protestante pour les sourds-muets et les aveugles. Elle deviendra l'Institution Mackay pour les sourds-muets protestants en 1878. L'amendement de 1878 prévoit un bureau des gouverneurs incluant d'office les directeurs des institutions montréalaises suivantes: université McGill, Church of England Theological College, Presbyterian College, Wesleyan Theological College, Congregational College of British North America.
Sources: SPQ (1869), chap. 89; SPQ (1878), chap. 41.

Incorporation de La Société de l'hôpital des enfants malades de Montréal. Parmi les membres fondateurs qui demandent l'incorporation, on remarque les noms des docteurs F. W. Campbell, E. H. Trenholme et G. Girdwood.
Source: SPQ (1869), chap. 86.

1870 Incorporation du Women's General Hospital à Montréal. La demande d'incorporation est faite par les docteurs J. L. Leprohon, W. H. Hingston et J. S. Chapman. L'hôpital est situé sur la rue Tupper à Montréal. En

1871, le Women's General Hospital deviendra le Herbert Reddy Memorial Hospital. En 1928, le docteur H. N. Segall y mettra sur pied une clinique en cardiologie.
Sources: SPQ (1870), chap. 57; Segall (1988), 125; Bernier (1989), 183; HMHC, 17.

Fondation du Protestant Infants Home. L'hôpital incitera les mères à séjourner quelque temps à l'hôpital après leur accouchement et à y nourrir leur enfant.
Source: Thornton (1988), 42.

1871 Incorporation du Women's Hospital[49] à Montréal. L'hôpital n'ouvrira ses portes qu'en 1873. Il sera alors sous la direction du docteur Trenholme, professeur d'obstétrique, de gynécologie et de pédiatrie au Bishop's College. La loi d'incorporation sera amendée en 1874 par une autre loi prévoyant la désignation comme directeurs à vie des membres qui auront souscrit au moins 100 $ et qui auront ultérieurement continué de souscrire et de payer annuellement au moins 5 $. Cet hôpital, situé au 51 rue Saint-Antoine, se spécialisera dans les champs de la maternité et des «maladies des femmes». La charte de l'hôpital sera achetée par la faculté de médecine du Bishop's College. L'hôpital servira alors à l'enseignement clinique. En 1880, l'hôpital décidera de louer le nouveau bâtiment, encore inoccupé, du Western Hospital. On y installera alors 20 lits pour l'obstétrique, 10 pour la gynécologie et 8 chambres privées seront mises à la disposition des médecins. En 1894, le Women's Hospital quittera les locaux du Western Hospital pour être relocalisé dans un nouvel édifice plus vaste. L'hôpital deviendra le Woman's General Hospital en 1927.
Sources: CMR (1873), 72; SPQ (1874), chap. 41; CMR (1880), 191; CMR (1902), 85; SPQ (1927), chap. 113; Abbott (1931), 86.

49. CMR (1876, 265) désigne l'hôpital sous le nom de Woman's Hospital. CMR (1873, 72) lui attribue le nom de Maternity Hospital mais, il s'agit là manifestement d'un tout autre hôpital de maternité.

1872 Fondation de l'Hôpital Saint-Julien destiné à la garde des malades mentaux de sexe féminin. Cet hôpital, d'une capacité de 100 patients, est alors situé à Saint-Ferdinand d'Halifax, dans le comté de Mégantic.
Sources: Boudreau (1984), 38; Bernier (1989), 183.

1873 Fondation de l'Asile Saint-Jean-de-Dieu. En 1845, la ferme Desautels (qui deviendra la ferme Saint-Isidore l'année suivante) avait été cédée à l'œuvre d'Émilie Gamelin par Monseigneur Bourget et, à compter de 1846, on y avait aménagé une école pour les filles du village avoisinant et pour quelques jeunes filles sourdes et muettes. En 1852, la communauté des sœurs de la Providence avait aussi fait ériger des loges près de la Maison de la ferme pour assurer la garde des aliénés qu'elle hébergeait déjà à l'Asile de la Providence de Montréal. Placée sous la direction de sœur Praxède, la Maison de la ferme Saint-Isidore, de même que le nouveau couvent Saint-Isidore, aménagé à même une maison de pierre sise à l'intérieur des limites du village, avait alors été mise sous la protection de Saint-Jean-de-Dieu, au mois d'octobre de cette même année, avec la bénédiction de Monseigneur Bourget. En 1855, les aliénés avaient été transférés des loges à une maison attenante au couvent puis, en 1862, au couvent lui-même. Ce n'est toutefois qu'en 1873, conformément à une recommandation du médecin député L. D. Lafontaine à l'effet de confier le soin des aliénés de la province aux communautés religieuses, que l'Asile Saint-Jean-de-Dieu est fondé et qu'un contrat de cinq ans est signé avec le gouvernement. Cette initiative s'explique par la surpopulation de l'Asile de Beauport et le fait qu'une quarantaine de ses patients doivent être transférés à Montréal. Le couvent ne suffisant pas à l'hébergement de ses 77 patients, on entreprendra donc l'année suivante la construction d'un nouveau bâtiment. Les baraques désaffectées de l'armée (casernes Hochelaga situées sur la rue Sainte-Marie) seront louées entre-temps pour la garde d'une quarantaine d'«idiots» du sexe mâle. Le nombre des aliénés y grimpera rapidement à 112.

En 1875, le couvent de la ferme Saint-Isidore sera définitivement doté de son nouveau bâtiment et prendra alors le nom d'Hospice Saint-Jean-de-Dieu. Cet hospice dont le corps principal comptera cinq étages, sera pourvu de 79 chambres privées, de 27 salles, de 51 dortoirs et de 150 cellules et pourra recevoir plus de 1000 patients. Les patients des Casernes Hochelaga de Montréal et ceux résidant au couvent y seront transférés. Les sœurs de la Charité signeront alors un contrat de 20 ans avec le gouvernement pour la garde des aliénés. En 1885, conformément à la loi Ross, le premier bureau médical de l'hospice, composé des docteurs Howard, Perreault et Duquet, sera mis sur pied. Le docteur Howard sera remplacé par le docteur Duquet comme surintendant en 1887. Deux ans plus tard, le docteur Villeneuve sera nommé surintendant. Il demeurera à ce poste jusqu'à sa mort en 1917 et sera remplacé en 1918 par le docteur Devlin. En 1890, un incendie détruira l'hospice, laissant 1200 aliénés sans abri et faisant 86 victimes. On devra alors ériger en toute hâte des pavillons «temporaires» qui dureront une dizaine d'années. Ces pavillons, au nombre de quatorze, seront mis à la disposition des patients en août 1890. En 1891, la Maison de la ferme Saint-Isidore (Mission Saint-Isidore) sera intégrée au complexe asilaire de même qu'un autre bâtiment, appelé La Providence Saint-Isidore, en 1900. Un nouveau bâtiment en pierre, appelé Résidence Sainte-Thérèse sera érigé en 1894 pour abriter un certain nombre de patients[50].

En 1897, un nouveau contrat sera passé entre les sœurs de la Charité et le gouvernement en vue de la garde des aliénés. Ce contrat permettra la mise en chantier d'un nouveau complexe hospitalier sur la ferme de la Longue-Pointe. Cet hôpital de 2000 lits entrera en fonction en 1901[51], trois ans après la constitution du domai-

50. Courteau (1989, 78) situe plutôt en 1905 la construction de la résidence Notre-Dame de Lourdes.

ne de l'asile, d'une quinzaine de kilomètres carrés, en paroisse indépendante. En 1912, l'hospice mettra sur pied son école de gardes-malades spécialisées dans les soins aux aliénés. Entre 1916 et 1919, trois nouveaux pavillons seront inaugurés. En 1922, l'hôpital s'affiliera à l'Association des hôpitaux catholiques du Canada et des États-Unis. En 1924, l'asile comptera déjà quelque 3000 patients sous les soins de neuf médecins, de 300 religieuses et d'autant de laïcs. À cette époque, les religieuses couchent encore dans les mêmes salles que les patients et sont donc en devoir jour et nuit. L'Asile Saint-Jean-de-Dieu sera affilié à l'Université de Montréal en 1926. Entre 1928 et 1936, trois nouveaux pavillons seront ajoutés à l'édifice principal: le sanatorium Bourget (1928), le pavillon Notre-Dame-des-Sept-Douleurs (1934) et le pavillon Notre-Dame-du-Rosaire (1936). En 1935, une école pour enfants déficients, attenante à l'asile, sera ouverte. La même année, le pavillon Saint-Paul sera incendié. Il sera reconstruit en pierre l'année suivante. L'année 1936 verra aussi la mise sur pied du département de service social. En 1937, le pavillon Bourget sera rénové et l'Hôpital Saint-Jean-de-Dieu sera autorisé à créer un institut médico-pédagogique destiné à la formation d'intervenants en réadaptation auprès des déficients. Les statuts de l'asile seront amendés à quelques reprises par l'Assemblée législative de la province (1884, 1894).

Sources: SPC (1841), chap. 67; SPC (1861), 115; SPQ (1884), chap. 53; SPQ (1894), chap. 37; SPQ (1897), chap. 6; Heagerty (1928-2), 263-264; Abbott (1931), 79; HCA (1975) 25, 31-33, 36-37, 45, 75, 77, 83; Paradis *et al.* (1977a), 245; Boudreau (1984), 55; Lahaise (1987), 337-339; Courteau (1989), 45-46, 53, 58-59, 64, 71-72, 83, 87, 94-95, 101; DBC (11), 469.

51. Courteau (1989, 72) précise qu'en 1901, l'asile compte 12 nouveaux bâtiments de pierre, d'une capacité de 3000 lits et qu'il prend alors officiellement le nom d'Hôpital Saint-Jean-de-Dieu.

Fondation du Western Hospital of Montreal[52]. La fondation de cet hôpital fait suite à un don de 12 000 $ de la part d'un Américain, le major Mills. L'hôpital sera incorporé l'année suivante. Sa construction sur la rue Atwater débutera en 1876. La loi d'incorporation prévoit la formation d'un conseil d'administration n'excédant pas six personnes. De nombreuses difficultés liées entre autres à la crise économique retarderont l'ouverture de l'hôpital qui se verra contraint de louer ses locaux jusqu'en 1894 au Women's Hospital, nouvellement acquis par la faculté de médecine du Bishop's College. En 1907, la loi d'incorporation sera amendée. Le conseil d'administration comptera alors 15 gouverneurs, mis à part les officiers élus. L'amendement prévoira l'élection d'au moins cinq officiers et celle d'un bureau médical. Il précisera les conditions d'éligibilité au droit de vote en assemblée régulière, redéfinira aussi les pouvoirs du conseil d'administration, permettra le placement bancaire des fonds de la corporation et ratifiera un prêt contracté par l'hôpital. *Sources:* SPQ (1874), chap. 40; CMR (1902), 84-87; SPQ (1907), chap. 122; SPQ (1921), chap. 151; Sclater Lewis (1969), 4.

Fondation, le 7 septembre, de l'Hôtel-Dieu du Sacré-Cœur-de-Jésus de Québec[53]. L'hôpital sera incorporé en 1874. La vocation de l'hôpital est de recevoir et de soulager des malades pauvres, des personnes âgées et infirmes, ainsi que des orphelins, des enfants trouvés et abandonnés, sans distinction de religion ni de nationalité. L'hôpital est alors situé sur la rue Saint-Vallier. Après l'incorporation, le site de l'hôpital, qui totalise 37,5 arpents en superficie, sera érigé en paroisse indépendante. L'hôpital sera agrandi en 1878. La loi de 1892, qui amendera la charte de l'hôpital, prévoira que des aliénés

52. L'hôpital n'ouvrira ses portes, semble-t-il, qu'au début du XXe siècle.

53. Bernier (1989, 183) semble situer en 1872 la création de l'hôpital mais affirme par contre (1989, 106) que l'hôpital «date» de 1873.

pourront y être internés et que l'hôpital pourra tenir un dispensaire et fabriquer des remèdes.
Sources: SPQ (1874), chap. 38; SPQ (1892), chap. 94; BRH (1927), 462; Bernier (1989), 183.

Ouverture d'un dispensaire pour les maladies des yeux à l'Asile Nazareth de Montréal, sous la direction du docteur E. Desjardins. Ce dispensaire offre des soins gratuits aux malades indigents. Un cours clinique d'ophtalmologie y est aussi donné. Le dispensaire du docteur Desjardins deviendra l'Institut ophtalmique de Montréal en 1876[54].
Sources: UMC (1874), 281; UMC (1875), 283; UMC (1877), 283.

1874 Fondation, le 7 novembre, de l'Hôpital Civique des Variolés de Montréal[55]. Une propriété du mont Royal acquise par expropriation est transformée par le bureau de santé de Montréal en hôpital temporaire pour les cas de variole. La création de cet hôpital fait suite à la décision du Montreal General Hospital et de l'Hôtel-Dieu de Montréal, en 1873, de ne plus recevoir les malades atteints de la variole. Le bureau de santé de la ville de Montréal présente alors au conseil de ville un rapport recommandant l'affectation d'une somme de 50 000 $ pour l'établissement d'un hôpital pour les maladies contagieuses. Cependant, des dissensions ne tardent pas à se manifester au printemps 1874 quant au type d'établissement qui devrait être fondé. Le maire convoque les délégués des facultés de médecine de McGill, Victoria et Bishop pour recevoir leurs avis. Les uns proposent un établissement

54. Bernier (1989, 183) situe à tort l'ouverture de l'Institut ophtalmique de Montréal en 1891.
55. UMC (1873, 564) écrit: «L'hiver dernier [soit durant l'hiver 1872-1873], l'on a voulu convertir l'ancien hôpital militaire en hôpital temporaire pour les varioleux.» Il semble cependant que l'opposition des citoyens ait fait avorter ce projet. Cushing (1925, 143) mentionne de son côté qu'au début de l'année 1876 un hôpital civique pour la variole, *vraisemblablement la section protestante,* est ouvert à Montréal.

public sous le contrôle de la corporation municipale alors que les autres suggèrent plutôt de réserver des locaux à l'Hôtel-Dieu et au Montreal General Hospital. En 1875, une section de l'Hôpital Civique des Variolés exclusivement destinée aux patients catholiques sera ouverte. Cette section sera contrôlée par les sœurs de la Providence sous la supervision du bureau de santé de la ville de Montréal. L'hôpital finira par regrouper deux «sections», puisqu'en 1876 deux rapports statistiques distincts sont établis, l'un pour «l'hôpital protestant» et l'autre pour «l'hôpital catholique». L'Hôpital Civique des Variolés de Montréal fermera ses portes en 1880[56]. Durant ses six années d'existence, il accueillera 1128 malades. Il sera rouvert lors de l'épidémie de 1885 sous la direction du docteur Larocque et fermera ses portes la même année.
Sources: UMC (1873), 564; UMC (1874), 231, 574; CMR (1876), 60; UMC (1880), 528; RSCHM (1886), 5; UMC (1901), 175; Farley *et al.* (1987), 100.

Inauguration, le 5 juillet, du Dispensaire des sœurs de la Providence de la rue Fullum à Montréal, sous la présidence du docteur Peltier. Le dispensaire avait apparemment été fondé l'année précédente. Il y a quatre dispensaires dans la ville de Montréal en 1874: le dispensaire des sœurs de la Providence, le dispensaire de l'hôpital anglais, le dispensaire Saint-Joseph des sœurs grises et le dispensaire de Montréal.
Source: UMC (1874), 379, 389.

Fondation de l'Hospice de la Miséricorde de Québec[57]. L'hospice, situé à l'intersection des rues Ferland et

56. Farley *et al.* (1987, 100) mentionnent 1881 comme date de fermeture.
57. Selon Boissonnault (1953, 239), un hôpital dénommé Hôpital de la Maternité est ouvert à Québec en 1879 sous la direction des religieuses du Bon Pasteur. Selon Lessard (1970, 6), l'Hospice de la Miséricorde compte parmi les hôpitaux affiliés à la faculté de médecine de l'Université Laval en 1854. D'abord confié à une direction laïque, l'hôpital serait passé, selon lui, aux mains des sœurs de la Miséricorde en 1874. En fait, en 1854, c'est plutôt l'Hospice Saint-Joseph de la Maternité de Québec qui avait été affiliée à la faculté de médecine de l'Université Laval et qui, en 1874, cédera sa place à l'Hospice de la Miséricorde.

Couillard, est construit sur un terrain acheté par le Séminaire de Québec. Cette maternité est confiée aux sœurs du Bon Pasteur et les soins médicaux sont assurés par les professeurs de la faculté de médecine de l'Université Laval.
Sources: Beaudet (1973), 93; Gosselin (1989), 1; Bernier (1989), 107; AMHDQ.

1875 Incorporation de l'Hospice de la Maternité de Montréal[58]. La loi d'incorporation permet l'établissement d'un hospice de maternité destiné à la pratique de l'obstétrique et de la gynécologie. Les principaux membres de la corporation sont A. H. David, R. T. Godfrey, F. W. Campbell, E. H. Trenholme, R. A. Kennedy, W. Gardner, G. B. Shaw, A. H. Kollmyer jr., G. Wilkins et J. B. McConnell. La loi d'incorporation prévoit également la création d'un bureau des directeurs de sept membres et celle d'un bureau médical de trois membres qui devront être choisis parmi les professeurs de la faculté de médecine du Bishop's College.
Source: SPQ (1875), chap. 55.

Incorporation de l'Hospice des sœurs de la Charité de Rimouski. La loi d'incorporation précise que la finalité de l'hospice est de recevoir et de soulager les pauvres, les malades, les personnes âgées, les infirmes ainsi que les orphelins et les enfants abandonnés. L'hospice s'engage également à s'occuper de l'éducation de ces personnes, tant à Rimouski que dans les paroisses environnantes.
Source: SPQ (1875), chap. 54.

Création de l'Hospice Saint-Denis sur le Richelieu.
Source: Bernier (1989), 183.

Création de l'Hospice Sainte-Élisabeth de Farnham.
Source: Bernier (1989), 183.

---

58. Bernier (1989, 183) mentionne la fondation en 1874 de l'Hôpital de la Miséricorde de Montréal. Sans doute fait-il allusion à l'Hospice de la Miséricorde de Québec qui est effectivement fondé cette année-là.

1877 Fondation du Sanatorium Mastaï à Québec. Créé par les sœurs de la Charité, cet hôpital est destiné à desservir anonymement et sans dossiers les personnalités religieuses et politiques. On y traitera en particulier les cas d'alcoolisme et de morphinomanie. Au début des années 1900, c'est le docteur Brochu qui y sera le médecin traitant.
Sources: BMQ (1906), app.; Wallot (1979), 108; Gosselin (1989), 1.

1878 Création du Dispensaire du Sacré-Cœur pour les pauvres par les docteurs S. Gauthier et E. Plante. Ce dispensaire, qui est fortement contesté par les membres de la Société médicale de Montréal, est situé face à l'église du Sacré-Cœur, à Montréal.
Source: UMC (1878), 66.

Incorporation de l'Œuvre de Saint-Joseph de la Délivrance. Cette œuvre est à l'origine de l'Hospice Saint-Joseph de la Délivrance, situé dans la paroisse Notre-Dame-de-la-Victoire dans la comté de Lévis. L'hospice, administré par les sœurs de la Charité, accueille des personnes âgées, des malades et des orphelins. L'hospice est déjà en construction en 1878.
Sources: SPQ (1878), chap. 33; SPQ (1882), chap. 93.

1879 *Acte concernant les asiles d'aliénés dans la province de Québec subventionnés par le gouvernement*. Cette loi décrète officiellement l'abolition de la Commission de l'Asile de Beauport. Fondée en 1845 cette Commission nommée pour surveiller l'asile des aliénés de Beauport était au départ composée de sept personnes dont un médecin. Dans les années qui suivirent sa fondation, ce sont L. Massue, J. Painchaud, J. Gibb et E. Lindsay qui en assurèrent le fonctionnement. Les commissaires de l'Asile de Beauport seront remplacés en 1874 par un médecin visiteur rattaché au Bureau des inspecteurs des prisons et asiles.
Sources: SPQ (1879), chap. 13; Keating (1986), 111, 154.

Fondation par Samuel Strong d'un hôpital privé destiné aux personnes aisées. Le nom officiel de cet hôpital est le

Home Hospital, mais on le nomme aussi Strong's Hospital. Cet hôpital est d'abord situé sur la rue Peel à Montréal. Il sera relocalisé par la suite sur la rue University près de la rue Dorchester.
Source: CMSJ (1878-1879), 479.

Le Montreal General Hospital ouvre le University Dispensary. Ce dispensaire est financé par la faculté de médecine de l'université McGill grâce aux souscriptions volontaires des enseignants et aux frais de scolarité des étudiants. Ce dispensaire servira à l'enseignement clinique.
Source: Howell (1934), 81.

Ouverture de l'Hospice du Sacré-Cœur de Sherbrooke.
Source: Bernier (1989), 183.

1880 *Acte concernant les asiles d'aliénés subventionnés par le gouvernement de la province de Québec*[59]. Cette loi prévoit que les asiles d'aliénés subventionnés par la Législature sont sous le contrôle du gouvernement de la province. Elle prévoit également que la Commission de l'Asile de Beauport, abolie par la loi de 1879, doit transmettre au secrétaire de la province tous les documents en sa possession concernant les aliénés. Cette loi prévoit les types de clientèles admissibles dans l'asile comme institution publique, les modalités d'admission, les responsabilités des propriétaires et des médecins aliénistes et les conditions d'élargissement des patients. Elle prévoit également les procédures d'internement des personnes présumées aliénées ainsi que les procédures d'arrestation des aliénés présumés dangereux et des patients qui se sont enfuis de l'asile. Les modalités de paiement des frais d'entretien des malades y sont précisées.
Source: SPQ (1880), chap. 14.

59. Selon Beaudet (1976, 14), c'est en 1879 qu'«une loi est votée obligeant les asiles à maintenir à leurs frais un médecin attitré à l'asile et à tenir des registres plus détaillés sur l'état des patients». Vraisemblablement, il s'agirait plutôt de la loi de 1880.

Fondation de l'Hôpital Notre-Dame à Montréal. L'Hôpital Notre-Dame est fondé avec la triple collaboration de E. P. Lachapelle, de V. Rousselot, prêtre de Saint-Sulpice et curé de Notre-Dame et de la révérende mère Deschamps, supérieure générale des sœurs grises de Montréal. Ce nouvel hôpital est établi dans l'ancien hôtel Donegana de la rue Notre-Dame, qui deviendra officiellement sa propriété en 1882 pour une somme de 30 000 $. Ce sont les professeurs de la faculté de médecine de la Succursale de l'Université Laval à Montréal qui contrôlent les activités médicales de l'hôpital. La communauté des sœurs grises assure les soins aux malades, la préparation des médicaments ainsi que l'organisation et la gestion internes de l'hôpital. Le personnel enseignant de la Succursale est chargé des réparations et de l'ameublement de l'établissement, du paiement du loyer, des médicaments, des instruments et des appareils de chirurgie. Le curé Rousselot accepte de supporter le prix de la nourriture des malades, du chauffage et de l'éclairage de l'établissement.

L'Hôpital Notre-Dame ouvre officiellement ses portes le 27 juillet. Il peut accueillir une cinquantaine de malades sans distinction de nationalité ni de religion. La loi d'incorporation de 1881 prévoit que le service médical sera régi par un bureau médical composé des docteurs Rottot, E. Lachapelle, A. Dagenais, A. T. Brosseau, J. A. Laramée, A. E. Berthelot, S. Lachapelle, H. E. Desrosiers, N. Fafard, A. G. A. Ricard, A. Lamarche, E. M. Filiatrault, S. Duval et A. A. Foucher. Elle sera amendée la même année. En 1883, un autre amendement viendra modifier la composition du conseil d'administration de l'hôpital. La loi d'incorporation sera refondue en 1898. Cette refonte confirmera les droits et privilèges existants et précisera que l'hôpital peut recevoir des malades sans distinction de religion ni de nationalité. Elle définira les trois catégories de membres (gouverneurs à vie, membres du bureau médical et souscripteurs) et réservera aux gouverneurs à vie l'administration de l'hôpital par le biais du conseil d'administration. Elle précisera les conditions d'éligibilité des gouverneurs à ce bureau, sa composition (un prêtre du séminaire de Saint-Sulpice, neuf gouverneurs à vie et trois membres du bureau médical). La loi définira aussi les pouvoirs du bureau médical, ce dernier devant être composé du doyen de l'École de Médecine et de Chirurgie/faculté de médecine de l'Université Laval à Montréal, et de quatre membres nommés par lui. La refonte de 1898 permettra enfin l'autopsie des cadavres des patients non payants. Le 29 avril 1896, un dispensaire des maladies nerveuses et mentales sera créé à l'hôpital même et sera mis sous la direction des docteurs Villeneuve et Chagnon, alors aliénistes à l'Asile Saint-Jean-de-Dieu.

En 1905, l'Hôpital Notre-Dame ajoutera un nouveau pavillon pour les contagieux: l'Hôpital Saint-Paul. En 1907, une loi attribuera à l'hôpital des pouvoirs d'emprunts par émission d'obligations pour une somme de 800 000 $ et portera à 15 le nombre de membres élus du conseil d'administration, dont le maire de la ville de Montréal qui en fera désormais partie *ex officio*. C'est en 1924 que l'hôpital déménagera de l'hôtel Donegana dans ses nouveaux bâtiments de la rue Sherbrooke. Cette année-là, la loi d'incorporation sera refondue. La loi de refonte redéfinira les droits, pouvoirs et privilèges de la corporation. Elle prévoira un conseil d'administration de 14 membres, dont l'archevêque de Montréal, le supérieur du Séminaire de Saint-Sulpice, 9 gouverneurs à vie, élus chaque année et 3 membres éligibles du bureau médical élus annuellement. Le maire de Montréal fera encore d'office partie du bureau. La loi redéfinira aussi en détail les pouvoirs respectifs du conseil d'administration et du bureau médical.

Un nouvel amendement de la charte de l'hôpital sera apporté en 1934. L'amendement affectera la composition du conseil d'administration, qui regroupera désormais 20 membres, dont l'archevêque de Montréal, le supérieur du Séminaire de Saint-Sulpice, 12 gouverneurs à vie, les présidents du conseil médical et du bureau médical et 3 membres élus annuellement par le bureau médical, ces derniers étant respectivement choisis parmi les chefs des services internes, les professeurs titulaires et

les chefs adjoints. Cet amendement modifiera les dispositions existantes en ce qui concerne les vacances de postes et la composition du conseil médical. Celui-ci sera désormais composé de tous les chefs des services internes, des professeurs titulaires de la faculté de médecine de l'Université de Montréal travaillant à l'hôpital et des chefs adjoints des services internes. Cette loi précisera les pouvoirs du conseil médical et les modalités d'élection de ses officiers. Quant au bureau médical, l'amendement prévoira qu'il se composera des médecins, chirurgiens et spécialistes attachés aux différents services de l'hôpital. En 1939, la Législature amendera encore les dispositions existantes et entérinera la création d'un comité exécutif de cinq personnes nommées par le conseil d'administration et ne relevant que de lui.
Sources: UMC (1880), 372-373, 383; CMR (1880), 42; SPQ (1881), chap. 48; CMR (1880), 191; SPQ (1881), chap. 49; UMC (1882), 303; SPQ (1883), chap. 64; SPQ (1898), chap. 82; SPQ (1907), chap. 121; SPQ (1924), chap. 117; UMC (1932), 164; SPQ (1934), chap. 110; SPQ (1939), chap. 142; GRHHND.

Fondation du West and Free Dispensary situé sur la rue Wellington à Pointe-Saint-Charles. Le dispensaire sera incorporé en 1882. La loi d'incorporation mentionne que ce dispensaire est établi dans la ville de Montréal à Pointe-Saint-Charles depuis plusieurs mois. Les buts de la corporation sont d'établir et d'entretenir un dispensaire et un hôpital, de distribuer des médicaments, de donner des prescriptions, de recevoir et de soigner des personnes malades ou victimes d'un accident.
Sources: SPQ (1882), chap. 92; UMC, (1882), 34.

1881 Incorporation de l'Hôpital Protestant des Aliénés (Verdun Protestant Hospital for the Insane). L'incorporation fait suite à un projet mis de l'avant par A. Perry[60], lors

60. Selon Beaudet (1976, 21), Alfred Perry avait déjà été impliqué dans l'organisation de l'Asile Saint-Jean-de-Dieu.

d'une assemblée publique tenue en 1880. Un premier conseil d'administration, composé de A.T. Galt, J. Ferner, T. Cramp et du révérend G. Lang, avait alors été mis sur pied. À la suite à de dissensions entre Perry et le conseil d'administration à propos du caractère confessionnel de l'asile projeté, ce conseil avait été dissout. Perry revient à la charge en 1881 et, bien secondé, il obtient l'incorporation de la nouvelle société. La loi d'incorporation prévoit la création d'un bureau de gouverneurs protestants et résidant dans la province de Québec. Ce bureau est composé des gouverneurs à vie (cotisation initiale de 200 $) et d'au moins 24 gouverneurs électifs choisis parmi les souscripteurs et les membres annuels. Elle prévoit aussi la création d'un conseil d'administration d'au moins 12 membres et un droit de vote simple ou multiple selon l'échelle de la cotisation initiale. Le 20 décembre 1881, l'élection du conseil des gouverneurs aura lieu. En 1884, une campagne de financement, qui rapportera 80 000 $, sera organisée avec l'aide de l'Associated Board of Charities de Montréal. En 1885, après avoir fait des démarches auprès du gouvernement, le conseil d'administration obtiendra un prêt de 25 000 $. C'est le 30 mai 1887 que la nouvelle corporation fera l'acquisition de la ferme Hadley pour la somme de 18 000 $.

L'hôpital ouvrira ses portes en juillet 1890 après le règlement juridique d'une plainte adressée par des résidents hostiles à l'implantation de l'asile à cet endroit. Il sera mis sous la surintendance du docteur J. W. Burgess, antérieurement aliéniste à Hamilton et élève de l'aliéniste J. Workman. Dès son ouverture, l'asile comptera 139 patients, dont 58 provenant de l'Asile Saint-Jean-de-Dieu. L'Hôpital protestant des aliénés sera agrandi en 1894, en 1897 et en 1902. Il aura alors une capacité de 535 patients. Ce nombre atteindra 800 en 1923 et 1223 en 1937. C'est en 1891, après de laborieuses tractations, que l'asile signera un premier contrat d'affermage de cinq ans avec le gouvernement. En 1892, l'hôpital pourra aménager un gymnase, une allée

de quilles et un jeu de curling grâce à un don de J. H. R. Molson. À compter de 1898, grâce à l'aide de G. B. Burland, un laboratoire de pathologie y sera progressivement aménagé sous la direction du clinicien MacPhail. En 1906, une loi autorisera l'hôpital à placer ses fonds en prêts garantis par hypothèques sur des propriétés immobilières ou biens-fonds canadiens et en parts de banque ou bons ou actions de toute corporation légalement constituée. En 1907, l'hôpital prendra possession d'un terrain adjacent grâce à la contribution du docteur J. Douglas. En 1909, un autre amendement à la loi d'incorporation autorisera le gouvernement à garantir un emprunt de 75 000 $ contracté en vue de l'agrandissement de l'hôpital. En 1911, une salle d'amusement aménagée au coût de 65 000 $ sera ajoutée au complexe de l'hôpital grâce, une fois de plus, à J. Douglas. Ce dernier fera d'ailleurs don à l'hôpital d'une somme supplémentaire de 75 000 $ pour la construction, en 1915, d'une résidence d'infirmières. En 1924, un comité spécial composé de MM. Beatty, Mitchell et Molson sera créé en vue de la réorganisation de l'hôpital. L'enquête sera menée en collaboration avec le Canadian National Committee for Mental Hygiene. En 1925, le nom de l'hôpital sera changé en celui de Verdun Protestant Hospital. Une autre enquête sera menée en 1937 pour évaluer les besoins de l'asile.
Sources: SPQ (1881), chap. 50; MMJ (1890), 235; SPQ (1906), chap. 90; SPQ (1909), chap. 3; SPQ (1925), chap. 127; Heagerty (1928b), 265-266; Abbott (1931), 76,79; Paradis *et al.* (1977a), 245; Beaudet (1976), 23-61; Boudreau (1984), 41; HMHC, 20.

1883 *Acte concernant la perception des frais d'entretien des aliénés.*
Sources: SPQ (1883), chap. 18.

Le Montreal General Hospital instaure son premier service d'ambulance tirée par des chevaux. Ce service sera assuré par Joseph Wray and Company de la rue Saint-Dominique. En 1884 on comptera 108 appels comparati-

vement à 350 pour l'année 1893. L'hôpital fera l'acquisition de sa première ambulance motorisée en 1912.
Source: Shepherd (1919), 29-30.

1884 *Acte pour amender l'acte 33 Victoria, chapitre 26, intitulé «Acte pour pourvoir à l'interdiction et à la réclusion des ivrognes d'habitude.»* Cette loi énonce l'ensemble des conditions que doivent remplir les médecins et autres personnes autorisées afin d'obtenir le droit de fonder des établissements de cure pour les alcooliques. Ces conditions s'appliquent aux normes de composition du personnel, de tenue des lieux, de traitement des patients, aux devoirs du directeur, aux procédures concernant l'interdit et l'internement de certains patients, ainsi qu'aux procédures possibles contre tout individu contrevenant aux dispositions de la loi.
Source: SPQ (1884), chap. 21

Acte relatif aux asiles d'aliénés subventionnés par la province de Québec. Cette loi contraint les propriétaires d'asiles à certaines obligations, notamment en regard des soins médicaux et de la rétribution du médecin visiteur nommé par le gouvernement. Elle précise la nature de la clientèle admissible, les modalités d'admission, les devoirs des médecins relativement à l'admission et au renvoi des patients, les comptes à rendre au médecin visiteur, les droits des parents ou des curateurs de même que la tenue des registres. Les normes régissant l'arrestation des aliénés dangereux et les frais d'entretien de la clientèle asilaire y sont également précisées.
Source: SPQ (1884), chap. 20.

Fondation et ouverture de l'Hôpital Saint-Benoît-Joseph de Longue-Pointe[61]. Dirigé par les frères de la Charité, cet hôpital sera ultérieurement affilié à l'Asile Saint-Jean-de-Dieu.
Sources: Tanghe (1936), 121; Boudreau (1984), 38, 48.

61. Selon Bernier (1989, 183), cet hôpital sera créé en 1885.

Fondation de l'Hôtel-Dieu Saint-Vallier qui deviendra l'Hôtel-Dieu de Chicoutimi. L'hôpital sera incorporé en 1885 par les dames hospitalières de la Miséricorde de Jésus.
Sources: SPQ (1885), chap. 43; Perron (1984), XIII.

Visite des asiles de Beauport et de Saint-Jean-de-Dieu par le docteur Daniel H. Tuke. C'est l'année suivante que Tuke publiera son fameux rapport intitulé *The Insane in the United States and in Canada.* Dans ce rapport, Tuke se montrera très incisif à l'endroit des asiles du Québec. La publication de ce rapport provoquera de vives réactions au Québec, particulièrement du côté des politiciens conservateurs, dont J. C. Taché, qui publiera, également en 1885, en réplique à Tuke, un pamphlet intitulé *Les asiles d'aliénés de la Province de Québec et leurs détracteurs.*
Sources: Beaudet (1976), 7-9; Paradis (1978), 35.

1885 *Acte relatif aux asiles d'aliénés dans la Province de Québec.* Cette loi, dite loi Ross, donne au gouvernement le pouvoir de nommer pour chaque asile un bureau médical composé d'un surintendant et d'assistants médecins chargés exclusivement de l'administration du traitement médical et moral. Cette loi avait été vigoureusement mise de l'avant par la Montreal Medico-Chirurgical Society à la suite du rapport du docteur D. H. Tuke publié à Londres en 1885 sur les conditions de vie dans les asiles du Canada et des États-Unis. Cette loi sera littéralement boycottée par le clergé catholique et les sœurs de la Providence.
Sources: SPQ (1885), chap. 34; Heagerty (1928-2), 261, 264; Abbott (1931), 76; Beaudet (1976), 16; Paradis (1978), 35; Boudreau (1984), 37; Keating (1986), 160; DBC (11), 469.

Fondation du Saint Benedict Asylum. Cet asile est situé à trois ou quatre mille à l'est de Montréal sur le chemin de la Longue-Pointe. Il est consacré à l'hébergement des alcooliques, des épileptiques et des aliénés.
Source: Heagerty (1928b), 265.

Incorporation de l'Hôtel-Dieu d'Arthabaska[62]. Cet hôpital est dirigé par les sœurs hospitalières de Saint-Joseph[63].
Sources: SPQ (1885), chap. 45; Perrault (1983), 64-65.

Création de l'Hôpital de Saint-Thomas de Montmagny.
Source: Bernier (1989), 183.

Création de l'Hôpital temporaire pour varioleux de Trois-Rivières. L'hôpital est confié aux sœurs de la Charité.
Source: Gamelin (1987), 22.

L'Hôpital Notre-Dame se dote de son premier service d'ambulance tirée par des chevaux. En 1894, l'hôpital Notre-Dame, à l'instar du Montreal General Hospital, recevra à cet effet un subside de 500 $ de la ville de Montréal. En 1903, l'hôpital possèdera trois ambulances et six chevaux. Il semble que l'hôpital acquerra sa première ambulance motorisée en 1917.
Source: GRHHND.

1886 Fondation de l'Hôpital Saint-Joseph de Trois-Rivières. L'hôpital prend le relais de l'Hôtel-Dieu de Trois-Rivières qui ferme ses portes en 1886. Les travaux de construction de l'hôpital, qui doit intégrer l'Hospice Saint-Joseph construit en 1867, débuteront le 17 mai 1887 et la nouvelle aile sera inaugurée en juillet 1889. L'hôpital comptera alors six salles destinées aux personnes âgées, aux patients venant de l'extérieur, aux orphelines et aux membres du clergé. En 1890, l'hôpital hébergera régulièrement 29 patients. Le nombre maximal de malades pouvant être hospitalisés sera de 50 en 1916. L'hôpital sera agrandi en 1904, 1905, 1912, 1930 et 1939. En 1905, un dispensaire antituberculeux y sera aménagé sous les soins des docteurs L. P. Normand et G. Bourgeois. Il restera en place quelques années. Qua-

62. Bernier (1989, 183) situe la création de cet hôpital en 1884.
63. Selon ACH, [1933, 1464], l'Hôtel-Dieu d'Arthabaska n'ouvrira ses portes qu'en 1908.

tre ans plus tard, en 1909, on installera un laboratoire de bactériologie sous la direction du docteur O. Tourigny. En 1911, un dispensaire pour les pauvres et un autre pour les enfants tuberculeux seront mis sur pied. Le premier fermera ses portes en 1941. Les départements d'ophtalmologie, de radiologie et d'obstétrique, respectivement confiés aux docteurs A. Panneton, W. Godin et Remington, seront ouverts en 1912, de même que le département d'anesthésie. En 1921, on ouvrira une clinique pour les maladies vénériennes et, en 1923, un dispensaire antituberculeux. En 1937, l'électrocardiographie sera introduite à l'hôpital par le docteur Tétrault. Trois ans plus tard, l'hôpital sera agrandi et pourra accueillir 200 patients supplémentaires. C'est en 1926 que l'hôpital sera reconnu par l'American College of Surgeons.
Sources: mère Marie de Jésus (1911), 442; LN (3 oct. 1950), 21; Gamelin (1984), 168, 170 et (1987), 12, 23, 26, 31-32, 85; Segall (1988), 144.

Un comité composé des docteurs Shepherd, Gardner et Browne est désigné par la faculté de médecine de l'université McGill pour faire enquête sur l'administration du University Maternity Hospital.
Source: Howell (1934), 134.

1887 Fondation et incorporation du Royal Victoria Hospital alors dénommé Victoria Hospital and Convalescent Home for Sick Protestant Children. Cette fondation fait suite au don de 500 000 $ de sir Donald Smith et de sir George Stephen[64] en 1885 et au don d'un terrain par la ville de Montréal. L'hôpital est projeté pour le jubilé d'or de la reine Victoria. À compter de 1887, une tentative de fusion sera faite entre le Victoria Hospital et le Montreal General Hospital. Cette négociation achoppera en 1891. En décembre 1894 aura lieu l'ouverture officielle du Royal Victoria Hospital par le gouverneur Lord Aberdeen. L'hôpital, situé sur la rue des Pins

64. Un don de 1 000 000 $, selon Rémillard (1990, 102).

Ouest à Montréal, accueillera ses premiers patients le 1er janvier 1894. En 1901 sera inauguré un département d'électrologie médicale sous la direction du docteur Girdwood. C'est en 1904 que le Royal Victoria Hospital annexera à son département de médecine, en clinique externe, un département de neurologie. S'y ajouteront l'année suivante les départements de dermatologie et de pédiatrie. En 1907, le Royal Victoria Hospital annexera à son département de chirurgie, en clinique externe, un sous-département d'orthopédie. En 1914, deux ans avant l'inauguration du pavillon Ross, seront créés un service d'électrocardiographie de même qu'un sous-département d'urologie, ce dernier étant rattaché au département de chirurgie et mis sous la direction du docteur J. W. Hutchinson. Une clinique cardio-rénale sera inaugurée en 1920 sous la direction du docteur Moffatt. Quatre ans plus tard sera créée la University Clinic, avec l'aide de la fondation Rockefeller. La clinique sera placée sous la responsabilité du docteur Meakins. La même année, en 1924, une loi autorisera le Montreal Maternity à céder tous ses biens et revenus au Royal Victoria Hospital[65]. En 1931, une clinique d'hématologie sera mise sur pied sous la direction du docteur Joseph Kaufmann au département de clinique externe. Suivra, trois ans plus tard, l'ouverture d'un laboratoire d'endocrinologie sous la direction du docteur J. S. L. Browne.
Sources: SPQ (1887), chap. 34; Shepherd (1919), 24-25; Abbott (1931), 84; Sclater Lewis (1969), 28, 53, 64, 117, 143, 144, 152, 176, 181, 247; Chartrand *et al.* (1987), 350; Segall (1988), 38, 79-80, 251.

Incorporation de l'Hôtel-Dieu de Nicolet. Le but de cette corporation est de fonder des hôpitaux, asiles et autres maisons de charité.
Source: SPQ (1887), chap. 31.

65. SPQ (1924, chap. 116). Abbott (1931, 83) situe en 1925 l'absorption du Montreal Maternity par le Royal Victoria Hospital.

Fondation, par le docteur A. Brodeur, d'un hôpital privé dans un immeuble situé à l'angle des rues Hutchison et Sherbrooke, à Montréal.
Source: Desjardins *et al.* (1976), 1722.

La ville de Montréal procède à la construction d'un hôpital civique destiné à recevoir les malades contagieux.

Création, par le gouvernement Mercier, de la Commission royale des asiles de la province de Québec[66]. Cette commission a pour mandat de surveiller l'application de la loi de 1885. La Commission recommandera l'achat de l'Asile de Beauport par le gouvernement et insistera sur la responsabilité et le rôle primordial du gouvernement dans la gestion des asiles. Les principales recommandations du rapport n'auront cependant pas de suite. L'année suivante, les docteurs J. A. Duchesneau, J. P. Lavoie et L. B. Durocher, de même que le colonel Rhodes et M. N. Bourgoin, tous membres de la Commission, iront visiter les principaux asiles des États-Unis et de la province d'Ontario.
Sources: UMC (1888), 220-221; Heagerty (1928b), 261; Abbott (1931), 79; Beaudet (1976), 17; Boudreau (1984), 37.

1888 Incorporation de l'Hôpital Protestant de Sherbrooke d'une capacité de 85 lits. La loi d'incorporation sera amendée en 1903[67] relativement à l'éligibilité à la charge de gouverneur, au poids relatif du vote des membres de la corporation et aux conditions d'éligibilité de toute personne pour devenir membre. En 1914, l'Hôpital protestant de Sherbrooke prendra le nom de Sherbrooke Hospital. Un autre amendement sera apporté en 1914. Il modifiera les mêmes articles de la charte et autorisera les gouverneurs à nommer un comité exécutif.
Sources: SPQ (1888), chap. 64; SPQ (1914), chap. 152.

---

66. Boudreau (1984, 34) semble situer la création de cette commission en 1888.
67. SPQ (1903, chap. 117).

1889 *Acte amendant le chapitre cinquième du titre huitième des statuts refondus de la province de Québec concernant les asiles d'aliénés.* Cette loi amende les dispositions existantes concernant la «mise en liberté» des personnes internées dans le cas de guérison certifiée par deux membres du bureau médical, de diagnostic de non-aliénation mentale ou encore lorsque la personne qui a signé la demande d'internement requiert que le patient soit élargi, sauf si le bureau médical atteste que le patient est dangereux pour la société. La loi fixe au quatrième degré de parenté le droit de visite et stipule que «l'entrée, la mise en liberté sur essai, la décharge des patients [...], leur examen, leur transfert [...] et le contrôle du service médical restent attribués au gouvernement et à ses officiers», à moins de disposition contraire dans le contrat. Elle sanctionne par ailleurs le droit des sœurs de la Providence, propriétaires de l'Asile Saint-Jean-de-Dieu, de contrôler elles-mêmes le service médical.
Source: SPQ (1889), chap. 35.

Fondation de l'Hôpital Saint-Joseph de Rivière-du-Loup d'une capacité de 78 lits.
Source: Abbott (1931), 86.

Fondation de l'Hospice Sainte-Anne de la Baie Saint-Paul par le père A. Fafard. L'hospice sera incorporé en 1890. Cet hôpital est sous les soins des petites sœurs franciscaines qui passeront un contrat avec le gouvernement en 1890 pour la garde de 50 déficients mentaux. En 1898, un nouveau contrat sera signé avec le gouvernement, et un nouveau bâtiment d'une capacité de 100 patients sera alors construit. En 1937, la charte des petites sœurs franciscaines de Marie sera modifiée. La loi amendera les dispositions existantes concernant les pouvoirs de la corporation d'effectuer certaines transactions financières. Elle prévoira en particulier l'exemption de toute taxe municipale et scolaire des immeubles possédés par la corporation. Seront exemptés les immeubles acquis sous le nom de La Compagnie électrique de la Baie Saint-Paul, de l'Institut ou de la Communauté des

petites sœurs franciscaines de Marie. La loi prévoira, au lieu de taxes, un montant fixe à verser aux instances municipales et scolaires.
Sources: SPQ (1890), chap. 90; Heagerty (1928b), 265; Abbott (1931), 80; SPQ (1937), chap.131.

Création de l'Hôpital du Précieux-Sang de Fraserville, près de Rivière-du-Loup.
Source: Bernier (1989), 183.

Création de l'Hôpital Civique de Sherbrooke.
Source: Rioux (1985), 51.

1890 *Acte amendant la loi concernant les aliénés.* Cette loi amende les dispositions existantes concernant les modalités de financement de la garde des aliénés par les municipalités. Elle autorise le gouverneur général à faire des arrangements pour la garde et l'entretien des «idiots», pourvu que le coût annuel par patient n'excède pas 50 $.
Source: SPQ (1890), chap. 41.

Acte concernant les asiles d'aliénés. Cette loi autorise le gouverneur général à construire ou à acheter un ou plusieurs asiles d'aliénés en temps utile «pour l'expiration des contrats d'affermage».
Source: SPQ (1890), chap. 5

Acte amendant la loi concernant les asiles d'aliénés. Cette loi amende les dispositions existantes concernant le contrôle des asiles d'aliénés. Elle spécifie que les asiles qui ne reçoivent pas de subvention du gouvernement ne sont pas sous contrôle mais sous surveillance gouvernementale. La loi énumère les obligations du surintendant médical. Elle prévoit une sanction pour les individus qui abandonneront à son sort une personne à charge atteinte de maladie mentale et amende les conditions relatives à toute demande d'élargissement d'un patient par ses proches. Elle oblige les surintendants d'asiles à déclarer immédiatement le décès de tout patient et permet au secrétaire de la province d'intervenir dans le cas de

toute personne déclarée irresponsable de ses actes par la cour. Elle autorise les greffiers, magistrats de police ou juges de paix, sur obtention d'un certificat médical indiquant l'état d'aliénation, à interner toute personne qui compromet la sécurité et la tranquillité publiques. Le rôle du bureau médical dans les procédures d'internement et d'élargissement y est précisé.
Source: SPQ (1890), chap. 29.

1891 Fondation du Montreal Foundling and Sick Baby Hospital. Cet hôpital, d'une capacité de 80 lits et situé sur la rue Saint-Urbain, sera incorporé en 1895. Le nom de l'hôpital sera modifié et deviendra, lors de sa réincorporation en 1914, The Montreal Foundling and Baby Hospital. La loi de 1914 précise que l'hôpital a pour buts de prendre soin des enfants trouvés et des bébés, d'enseigner aux jeunes femmes à soigner et à élever les enfants malades ou en bonne santé, d'aider à prévenir la mortalité infantile et de favoriser l'installation d'établissements où on pourra se procurer du lait pur. Elle définit aussi les différentes catégories de membres de la corporation et prévoit la formation d'un conseil d'administration d'au moins 10 gouverneurs élus ayant souscrit ou pouvant éventuellement souscrire au moins 25 $ par année. Pour les bienfaiteurs et les gouverneurs à vie, elle prévoit, pour tout don consenti, un droit de vote proportionnel à chaque tranche de 500 $. Ce droit pourra en partie être légué par testament et réparti entre les bénéficiaires. Chaque bienfaiteur aura le droit de nommer ou de constituer un gouverneur à vie pour chaque tranche de 500 $ excédant la somme de 5000 $. Bienfaiteurs et gouverneurs formeront le bureau des gouverneurs qui sera chargé d'élire les officiers de la corporation, le conseil d'administration et tout autre comité jugé nécessaire.
Sources: SPQ (1914), chap. 151; Abbott (1931), 84; Tanghe (1936), 121; Bernier (1989), 183; HMHC, 13.

Fondation et ouverture, en novembre, de l'Hôpital Civique de Québec, d'une capacité de 20 lits. L'édifice, situé

sur la rue des Prairies dans le quartier du Palais, est rénové au coût de 10 000 $. L'hôpital restera en fonction jusqu'en 1915 et accueillera 2716 patients atteints de maladies contagieuses. Il sera alors transformé en centre antituberculeux. Un autre hôpital du même nom sera construit en 1915.
Sources: Lemoine (1983), 165-166; Bernier (1989), 183.

1892 *Loi amendant la loi concernant les asiles d'aliénés.*Cette loi amende les dispositions existantes concernant la clientèle admissible et le coût d'entretien, de séjour et de traitement des aliénés internés. Elle précise que les municipalités n'auront pas à supporter le coût de leurs aliénés pendant les six premiers mois de leur internement s'ils sont déclarés tels moins de 40 jours après la manifestation des premiers symptômes. La loi amende aussi les procédures d'admission et celles concernant l'enquête sur l'état de fortune des aliénés traduits en justice. Elle statue sur les sommes qui doivent être payées par les parents ou le patient lui-même. Elle précise les parts respectives à payer par les municipalités et le gouvernement pour les asiles financés par la province et les renseignements annuels que chaque asile doit fournir au secrétaire de la province pour chaque patient interné. La loi prévoit enfin les recours possibles contre les municipalités qui ne rencontrent pas leurs obligations et le transfert des aliénés incurables dans les hôpitaux ou dans leur famille.
Source: SPQ (1892), chap. 30.

Loi concernant l'Hôpital protestant pour les aliénés. La loi autorise le lieutenant-gouverneur, moyennant certaines conditions, à garantir le remboursement d'une émission d'obligations de 150 000 $ par l'Hôpital protestant des aliénés de Verdun.
Source: SPQ (1892), chap. 39.

Fondation d'un hôpital privé pour les «maladies des femmes» par le docteur Lapthorn-Smith. L'hôpital est situé à Montréal.
Source: CMR (1892), 432, 486.

1893 *Loi relative au maintien des aliénés dans l'asile de Beauport.* Cette loi valide un nouveau contrat provisoire entre le gouvernement et la communauté des sœurs de la Charité à Québec ou toute autre communauté. Le prix annuel de la garde des aliénés est fixé à 100 $ par patient. Le lieutenant-gouverneur est autorisé à louer l'asile pendant un an à un prix fixé par arbitrage. La loi engage aussi les propriétaires de l'asile à vendre à la communauté, également par arbitrage, les biens meubles de l'établissement. Le lieutenant-gouverneur garantit la tractation et le rachat éventuel de ces biens à la communauté.
Source: SPQ (1893), chap. 9.

Loi amendant la loi concernant les asiles d'aliénés. Cette loi amende les dispositions existantes concernant notamment la certification de l'état mental, les devoirs des propriétaires relativement à la tenue des registres et le droit du surintendant médical d'entrer en tout temps et partout dans l'asile. Elle précise les modalités d'internement des prisonniers présumés aliénés, celle du paiement de leur entretien et la notification au gouvernement, par les propriétaires, des noms des internés. Les obligations des municipalités concernant les frais de transport des aliénés y sont stipulées ainsi que le droit de recours des municipalités relativement au remboursement de leurs dépenses par les parents de l'interné.
Source: SPQ (1893), chap. 31.

Incorporation de l'Hôtel-Dieu de Lévis. Cet hôpital, fondé par A. Gauvreau, curé de la paroisse Notre-Dame de la Victoire et dirigé par les hospitalières de la Miséricorde de Jésus, n'ouvrira ses portes que le 30 octobre 1892. En 1911, une loi amendera les dispositions existantes relativement à la gestion des biens de l'hôpital et le droit des religieuses d'engager des transactions financières.
Sources: SPQ (1893), chap. 86; SPQ (1911), chap. 100; ACH (1933), 1467.

1894 *Loi relative au contrat passé entre le gouvernement et les sœurs de la Charité de Québec relativement au maintien*

des aliénés dans l'asile de Beauport. Le gouvernement garantit le remboursement d'un prêt octroyé par la Standard Life Association d'Écosse à la communauté de la Charité de Québec pour l'achat de l'Asile de Beauport. La loi précise les obligations de chacune des parties.
Source: SPQ (1894), chap. 7.

Loi amendant la loi relative aux asiles d'aliénés. Cette loi amende les dispositions existantes concernant la nomination des surintendants et des aides-surintendants médicaux, leur traitement et leurs pouvoirs. Elle prévoit qu'un surintendant sera dorénavant assigné à chaque asile subventionné par l'État. La loi autorise le gouvernement à obliger les médecins en service et le surintendant à donner un enseignement clinique sur l'aliénation mentale. Elle précise les devoirs et pouvoirs des surintendants et oblige les médecins à résider dans le voisinage de l'asile. Elle fixe les formalités d'admission des patients payants et prévoit les procédures à suivre en cas de litige ou d'opposition à l'internement d'un aliéné. Elle amende les conditions d'élargissement, les modalités du rapport annuel du surintendant et lui donne plus d'autorité. Elle amende également les modalités relatives à l'internement ou au relâchement des aliénés présumés dangereux.
Source: SPQ (1894), chap. 33.

Incorporation du Robert Jones Memorial Hospital for Children. Cet hôpital montréalais reçoit les enfants convalescents appartenant à l'Église d'Angleterre. La loi d'incorporation sera amendée en 1905 et reconnaîtra à l'hôpital la dénomination Robert Jones Memorial Convalescent Hospital. La loi de 1905 sanctionne le droit de propriété de la corporation sur les terrains et bâtiments acquis et permet à l'hôpital de procéder légalement à d'autres transactions.
Sources: SPQ (1894), chap. 89; SPQ (1905), chap. 97; Bernier (1989), 183.

Fondation du Homœopathic Hospital of Montreal d'une capacité de 50 lits, situé sur l'avenue McGill College à Montréal. L'hôpital est fondé le 14 juin. Il ouvre ses portes officiellement le 2 octobre. Il sera incorporé en 1904. La loi d'incorporation précise que l'hôpital sera doté d'un service d'infirmières: le Women's Auxiliary of the Homœopathic Hospital of Montreal. La charte de l'hôpital sera amendée en 1926.
Sources: SPQ (1904), chap. 96; SPQ (1926), chap. 94; ACH (1933), 1466; HMHC, 2.

Fondation du Queen Elizabeth Hospital à Montréal.
Source: RAHH (1894).

Dès son ouverture, le Royal Victoria Hospital se dote d'une ambulance tirée par deux chevaux. Le service est confié à la Joseph Wray and Company qui est déjà responsable de ce service pour le Montreal General Hospital. L'hôpital fera l'acquisition de sa première ambulance motorisée en 1909 mais la Joseph Wray and Company continuera à assurer les services d'ambulances à chevaux durant la saison d'hiver jusqu'à la Première Guerre mondiale.
Source: Sclater Lewis (1969), 112-113, 114.

1895 *Loi relative à l'Hôpital Protestant pour les Aliénés de Montréal.* Cette loi autorise le gouvernement, moyennant certaines conditions, à payer l'intérêt sur les obligations en cours de l'hôpital, dont il a déjà antérieurement garanti le remboursement, et à payer l'intérêt sur des obligations additionnelles qu'il s'engage également à garantir.
Source: SPQ (1895), chap. 5.

Acte pour amender la loi concernant les asiles d'aliénés. Cette loi amende les dispositions existantes concernant le remboursement des sommes dues par les municipalités à la province de Québec.
Source: SPQ (1895), chap. 35.

Fondation et incorporation de The Samaritan Hospital for Women. Les docteurs W. H. Hingston, A. Lapthorn-

Smith et J. L. Leprohon comptent parmi les principaux promoteurs de l'établissement. Celui-ci est situé à Montréal et s'adresse tant aux femmes pauvres qu'à celles qui sont en mesure de payer. L'hôpital est soutenu essentiellement par des contributions volontaires. Il est dirigé par un bureau de 30 dames patronnesses, assistées par un bureau de 3 aviseurs et de 3 médecins.
Source: SPQ (1895), chap. 83; CMR (1895),142.

Fondation de la Section canadienne de l'Association des ambulances Saint-Jean à Toronto.
Source: Heagerty (1928b), 20.

1896 Fondation du Catherine Booth Mothers' Hospital. Propriété de l'Armée du Salut, cet hôpital accueille les mères pauvres ou célibataires. Il est situé sur la rue Walkley à Montréal.
Source: HMHC, 2.

Ouverture, par le docteur DeBlois, de l'Institut hydrothérapique de Trois-Rivières (Sanatorium de Trois-Rivières), situé sur la rue Laviolette. Cet établissement, qui n'accepte aucun tuberculeux malgré sa dénomination, s'adresse particulièrement aux personnes fortunées qui souffrent de maladies du système nerveux, d'affections chroniques ou encore de morphinomanie. On y accueille aussi des touristes qui désirent se reposer. Des traitements variés sont proposés: hydrothérapie (douche écossaise, bains sulfureux, etc.), électrothérapie (bains électriques, courants à haute fréquence, etc.) ou radiothérapie. Le docteur Tourigny est le médecin adjoint de l'institut. Le sanatorium sera incorporé en 1913[68].
Sources: UMC (1904), 311; Goulet/Rousseau (1987), 165, 168.

68. Segall (1988, 253) situe à tort en 1900 l'ouverture de cette clinique spécialisée.

Ouverture, par le docteur Jules Jéhin-Prume, d'un dispensaire d'ophtalmologie à l'Hospice Saint-Joseph de Montréal, rue Cathédrale.
Source: UMC (1896), 508.

1897 *Loi concernant l'Asile de la Longue-Pointe.* Faisant suite à l'incendie de 1890, cette loi garantit en capital et en intérêt un emprunt de 500 000 $ des sœurs de la Providence et stipule les conditions de cette garantie. Elle accorde une indemnité annuelle de 100 $ par patient mais prévoit aussi des montants additionnels. Elle laisse aux sœurs le droit de choisir leurs médecins, mais à la condition que ceux-ci agissent sous la supervision des médecins nommés par le gouvernement, particulièrement en ce qui concerne le traitement, les entrées et les sorties des patients. La loi stipule que «le travail des malades devra être généralisé comme moyen de guérison». Les conditions d'hygiène et de nutrition ainsi que les responsabilités respectives des sœurs et du gouvernement concernant les décès et les fugues y sont spécifiées.
Source: SPQ (1897), chap. 6.

Loi amendant la loi concernant les asiles d'aliénés. Cette loi amende l'article 3209 des statuts refondus de la province de Québec de 1888. Elle oblige tout shérif en charge d'une prison à faire parvenir au gouverneur général, et non au secrétaire de la province, le certificat médical attestant l'aliénation mentale d'un détenu.
Source: SPQ (1897), chap. 38.

Fondation de l'Hôpital du Sacré-Cœur de Cartierville par les demoiselles G. Généreux, L. Généreux et A. Laberge[69]. L'hôpital est situé sur le boulevard Gouin ouest à Montréal[70]. L'œuvre consiste à recueillir des cancéreux ou des malades totalement invalides et trouvant diffici-

69. Selon Tanghe (1936, 121), la fondation de l'œuvre de l'Hôpital du Sacré-Cœur a lieu en 1899.
70. Selon Lachapelle (1909-1910, 33), cet hôpital est situé dans le quartier Notre-Dame-de-Grâce.

lement place dans les hôpitaux. Monseigneur Bruchési en confiera la direction aux sœurs de la Providence en 1899. Cet hôpital deviendra l'Hôpital des Incurables en 1902. Au moment de son incendie en 1923, il comptera 371 malades[71]. Le 27 janvier 1926 aura lieu l'inauguration du nouvel Hôpital du Sacré-Cœur. Un service d'hospitalisation pour les tuberculeux y sera établi par le docteur J. Avila Vidal. Au tout début, les tuberculeux occuperont une aile de l'Hôpital des Incurables. Le nouvel hôpital offrira des cours de cliniques pour les étudiants en médecine de l'Université de Montréal. En 1932, le docteur N. Bethune sera nommé chef du nouveau service de chirurgie thoracique.
Sources: UMC (1932), 184, 186-187; ACTMR (1968), 33, 126, 133.

Fondation de l'Hôpital du Parc Savard à Québec.
Source: Gosselin (1989), 1.

1898 Ouverture du Grace Dart Hospital, situé sur la rue Saint-Antoine à Montréal. L'hôpital est spécialisé dans le traitement de la tuberculose[72].
Sources: UMC (1919), 574; ACH (1933), 1469.

Fondation du Laurentian Sanatorium[73] par le docteur A. J. Richer[74]. Le sanatorium, situé à Sainte-Agathe-des-Monts, à 64 milles de Montréal, au flanc du mont Calvai-

---

71. Selon HMHC (6), l'hôpital, organisé pour le soin des incurables en 1898, compte 1500 lits.
72. Wherrett (1977, 213) situe en 1922 l'ouverture du Grace Dart Home Hospital.
73. Wherrett (1977, 213) situe en 1908 l'ouverture du Laurentian Sanatorium de Sainte-Agathe. Peut-être le confond-il avec le Lake Edward Sanatorium. UMC (1919, 572), de son côté, en situe la fondation en 1899.
74. Le docteur LeCavelier avait déjà proposé la construction d'un sanatorium sur le mont Royal en 1897. Avec les docteurs Hingston, Cléroux et Richer, il avait obtenu une promesse d'aide financière de Lord Strathcona et les plans de l'établissement, qui devait être situé face au Collège de la Côte-des-Neiges, avaient été préparés par MM. Cox et Amos. Ce projet avorta en raison des nombreuses plaintes qu'il devait soulever. Voir LeCavelier (1934, 44).

re (Mount Calvary), peut héberger 40 patients. Il est destiné à une clientèle anglophone. C'est avec l'aide des docteurs H. A. Lafleur et Robert Wilson que le docteur Richer parvient à lever les fonds nécessaires à la construction de ce sanatorium. La pierre angulaire du Laurentian Sanatorium est posée le 25 novembre 1898 en présence du doyen de la faculté de médecine du Bishop's College, le docteur F. W. Campbell. L'établissement ouvrira ses portes l'année suivante avec le docteur Meli comme chirurgien résident. Environ 250 personnes assisteront à l'inauguration officielle, le 13 juillet 1899. Une station du Dominion Meteorological Observatory sera établie au sanatorium et mise sous les soins du docteur Meli. Le sanatorium sera détruit par un incendie en 1902.
Sources: CMR (1899), 335-336; UMC (1922), 238; Heagerty (1928b), 231; LeCavelier (1934), 4, 44.

1899 *Loi concernant l'Asile de la Longue-Pointe.* Cette loi autorise le gouvernement à garantir un deuxième emprunt de 500 000 $ contracté par les sœurs de la Providence pour la reconstruction de l'asile.
Source: SPQ (1899), chap. 2.

Loi concernant l'Hôpital Protestant pour les Aliénés. La loi ratifie un nouveau contrat de dix ans entre le gouvernement de la province et l'Hôpital de Verdun. Elle prolonge la garantie du gouvernement sur le remboursement des obligations émises par l'hôpital et redéfinit les devoirs de chacune des parties. Elle statue en particulier sur les pouvoirs du surintendant et sur le maintien du caractère confessionnel de l'hôpital.
Source: SPQ (1899), chap. 3.

Loi amendant la loi concernant les asiles d'aliénés. Cette loi amende les dispositions existantes concernant les obligations financières des municipalités quant aux frais d'entretien des aliénés et prévoit de nouvelles modalités de paiement et de recouvrement de leurs dépenses.
Source: SPQ (1899), chap. 33.

Fondation de la Crèche des sœurs de la Miséricorde de Montréal. Le docteur Séverin Lachapelle en est le directeur médical.
Source: UMC (1913), 445.

1901 Fondation de l'Asile Saint-Vincent de Paul à Québec. Cet établissement de charité est destiné aux mères célibataires et aux enfants abandonnés.
Source: Gosselin (1989), 1.

1902 *Loi concernant l'Hôpital Protestant des Aliénés.* Cette loi autorise le gouvernement à garantir un emprunt de 61 000 $ pour la rénovation des cuisines et des égouts de l'hôpital.
Source: SPQ (1902), chap. 8.

Fondation de l'Hôpital Saint-Charles de Saint-Hyacinthe d'une capacité de 100 lits.
Source: Abbott (1931), 86.

Fondation, le 25 octobre, du Children's Memorial Hospital par le docteur Alexander Mackenzie Forbes en souvenir de la reine Victoria. L'hôpital ouvrira ses portes en novembre 1903 dans des locaux temporaires et recevra ses premiers patients le 30 janvier 1904. Cet hôpital, situé sur l'avenue des Cèdres à Montréal, est spécialisé en orthopédie et possède une école pour les enfants infirmes. L'hôpital sera incorporé en 1905.
Sources: SPQ (1905), chap. 96; Abbott (1931), 85; ACH (1933), 1465; Tanghe (1936), 121; Pierre-Deschênes (1980), 55; HMHC, 3.

Ouverture de l'Hôpital Saint-Joseph de Maniwaki. Cet hôpital général est dirigé par les sœurs grises.
Source: ACH (1933), 1467.

1903 *Loi relativement au contrat passé entre le gouvernement et les sœurs de la Charité de Québec, relativement au maintien des aliénés dans les asiles de Beauport et de Saint-Ferdinand d'Halifax* (Hôpital Saint-Julien). La loi entérine un nouveau contrat de 25 ans entre le gouvernement et les

sœurs de la Charité de Québec. Le contrat stipule les devoirs et obligations de chacune des parties, notamment à propos du traitement des patients, du nombre de gardiens, du décès et de l'évasion des malades. Le contrat vise aussi à régler certains différends entre les parties.
Source: SPQ (1903), chap. 4.

Loi concernant l'Hôpital Notre-Dame de Montréal. Cette loi sanctionne un contrat passé entre la ville de Montréal et l'hôpital relativement à l'admission de patients souffrant de maladies infectieuses. Elle donne à l'hôpital le droit de contracter à cet effet avec les municipalités et l'autorise à émettre des obligations.
Source: SPQ (1903), chap. 115.

Fondation et incorporation de l'Hôpital Alexandra. Cet hôpital est destiné aux personnes souffrant de maladies infectieuses[75]. La loi d'incorporation prévoit que l'hôpital aura un bureau de 15 gouverneurs, dont 3 *ex officio,* à savoir les présidents du Montreal General Hospital, du Royal Victoria Hospital et de l'Hôpital de l'Ouest de Montréal. Trois gouverneurs seront élus par le bureau des gouverneurs du Royal Victoria Hospital, trois par celui du Montreal General Hospital et deux par celui de l'Hôpital de l'Ouest (Western Hospital). Quatre gouverneurs seront élus par les sociétaires de la corporation. La loi définit les pouvoirs des gouverneurs, les modalités de leur remplacement, les conditions pour accéder au titre de sociétaire, le droit de l'hôpital de contracter avec les municipalités pour l'accueil des contagieux et le droit de fusionner. Selon la loi d'incorporation, l'Hôpital doit être situé dans un quadrilatère bordé par les rues Bleury, des Pins, Durocher et par la limite de la ville de Saint-Louis[76]. D'une capacité de 175 lits, cet hôpital remplit pour la population anglophone les mêmes fonctions que l'Hôpital Saint-Paul

75. Abbott (1931, 85) situe à tort la fondation de l'hôpital en 1906.
76. Abbott (1931, 85), Sclater Lewis (1969, 134) et HMHC (1) situent toutefois cet hôpital sur la rue Charron à Pointe-Saint-Charles.

pour la population canadienne-française. Il ouvrira ses portes en 1906. L'année suivante, la loi d'incorporation sera amendée. L'amendement portera à 16 le nombre de gouverneurs et le maire de Montréal en fera désormais partie *ex officio*. En 1908, un autre amendement portera à 17 le nombre de membres du bureau, le président de la commisssion d'hygiène et des statistiques du conseil de ville de Montréal étant appelé à y siéger.
Sources: SPQ (1903), chap. 116; SPQ (1907), chap. 123; SPQ (1908), chap. 135; Abbott (1931), 85; ACH (1933), 1468; Sclater Lewis (1969), 134; HMHC, 1.

Incorporation de l'Hôpital Guay de Saint-Joseph-de-Lévis. L'hôpital est sous la direction des sœurs de l'Institut de Notre-Dame du Bon-Conseil de Chicoutimi. Elle sert de maison de refuge pour les personnes âgées pauvres et infirmes des deux sexes. La propriété est un don de Monseigneur Guay. La loi d'incorporation statue sur les biens dévolus à la corporation, sur ses droits et privilèges et sur son pouvoir d'établir d'autres œuvres, dont en particulier le soin des idiots et des aliénés des deux sexes. En 1905, une loi exemptera une partie des propriétés de l'Hôpital Guay des taxes municipales, scolaires et de fabrique tant et aussi longtemps que l'hôpital servira à des fins de charité publique. En 1929, la loi d'incorporation sera amendée quant au droit d'effectuer certaines transactions financières.
Sources: SPQ (1903), chap. 118; SPQ (1905), chap. 98; SPQ (1929), chap. 111.

Incorporation de The Murray Bay Convalescent Home. Cet établissement, qui est une maison pour les convalescents, est situé à Pointe-au-Pic.
Source: SPQ (1903), chap. 119.

L'Hôtel-Dieu de Montréal acquiert sa première ambulance «entièrement équipée et tirée par des chevaux». Trois ans plus tard, l'hôpital fera l'acquisition d'une deuxième ambulance «de luxe» «dans laquelle pourront prendre place trois blessés».
Sources: Bernier (1957), 87; Daigle (1990), 580.

1904 *Loi amendant la loi concernant les asiles d'aliénés.* Cette loi amende les dispositions existantes concernant les modalités de remboursement aux conseils de comtés des sommes payées au gouvernement pour l'entretien des aliénés.
Source: SPQ (1904), chap. 28.

Loi régularisant la position des sœurs de Charité de Québec relativement à l'achat de l'Asile de Beauport. Cette loi reconnaît officiellement aux sœurs de la Charité le droit d'acquérir l'Asile de Beauport, le Sanatorium Mastaï et leurs dépendances.
Source: SPQ (1904), chap. 103.

1905 Ouverture de l'Hôpital Saint-Paul pour les maladies contagieuses. Il s'agit d'une nouvelle succursale de l'Hôpital Notre-Dame construite à la suite d'une entente avec les autorités municipales de Montréal. La ville s'était engagée en 1903 à payer une partie des coûts de construction et d'exploitation de cet hôpital et de l'Hôpital Alexandra de façon à répondre aux besoins engendrés par certaines épidémies. L'Hôpital Saint-Paul peut recevoir des contagieux atteints de la diphtérie, de la scarlatine ou de la rougeole. À la fin de l'année 1933, le contrat échu entre les deux parties ne sera pas renouvelé et l'Hôpital Saint-Paul fermera définitivement ses portes.
Sources: Abbott (1931), 84; GRHHND.

Ouverture du Brehmer Rest Preventorium (Brehmer Convalescent Home). Cet hôpital, fondé par le docteur A. J. Richer, est construit après l'incendie qui avait détruit le Laurentian Sanatorium en 1902. Le préventorium est lui aussi sous les soins du docteur Richer. Il s'agit toutefois d'un établissement pour les malades prédisposés à la tuberculose, c'est-à-dire les convalescents ou les personnes particulièrement menacées par la contagion. C'est le premier hôpital du genre. L'hôpital est situé à Sainte-Agathe. Il porte le nom du fondateur du premier sanatorium consacré en 1856, en Haute-Silésie, à la cure de la tuberculose pulmonaire.

Sources: Lachapelle (1909-1910), 75; UMC, (1922), 240; Heagerty (1928b), 231; LeCavelier (1934), 44; ACTMR (1968), 31.

Fondation du Quebec Eye, Ear and Throat Hospital de Québec. Cet hôpital existera sans raison sociale jusqu'à son incorporation en 1914. Parmi les principaux promoteurs de l'hôpital, on relèvera alors les noms des docteurs W. H. Delaney, J. Walsh, E. Turcot et P. Coote, ces deux derniers étant respectivement professeurs de matière médicale et de pathologie des yeux et des oreilles à la faculté de médecine de l'Université Laval. La loi d'incorporation prévoira la formation d'un bureau de cinq gouverneurs et précisera sommairement ses pouvoirs.
Source: SPQ (1911), chap. 103.

Fondation du Quebec Immigration Hospital. Cet hôpital est situé à Québec.

1907 Fondation de l'Hôpital Sainte-Justine pour enfants, sur la rue Saint-Denis à Montréal. Mademoiselle I. Levasseur, l'une des premières femmes médecins francophones, et madame J. Lacoste-Beaubien, à la tête d'un comité de dames patronnesses, réussissent, après bien des difficultés, à fonder cette institution. L'hôpital, qui ne possède alors que quelques lits, sera incorporé l'année suivante. Peu de temps après sa fondation, il déménagera sur la rue de Lorimier. Il aura alors une capacité de 165 lits. J. E. Dubé deviendra le premier président du bureau médical de l'hôpital qui comprendra également comme membres S. Lachapelle, H. Hervieux, L. J. V. Cléroux, T. Parizeau, S. Boucher, J. C. Bourgoin, B. G. Bourgeois, Z. Rhéaume, I. Levasseur[77], E. E. Laurent et R. Masson. En 1924, l'hôpital élargira, par voie législative, son pouvoir d'effectuer certaines transactions finan-

77. La loi d'incorporation stipule que le membre féminin du bureau n'aura pas à être autorisé par son mari pour signer des documents notariés et que son mari ne sera pas responsable de ses actes comme membre du bureau.

cières. En 1925, une autre loi amendera les dispositions existantes concernant la localisation du siège principal de l'hôpital et permettra à la corporation, nonobstant que les adultes y soient traités, l'établissement d'un hôpital général catholique pour les enfants, avec succursales ailleurs à Montréal et dans la province. Tout comme la loi de 1931, celle de 1925 élargira les droits de la corporation en matière de transactions financières.
Sources: SPQ (1908), chap. 136; SPQ (1925), chap. 128; SPQ (1931), chap. 157; Abbott (1931), 85; UMC (1942), 804; UMC (1946), 182; Pierre-Deschênes (1980), 56 et (1981), 370; HMHC, 8.

L'Hôpital Saint-Joseph de Trois-Rivières acquiert sa première ambulance tirée par un cheval grâce à un don de 750 $ de la ville et à une souscription publique de 350 $.
Source: Gamelin (1987), 39.

1908 Fondation et incorporation de l'Hôpital Saint-Luc de Montréal. Selon la loi d'incorporation, les buts assignés à l'hôpital sont de secourir les affligés, les orphelins et les enfants pauvres des écoles, de donner des leçons, avis, renseignements techniques sur la médecine et toutes ses spécialités et, enfin, d'engager des conférenciers qui enseigneront l'hygiène dans les écoles ou ailleurs. La loi prévoit également la formation d'un bureau d'au moins cinq officiers et précise ses pouvoirs. Au début, l'hôpital , qui ne compte que neuf lits, prend la forme d'un dispensaire pour les enfants et est aménagé dans une maison en location au 88 rue Saint-Denis. On y accorde une attention toute particulière aux soins dentaires et aux maladies de la peau. L'hôpital est alors sous la direction du docteur F. A. Fleury, qui sera directeur de l'hôpital jusqu'en 1944. Il est d'abord secondé par les docteurs Maillet, Globensky et Duhamel. En 1910, l'hôpital accorde un diplôme à sa première infirmière. En 1920, le docteur Fleury «entreprendra des pourparlers avec le Bureau provincial d'hygiène [en vue de] l'organisation d'un dispensaire médical et d'un dispensaire anti-

vénérien». Trois ans plus tard, l'hôpital obtiendra du gouvernement un octroi de 10 000 $ qui sera investi dans son agrandissement. L'hôpital pourra alors compter sur 89 lits. En 1928, l'hôpital déménagera dans un nouveau bâtiment, dénommé «Petit hôpital», dont le projet avait été conçu en 1926 à la suite de la garantie, par le gouvernement, d'un emprunt de 80 000 $. Cette garantie sera assortie de la permission d'emprunter 200 000 $ pour l'achat de quelques propriétés adjacentes au futur bâtiment. Le 7 août 1931, l'hôpital passera un contrat avec la ville de Montréal l'engageant à construire un pavillon de 300 lits (l'Hôpital Pasteur) en vue de l'hospitalisation des malades contagieux. En 1933, l'hôpital aura une capacité d'accueil de 415 lits. Plusieurs nouveaux services seront alors implantés, nommément ceux de maternité, d'urologie, de neurologie, de radiothérapie et de médico-chirurgie, de même qu'«un laboratoire de chirurgie opératoire et expérimentale dirigé par le docteur A. Frappier». Dès les années 1930, l'hôpital comptera aussi un nombre croissant de dispensaires, dont ceux, particulièrement fréquentés, de vénérologie, de syphiligraphie et de chirurgie générale. Parmi les médecins du personnel de l'hôpital avant 1939, on retrouve les docteurs P. Z. Rhéaume et P. R. Archambeault.
Sources: SPQ (1908), chap. 137; SPQ (1931), chap. 133; Abbott (1931), 86; Tanghe (1936), 121; SL (1985), 7-8, 15-16, 26-27.

1909 *Loi autorisant la Société de l'Hôpital Général de Montréal* (Montreal General Hospital) *à emprunter de l'argent et à émettre à cette fin des obligations*. La loi autorise l'hôpital à emprunter jusqu'à 200 000 $ pour ses travaux d'agrandissement et d'entretien. Elle l'autorise à déposer ses propriétés immobilières en fidéicommis pour garantir ses obligations et donne pouvoir aux fidéicommissaires de protéger les porteurs d'obligations.
Source: SPQ (1909), chap. 131.

Incorporation du Shawinigan Fall's General Hospital. La loi d'incorporation précise que le rôle de l'hôpital est de

recevoir et de soigner les personnes malades et les blessés de toutes races et de toutes croyances, sans distinction. Elle prévoit la formation d'un bureau de huit gouverneurs et statue sur ses pouvoirs, sur le remplacement de ses membres et sur le droit de l'hôpital de fusionner. À compter de 1931, l'hôpital portera le nom de Joyce Memorial Hospital.
Source: SPQ (1931-32), chap. 134.

Fondation de l'Hôpital Général Saint-Vincent de Paul de Sherbrooke, d'une capacité de 300 lits. Cet hôpital sera incorporé en 1914. Le but de la nouvelle corporation sera de recevoir, de soigner, d'élever, de pensionner et d'instruire dans ses hôpitaux, hospices et maisons, les malades, infirmes, orphelins, enfants et autres personnes. La loi d'incorporation accordera à l'hôpital le droit de former des gardes-malades diplômées ou certifiées.
Sources: SPQ (1914), chap. 153; Abbott (1931), 86.

La Lake Edward Sanatorium Association of Quebec ouvre le Sanatorium du Lac Edouard (Lake Edward Sanatorium)[78]. Il peut accueillir 25 patients. Ce sanatorium est érigé sur un terrain légué à cette fin par le gouvernement provincial en 1905. En 1921, une loi autorisera le gouvernement à en faire l'acquisition.
Sources: SPQ (1922), chap. 60; Heagerty (1928b), 232; Anctil/Bluteau (1986), 45.

Fondation du Royal Edward Institute, également appelé le Montreal Tuberculosis Institute. Parmi les fondateurs, on remarque les noms de l'Honorable L. Beaubien et des docteurs Roddick, E. Lachapelle, Adami, Blackader, Kennedy, C. Howard Hamilton, Dagenais et Laberge. La loi rappelle les droits et privilèges de la corporation et définit les différentes catégories de membres. Elle pré-

78. Wherrett (1977, 213) situe à tort la mise sur pied de ce sanatorium en 1922. En réalité, à ce moment, le sanatorium ne fait que passer sous la juridiction du gouvernement provincial. BMQ (1918, 42) semble en situer l'ouverture en 1901.

voit la formation d'un conseil d'administration d'au moins 10 gouverneurs élus ayant souscrit au moins 100 $. Pour les bienfaiteurs, elle prévoit pour tout don consenti un droit de vote proportionnel à chaque tranche de 500 $. Ce droit pourra en partie être légué par testament et réparti entre les bénéficiaires. Chaque bienfaiteur aura le droit de nommer ou de constituer un gouverneur à vie pour chaque tranche de 500 $ excédant la somme de 5000 $. L'institut, localisé dans un bâtiment donné par le colonel Burland, deviendra le Royal Edward Laurentian Hospital, Montreal Division en 1942, puis le Royal Edward Laurentian Chest Hospital.
Sources: SPQ (1909), chap. 133; Wherrett (1977), 210, 212, 217; Pierre-Deschênes (1980), 107.

Ouverture d'une clinique dentaire au Montreal General Hospital.
Source: MacDermot (1950), 127.

1910 *Loi autorisant la passation d'un contrat avec l'Hôpital Protestant des Aliénés au sujet de la garde et de l'entretien des patients.* Cette loi autorise le gouvernement de la province à effectuer, à compter du 1er janvier 1910, le paiement des intérêts sur l'emprunt de 250 000 $ autorisé par la loi de 1892 et sur l'emprunt autorisé par la loi de 1909. Elle engage les municipalités chargées du soin de leurs aliénés à payer leur quote-part de 50 % sur ces intérêts. Elle autorise aussi le secrétaire de la province à passer un nouveau contrat avec l'hôpital. Le gouvernement s'y engage à payer pour chaque patient une somme de 142 $ par année. Le contrat stipule les devoirs et obligations de chacune des parties, notamment à propos du traitement des patients, du nombre de gardiens, du décès et de l'évasion des malades.
Sources: SPQ (1892), chap. 39; SPQ (1910), chap. 4.

Incorporation du Lachine General Hospital. Le but de l'hôpital est de soigner, de secourir et de guérir les personnes malades ou blessées à la suite d'accidents. La loi d'incorporation prévoit la formation d'infirmières spé-

cialisées et la création d'un bureau des gouverneurs qui se composera de gouverneurs à vie (don d'au moins 100 $) et de gouverneurs électifs (don d'au moins 10 $) dont le nombre se situera entre 10 et 24. La loi précise aussi les pouvoirs du bureau, et en particulier celui d'élire parmi ses membres, pour un mandat de 3 ans, un conseil d'administration comprenant entre 3 et 12 de ses membres.
Source: SPQ (1910), chap. 97.

1911 Incorporation du District of Bedford General Hospital. La loi d'incorporation autorise la construction dudit hôpital dans le village de Sweetsburg dans les Cantons-de-l'Est. Elle rappelle les droits et privilèges de la corporation et valide le contrat de vente intervenu en fidéicommis entre J. Power et F. H. Pickle. Elle distingue deux catégories de membres: les membres à vie (don de 250 $ et plus) et les membres ordinaires (cotisation de 5 $ et plus par année). Elle prévoit la formation d'un bureau des gouverneurs composé de neuf membres et fixe les conditions d'admissibilité des gouverneurs, les modalités de leur élection à ce bureau et de leur remplacement. Elle précise leurs pouvoirs et autorise la corporation à procéder à des placements de fonds. En 1924, la loi d'incorporation sera amendée, notamment en ce qui concerne le droit de la corporation d'effectuer certaines transactions financières. Seront également amendées les dispositions concernant l'élection des officiers, la nomination et le renvoi des employés et les pouvoirs du comité exécutif. En 1931, le gouvernement autorisera la fusion du District of Bedford General Hospital et de la Perkins Hospital Corporation qui deviendront le Brome-Missisquois-Perkins Hospital. La province reconnaîtra que les conditions sont alors remplies pour que la nouvelle corporation puisse entrer en possession du legs de feu E. C. Perkins. La loi de fusion prévoit la formation d'un comité exécutif de 15 gouverneurs, dont 7 choisis par le conseil de comté et 8 choisis parmi les membres à vie ou souscripteurs de la corporation. Elle prévoit éga-

lement les modalités d'élection et de remplacement ainsi que les pouvoirs du comité exécutif. L'édifice du nouvel hôpital sera situé dans le village de Sweetsburg et sera le même que celui antérieurement désigné sous le nom de Bedford General Hospital.
Sources: SPQ (1911), chap. 101; SPQ (1924), chap. 119; SPQ (1931), chap. 155.

Fondation à Montréal, le 9 mars, de l'Institut Bruchési[79] sous l'initiative du docteur J. E. Dubé et sous le patronage de Monseigneur Bruchési. Ce dispensaire antituberculeux occupe des locaux prêtés par les autorités de l'Asile des sœurs de la Providence et situés au 369 rue Sainte-Catherine Est, à l'intersection de la rue Saint-Hubert. Les officiers de l'institut sont monsieur J. A. Richard (président), l'abbé Tranchemontagne, p.s.s. (vice-président), U. H. Dandurand (trésorier) et le docteur E. Grenier (secrétaire). On compte aussi parmi les personnes adjointes au comité de direction le docteur J. E. Dubé. L'Institut Bruchési comprend également un bureau médical composé de 16 médecins[80] et compte 4 dispensaires: le dispensaire de médecine sous la direction de E. Grenier et de 10 autres médecins[81], le dispensaire de tuberculose chirurgicale sous la direction du docteur B. G. Bourgeois, de l'Hôpital Notre-Dame, le dispensaire de tuberculose du larynx sous la direction du docteur Bousquet, de l'Hôtel-Dieu, et le dispensaire de tuberculose de la peau sous la direction du docteur Archambault. C'est le 4 février 1913 que l'Institut Bruchési inaugurera son dispensaire antituberculeux. En 1925 et en 1927, deux succursales seront ouvertes dans le quartier Hochelaga et dans le nord de la ville de Montréal.

79. Wherrett (1977, 210) situe l'organisation de l'Institut Bruchési en 1912.

80. Il s'agit des docteurs H. Hervieux, J. E. Dubé, A. A. Foucher, E. P. Benoît, A. LeSage, L. E. Fortier, J. I. Desroches, W. P. Roux, T. Bruneau, L. A.Leblanc, R. Hébert, A. D. Aubry, D. Masson, B. G. Bourgeois, P. E. Bousquet et E. Grenier.

81 . Il s'agit des docteurs Verschelden, Migneault, Jarry, Robert, Paiement, Robichaud, Demers, Barrette, Miller et Lussier.

Sources: UMC (1911), 394-396; UMC (1913), 172; Heagerty (1928b), 232; UMC (1932), 188; ACTMR (1968), 107, 125-126; Pierre-Deschênes (1980), 126.

Fondation, par le docteur J. E. Dubé, du Préventorium Saint-Victor pour les tuberculeux. Cet établissement est situé sur les bords du Richelieu, à un mille de Belœil et peut recevoir 11 malades. L'entreprise sera malheureusement un échec et le préventorium devra fermer ses portes un an après son ouverture.
Sources: UMC (1911), 397; UMC (1932), 198.

1912 *Loi autorisant la modification du contrat passé entre le gouvernement et les sœurs de la Charité de Québec, relativement au maintien des aliénés dans l'Asile de Beauport.* Cette loi amende les dispositions du contrat ratifié par la loi de 1903. La loi fait passer de 110 $ à 120 $ par patient le montant annuel dû aux sœurs par le gouvernement, et ce pour la période allant de janvier 1913 à décembre 1922.
Source: SPQ (1912), chap. 3.

Loi concernant l'Asile de la Longue-Pointe. Cette loi amende les dispositions du contrat ratifié par la loi de 1897. La loi fait passer de 110 $ à 120 $ par patient le montant annuel dû aux sœurs par le gouvernement, et ce de janvier 1913 jusqu'à l'expiration du contrat.
Source: SPQ (1912), chap. 4.

Ouverture, le 2 juin du Herzl Hospital and Dispensary dans un petit édifice situé sur la rue Saint-Dominique près de la rue Prince-Arthur à Montréal. Le Herzl Hospital and Dispensary sera incorporé en 1914. Le but de la corporation est d'établir un hôpital et un dispensaire à Montréal ainsi que des hôpitaux «cottages» pour les convalescents dans d'autres parties de la province. On y recevra des malades et des blessés sans discrimination de race ni de religion, surtout des personnes qui se trouvent dans la pauvreté et incapables de se procurer un traitement médical ou chirurgical. La loi d'incorporation

prévoit la formation d'un bureau des gouverneurs formé de 8 à 25 membres élus et de confessionnalité juive. Elle précise le pouvoir de ce bureau dont celui de passer des contrats et de fusionner. En 1927, le docteur H. N. Segall y mettra sur pied une clinique de cardiologie.
Sources: SPQ (1914), chap. 150; OTE (1984), 21; Segall (1988), 125.

Fondation de l'Hôpital Saint-Joseph de La Tuque. Lors de son ouverture, en 1914, l'hôpital recevra 25 malades. Il sera agrandi en 1918, 1927 et 1949. Le bâtiment actuel sera construit en 1962. Le nouvel établissement sera incorporé en 1973.

Incorporation du Mount Sinaï Sanatorium[82] pour le traitement de la tuberculose. La loi d'incorporation autorise la construction d'un sanatorium pour tuberculeux à Sainte-Agathe-des-Monts. Elle prévoit que le sanatorium pourra passer des contrats avec les villes, cités, villages et autres corporations municipales. Elle lui octroie le droit de fusionner avec d'autres sanatoriums ou hôpitaux pour en faire l'acquisition. Elle prévoit la création d'un bureau de direction composé de 6 à 20 membres élus par l'assemblée générale annuelle de la corporation. Le docteur Byers sera le surintendant du sanatorium pendant une dizaine d'années. En 1931, la Législature confirmera l'attribution du titre de Mount Sinaï Sanatorium à la propriété immobilière décrite dans le texte de la loi, nonobstant toute imperfection et défaut de titre.
Sources: SPQ (1912), chap. 118; SPQ (1931), chap. 176; ACTMR (1968), 97.

82. Heagerty (1928b, 232) mentionne qu'un sanatorium est ouvert en 1912 à Sainte-Agathe sous les auspices de la Laurentian Society, fondée en 1909, mais il n'en donne pas le nom. De même, UMC (1919, 574) soutient qu'un certain Laurentian Sanatorium avait été construit à Sainte-Agathe-des-Monts par un groupe de citoyens présidé par monsieur Lorne McGibbon et qu'il était dirigé par le docteur Byers. Il s'agit sûrement dans les deux cas du Mount Sinaï Sanatorium.

Ouverture de l'Hôpital du Sacré-Cœur à Hull. Cet hôpital général est dirigé par les sœurs de la Providence.
Source: ACH (1933), 1467.

Inauguration, en février, de la clinique privée du docteur Bourgeois à Trois-Rivières. Cette clinique est située sur la rue Laviolette, face au palais de justice. Associé au docteur E. Cross, le docteur Bourgeois agrandira son hôpital en 1915. Lors de son décès, la clinique deviendra l'Hôpital Normand et Cross.
Source: Gamelin *et al.* (1984), 168; Gamelin (1987), 25.

Fondation d'un dispensaire antituberculeux à Québec.
Source: Wherrett (1977), 210.

L'Hôtel-Dieu de Chicoutimi se dote, le 10 avril, de sa première ambulance. Il s'agit d'une ambulance motorisée.
Source: Perron (1984), 130.

1913 Fondation de l'Hôpital Saint-Joseph des Convalescentes, situé sur la rue Berri à Montréal, par sœur Marie-Joseph de la Providence. L'hôpital sera réincorporé en 1929 sous le même nom[83]. La loi de 1929 prévoit la formation d'un bureau médical et d'un conseil d'administration formés de personnes choisies parmi les dames patronnesses membres de la corporation. En 1935, une loi autorisera l'hôpital à léguer la direction de ses œuvres à la société connue sous l'appellation «Les Oblates franciscaines de Saint-Joseph», incorporée la même année.
Sources: SPQ (1929), chap. 113; UMC (1932), 220; SPQ (1935), chap.156; SPQ (1935), chap. 157.

Ouverture de l'Hôpital Saint-Joseph de Lachine[84]. Cet hôpital d'une capacité de 50 lits est dirigé par les sœurs de la Providence.
Sources: ACH (1933), 1467; Tanghe (1936), 121.

83. Nous ne connaissons pas la date de la première incorporation.
84. Abbott (1931, 86) situe la fondation de cet hôpital en 1903.

1914 Fondation de l'Hôpital Saint-François d'Assise à Québec. L'établissement a une capacité de 83 lits et est dirigé par les sœurs de Saint-François d'Assise. L'hôpital est essentiellement consacré à la clinique d'obstétrique. *Sources:* Abbott (1931), 86; Lessard (1970), 10; Gosselin (1989), 1; AMHDQ.

Fondation du Montreal Children's Hospital situé sur la rue Saint-Antoine à Montréal, d'une capacité de 50 lits. *Source:* HMHC, 12.

1915 Incorporation du Hebrew Maternity Hospital. La loi d'incorporation stipule que la corporation devra établir et maintenir un hôpital pour le traitement des «maladies des femmes» et pour la maternité. Son objectif est la promotion de l'étude de l'obstétrique et de la gynécologie. La loi prévoit aussi des dispositions particulières pour la gestion des biens immobiliers. En 1925, la loi d'incorporation sera amendée. L'amendement élargira alors les droits de la corporation quant à son pouvoir d'effectuer certaines transactions financières. Elle redéfinira les pouvoirs des officiers et ceux du conseil d'administration et accordera à l'hôpital le droit d'acquérir tout autre hôpital destiné au soin des incurables, personnes âgées, infirmes, tuberculeux et autres patients en convalescence, ou de fusionner avec un tel établissement.
Sources: SPQ (1915), chap. 150; SPQ (1925), chap. 129.

Construction de l'Hôpital Laval pour les tuberculeux à Sainte-Foy. Cette construction fait suite à la fondation, par le docteur Rousseau, en 1912, de la Société de patronage de l'hôpital des tuberculeux de Québec qui s'était chargée de recueillir les fonds nécessaires. La Société avait acheté en décembre 1914, au coût de 8 000 $, un terrain dominant la rivière Saint-Charles. La construction de l'Hôpital Laval débute le 16 septembre 1915. L'hôpital sera ouvert le 6 juin 1916 et inauguré en octobre de la même année[85]. Il sera in-

85. Boissonnault (1953, 336) affirme que l'Hôpital Laval est inauguré en octobre 1918 alors que Lemoine (1983, 171) affirme que l'Hôpital Laval est construit en 1918.

corporé en 1920 sous la dénomination Œuvre de l'Hôpital Laval. La loi d'incorporation précise les conditions d'adhésion en tant que membres bienfaiteurs et habilite ceux-ci à voter sur toute propositon soumise à l'assemblée et à élire les membres du conseil d'administration. Elle fixe le poids du vote des membres bienfaiteurs proportionnellement à leur cotisation et entérine les arrangements faits avec l'Université Laval quant au personnel médical. Elle prévoit un conseil d'administration composé de neuf membres qui éliront entre eux quatre officiers. Elle spécifie les pouvoirs de ce conseil. L'hôpital deviendra un lieu de formation clinique pour les étudiants en médecine de l'Université Laval à compter de 1922. Entre 1916 et 1937, l'Hôpital Laval accueillera 8412 patients.
Sources: SPQ (1920), chap. 134; Boissonnault (1953), 356, 365; ACTMR (1968), 89.

Fondation et construction du nouvel Hôpital Civique de Québec. Cet hôpital est financé par la ville de Québec. Situé sur la rue de la Canardière, il accueillera des tuberculeux jusqu'en 1918.
Sources: BMQ (1918), 43-44; Boissonnault (1953), 377; Anctil/Bluteau (1986), 45; Gosselin (1989), 1; Rousseau (1989), 234.

1916 Fondation de l'Hôtel-Dieu de Sherbrooke, d'une capacité de 50 lits. L'hôpital sera incorporé en 1927. La loi d'incorporation stipule que l'un des buts de l'hôpital est de promouvoir les sciences chirurgicales et médicales, d'établir et de développer des laboratoires cliniques, d'expérimentations et de recherches scientifiques. Elle prévoit un conseil d'administration de 17 membres élus pour une période de 5 ans et dont le mandat est renouvelable. Elle précise les modalités d'élection ainsi que les pouvoirs du conseil d'administration. L'hôpital mettra sur pied son école d'infirmières en 1943.
Sources: SPQ (1927), chap. 114; AGMEPQ (1946), 59; Abbott (1931), 86.

Fondation par Monseigneur Labrecque, évêque de Chicoutimi, de l'Hôtel-Dieu Saint-Michel de Roberval[86]. Cet établissement cumule les fonctions d'hôpital, d'hospice et d'orphelinat, sous la direction des religieuses de l'Hôtel-Dieu de Chicoutimi. L'Hôtel-Dieu sera incorporé en 1920. Il a pour vocation de recueillir des personnes âgées, des infirmes, des malades, des pauvres et des orphelins, sans distinction de religion ni de nationalité.
Sources: mère Marie de Jésus (1911), 234; SPQ (1920), chap. 137.

La faculté de médecine de l'Université Laval propose au gouvernement canadien la création d'un hôpital de 1000 lits pour les blessés de guerre en France. Cet hôpital portera le nom d'Hôpital Laval nº 6. Ce sont les docteurs Beauchamp, Décarie et Rhéaume qui en auront la charge, assistés des docteurs Duhamel, G. Bourgeois, G. Archambault, J. A. Lussier, Rivet, Dagenais, Collin, Gariépy, Trudel et Joubert. Le corps médical sera assisté par 73 gardes-malades et 119 soldats et infirmiers.
Source: UMC (1916), 82-89.

1917 Création de l'Hôpital Sainte-Anne de Bellevue.
Source: Boudreau (1984), 38.

Ouverture de l'Hôpital Saint-Joseph de Beauceville. Cet hôpital général est dirigé par les sœurs grises.
Source: ACH (1933), 1464.

Le gouvernement de la province s'engage à garantir un emprunt pour la construction d'un hôpital vétérinaire à Montréal. L'hôpital sera situé au 384 rue Saint-Hubert, à côté de l'École de Médecine Comparée et de Science Vétérinaire.
Source: Pépin (1986), 149.

86. UMC (1939, 929) mentionne que l'Hôtel-Dieu de Roberval est fondé en 1908.

1918 *Loi amendant les Statuts refondus, 1909, relativement à la nomination d'un surintendant médical général pour les asiles d'aliénés.* Cette loi permet la nomination par le lieutenant-gouverneur d'un surintendant médical général pour les asiles subventionnés par le gouvernement et fixe les modalités de sa rémunération.
Source: SPQ (1918), chap. 54.

Loi amendant les Statuts refondus, 1909, relativement au paiement, par les municipalités, des frais d'entretien des aliénés. Cet amendement permet aux municipalités de faire la preuve de la localisation domiciliaire des aliénés pour lesquels le gouvernement exige des frais de remboursement.
Source: SPQ (1918), chap. 55.

Loi relativement au contrat passé entre le gouvernement et l'Institut des petites sœurs franciscaines de Marie, relativement au maintien des idiots dans l'Hospice Sainte-Anne de la Baie Saint-Paul, dans le comté de Charlevoix. Cette loi ratifie le contrat passé en 1915 entre les deux parties pour une période de dix ans. Les sœurs s'engagent à recevoir «les idiots des deux sexes qui leur seront confiés par le gouvernement» et à leur donner tous les soins qui leur seront nécessaires. La loi reproduit en détail les conditions du contrat et fixe à 120 $ par patient le coût annuel de l'hébergement et des soins.
Source: SPQ (1918), chap. 4.

Loi concernant certains contrats relatifs à l'entretien, au séjour et au traitement des aliénés. Cette loi autorise le gouvernement à fixer respectivement à 200 $ et à 150 $ le coût annuel d'entretien des aliénés et des déficients mentaux dans les cinq grands asiles québécois. Elle reproduit la liste des ententes financières intervenues entre le gouvernement et les religieuses depuis 1897.
Source: SPQ (1918), chap. 5.

Les docteurs E. F. Panneton, W. Godin et C. A. Bouchard fondent une pouponnière à Trois-Rivières. On y tiendra cette année-là 417 consultations.
Source: LN (3 oct. 1950), 21.

1919 *Loi amendant les Statuts refondus 1909 concernant les asiles d'aliénés.* Cette loi amende certaines dispositions existantes, notamment à propos de la gestion des revenus résultant de la vente de produits fabriqués par les aliénés. *Source:* SPQ (1919), chap. 52.

Loi amendant les Statuts refondus 1909 relativement à l'administration provisoire des biens des personnes aliénées non interdites placées dans les asiles.
Source: SPQ (1919), chap. 53.

Fondation de l'Hôpital Français par le juge Desaulniers et les docteurs Villard, F. de Martigny et A. Brisset des Nos. L'hôpital est situé sur la rue Saint-Denis à Montréal. Il sera incorporé l'année suivante. L'un des principaux buts de l'hôpital est d'admettre les malades indigents de nationalité française. La loi d'incorporation prévoit la formation d'un conseil d'administration de 19 membres, élus pour un terme de 5 ans, le président, l'administrateur général, le secrétaire et 7 des 12 conseillers devant être de nationalité française. Elle définit également les modalités de la représentation à l'assemblée générale et le rôle des gouverneurs à vie, en particulier celui de visiter à tour de rôle et de commenter le fonctionnement de l'établissement. En 1924, l'Hôpital Français fera l'acquisition de l'édifice du Montreal Maternity situé au coin des rues Saint-Urbain et Prince-Arthur. Il aura alors une capacité d'environ 150 lits. L'amendement de 1924 précise que l'un des buts de l'hôpital est de former des gardes-malades et des aides maternelles diplômées ou certifiées.

L'Hôpital Français deviendra l'Hôpital Sainte-Jeanne-d'Arc en 1928. La loi de 1928 stipule que l'hôpital est régi par un conseil d'administration de 23 membres désignés par les gouverneurs à vie et que les 5 membres médecins désignés par le conseil d'administration comme chefs de service forment le conseil médical. Elle précise les pouvoirs du conseil d'administration et prévoit les modalités d'élection et de remplacement de ses membres. Elle définit la notion de malade non payant et habi-

lite le conseil médical à ordonner des autopsies dans le cas des malades non payants décédés. L'hôpital deviendra ultérieurement, vraisemblablement en 1929, un hôpital universitaire et sera rattaché à la faculté de médecine de l'Université de Montréal. En 1939, une autre loi changera le nom de la corporation en celui d'Hôpital Sainte-Jeanne-d'Arc de Montréal. Selon cet amendement, les médecins rattachés à l'hôpital, à quelque titre que ce soit, forment le bureau médical et la corporation peut effectuer certaines transactions financières, nonobstant les restrictions que lui impose son statut de société à but non lucratif.
Sources: SPQ (1920), chap. 136; SPQ (1924), chap. 120; SPQ (1928), chap. 130; UMC (1932), 211; SPQ (1939), chap. 143; UMC (1942), 804; Sclater Lewis (1969), 267, 282.

Fondation du Sanatorium Prévost par le docteur Albert Prévost, professeur de neurologie à l'Université de Montréal et professeur de clinique nerveuse à l'Hôpital Notre-Dame. Ce sanatorium est destiné aux personnes souffrant de maladies du système nerveux. On en exclut les malades mentaux et les contagieux. Le docteur Prévost est assisté des docteurs E. Langlois et C. A. Langlois, respectivement neurologue et radiologiste à l'Hôpital Notre-Dame. Ce sanatorium, situé à Montréal, est le premier hôpital au Canada à être administré par une corporation d'infirmières laïques. La surintendante de l'établissement est une garde-malade diplômée de l'Hôpital Notre-Dame, Charlotte Tassé.
Sources: UMC (1922), XIV-XV; GRHHND.

1920 *Loi amendant les Statuts refondus, 1909, relativement au directeur des hôpitaux d'aliénés et d'assistance publique.* Cette loi prévoit la nomination par le lieutenant-gouverneur d'un directeur médical des hôpitaux d'aliénés et d'assistance publique ainsi que les modalités de sa rémunération. Cette fonction s'étend des asiles à l'ensemble des maisons de réforme et d'industrie de même qu'aux établissements fi-

nancés par le gouvernement et qui hébergent des orphelins, des malades, des indigents et des délinquants.
Source: SPQ (1920), chap. 60.

Loi concernant l'hospitalisation des indigents dans les hôpitaux de la province. Cette loi autorise les municipalités à financer les soins hospitaliers de patients résidant sur leurs territoires. Elle autorise également les hôpitaux à refuser l'admission d'un patient dépourvu d'un certificat municipal attestant son lieu de résidence, son indigence et l'engagement de la municipalité concernée à couvrir les frais d'hospitalisation de ses résidents pauvres. La loi oblige tout hôpital à signifier à la municipalité, dans un délai de trois jours, la sortie de chacun de ses résidents nécessiteux et le nombre de jours qu'il a passé à l'hôpital. À moins de renouvellement explicite, elle limite à 40 jours la période d'hospitalisation couverte par les municipalités qui se sont engagées à payer les frais d'hospitalisation de leurs résidents pauvres. Il est prévu que les municipalités ont un droit de recours contre la ou les personnes responsables de leur entretien.
Source: SPQ (1920), chap. 61.

Loi amendant l'article 4140 des Statuts refondus, 1909, relativement au recouvrement des frais d'entretien des aliénés. Cette loi amende les dispositions existantes concernant les modalités de la preuve à faire en cas de réclamation aux municipalités des frais engagés pour l'entretien des aliénés.
Source: SPQ (1920), chap. 58.

Loi amendant les Statuts refondus, 1909, relativement aux frais de transport des aliénés. La loi amende les dispositions existantes relativement à la nature du transport des aliénés dont les frais sont susceptibles d'être réclamés au gouvernement.
Source: SPQ (1920), chap. 59.

Fondation du Montreal Industrial Institute for Epileptics.
Source: Tanghe (1936), 126.

Incorporation du Saint Mary's Memorial Hospital. La loi d'incorporation autorise la fondation, le maintien et l'ad-

ministration de l'hôpital sous la direction des catholiques de concert avec une communauté de sœurs hospitalières. Elle précise que la vocation de l'hôpital sera d'admettre des personnes malades ou blessées sans distinction de race et de religion et prévoit la création d'un bureau de directeurs composé de 3 à 15 membres dont un sera élu annuellement par le bureau médical de l'hôpital. Parmi les pétitionnaires de la nouvelle corporation, on note les noms des docteurs F. E. Devlin et J. E. Guerin. L'hôpital, situé dans l'ancienne résidence de T. Shaughnessy sur la rue Dorchester Ouest à Montréal a une capacité de 50 lits. Il ne sera officiellement inauguré qu'en 1924. Le premier patient sera accueilli le 8 août. Il s'agit du premier hôpital catholique anglophone au Québec. L'organisation quotidenne de l'hôpital est confiée aux sœurs hospitalières de Saint-Joseph jusqu'en 1929, année où l'hôpital est temporairement fermé. En 1930, elles sont remplacées par les sœurs grises.
Sources: SPQ (1920), chap. 135; ACH (1933), 1473; Kerr (1973), 307; Petitat (1989), 112; HMHC, 16.

Incorporation de l'Hôpital Noël de Sherbrooke. Parmi les promoteurs de la nouvelle corporation se trouvent le chirurgien J. E. Noël et le médecin J. H. Laliberté. Le but de l'hôpital est de recevoir, soigner et héberger les malades, infirmes et autres personnes, de promouvoir les sciences médicales et chirurgicales, de former des gardes-malades, des infirmières et des aides maternelles, de leur accorder des brevets de capacité et de développer des laboratoires cliniques et des recherches scientifiques, notamment au moyen de la dissection des cadavres. La loi d'incorporation permet aussi à l'hôpital de vendre des actions jusqu'à concurrence de 149 000 $.
Source: SPQ (1920), chap. 140.

Création de l'Hôpital Mont-Providence à Rivières-des-Prairies. Cet hôpital sera ultérieurement affilié à l'Asile Saint-Jean-de-Dieu.
Source: Boudreau (1984), 38, 48.

1921 *Loi établissant le service de l'assistance publique de Québec.* Cette loi autorise le lieutenant-gouverneur à nommer un comité chargé de l'exécution de ses propres dispositions. Le service d'assistance publique a pour but d'assister les malades indigents hospitalisés ou détenus dans des maisons d'assistance publique. Il est chargé, entre autres choses, d'examiner les demandes d'aide et l'utilisation des subventions accordées par le lieutenant-gouverneur à ces établissements et de voir au développement de toute œuvre d'assistance publique. La loi établit les modalités d'accréditation des maisons d'assistance publique et celles de l'utilisation des fonds qui ne doivent pas excéder le tiers du coût total des soins aux indigents dans chaque établissement. Le lieutenant-gouverneur peut fixer le coût d'hospitalisation et faire des règlements en rapport avec l'application de la loi. La loi fixe les conditions et les formalités d'admission (certificats) des indigents malades et non malades. Elle prévoit une pénalité pour tout individu qui se débarrasse indûment d'une personne indigente dépendante et établit l'autorité du service d'assistance publique sur la gérance administrative des maisons d'assistance publique. La loi prévoit la tenue d'un registre des indigents. Elle partage en trois tiers entre le gouvernement, la municipalité concernée et l'établissement les frais d'hospitalisation engagés et prévoit les modalités de prélèvement et de recouvrement par le gouvernement et les municipalités des sommes impliquées pour l'entretien des indigents. La loi autorise les municipalités, moyennant un permis, à mettre sur pied leurs propres maisons de santé, crèches ou hospices et prévoit leur mode de gestion. Elle définit les règles régissant les fonds de l'assistance municipale et le fonds de l'assistance publique.
Source: SPQ (1921), chap. 79.

Loi amendant les Statuts refondus, 1909, relativement à certains asiles d'aliénés. Cet amendement permet au gouvernement fédéral d'établir dans la province des hôpitaux pour le soin, le traitement et la détention des militaires

aliénés en service au cours de la guerre 1914-1918. Elle permet également au gouvernement fédéral de passer ses propres règles de gestion asilaire.
Source: SPQ (1921), chap. 78.

1922 *Loi autorisant la passation de contrats avec les institutions d'éducation pour aveugles.* La loi autorise le gouvernement à négocier des contrats avec The Montreal Association for the Blind, les sœurs grises de Montréal et l'association L'Aide aux aveugles pour les aveugles incapables de pourvoir à leur éducation directement ou indirectement.
Source: SPQ (1922), chap. 9.

Loi amendant les Statuts refondus, 1909, relativement au directeur médical des hôpitaux d'aliénés. Cette loi rend caduque l'extension de la fonction de directeur médical des hôpitaux d'aliénés aux établissements d'assistance publique prévue par la loi de 1920.
Source: SPQ (1922), chap. 75.

Loi ratifiant un certain contrat passé entre le gouvernement de la province et l'Institut des petites sœurs franciscaines de Marie, relativement au maintien des aliénés dans l'Hospice Sainte-Anne de la Baie Saint-Paul, dans le comté de Charlevoix. La loi sanctionne l'amendement du contrat de 1915 passé entre les parties en décembre 1921 et fixe à 175 $ le montant annuel par patient payable par le gouvernement pour l'entretien des aliénés.
Source: SPQ (1922), chap. 7.

Loi autorisant l'achat du Sanatorium du Lac Edouard. Le lieutenant-gouverneur est autorisé par le gouvernement à passer un contrat pour l'acquisition de ce sanatorium.
Source: SPQ (1922), chap. 60.

Loi ratifiant le contrat passé entre le gouvernement de la province de Québec et l'Hôpital Laval, relativement à l'administration du Sanatorium du Lac Edouard. Cette loi ratifie le contrat passé entre les parties en octobre 1921 selon lequel l'Hôpital Laval s'engage à recevoir au moins 75 patients tuberculeux dans son sanatorium et à leur fournir

les soins requis, en se faisant payer la valeur de la pension par ceux de ces malades qui seront en position, en tout ou en partie, de le faire. La loi accorde une entière autonomie à l'hôpital dans la gestion de son sanatorium, mis à part un droit d'inspection du gouvernement. Le gouvernement s'engage à donner 1500 $ par mois à l'hôpital à partir du moment où il prendra en charge le sanatorium. Le Sanatorium du Lac Edouard avait été ouvert en 1909 par la Lake Edward Sanatorium Association of Quebec et avait été acheté par le gouvernement en 1921.
Sources: SPQ (1922), chap. 60; SPQ (1922), chap. 9; Heagerty (1928b), 232.

Loi concernant l'Hôpital Protestant des Aliénés. Cette loi autorise le lieutenant-gouverneur à garantir, sur créance hypothécaire, le paiement du capital et de l'intérêt d'un emprunt par émission d'obligations de 200 000 $ fait par l'hôpital pour liquider ses dettes.
Source: SPQ (1922), chap. 8.

Loi exemptant The Women's Hospital of Montreal du paiement de la taxe scolaire de la cité de Montréal.
Source: SPQ (1922), chap. 114.

Fondation du Schriner's Hospital for Crippled Children. L'hôpital est situé sur l'avenue des Cèdres à Montréal et a une capacité de 50 lits. Il est alors adjacent au Children's Memorial Hospital.
Sources: Abbott (1931), 86; Tanghe (1936), 121; HMHC, 15.

Incorporation de l'Hôpital de Notre-Dame-de-Protection à Sainte-Marie de Beauce. La loi érige en corporation l'hôpital grâce à un legs de feu Louis Bilodeau. Le but de l'hôpital est de recevoir, nourrir, héberger des malades, personnes âgées et orphelins et d'en prendre soin.
Source: SPQ (1922), chap. 116.

Ouverture du Gray's Hospital. L'établissement est situé sur la rue Crescent à Montréal.
Source: ACH (1933), 1469.

Ouverture du Tafe Hospital à Coaticook. Cet hôpital général privé est la propriété de Olivar M. Tafe.
Source: ACH (1933), 1465.

Fondation de l'Institut du radium de Montréal et de la province de Québec[87]. L'Institut est alors logé au rez-de-chaussée de l'Université de Montréal, sur la rue Saint-Denis. Il déménagera en 1926 dans l'ancien hôtel de ville de Maisonneuve sur la rue Ontario Est où une trentaine de lits accueilleront les cancéreux. L'administration financière est confiée à des délégués de l'Université de Montréal et la régie interne aux sœurs grises. L'Institut fermera ses portes en 1967.
Sources: UMC (1932), 213; Tanghe (1936), 121; Fournier (1987), 369-371.

1923 Incorporation de l'Hôpital de l'Enfant-Jésus de Québec. Cet hôpital ouvre ses portes le 14 janvier dans la maison privée de sa fondatrice, Irma Levasseur. Un nouvel édifice sera acheté sur le Chemin de la Canardière en 1926 et deux nouvelles ailes seront construites en 1931. L'hôpital aura alors une capacité de 123 lits[88]. Cet hôpital sera essentiellement consacré à des cas d'orthopédie.
Sources: SPQ (1931), chap. 156; Abbott (1931), 86; ACH (1933), 1478; Lessard (1970), 10; AMHDQ.

Grâce au support financier de la Ligue canadienne antituberculeuse, de la Croix-Rouge, de la compagnie Sun Life et des ministères fédéral et provincial de la santé, le Centre de démonstration antituberculeux de Trois-Rivières est ouvert à l'Hôpital Saint-Joseph et mis sous la direction du docteur O. Leclerc de l'Hôpital Laval de Québec. Il s'agit en fait d'un dispensaire pour les tuberculeux. Le service médical est alors sous la responsabilité du doc-

87. UMC (1959, 51) mentionne 1923 comme date de fondation alors que Fournier (1987, 173) affirme que l'Institut du radium est créé en 1926. Il s'agit plutôt, dans ce dernier cas, de l'année de son déménagement.
88. Selon Gosselin (1989, 1), cet hôpital est fondé en 1922.

teur Wyatt de l'Hôpital Laurentide de Grand-Mère, assisté de garde Johnson et du docteur P. Tourigny. Le Centre sera installé peu après au 103 rue Notre-Dame, en face du couvent des filles de Jésus. Le docteur H. Beaudoin en deviendra le principal clinicien en novembre 1924, en remplacement du docteur R. Beaudry. Le docteur G. Racicot lui viendra en aide à compter de 1928. En 1930, le Centre cédera sa place au Sanatorium Cooke.
Source: LN (3 oct. 1950), 22-23.

1924 *Loi ratifiant le contrat passé par le gouvernement de la province avec les sœurs de la Charité de Québec relativement aux soins, à la garde et à l'entretien des aliénés, et le contrat entre les sœurs de la Charité de Québec et l'Université Laval, relativement au service médical de l'Hôpital Saint-Michel-Archange.* Cette loi ratifie le contrat passé entre les parties en novembre 1923 relativement à la garde des aliénés. Ce contrat vaut pour une nouvelle période de 10 ans. La loi fixe à 200 $ par patient le coût annuel d'entretien des malades. Les conditions du contrat restent sensiblement les mêmes que celles existant antérieurement. Le service médical est toutefois assuré sur la base d'une entente par contrat intervenue entre les sœurs et la faculté de médecine de l'Université Laval. L'Université Laval s'y engage à fournir deux chefs de service et deux assistants ainsi qu'un chirurgien, un pathologiste, un den-tiste et un oto-rhino-laryngologiste, sous approbation des sœurs pour chaque nomination. L'hôpital servira par ailleurs à l'enseignement clinique pour les étudiants de l'Université Laval.
Source: SPQ (1924), chap. 14.

Ouverture du Montreal Post-Graduate Hospital, sur la rue du parc Lafontaine. Cet hôpital général est la propriété du gouvernement du Québec.
Source: ACH (1933), 1472.

Fondation de l'Hôpital du Saint-Sacrement de Québec par les docteurs C. Dagneau et A. Rousseau. La pierre angulaire de l'hôpital est posée en septembre 1924. L'établissement porte alors la dénomination L'Aide à

l'Hôtel-Dieu du Saint-Sacrement. Il sera incorporé sous le nom de L'Hôpital du Saint-Sacrement en 1925. La loi d'incorporation élargit les pouvoirs de l'hôpital en matière de transactions financières. Elle précise que le conseil d'administration se composera des neuf directeurs jusqu'alors en charge, mais ces neuf directeurs devront ultérieurement être élus par la réunion générale des membres. Ils choisiront les officiers du comité de direction et détermineront les qualités requises pour le titre de membre. D'une capacité de 300 lits, l'hôpital ouvrira ses portes le 15 décembre 1927. Il sera alors affilié à la faculté de médecine de l'Université Laval.
Sources: SPQ (1925), chap. 130; BMQ (1928), 73, 76; Abbott (1931), 86; ACH (1933), 1476; ACTMR (1968), 90; Lessard (1970), 10; UMC (1970), 1041; Gosselin (1989), 1; AMHDQ.

1925 *Loi concernant l'établissement d'un asile pour les détenus aliénés*. Cette loi autorise l'établissement d'un asile pour les détenus aliénés dans les cas prévus par une éventuelle loi du Canada ou de la province. Elle permet au lieutenant-gouverneur de procéder et définit ses pouvoirs en regard de l'aménagement du nouvel asile, de sa gestion et de l'admission d'éventuels patients. Elle établit les pouvoirs et devoirs du surintendant médical et du médecin assistant, fixe les conditions d'examen, de transfert, d'internement et d'élargissement des aliénés criminels. La loi précise les modalités de paiement des frais engagés par les municipalités.
Source: SPQ (1925), chap. 52.

Acquisition de l'Hôpital de Notre-Dame-de-la-Merci par la corporation Refuge de Notre-Dame-de-la-Merci qui deviendra, en 1926, le Refuge Notre-Dame-de-la-Merci. La loi de 1930 modifie le nom de la corporation en celui de Œuvres de Notre-Dame-de-la-Merci et accorde le droit d'établir un hospice-hôpital pour personnes âgées indigentes dans le quartier d'Ahuntsic.
Sources: SPQ (1925), chap. 96; SPQ (1930), chap. 153.

Fondation de la Crèche d'Youville. L'établissement est situé sur le chemin de la Côte-de-Liesse près de la ville de Saint-Laurent. Les sœurs grises y tiennent une école d'infirmières et les cours sont donnés par les médecins de service.
Source: UMC (1932), 221.

Fondation de la Clinique Roy-Rousseau à Québec. Cette clinique, bâtie par des patients de l'Hôpital Saint-Michel-Archange, reçoit au début des patients dont l'état ne nécessite pas l'internement ni une hospitalisation de longue durée. Spécialisée dans le domaine neuropsychiatrique[89], cette clinique sera mise sous la direction de trois spécialistes français et sera organisée sur le modèle de l'Hôpital Sainte-Anne de Paris. Peu à peu, obligée de s'autofinancer, elle deviendra un établissement pour personnes aisées.
Sources: Boissonnault (1953), 390; Wallot (1979), 108; Boudreau (1984), 37.

1926 *Loi modifiant la loi de l'assistance publique de Québec.* Cette loi amende les dispositions existantes relativement à la taxation des repas dans les hôtels et restaurants en vue d'augmenter le fonds de l'assistance publique. Elle autorise en outre les municipalités à prélever une taxe additionnelle pour subventionner les hôpitaux qui sont établis sur leur territoire.
Source: SPQ (1926), chap. 55.

Loi ratifiant le contrat passé par le gouvernement avec les sœurs de Charité de la Providence, relativement aux soins, à la garde et à l'entretien des aliénés dans l'Hôpital Saint-Jean-de-Dieu, et le contrat passé par lesdites sœurs avec l'Université de Montréal, relativement au service médical dudit hôpital. Cette loi ratifie et définit les conditions du contrat passé entre le gouvernement et les sœurs de

89. Selon Gosselin (1989, 1), cette clinique est fondée en 1926.

Charité de la Providence le 21 décembre 1925. Elle prévoit un montant annuel de 200 $ par patient ainsi qu'un montant forfaitaire de 52 500 $ par année destiné à payer les honoraires des médecins et autres frais relatifs au traitement médical. Cette loi prévoit aussi les conditions du contrat entre l'Hôpital Saint-Jean-de-Dieu et la faculté de médecine de l'Université de Montréal en ce qui concerne l'emploi du personnel médical. On prévoit en l'occurrence les services d'un pathologiste, d'un dentiste, d'un oto-rhino-laryngo-ophtalmologiste, d'un dermatologue, d'un radiologiste et d'un neurologue.
Source: SPQ (1926), chap. 8.

Loi ratifiant le contrat passé par le gouvernement de la province avec les sœurs de la Charité de Québec, relativement à la garde, aux soins et à l'entretien des faibles d'esprit et des idiots, l'acte de fiducie et un certain acte de transport entre lesdites sœurs de la Charité et The Sun Trust Company, Limited. Cette loi ratifie et définit les conditions du contrat passé entre le gouvernement et les sœurs de la Charité de Québec le 30 janvier 1926. Elle permet le transfert partiel d'un octroi du gouvernement en faveur de la compagnie pour garantir en capital et en intérêt une émission d'obligations de 550 000 $ aux fins de construction d'un hôpital pour les aliénés.
Source: SPQ (1926), chap. 9.

Loi ratifiant un acte de transport et un acte de fiducie entre l'Institut des petites sœurs franciscaines de Marie et The Sun Trust Company, Limited, auxquels le gouvernement de la province est partie intégrante. Cette loi permet le transfert partiel d'un octroi du gouvernement en faveur de la compagnie pour garantir en capital et en intérêt une émission d'obligations de 200 000 $ aux fins de construction d'un hôpital pour les aliénés.
Source: SPQ (1926), chap. 10.

Incorporation de l'Hôpital Saint-Joseph de Rimouski. La loi d'incorporation définit les droits et privilèges de la corporation, notamment en matière de transactions fi-

nancières. L'hôpital disposera d'une école d'infirmières en 1944.
Sources: SPQ (1926), chap. 95; AGMEPQ (1946), 59.

Fondation de l'Hôtel-Dieu de Notre-Dame des Neiges de Gaspé, par Monseigneur F. X. Ross, évêque du diocèse. Cet hôpital général, dirigé par les sœurs hospitalières de la Miséricorde de Jésus, ouvrira ses portes l'année suivante.
Sources: mère Marie de Jésus (1911), 233; ACH (1933), 1477; UMC (1939), 929.

Fondation de l'Hôpital de Montréal-Est (dénommé aussi Hôpital de la Providence). L'hôpital est situé sur la rue Notre-Dame et a une capacité de 80 lits pour la chirurgie et la médecine générale. Cet hôpital est fondé par sœur Saint-Lazare de Jésus, religieuse de la Providence, en réponse à une requête du maire de Montréal et aux pressions de la population de la zone industrielle de Montréal-Est qui demandait un établissement pour le soin des accidentés. L'hôpital ouvrira ses portes le 3 octobre.
Sources: UMC (1932), 213; ACH (1933), 1465; Goulet/Keel (1990), 80.

1927 *Loi modifiant la loi de l'assistance publique de Québec.*
Source: SPQ (1927), chap. 54.

Loi ratifiant le contrat passé entre le gouvernement de la province et l'Institut des petites sœurs Franciscaines de Marie relativement aux soins, à l'entretien et à la garde des idiots et des malades qui leur seront confiés par le gouvernement dans l'Hospice Sainte-Anne de la Baie Saint-Paul. Cette loi ratifie le contrat passé entre les parties le 2 février 1927 pour une période de 25 ans. Elle prévoit un octroi gouvernemental annuel de 200 $ par patient pour la garde des aliénés malades souffrant d'arrêt de développement mental ou physique ou d'épilepsie.
Source: SPQ (1927), chap. 5.

Incorporation de l'Hôtel-Dieu de Gaspé. La loi d'incorporation précise que l'Hôtel-Dieu de Gaspé sera gouver-

né selon les règles de la communauté de l'Hôtel-Dieu du Précieux-Sang de Québec.
Source: SPQ (1927), chap. 115.

Incorporation de l'Hôpital du Sacré-Cœur de Plessisville. La loi d'incorporation précise que l'hôpital sera géré par quatre membres de la communauté des sœurs de la Charité de Québec. L'hôpital accueille des tuberculeux.
Sources: SPQ (1927), chap. 116; LeCavelier (1934), 5.

Ouverture de l'Hôpital d'Arvida. Cet hôpital général est établi par la Aluminium Company of America pour le soin des employés de la compagnie ainsi que pour la population de la région d'Arvida.
Source: ACH (1933), 1464.

Ouverture de l'Hôpital de Notre-Dame du Lac. Ce petit hôpital est la propriété de son fondateur et directeur, le docteur L. F. Dubé.
Source: ACH (1933), 1476.

Ouverture de l'Hôpital-prison de Bordeaux. Cet hôpital sera par la suite affilié à l'Asile Saint-Jean-de-Dieu.
Source: Boudreau (1984), 48.

1928 Incorporation de l'Hôpital Saint-Georges (Saint George Hospital). La loi d'amendement de 1929 prévoit la formation d'un bureau des gouverneurs composé de tous les gouverneurs à vie, d'un bureau médical et d'un conseil d'administration comportant un représentant des membres souscripteurs, un ou plusieurs représentants de municipalités, trois gouverneurs à vie et trois membres du bureau médical. La loi définit les pouvoirs du conseil d'administration ainsi que les droits et privilèges de la corporation.
Source: SPQ (1929), chap. 110.

Fondation, à Québec, de l'École de La Jemmerais destinée aux patients souffrant de maladies nerveuses ou mentales.
Source: Gosselin (1989), 1.

1929 *Loi modifiant la loi de l'assistance publique de Québec relativement à l'hospitalisation des indigents.* Cette loi amende les dispositions existantes relativement au pouvoir du magistrat de district ou du greffier de certifier l'état d'indigence d'un malade dont le certificat est refusé.
Source: SPQ (1929), chap. 61.

Loi modifiant la loi de l'assistance publique de Québec. Cette loi amende les dispositions existantes concernant l'hospitalisation des détenus indigents. Elle autorise le secrétaire de la province à confier un détenu à un établissement d'assistance publique et prévoit que les frais seront répartis de façon égale entre le gouvernement, la maison d'assistance et la municipalité où a eu lieu l'arrestation, si la dernière localité de résidence du détenu, pendant six mois, n'a pu être désignée.
Source: SPQ (1929), chap. 62.

Loi modifiant la loi des asiles d'aliénés, en ce qui concerne les détenus aliénés. Cette loi amende les dispositions existantes relativement à la nomination par le juge de district d'un administrateur pour les biens de tout détenu aliéné et non interdit placé à l'asile des détenus aliénés. Faute de quoi la loi accorde au surintendant médical de l'asile tous les droits d'un curateur ordinaire jusqu'à l'élargissement éventuel du détenu aliéné ou jusqu'à ce que soit nommé un curateur en vertu des dispositions du code civil.
Source: SPQ (1929), chap. 64.

Loi permettant l'emploi annuellement d'une somme de un million de dolllars provenant de la vente des liqueurs alcooliques, pour aider au maintien des institutions d'assistance publique. Cette loi autorise le trésorier de la province à verser annuellement au fonds de l'assistance publique 1 000 000 $ provenant des revenus nets des opérations de la Commission des liqueurs de Québec.
Source: SPQ (1929), chap. 63.

Loi accordant le droit d'expropriation, en certains cas, aux propriétaires d'hôpitaux. Cette loi permet aux proprié-

taires d'hôpitaux d'acquérir par expropriation des bâtiments contigus à leurs établissements. Elle définit les conditions d'applicabilité de l'expropriation et de la prise de possession.
Source: SPQ (1929), chap. 73.

Incorporation le 23 avril de l'Hôpital Universitaire de Montréal affilié à la faculté de médecine de l'Université de Montréal[90].
Sources: UMC (1932), 211, 216.

Incorporation de l'Hôpital de Saint-Joseph de Thetford Mines. La loi d'incorporation stipule que la nouvelle corporation est constituée en vue de la construction d'un nouvel hôpital qui portera le même nom qu'un hôpital déjà existant dans la même ville et qui est régi par les sœurs de la Charité de Québec. L'Hôpital de Saint-Joseph de Thetford Mines accueillera des tuberculeux.
Sources: SPQ (1929), chap. 112; LeCavelier (1934), 5.

Fondation de la Maison Béthanie à Québec. Cet hôpital est apparemment destiné à la maternité et aux enfants orphelins.
Source: Gosselin (1989), 1.

Fondation du Dispensaire antituberculeux de l'Hôtel-Dieu de Montréal. La formation de cet organisme fait suite à un projet d'entente entre l'Institut Bruchési, l'Hôpital Notre-Dame, l'Hôtel-Dieu et l'Hôpital du Sacré-Cœur de Cartierville. Le 26 octobre, le docteur Robichaud, qui est aussi membre de l'Institut Bruchési, est nommé à sa direction.
Source: UMC (1970), 506.

90. Il s'agit vraisemblablement de l'Hôpital Sainte-Jeanne-d'Arc.

1930 *Loi relativement au Verdun Protestant Hospital.* Cette loi autorise le lieutenant-gouverneur, moyennant certaines conditions dont une couverture hypothécaire, à garantir le paiement en capital et en intérêt d'un emprunt de 300 000 $ de l'hôpital pour rembourser un emprunt échu et pour apporter des améliorations à l'établissement.
Source: SPQ (1930), chap. 11.

Loi ratifiant le contrat passé entre le gouvernement de la province de Québec et les sœurs de la Charité de Québec relativement aux soins, à la garde et à l'entretien des faibles d'esprit et des idiots, et l'acte de fiducie entre lesdites sœurs et le Trust général du Canada. Cette loi ratifie le contrat passé entre les parties le 6 février pour la garde des aliénés dans l'Hospice Dufrost ainsi que l'acte de fiducie fait au nom du Trust général du Canada. L'hospice est situé à Québec[91].
Source: SPQ (1930), chap. 12.

Loi modifiant la loi des cités et villes concernant l'aide aux hôpitaux ou institutions charitables. Cette loi amende les dispositions existantes relativement au mode de paiement des subventions municipales aux hôpitaux. Les subventions peuvent être entérinées par le lieutenant-gouverneur seulement sous mode de paiements égaux et annuels pour une période maximale de 25 ans.
Source: SPQ (1930), chap. 49.

Fondation de l'Hôpital Général de Verdun, d'une capacité de 175 lits. En 1933, l'hôpital en comptera 300. La régie interne est confiée aux sœurs de la Providence.
Source: UMC (1932), 214.

La faculté de médecine de l'Université Laval fonde un centre anticancéreux, avec un service de consultation et un service de diagnostic histo-pathologique. Ce centre sera intégré à l'Institut d'anatomie pathologique fondé

91. Selon Gosselin (1989, 1), l'hospice est fondé en 1931.

en 1928. En 1931, ce centre deviendra l'Institut du cancer.
Source: Boissonnault (1953), 366-367; 372.

Ouverture du Sanatorium Cooke de Trois-Rivières, le 6 septembre. L'administration du sanatorium relève alors d'une corporation laïque dont le conseil d'administration est présidé par Maître P. Bigué. C'est le docteur H. Beaudoin qui occupe le poste de directeur médical. Il demeurera près de 40 ans à ce poste. Au moment de son ouverture, le sanatorium compte 150 lits exclusivement réservés aux tuberculeux. La décision de construire le sanatorium avait été prise en 1929 et les travaux avaient été entrepris le 9 septembre de la même année sur l'initiative du Centre de démonstration antituberculeux de Trois-Rivières, lui-même créé en 1923. C'est Monseigneur Comtois qui, à cette date, avait béni la pierre angulaire. Le 21 mai 1931 aura lieu l'inauguration officielle de l'établissement par Monseigneur F. X. Cloutier, évêque de Trois-Rivières. Les filles de Jésus assumeront la gestion du personnel jusqu'en 1957 et les soins infirmiers jusqu'en 1963. L'établissement sera agrandi en 1950 et pourra alors recevoir 350 patients. La même année, l'hôpital mettra sur pied sa propre école de formation pour gardes-malades auxiliaires. En 1960, l'Hôpital Cooke se transformera en centre spécialisé en pneumologie, gériatrie et réadaptation. Un service de médecine physique et de physiothérapie sera organisé en 1961 sous la direction du docteur M. Boily. En 1964, un service d'inhalothérapie sera également créé.
Sources: LN (3 oct. 1950), 23; Héroux (1973), 1; Wherrett (1977), 213; FCI, 1.

1931 *Loi modifiant la loi de l'assistance publique de Québec.* Cette loi amende les dispositions existantes relativement au droit des municipalités de recouvrer, à même les biens immobiliers des patients ou de leurs obligés légaux, toute somme d'argent dépensée pour l'hospitalisation des premiers dans un établissement d'assistance publique.
Source: SPQ (1931), chap. 81.

Loi modifiant l'article 34 de la loi de l'assistance publique de Québec.
Source: SPQ (1931), chap. 83.

Loi modifiant la loi des asiles d'aliénés. Cette loi amende les dispositions existantes relativement au droit des magistrats, juges de paix et greffiers d'émettre un mandat autorisant le transfert d'un malade dans un asile et, sous certaines conditions stipulées, rend ce mandat suffisant pour justifier l'internement.
Source: SPQ (1931), chap. 84.

Loi modifiant l'article 54 de la loi des asiles d'aliénés.
Source: SPQ (1931), chap. 85.

Loi ratifiant le contrat entre le gouvernement de la province et Verdun Protestant Hospital relativement au soin, la garde et l'entretien des aliénés. Cette loi ratifie le contrat passé entre les parties pour une période de 25 ans le 29 septembre 1930. Elle en reproduit les conditions qui prévoient un octroi annuel de 200 $ par patient. Le gouvernement, moyennant couverture hypothécaire, s'y engage à garantir le paiement du capital et de l'intérêt d'un nouvel emprunt de 300 000 $ pour une période n'excédant pas la durée du contrat.
Source: SPQ (1931), chap. 14.

Incorporation du Montreal Convalescent Home.
Source: SPQ (1933), chap. 145.

Fondation du Jeffrey Burland Open Air School. Il s'agit d'un institut pour les enfants tuberculeux.
Source: Pierre-Deschênes (1980), 118.

1932 *Loi relativement au Verdun Protestant Hospital.* Cette loi engage le gouvernement de la province à payer les intérêts de l'emprunt de 300 000 $ contracté par l'hôpital à même les crédits affectés par la Législature pour les asiles d'aliénés. Le gouvernement s'engage en outre à contribuer annuellement au fond d'amortissement pour la liquidation de cette dette.
Source: SPQ (1932), chap. 13.

Loi modifiant la loi 20 George V, chapitre 12, relativement à la garantie par le gouvernement d'un emprunt des sœurs de la Charité de Québec. Cette loi engage le gouvernement à payer l'intérêt et l'amortissement d'un emprunt éventuel d'au plus 100 000 $ des sœurs de la Charité de Québec à même les crédits affectés par la Législature pour les asiles d'aliénés.
Source: SPQ (1932), chap. 12.

Loi modifiant la loi 16 George V, chapitre 55, imposant la «taxe d'hôpital». Cette loi amende les dispositions concernant les modalités de calcul et de la taxe imposée sur les repas et fixe de nouveaux critères quant à la nature des établissements concernés.
Source: SPQ (1932), chap. 69.

Ouverture du Saint Michael's Hospital à Buckingham. Cet hôpital général est dirigé par les sœurs grises.
Source: ACH (1933), 1464.

1933 *Loi modifiant la loi de l'assistance publique de Québec.* Cette loi amende les dispositions existantes, notamment en ce qui concerne les rapports administratifs des établissements d'assistance publique et le droit des municipalités de réclamer le remboursement des frais d'hospitalisation aux personnes dont l'indigence n'a été que temporaire.
Source: SPQ (1933), chap. 76.

Loi modifiant la loi 16 George V, chap. 55, imposant la «taxe d'hôpital». Amendements mineurs, en particulier du devoir de verser le produit de cette taxe au fonds de l'assistance publique.
Source: SPQ (1933), chap. 77.

Incorporation du Jewish General Hospital. Cet établissement voit le jour grâce au Jewish Hospital Campaign Committee et à une campagne de souscription lancée en 1929. La loi prévoit la formation d'un conseil d'administration d'au plus 25 membres et d'un bureau de syndics également composé au plus de 25 personnes. Le docteur M. Wiseman compte parmi les demandeurs de l'incorporation.
Source: SPQ (1933), chap. 147.

1934 *Loi relative à la réception, à la garde et à l'entretien des aliénés dans l'Hôpital Saint-Jean-de-Dieu.* Cette loi autorise le secrétaire de la province à passer un contrat avec l'Hôpital Saint-Jean-de-Dieu. En substance, les conditions du contrat sont les mêmes que celles stipulées dans la loi de 1925. On y prévoit cependant l'amélioration des services de laboratoire d'après les normes modernes.
Source: SPQ (1934), chap. 4.

Loi modifiant la loi de l'assistance publique de Québec. La loi amende les dispositions existantes relativement à la certification médicale des personnes indigentes sujettes, après examen, à l'hospitalisation «dans un hôpital général, un sanatorium ou une institution hospitalisant des incurables».
Source: SPQ (1934), chap. 59.

Ouverture de l'Hôpital Pasteur[92]. Ce nouvel hôpital réservé aux malades contagieux prend la relève de l'Hôpital Saint-Paul qui n'avait pu renouveler son contrat avec la ville de Montréal en 1933. L'Hôpital Pasteur, dont la construction remonte à 1932, est affilié à l'Hôpital Saint-Luc qui est responsable de la nomination de son directeur médical et des médecins en place. La bénédiction de l'Hôpital Pasteur a eu lieu le 17 décembre 1933. Ce sont les sœurs grises qui en auront la charge.
Sources: AGMEPQ (1946), 59; SL (1985), 10; GRHHND.

Ouverture du Montreal Neurological Institute subventionné par le Rockefeller Institute. Le docteur Penfield, rattaché depuis 1928 au sous-département de neurochirurgie du Royal Victoria Hospital, y transportera ses installations.
Sources: Sclater Lewis (1969), 176; EDC (1987), 1213.

1935 *Loi concernant les hôpitaux privés.* Cette loi définit le statut des hôpitaux privés, c'est-à-dire «toute institution, autre qu'une institution d'assistance publique visée par la

92. Tanghe (1936, 121) situe la fondation de l'hôpital en 1933.

loi de l'assistance publique de Québec (Statuts refondus, 1925, chapitre 189), et autre qu'une institution publique recevant dans son infirmerie les membres de son personnel ou ses élèves, dans laquelle, moyennant rémunération, des malades sont accueillis et traités pour quelque cause que ce soit, ou encore des nourrissons ou enfants en bas âge sont reçus et soignés ou entretenus». Elle prévoit les conditions d'octroi d'une licence, les causes de sa révocation possible, l'obligation de tenir un registre et les infractions et pénalités applicables aux contrevenants. Les hôpitaux privés sont soumis à l'inspection du service de l'assistance publique.
Source: SPQ (1935), chap. 66.

Loi pourvoyant au paiement des services des médecins et des frais d'entretien des accidentés dans les institutions d'assistance publique. Cette loi prévoit l'indemnisation de toute personne accidentée hospitalisée dans un établissement reconnu d'assistance publique mais non éligible en raison de la localisation de son domicile. La loi précise les conditions liées à la réclamation en dommages, les modalités de paiement, le droit de poursuite des établissements d'assistance publique et le tarif applicable, ce dernier étant celui prévu par la loi des accidents du travail de 1931.
Source: SPQ (1935), chap. 85.

Loi concernant les fonds d'amortissement de certaines obligations émises par l'Hôpital Saint-Luc. Cette loi confirme le droit de la corporation d'effectuer des emprunts dans certaines limites et le droit des fiduciaires d'employer sous forme d'achat d'obligations les sommes d'argent versées aux deux fonds d'amortissement créés pour éponger deux emprunts de l'établissement totalisant 2 700 000 $.
Source: SPQ (1935), chap. 158.

Loi ratifiant le contrat passé par le gouvernement de la province avec les sœurs de la Charité de Québec relativement aux

soins, à la garde et à l'entretien des aliénés dans l'Hôpital Saint-Michel-Archange. Cette loi ratifie le contrat passé entre les parties pour une période de dix ans. Elle en reproduit les conditions et prévoit un octroi annuel de 200 $ pour chaque patient et une somme additionnelle de 35 000 $ destinée à payer les honoraires des médecins, mis à part le surintendant, et les frais particuliers de bureau et d'infirmerie.
Source: SPQ (1935), chap. 2.

Loi relative à la garantie par le gouvernement d'un emprunt des sœurs de la Charité de Québec. Cette loi autorise le lieutenant-gouverneur à payer l'intérêt et l'amortissement d'un nouvel emprunt pourvu que ce dernier soit plus avantageux que celui déjà conclu et annulé du fait du rachat, par la communauté, des obligations émises pour sa couverture.
Source: SPQ (1935), chap. 3.

1936 *Loi autorisant la cité de Montréal à accorder un octroi de cent mille dollars à l'Hôpital Sainte-Justine.* Cette loi autorise la ville de Montréal à octroyer à l'Hôpital Sainte-Justine un montant de 100 000 $ remboursable sur une période de 25 ans.
Source: SPQ (1936), chap. 47.

1937 *Loi relative à certaines corporations subventionnées par la province.* Cette loi autorise le lieutenant-gouverneur à décréter la tenue d'une enquête sur la façon dont sont utilisés les deniers publics par les corporations séculières administrant un hôpital.
Source: SPQ (1937), chap. 85.

1938 *Loi pour venir en aide à Verdun Protestant Hospital.* Cette loi autorise le lieutenant-gouverneur à garantir le paiement en capital et en intérêt de tout emprunt contracté par l'hôpital n'excédant pas 750 000 $ et ayant pour but son agrandissement.
Source: SPQ (1938), chap. 6.

Loi relative à l'Hôpital Saint-Jean-de-Dieu. Cette loi autorise le lieutenant-gouverneur à garantir un emprunt n'excédant pas 1 100 000 $ et remboursable dans un délai de 22 ans. Cet emprunt a été contracté par la communauté pour la construction du pavillon Notre-Dame-du-Rosaire reconnu comme établissement d'assistance publique.
Source: SPQ (1936), chap. 7.

Fondation de l'Hôpital Notre-Dame de l'Espérance de Québec.
Source: Gosselin (1989), 1.

1939 *Loi relative aux institutions d'assistance publique.* Cette loi exclut comme établissement d'assistance publique tout agrandissement commencé après le 20 février 1939, à moins que le projet n'ait été préalablement approuvé, sur recommandation du ministre de la Santé, par le lieutenant-gouverneur. Elle soumet à cette approbation les agrandissements ayant été faits entre septembre 1936 et février 1939.
Source: SPQ (1939), chap. 82.

II

Les épidémies, l'hygiène et la santé publique (1639-1939)

1639 Épidémie de variole. L'épidémie frappe durement la Huronie qui perd près de 50 % de sa population. La variole aurait déjà été communiquée aux Amérindiens par les Français au cours de la période 1616-1620. Depuis 1636, la population de la Nouvelle-France en avait été affectée de façon intermittente. De même, la variole réapparaîtra durant les années 1640, 1641 et 1642.
Sources: Heagerty (1928a), 27, 63; Abbott (1931), 22; BRH (1943), 205; Saucier (1958), 39; Brown (1988), 83.

1659 Première épidémie connue de typhus. Cette maladie est alors dénommée «fièvre des navires», «fièvre des prisons» et «fièvre pourprée[1]». Des expressions telles que «fièvre pernicieuse», «fièvre pestilentielle» ou «fièvre maligne» pouvaient tout aussi bien désigner la rougeole que la fièvre jaune ou le typhus[2]. La maladie est introduite par le navire *Saint-André* en provenance de France qui trans-

1. Selon le *Dictionnaire universel* de Furetière publié en 1690, la «fièvre pourpre» est une espèce de fièvre maligne qui se reconnaît par des éruptions sur la peau semblables à des morsures de puces ou aux éruptions de la variole. On comprend dès lors pourquoi la fièvre pourpre était souvent associée au typhus et parfois à la variole. L'édition de 1872 de l'*Encyclopédie du XIXe siècle* confirme que le typhus était dénommé fièvre pourprée. Une forme particulière de typhus est encore aujourd'hui dénommée «fièvre pourprée des montagnes Rocheuses». Soulignons que le typhus est causé par une rickettsie, microbe immobile, transmis par le poux dans le cas du typhus exanthématique et par la puce du rat dans le cas du typhus murin.
2. Le mot typhus est apparu au XVIIe siècle. Cependant, Heagerty (1928a, 116) soutient que c'est à partir de 1760 que le terme typhus, qui est employé pour la première fois par Boissier de Sauvage, sert à désigner les fièvres des navires. En fait, Boissier de Sauvage reconnut le typhus exanthématique en tant qu'entité clinique distincte.

porte à son bord 150 immigrants. Au XVIIe siècle, d'autres épidémies semblables affecteront la Nouvelle-France, notamment en 1664, 1665, 1670 et 1685.
Sources: Heagerty (1928a), 107; Abbott (1931), 62; Saucier (1958), 39; O'Gallagher (1987), 50.

1661 Épidémie de variole. Les Attikameks, tribu montagnaise sise le long de la rivière Saint-Maurice appelée aussi «Nation du Poisson Blanc», sont frappés par cette maladie. Ils seront pratiquement décimés par la conjugaison de deux facteurs: les attaques iroquoises et la virulence de la variole.
Sources: Heagerty, (1928a), 27 et (1928b), 318.

1663 Lors de la réorganisation administrative de la Nouvelle-France par Louis XVI sur le modèle des provinces de France, les mesures «élémentaires» d'hygiène passent soit sous le ressort du Conseil souverain soit sous celui de l'intendant. Elles seront promulguées sous forme d'édits royaux, d'ordonnances ou d'arrêts.
Source: Saucier (1958), 3.

Épidémie de variole. Elle touche 40 membres de la garnison royale à Sainte-Anne. La variole sévira de façon endémique jusqu'en 1665, année où elle affectera sérieusement les Iroquois.
Sources: MMJ (1906), 465; Heagerty (1928a), 27, 66.

1665 Épidémie de typhus. Elle se révèle très meurtrière avec l'arrivée de nouveaux bateaux infectés. L'un de ceux-ci, *La Justice,* arrive à Québec avec plus de 100 morts à son bord. La maladie affecte aussi les troupes du marquis de Tracy qui débarque à Québec le 30 juin.
Sources: Heagerty (1928a), 27, 108; Abbott (1931), 62; Hamelin/Roby (1971), 59.

1670 Épidémie de variole. Elle frappe surtout la rive nord du Saint-Laurent ainsi que la région de Tadoussac et se propage parmi les Algonquins et les Montagnais. On dé-

nombre environ 250 victimes. Après l'épidémie, le poste de traite de Tadoussac est pratiquement abandonné.
Sources: Heagerty (1928a), 28; Hamelin/Roby (1971), 59.

1673 Certaines mesures sont adoptées pour assurer des conditions «élémentaires» d'hygiène.
Source: Trudel (1971), 242.

1678 Épidémie de variole à Kahnawake. La variole se répand parmi les tribus amérindiennes et sévit jusqu'en 1682, au point de perturber grandement le commerce des fourrures.
Sources: Heagerty (1928a), 28-30 et (1928b), 314.

1685 Ce sont désormais les administrations locales qui auront la responsabilité d'édicter des règlements en ce qui regarde la santé publique, les soins médicaux, la salubrité de l'air et «tout ce qui se trouve dans l'atmosphère».
Source: Saucier (1958), 3.

Une épidémie de typhus affecte la Nouvelle-France et fait une centaine de victimes[3]. La maladie est introduite, selon le témoignage de l'intendant de Meules, par deux navires: le *Fourgon* et le *Mulet*. Plus d'une centaine de malades sont hospitalisés à l'Hôtel-Dieu. Les autorités remettent une somme de 800 £ aux sœurs hospitalières afin qu'elles se procurent des couvertures, des draps, des paillasses et des chemises.
Sources: BRH (1917), 156; Saucier (1958), 41.

3. Boissonnault (1953, 70-71) cite un extrait des *Jugements et délibération du Conseil Souverain* où il est fait mention de quelque 800 morts. Cela paraît peu probable. D'ailleurs cette évaluation correspond plutôt à celle de 1687.

1687 Épidémie de variole[4]. Elle fait 500 morts chez les Canadiens et 300 chez les Amérindiens durant l'hiver 1687-1688.
Sources: Saucier (1958), 42; Trudel (1971), 241.

1690 Épidémie de variole chez les Amérindiens «mohégans», dénommés aussi «Loups». L'épidémie se propage également chez les Iroquois et y fait 300 victimes.
Source: Heagerty (1928a), 30.

1694 Un règlement passé dans la ville de Québec stipule qu'il y aura désormais un «tombereau» pour enlever les immondices des rues de la basse-ville chaque semaine pendant le printemps.
Source: Saucier (1958), 56.

1697 Épidémie de variole. L'épidémie éclate sur le navire *La Gironde* qui ramène M. Sarrasin et Monseigneur de Saint-Vallier en Nouvelle-France. La maladie fait une centaine de victimes dans la région de Québec.
Sources: Boissonnault (1953), 70-71; Rousseau (1983), 36; DBC (2), 621.

1698 L'article 7 des règlements de la ville de Québec passés le 22 février défend aux habitants de jeter par la fenêtre «aucune eaux, saleté et ordures [...] afin d'éviter les maladies».
Source: Saucier (1958), 56.

1699 Épidémie de variole. L'épidémie, qui débute à la fin de novembre, fait près de 100 morts dans la ville de Québec.
Sources: Heagerty (1928a), 67; Rousseau (1983), 37 et (1989), 76.

---

4. L'annaliste de l'Hôtel-Dieu écrit en 1687: la «pleurésie, la rougeole, la fièvre maligne, tout cela devint populaire et enleva bien du monde dans cette Colonie». Il est aussi question de la rougeole qui frappe Montréal et «décuple la mortalité pendant trois mois». La rougeole sévira de nouveau en 1688. Rousseau (1983, 35).

1700 Épidémie de grippe. Ce sont surtout les personnes âgées qui succombent à la maladie. Celle-ci «s'annonçait par un mauvais rhume, auquel se joignait une fièvre ardente accompagnée de fortes douleurs de côté[5]».
Sources: Heagerty (1928a), 212; BRH (1943), 206; Trudel (1971), 241; Rousseau (1983), 37; DBC (2), 621.

1702 Épidémie de variole qui affecte durement la ville de Québec. Le nombre des décès s'élève à 260, soit 13 % de la population de la ville[6]. La maladie s'étend à Trois-Rivières et à Montréal ainsi que dans les campagnes. On appelle alors cette maladie «peste indienne» parce qu'elle décime les tribus amérindiennes qui sont en contact avec les populations canadiennes. La variole aurait été introduite par un Amérindien du fort Orange localisé à Albany. Celui-ci décède le 19 octobre. De fréquentes épidémies de variole affecteront les habitants de la Nouvelle-France tout au long du XVIIIe siècle. Mentionnons, parmi les mieux connues, celles de 1730, 1734, 1740, 1745, 1747, 1755, 1757, 1759, 1766, 1769, 1775, 1776, et 1783.
Sources: Drapeau (1877), 24; Heagerty (1928a), 33, 68, 339; Abbott (1931), 22, 25, 61; BRH (1943), 208; Hamelin/Roby (1971), 59; Rousseau (1983), 37; Hare *et al.* (1987), 36; Rousseau (1989), 76; DBC (2), 621.

1706 Ordonnance qui met en vigueur certaines mesures «élémentaires» d'hygiène. Elle interdit la vente de viande provenant d'animaux malades, rend obligatoire la vérification des puits et introduit des mesures de

5. BRH (1943, 206).
6. Heagerty (1928a, 67) mentionne qu'il y eut 3000 morts causées par la variole à Québec en 1702. Darmon (1986, 33) affirme que la variole fait rage en 1703 et tue 2000 personnes à Québec «pour une population de 17 000 âmes». Ces chiffres sont nettement exagérés. La population de la ville de Québec n'est que de 1939 citoyens en 1707. Ces auteurs font-ils référence au nombre total de décès dans la Colonie?

contrôle de la qualité du pain. Un règlement de police oblige les bouchers à laver et nettoyer l'endroit où ils tueront leurs animaux.
Sources: Pelletier (1940), 11; Trudel (1971), 242-243; Saucier (1958), 60.

1709 Épidémie de fièvre jaune[7]. Cette maladie est également appelée «mal de Siam».
Sources: Abbott (1931), 25; Rousseau (1983), 37, 307; DBC (2), 621.

1710 *Ordonnance qui fait défense de laisser vaquer les cochons dans les rues.* À la suite de plaintes selon lesquelles les cochons «produisent [...] beaucoup d'immondices et d'infection» dans la ville de Québec, l'intendant enjoint aux propriétaires de les tenir enfermés. Une autre ordonnance passée le 16 avril oblige les habitants de la basse-ville «de porter ou faire voiturer toutes leurs ordures».
Sources: EO (1806), 69; Saucier (1958), 61.

Épidémie de fièvre jaune à Québec. C'est le navire *Belle Brune* en provenance des Antilles qui introduit la maladie. Des chirurgiens avaient décidé, après l'inspection du navire et l'examen des malades, d'autoriser le débarquement des passagers. Les malades sont hospitalisés à l'Hôtel-Dieu. L'épidémie se répand rapidement et affecte gravement 24 religieuses parmi lesquelles 6 succombent à la maladie.
Sources: Drapeau (1877), 25; Heagerty (1928a), 97; Abbott (1931), 22; BRH (1943), 208-209; Saucier (1958), Rousseau (1983), 37.

1714 Épidémie de rougeole à Québec. Entre juillet 1714 et juillet 1715, la maladie fait 302 victimes parmi les 2745 habitants de la ville de Québec.
Source: Hare *et al.* (1987), 36.

7. Rousseau (1983, 37) mentionne que la fièvre jaune «fera des ravages entre 1709 et 1711».

1718 Épidémie de typhus[8]. Selon les registres de l'Hôpital Général de Québec, l'épidémie affecte durement la Colonie pendant trois mois. Tout au long du XVIIIe siècle, le typhus sévira de façon endémique. Des poussées épidémiques ont été rapportées en 1740, 1742-1746, 1750, 1756, 1757, 1759 et 1768.
Sources: Heagerty (1928a), 110; Abbott (1931), 62; Hamelin/Roby (1971), 59.

1721 Conséquemment à l'épidémie de peste qui sévit à Marseille, deux ordonnances sont promulguées pour en prévenir l'introduction en Nouvelle-France. La première, datée du 30 juillet, décrète que «l'équipage de la *Princesse de Miscou* ne descendra point à terre que la maladie ne soit cessée à bord et que préalablement le navire et les matelots n'aient été parfumés par la fumée du goudron et du vinaigre et que les hardes du dit équipage n'aient été blanchies à bord[9]». Ledit équipage débarque finalement à Québec le 6 août. Une seconde ordonnance, promulguée le 20 octobre par le gouverneur Vaudreuil et l'intendant Bégon de la Picardière[10], stipule que les bateaux partis des ports de la Méditerranée, doivent faire un arrêt à la rade de l'Île-aux-Coudres et indiquer leur arrivée par un signal. Défense leur est alors faite d'envoyer des chaloupes au rivage ou de permettre aux membres de l'équipage et aux passagers de débarquer et de communiquer avec les habitants de la Colonie. Il est aussi défendu de décharger les marchandises. Des punitions corporelles sont prévues contre ceux qui enfreignent le règlement. Des médecins ou chirurgiens sont nommés pour inspecter les navires, s'informer auprès

8. BRH (1943, 209) parle plutôt d'une épidémie de fièvre maligne qui tua plusieurs citoyens de Québec.
9. Saucier (1958, 36-37).
10. Plusieurs auteurs dont Hamelin (1971, 59), Bernier (1980, 241) et EC (1987, 203) mentionnent que des mesures semblables sont votées en 1722. La peste, introduite à Marseille le 25 mai 1720, disparaît vers la fin de décembre de la même année. Elle refait irruption à Marseille en mai 1722 mais avec beaucoup moins de force.

des capitaines de leur provenance, des ports visités, des malades à bord, du nombre de morts à bord et des causes de décès. Les navires doivent enfin demeurer à l'Île-aux-Coudres jusqu'à l'obtention d'un laissez-passer délivré après la visite du navire. Cette ordonnance sera révoquée le 19 juin 1724. M. Bertier, nommé par l'intendant Bégon, devient le premier médecin chargé de surveiller et d'inspecter les navires.
Sources: Heagerty (1928b), 25-26; Abbott (1931), 63; Pelletier (1940), 11; Saucier (1958), 37-38; DBC (2), 63.

1730 Épidémie de variole. Selon un témoignage de l'intendant Hocquart, elle affecte plus de 2000 personnes et fait plusieurs morts.
Source: DBC (2), 63.

1733 Épidémie de variole qui affecte la Nouvelle-France pendant cinq mois. Près de 500 Français et Amérindiens sont hospitalisés à l'Hôtel-Dieu de Montréal et près de 700 à l'Hôtel-Dieu de Québec. L'épidémie aurait fait 900 morts à Montréal et 278 morts à Québec[11].
Sources: Drapeau (1877), 85; Heagerty (1928a), 35, 72-73, 339; Moreau (1942), 285; Rousseau (1983), 38; Hare *et al.* (1987), 37.

1734 Épidémie de «fièvre maligne». S'agit-il de la variole, du typhus ou de la fièvre typhoïde[12]? C'est le navire *Rubis* qui introduit la maladie à son arrivée à Québec. La maladie

11. Hare *et al.* (1987, 37) affirme que 7 % de la population de la ville de Québec est victime de la maladie. Or la ville compte alors environ 4000 âmes ce qui donne environ 280 victimes. Saucier (1958, 44) mentionne qu'il y eut entre 1700 à 1800 décès pour l'ensemble de la Colonie. Cette source paraît cependant peu fiable quant au nombre de victimes. Drapeau (1877, 85) mentionne qu'une centaine de malades seulement sont hébergés à l'Hôtel-Dieu de Montréal.

12. Selon Heagerty (1928a, 111) les symptômes renvoient davantage à la variole qu'au typhus. Desjardins (1973, 248) croit qu'il s'agit de l'influenza.

s'étend jusqu'à Montréal. Le docteur M. Sarrazin âgé de 75 ans meurt de cette «fièvre» à l'Hôtel-Dieu de Québec.
Sources: Heagerty (1928a), 111; Howell (1933), 39; Trudel (1971), 241; Desjardins (1973), 247-251.

1738 *Ordonnance qui fait défense à tous charretiers de la ville et autres, qui seront employés à transporter des immondices, vidanges et décombres de la basse-ville, de les jeter sur les grèves, même à basse marée, à peine de six livres d'amende.*
Source: EO (1806), LXXVII.

1740 Épidémie de «fièvre pestilentielle». Il s'agit probablement du typhus[13]. C'est encore une fois le navire *Rubis* en provenance de La Rochelle qui introduit cette maladie. Il y a tellement de malades à bord qu'un deuxième équipage doit être formé pour manœuvrer le navire dans le golfe. L'épidémie frappe particulièrement la ville de Québec. Le nouvel évêque de Québec, Monseigneur de Lauberivière, se trouve parmi les passagers. Il succombe à la maladie le 20 août. L'Hôtel-Dieu étant bondé, un hôpital est aménagé «près du palais de l'intendant[14]».
Sources: Heagerty (1928a), 105; Abbott (1931), 62; BRH (1943), 209-210; Hamelin/Roby (1971), 59; Desjardins (1973a), 2260; Rousseau (1983), 38.

Tout au long de la décennie 1740, la variole affecte les populations francophone et anglophone, notamment en 1740, 1745 et 1747.
Sources: Heagerty (1928a), 73.

1742 Une épidémie de typhus «éclate dans toute l'île de Montréal[15]».
Sources: Moreau (1942), 298; Hamelin/Roby (1971), 59; Trudel (1971), 241.

13. Heagerty (1928a, 105) affirme qu'il s'agit plutôt d'une épidémie d'influenza. Rousseau (1983, 38) mentionne que le navire *Rubis* est responsable d'une épidémie de «pourpre» et de «charbon».
14. Rousseau (1983, 38).
15. Moreau (1942, 298).

1748 *Règlements et mémoire pour le Procureur du Roi dans la juridiction de Montréal pour les enfants bâtards nourris et élevés aux dépens et charges du domaine de sa Majesté.* Ordonnance de l'intendant Hocquart relative aux soins des nouveau-nés abandonnés. Le procureur du roi devra choisir les nourrices et les payer 45 £ pour les premiers trois mois et 10 £ les mois suivants jusqu'à ce que l'enfant atteigne l'âge de 18 mois. Après cette période, l'enfant était placé sous ordonnance du procureur du roi dans une famille d'accueil.
Source: EO (1806), LLLXXXI.

1750 *Ordonnance rendue au sujet du transport des immondices qui sont jetées sur les grèves de la Basse-ville.* Cette ordonnance interdit, sous peine d'amende, le déversement de déchets sur les rives du Saint-Laurent dans les limites de la ville de Québec.
Source: EO (1806), 323.

1755 Épidémie de variole qui s'étend dans l'ensemble de la colonie. L'épidémie coïncide avec l'arrivée des troupes de Montcalm. L'épidémie se prolonge jusqu'en 1757. De 1755 à 1756, le nombre des victimes surpasse de beaucoup celui des épidémies précédentes. Près de 2500 personnes sont affectées par la maladie parmi lesquelles on enregistre environ 500 décès.
Sources: HGSC (1916), 18; Heagerty (1928a), 39, 74; Abbott (1931), 61; Moreau (1942), 300; Saucier (1958), 44; Hamelin/Roby (1971), 59.

1756 Épidémie de typhus. La maladie est introduite par le navire *Léopard* qui mouille dans le port le 1er juin. L'Hôtel-Dieu de Québec et l'Hôpital Général de Québec sont déjà bondés de typhiques lorsque d'autres navires arrivent dans le port de Québec avec à leur bord plusieurs soldats et marins atteints du typhus. Les sœurs les accueillent dans leur couvent. Le docteur J. F. Gaultier est l'une des victimes de cette maladie.
Sources: Heagerty (1928a), 105, 113, 115; Howell (1933), 16; BRH (1943), 210; Trudel (1971), 241.

1757 Épidémie de typhus. Les salles de l'Hôtel-Dieu de Québec sont remplies de marins et de soldats atteints de la maladie. Sept religieuses, quatre prêtres et près de 400 personnes sont mortellement affectées.
Sources: Heagerty (1928a), 113, 115; BRH (1943), 211.

Épidémie de variole à Québec. La maladie est introduite à Québec par les réfugiés acadiens qui fuient l'occupation anglaise. Elle sévira du mois de novembre 1757 au mois de mars 1758. On compte, selon les estimations de Montcalm, environ 2500 cas, dont 500 morts. La population acadienne de Québec est fortement affectée par l'épidémie.
Sources: Heagerty (1928a), 75; BRH (1943), 206.

1759 Les ordonnances de quarantaine de 1721 sont remises en vigueur par le gouverneur de Québec à la suite d'une nouvelle épidémie de variole.
Source: Bernier (1980), 241.

1765 Première mention de l'inoculation de la variole (variolisation) dans la province de Québec. Diverses annonces à cet effet paraissent dans la *Gazette de Québec* en avril et juillet. Mais c'est en 1768, avec l'arrivée du chirurgien militaire britannique Latham, que débute véritablement cette pratique. Il fait lui aussi paraître, peu après son arrivée, une annonce dans la *Gazette de Québec* informant les lecteurs qu'il possède le matériel nécessaire pour l'inoculation de la variole. En 1769, une autre annonce mentionne qu'il a depuis effectué 303 inoculations. À compter de 1769 et jusqu'en 1775, alors que le 8e régiment occupe Québec, l'on pratique l'inoculation antivariolique parmi les habitants de la ville de Québec.
Sources: Heagerty (1928a), 76-77, 79, 337; Abbott (1931), 41-42; Howell (1933), 55-56; Tunis (1984), 174-175.

1768 Épidémie de «fièvre» à Québec. Environ 300 soldats sont hospitalisés à l'Hôpital Général sur la demande du gouverneur Carleton. Il s'agit probablement du typhus.
Source: Lessard (1989a), 47.

1773 La syphilis commence à s'étendre dans la région de Baie Saint-Paul[16]. La maladie se propagera dans la majorité des paroisses de la Colonie vers 1775. Elle prendra bientôt l'appellation «mal de Baie Saint-Paul». Deux ans plus tard, elle affectera la région montréalaise, surtout à partir de Terrebonne et de Varennes. La maladie prendra apparemment une dimension épidémique vers 1782 comme le laissent croire certaines autorités qui s'alarment de sa propagation.
Sources: Heagerty (1928a), 131; Howell (1933), 45; Boissonnault (1953), 78; Leblond (1986), 79; Lessard (1989a), 10, 56; DBC (5), 51.

1775 Épidémie de variole. Cette épidémie, qui éclate surtout dans la région de Québec pendant l'invasion américaine, affecte les troupes britanniques et américaines. L'inoculation est alors pratiquée sur une large échelle parmi les troupes. En mai, un hôpital pour les variolés pouvant accueillir 600 hommes est érigé dans la région de Montréal. On y pratiquera aussi l'inoculation de la variole.
Source: Tunis (1984), 177.

Le docteur J. S. Dan, aide-chirurgien militaire, est envoyé à Baie-Saint-Paul par le gouverneur Carleton avec instruction de soigner gratuitement les personnes atteintes de la syphilis.
Source: Lessard (1989a), 51-52.

1776 Le docteur W. Menzier rejoint le docteur J. S. Dan à Baie-Saint-Paul; il a mission de ramener à Québec quelques malades souffrant de la syphilis pour qu'ils y soient traités par les chirurgiens militaires[17]. À la suite

---

16. DB (5, 51) situe plutôt l'origine de la syphilis en 1776 et l'attribue à la présence de soldats écossais; Lessard (1989a, 9) attribue la maladie à la même cause mais observe que, dès le printemps 1775, la maladie attire l'attention du gouvernement.
17. DB (4, 90) et DB (5, 51) soutiennent quant à eux qu'une enquête sur le «mal de Baie-Saint-Paul» est confiée, en 1775, au docteur Menzier.

du décès de Dan en juin 1776, le gouverneur Carleton (Lord Dorchester) charge Badelard de se rendre à Baie-Saint-Paul et dans d'autres paroisses pour soigner les personnes atteintes de la syphilis. Badelard sera assisté du docteur F. M. Suzor en 1780. À son arrivée, Suzor sera affecté à l'hôpital temporaire mis sur pied par Badelard et y restera jusqu'en 1782.
Sources: Howell (1933), 45; Lessard (1989a), 52, 56; DBC (5), 868.

Épidémie de variole. Environ 2500 personnes sont hospitalisées dans la seule ville de Québec.
Source: Howell (1933), 28.

1782 Plusieurs médecins dont L. F. Badelard, J. Davidson, C. Blake, R. Sym, G. Selby et J. B. Jobert alertent les autorités au moyen d'une pétition adressée au grand jury de Montréal à propos de la nécessité de prendre des mesures contre la syphilis. C. Blake est alors mandaté pour enquêter sur le «mal de Baie Saint-Paul».
Sources: DBC (4), 90; DBC (5), 97.

1783 Épidémie de variole qui affecte les habitants de Québec et de nombreux Amérindiens. L'épidémie qui débute en août à Sorel se propage rapidement le long du Saint-Laurent et cause plusieurs centaines de décès dans la ville de Québec[18]. Elle durera jusqu'en 1784.
Sources: Heagerty (1928a), 46, 83; Abbott (1931), 61; LM (1951), 1084; Tunis (1984), 178; DBC (3), 89.

Le Conseil législatif crée, le 31 janvier, un comité chargé de trouver les meilleurs moyens pour enrayer le «mal de Baie-Saint-Paul» dans la province. À la suite du rapport du comité, le Conseil presse le général Haldimand d'établir une liste de toutes les personnes malades. C'est conséquemment à cette requête que l'évêque de Québec, Monseigneur Briand, sollicite l'aide des curés dans le dépistage

18. Selon Heagerty (1928a, 46, 83), l'épidémie fait 1100 victimes dans la ville de Québec.

des malades. La même année, Badelard, qui est revenu à Québec, se voit confier par Haldimand la mission d'enquêter sur l'évolution de l'épidémie dans la région de Montréal.
Source: Lessard (1989a), 56-57.

1785 Diverses mesures sont prises pour lutter contre le «mal de Baie Saint-Paul». Le gouverneur Carleton demande la publication d'un texte expliquant la syphilis et envoie des remèdes dans les paroisses où sévit la maladie. Il demande aussi la collaboration des curés par l'intermé-diaire de l'évêque qui «émet une circulaire demandant aux curés d'exhorter les malades à révéler au médecin leur maladie, de leur expliquer la teneur de la brochure publiée sur le sujet et de tenir un registre décrivant l'évolution du mal dans la paroisse[19]». Le général Hamilton ordonne une vaste enquête dans les paroisses où des citoyens sont soupçonnés d'être affectés par la maladie. Cette enquête est officiellement confiée au docteur J. Bowman le 18 avril. Il est aussi chargé de fournir des soins aux malades. En 1786, Bowman se fera accompagner dans les différentes paroisses du Québec par le docteur Selby de l'Hôtel-Dieu de Montréal. Le rapport de Bowman pour l'année 1785 évaluera à 5801 le nombre de syphilitiques au Canada français qui compte alors 120 000 âmes. Le docteur Bowman prétendra par la suite avoir fait 6000 visites et adressera au gouverneur une facture de 2353 £. Bowman étant décédé en 1787, ses représentants légaux se verront offrir en 1891 la somme de 825 £.
Sources: Heagerty (1928a), 140-145; Howell (1933), 57; Boissonnault (1953), 78; Leblond (1986), 79; Fecteau (1989), 53; Lessard (1989a), 63, 75, 80.

Première publication médicale canadienne par le docteur J. Bowman[20] intitulée *Direction pour la guérison du*

---

19. Fecteau (1989, 54).
20. Selon Abbott (1931, 33 et fig. 8) et DBC (5, 51), cet ouvrage aurait pour auteur le docteur P.L. Badelard. Mais les arguments de Lessard (1989a, 61) en faveur de Bowman sont convaincants.

mal de la Baie Saint-Paul. Cette brochure de 16 pages est éditée par G. Brown et rédigée dans le cadre de l'enquête ordonnée par le général Haldimand. Elle est imprimée aux frais du gouvernement et distribuée gratuitement dans les régions rurales. En 1784, une forme condensée de cette brochure paraîtra dans la *Gazette de Québec.*
Sources: Abbott (1931), 33 et fig. 8; DBC (5), 51; Lessard (1989a), 61, 94.

1787 Publication d'une brochure par R. Jones intitulée *Remarques sur la maladie contagieuse de la Baie Saint-Paul avec la description de ses symptômes et la méthode d'en faire la cure; à l'usage du clergé et autres messieurs résidant à la campagne,* Montréal, Fleury Mesplet Imprimeur-Libraire, 1787. L'auteur s'oppose à l'idée que le mal de Baie Saint-Paul soit la syphilis. Parmi la liste des souscripteurs se retrouvent James et John McGill.
Source: GEHD (1929), 29.

1789 Fondation à Québec, le 1er mai, de la Société bienveillante de Québec. Il s'agit d'une société d'entraide qui a pour objectif d'accumuler «des fonds pour la protection de ses membres en cas de maladie, vieillesse ou accident». Elle sera incorporée en 1807.
Source: Fecteau (1989), 55.

1791 Une ordonnance permet aux juges de paix de faire des règlements locaux concernant la «santé des habitants». Une autre, de même nature, sera promulguée en 1802.
Source: Fecteau (1989), 52.

Les docteurs J. M. Nooth, J. Gould, J. Fisher, L. F. Badelard et G. Longmore témoignent devant une commission formée par le Conseil législatif pour enquêter sur la nature et l'importance du «mal de Baie Saint-Paul».
Sources: Lessard (1989a), 7; DBC (5), 51.

1794 Les docteurs F. G. Oliva, J. Fisher, J. Mervin Nooth et G. Longmore sont interrogés par la Chambre d'assemblée sur le problème des maladies apportées dans la Colonie par les navires océaniques. Cette consultation sert à préparer l'acte de quarantaine qui sera adopté l'année suivante.
Source: DBC (4), 638.

1795 *Acte pour obliger les bâtiments et vaisseaux venant des places infectées de peste ou aucune fièvre ou maladie pestilentielle, de faire la quarantaine et pour empêcher la communication d'icelles dans cette province*[21]. Il s'agit de la première loi de quarantaine au Canada. Cette loi autorise le gouverneur à mettre en quarantaine les navires transportant des marins ou des passagers atteints de maladies contagieuses et à leur désigner un endroit de mouillage. Le gouverneur obtient aussi l'autorisation d'utiliser la force et de tirer du canon si nécessaire pour arraisonner les navires récalcitrants. Il peut engager un médecin ou un chirurgien pour examiner les vaisseaux infectés par la peste. La loi défend à quiconque de monter à bord des vaisseaux mis en quarantaine. Elle stipule en outre que tous les maîtres des vaisseaux qui arrivent après la proclamation de la quarantaine devront donner un rapport signalant leur lieu de départ, la santé des personnes à bord, le nombre de personnes décédées, le type de maladies qui a sévi sur le navire, etc. Tout maître de vaisseau provenant d'une place infectée de la peste ou de toute autre maladie pestilentielle qui cachera la maladie aux autorités «sera jugé coupable de félonie et souffrira la mort».
Source: SPBC (1795), 142.

1799 Une épidémie de fièvre typhoïde éclate à Québec et s'étend dans la vallée du Saint-Laurent jusqu'à Montréal. Le gouverneur affecte le docteur Longmore à Québec et le docteur Fisher à Montréal pour donner les soins

21. La loi de quarantaine de 1795 ne sera remplacée qu'en 1853 même si entre-temps elle subira de nombreuses modifications.

nécessaires. Les honoraires de ces médecins pour les soins aux malades pauvres sont versés par le gouvernement. Ce dernier rembourse aussi «les sommes dépensées par les juges de paix pour remplacer les effets des familles pauvres, détruits par précaution[22]».
Sources: Fecteau (1989), 54; DBC (5), 552.

Un article anonyme intitulé «Réflexion sur les moyens de préserver la santé des pauvres» paraît dans la *Gazette de Québec*. Il contient des remarques sur les moyens à prendre «pour préserver *(sic)* et supprimer les fièvres épidémiques».
Source: Fecteau (1989), 53.

Le docteur W. Holmes devient officier supérieur du service de santé du Haut et du Bas-Canada en remplacement du docteur Nooth.
Source: DBC (6), 358-359.

1800 *Acte qui donne de plus amples pouvoirs au gouvernement exécutif pour prévenir l'introduction des maladies pestilentielles ou contagieuses dans cette province.* Le 29 mai, la loi de quarantaine de 1795 est renouvelée. Elle donne au gouverneur le pouvoir de prendre les mesures nécessaires pour empêcher l'introduction ou le progrès des maladies contagieuses et de donner des ordres au capitaine du port de Québec pour obtenir des informations sur la santé des équipages et des passagers des vaisseaux venant de la mer. Une pénalité est prévue pour les maîtres de vaisseaux qui fourniront des informations erronées. Cette loi demeure en vigueur jusqu'au 1er janvier 1802.
Source: SPBC (1800), chap. 5.

Une grave épidémie de fièvre typhoïde sévit à Québec.
Sources: SPBC (1800), chap. 5; Fecteau (1989), 53.

22. Fecteau (1989, 54).

1801 *Acte pour le soulagement des personnes dérangées dans leur esprit et pour le soutien des enfants abandonnés.* Une somme de 1000 £ est accordée pour aider les communautés religieuses qui soutiennent les infirmes, les malades et les enfants.
Source: SPBC (1801), chap. 15.

La vaccination est introduite dans le Bas-Canada. C'est le colonel Landman, stationné à Québec, qui avait reçu d'Angleterre une certaine quantité de lymphe vaccinale[23] qui effectue les premières vaccinations.
Sources: Heagerty (1928a), 84 et (1928b), 313; Tunis (1984), 171; DB (5), 552.

Un entrepreneur privé, J. Frobisher, fonde la Compagnie des Propriétaires des Eaux de Montréal. Celle-ci met en place le premier système d'aqueduc dans la ville de Montréal. L'eau est puisée à partir d'un étang artificiel aménagé sur le mont Royal[24] et est acheminée par des conduits en bois. En 1816, un nouvel entrepreneur achètera la compagnie et changera de source d'approvisionnement. L'eau sera désormais puisée directement dans le fleuve. Les conduits de bois seront remplacés par des conduits de fer. L'aqueduc deviendra propriété municipale en 1845. Ces premiers aqueducs ne répondaient guère aux besoins de la ville et les ruptures de service étaient fréquentes. La base du service d'aqueduc actuel est mise en place en 1856.
Source: Le Priol/Ruelland (1988), 306-307.

1802 *Acte qui continue, pour un temps limité, un Acte passé dans la quarantième année du règne de sa Majesté, intitulé, «Acte qui donne de plus amples pouvoirs au gouvernement exécutif pour prévenir l'introduction des maladies pestilentielles ou contagieuses dans cette province».* Cette loi de quarantaine reprend les dispositions de la loi de 1795 et les prolonge jusqu'au 1er janvier 1804.
Source: SPBC (1802), chap. 1.

23. Heagerty (1928a, 84 et 337 hésite entre 1801 et 1802.
24. Cet étang est à l'origine de l'actuel «lac des Castors».

Le docteur G. Longmore vaccine 50 personnes à Québec. Il offrira gratuitement la vaccination à l'Hôtel-Dieu en 1803 et publiera dans la *Gazette de Québec* une série d'articles visant à renseigner le public sur le procédé de la vaccination.
Source: DBC (5), 552.

1804 *Acte qui continue, pour un temps limité, les provisions d'un Acte passé dans la quarante-unième année du règne de sa présente Majesté, intitulé «Acte pour le soulagement des personnes dérangées dans leur esprit et pour le soutien des enfants abandonnés».* Cette loi demeurera en vigueur jusqu'en 1808.
Source: SPBC (1804), chap. 4.

1807 Le 11 août, Edward Jenner fait parvenir à la Ligue iroquoise des Cinq-Nations une copie dédicacée de son volume sur la vaccination antivariolique[25]. Les cinq nations, réunies à Fort George, lui envoient en novembre une lettre de remerciement.
Source: Heagerty (1928a), 49.

1808 *Acte pour faire l'application d'une certaine somme y mentionnée, à rembourser pareille somme accordée et avancée en conformité d'une adresse de la Chambre d'assemblée, et pour le soulagement des personnes dérangées dans leur esprit, et le soutien des enfants abandonnés.*
Source: SPBC (1808), chap. 11.

Acte qui continue, pour un temps limité, un Acte passé dans la quarantième année du règne de sa Majesté, intitulé, «Acte qui donne de plus amples pouvoirs au gouvernement exécutif pour prévenir l'introduction des maladies pestilentielles ou contagieuses dans cette province[26]». Cette loi de

25. Selon Heagerty (1928a, 51), la vaccination est introduite parmi les tribus amérindiennes en 1806.
26. Fecteau (1989, 52) mentionne que plusieurs épidémies de variole et de fièvre typhoïde touchent le Bas-Canada, notamment en 1809-1810 et en 1813-1814.

quarantaine prolonge la loi de 1795 jusqu'au 1er janvier 1812.
Sources: SPBC (1808), chap. 18; TAO, (1843), 37.

1812 *Acte qui continue, pour un temps limité, un Acte passé dans la quarantième année du règne de sa Majesté, intitulé, «Acte qui donne de plus amples pouvoirs au gouvernement exécutif pour prévenir l'introduction des maladies pestilentielles ou contagieuses dans cette province».* Cette loi de quarantaine prolonge la loi de 1795 jusqu'au 1er mai 1813.
Source: SPBC (1812), chap. 14.

Acte pour accorder annuellement, pendant un temps limité, une somme d'argent y mentionnée, pour le soulagement des malades indigents soignés à l'Hôtel-Dieu de Québec. Cette loi accorde une somme de 300 £ à l'Hôtel-Dieu jusqu'en 1816.
Source: SPBC (1812), chap. 19.

1813 *Acte pour continuer, pour un temps limité, un Acte passé dans la cinquante-unième année du règne de sa Majesté, intitulé, «Acte pour le soulagement des personnes dérangées dans leur esprit et le soutien des enfants abandonnés et autres y dénommés».* Cette loi demeure en vigueur jusqu'au 1er juin 1815.
Source: SPBC, (1813), chap. 7.

1814 *Acte pour accorder une nouvelle somme d'argent pour promouvoir plus efficacement les fins de l'Acte de la cinquante et unième du règne de sa Majesté, qui pourvoit au soulagement des personnes dérangées dans leur esprit, et le soutien des enfants abandonnés et autres y dénommés.* Cette loi accorde 1400 £ au district de Québec, 700 £ au district de Montréal et 300 £ à celui de Trois-Rivières. Elle demeurera en vigueur jusqu'au 1er avril 1815.
Source: SPBC (1814), chap. 10.

Une épidémie de variole frappe la ville de Québec.
Source: Mathieu (1953), 45.

1815 *Acte pour encourager et répandre l'usage de l'inoculation de la vaccine.* Avec cette loi s'amorce pour la première fois

au Canada une politique gouvernementale de vaccination contre la variole. Appuyée par les deux Chambres, la profession médicale et le clergé, la loi met à la disposition du corps médical une somme de 1000 £ pour l'organisation d'un «Institut de vaccine» dénommé aussi Vaccine Institution. C'est le docteur J. Wright, inspecteur des hôpitaux de l'Armée britannique, qui s'en verra accorder la présidence. Il sera assisté d'un secrétaire et de quelques médecins chargés de vacciner dans tous les districts de la province. Ces médecins seront payés proportionnellement au nombre d'opérations réussies, à raison de deux à quatre shillings chacune. Les médecins vaccinateurs feront affaire non avec un bureau de vaccination, mais directement avec le gouvernement. Ce premier programme de vaccination sera complété en 1816.
Sources: SPBC (1815), chap. 6; BRH (1942), 252; Tunis (1982), 267; Farley *et al.* (1987), 90.

Acte pour continuer, pour un temps limité, un Acte passé dans la cinquante-unième année du règne de sa Majesté, intitulé «Acte pour le soulagement des personnes dérangées dans leur esprit, et le soutien des enfants abandonnés et autres y dénommés». Et aussi pour accorder une nouvelle somme d'argent pour promouvoir plus efficacement les fins dudit Acte. La loi, qui accorde 3000 £, demeurera en vigueur jusqu'au 1er avril 1817.
Source: SPBC (1815), chap. 14.

Publication, le 21 avril, d'une brochure bilingue intitulée *Instructions for Vaccine Inoculation.* Des directives sont données pour recueillir le virus à l'aide d'une pointe d'ivoire ou d'un petit morceau de verre préalablement flambé.
Source: GEHD (1929), 31.

1817 *Acte pour approprier une certaine somme d'argent y mentionnée pour l'encouragement de l'inoculation de la vaccine.* Des sommes de 1000 £, 800 £, 250 £ et 50 £ sont accordées respectivement aux districts de Montréal, de Québec, de Trois-Rivières et de Gaspé. Une récompense est promise aux médecins et aux chirurgiens qui pratiqueront gratui-

tement l'inoculation. Le gouverneur est autorisé à nommer cinq médecins ou chirurgiens résidant dans la cité de Québec qui formeront le «Bureau de la vaccine» chargé d'encourager la pratique de la vaccination et de diriger l'usage des sommes allouées. Il est mis sous la présidence du docteur T. Fargues, et W. Hacket en assure la vice-présidence. Le Bureau peut alors compter sur une dizaine de vaccinateurs pour le district de Québec. Le docteur F. Blanchet, dont la candidature comme président avait été refusée par le gouverneur, se voit offrir la vice-présidence du Bureau mais, à son tour, décline l'offre. Il siégera à titre de simple membre. Le Bureau est également composé des docteurs W. E. Holmes, J. Morrin, A. Mercer, J. Painchaud et J. Ready. Mal représentés au comité, les médecins francophones finiront par le boycotter et iront même jusqu'à remettre en question, à la Législature, le poste de médecin de la prison de Québec occupé par Fargues. À la suite d'un imbroglio sur la procédure de vaccination, plusieurs médecins des districts de Montréal et de Québec se verront refuser le paiement de leurs honoraires, ce qui occasionnera, en 1818, le dépôt d'une pétition devant l'Assemblée par le docteur J. Labrie. Fargues sera contraint de démissionner de sa présidence en 1820. C'est Hackett qui le remplacera. Les tensions entre la direction du Bureau et les médecins vaccinateurs continueront au cours de l'année 1821 et donneront lieu à une enquête de la part de l'Assemblée législative.
Sources: SPBC (1817), chap. 15; MMJ (1902), 577; Abbott (1931), 61; Bernier (1980), 236 et 240; Tunis (1982), 264, 267-271, 275; Farley *et al.* (1987), 90; Fecteau (1989), 220-221; DBC (6), 75.

Acte qui donne de plus amples pouvoirs au gouvernement exécutif pour prévenir l'introduction des maladies pestilentielles ou contagieuses dans cette province. Cette loi reconduit la loi de quarantaine de 1795. La quarantaine des vaisseaux se fera désormais à l'embouchure de la rivière Saint-Charles, communément appelée «bassin de Québec». Les pilotes qui auront pris charge des vaisseaux

sont tenus de les mettre à l'ancre au lieu de quarantaine et devront hisser un pavillon jaune dans les cas ou des maladies contagieuses sont déclarées. La loi sera en vigueur jusqu'au 1er mai 1819.
Source: SPBC (1817), chap. 19.

Acte pour continuer, pour un temps limité, un Acte passé dans la cinquante-unième année du règne de Sa Majesté, intitulé, «Acte pour le soulagement des personnes dérangées dans leur esprit, et le soutien des enfants abandonnés et autres y dénommés». Et aussi pour accorder une nouvelle somme d'argent pour promouvoir plus efficacement les fins du dit Acte. La loi, qui accorde 3000 £, demeurera en vigueur jusqu'au 1er mai 1819.
Source: SPBC (1817), chap. 4.

Ouverture d'un hôpital dénommé Hôpital des Émigrés. Il s'agit du premier hôpital pour les émigrés contagieux[27]. Il est situé sur une petite île au nord-est de l'île d'Orléans, dénommée l'île aux Ruaux. Il sera vraisemblablement réaménagé peu après à Pointe-Lévis[28].
Sources: Bernier (1989), 38, 41; DBC (6), 75; DBC (9), 239.

Épidémie de typhus qui affecte particulièrement les immigrants irlandais. La seule autre épidémie de typhus qui est rapporté au XIXe siècle est la terrible épidémie de 1847.
Source: Abbott (1931), 61.

---

27. La fondation de cet hôpital fait apparemment suite aux démarches effectuées en 1816 par un groupe de médecins, dont le docteur Blanchet, pour obtenir l'érection d'un hôpital à Québec et à Montréal. Selon Bernier (1989, 38) et DBC (6, 75), une permission fut accordée par la Chambre d'assemblée en 1816 au docteur Blanchet pour l'érection d'un tel hôpital. Une somme de 11 500 £ fut aussi votée pour la création, près de Québec, d'un hôpital pour les immigrants. Mais cette décision a été finalement renversée par le Conseil législatif (voir *supra* I-1816). Il est possible que les autorités aient néanmoins décidé d'ouvrir un hôpital à l'île aux Ruaux.

28. L'affirmation de Bernier (1989, 41) diffère des faits présentés par Fecteau selon lesquels l'Hôpital des Émigrés fondé en 1820 et situé dans le faubourg Saint-Jean est un nouvel hôpital. Toujours selon Fecteau, il s'agira du premier hôpital contrôlé par l'État. (Voir *infra* I-1820, Hôpital des Émigrés.

1818 *Acte pour étendre les provisions d'un Acte y mentionné, et pour accorder une certaine somme d'argent pour pourvoir plus efficacement au soulagement des infirmes et personnes dérangées dans leur esprit, et pour le soutien des enfants trouvés.* La loi accorde 2500 £ à l'Hôpital Général de Québec pour bâtir et réparer ses loges, 2 000 £ à l'Hôpital Général de Montréal pour bâtir des loges et 3500 £ au district de Québec.
Source: SPBC (1818), chap. 13.

1820 Fondation d'un second hôpital dénommé Hôpital des Émigrés[29]. Situé sur la rue d'Aiguillon dans le faubourg Saint-Jean à Québec, cet hôpital temporaire mis en fonction en cas d'épidémie occupe un baraquement militaire donné par le gouverneur à une société bénévole, la Société des émigrés de Québec, fondée en 1819[30]. Les soins aux immigrants y sont donnés «gratuitement par des chirurgiens militaires de la garnison de Québec[31]». En 1823, l'Hôpital des Émigrés, reconnu officiellement par l'Assemblée, est établi sur une base permanente. Une somme de 750 £ est accordée aux juges de paix de Québec qui le dirigent et fixent les critères d'admission. Diverses sommes lui seront allouées par l'Assemblée entre les années 1824 et 1832. La loi de 1831 donne le contrôle de l'hôpital à trois commissaires. Ceux-ci invitent les quatre plus an-

29. Fecteau (1989, 182, 217) affirme, d'une part, que l'Hôpital des Émigrés est établi en 1819 et, d'autre part, qu'un baraquement militaire est donné en 1820 par le gouverneur à une société bénévole, qui servira de locaux au dit hôpital. Bernier (1989, 41, 106) mentionne que le premier Hôpital des Émigrés fondé en 1817 est réaménagé dans le faubourg Saint-Jean en 1823 et inauguré la même année. Leblond (1970, 49) affirme qu'il est construit en 1823 sur la rue Saint-Jean.

30. Fecteau (1989, 218) ajoute qu'une souscription faite par la Société des émigrés rapporte 575 £. Bilson (1981, 73) fait mention d'une société semblable pour la municipalité de Montréal, la Société des émigrés de Montréal, qui est en activité en 1832. Il ne donne cependant pas la date de fondation.

31. Fecteau (1989, 218).

ciens médecins et chirurgiens de la ville de Québec à se charger du soin et du traitement des malades et à établir des règles concernant le régime, les heures de visite et les devoirs des gardiens, apothicaires et gardes-malades. L'hôpital sera détruit par un incendie en 1837 et les patients seront transférés à l'Hôpital de la Marine[32].
Sources: SPBC (1824), 691; SPBC (1825), 61; SPBC (1826), 251; SPBC (1829), 13; SPBC (1830), 763; SPBC (1831), 159-163; SPBC (1832), 357; Drolet (1967), 72; Fecteau (1989), 217-218; DBC (10), 618.

Épidémie de variole dans la région de Drummondville.
Source: Heagerty (1928a), 86.

1821 *Acte pour encourager la pratique de l'inoculation de la vaccine, et pour approprier une certaine somme d'argent pour cet effet.* Une somme de 1500 £ est accordée pour favoriser l'inoculation de la vaccine. Cette loi recrée un «Bureau pour prévenir les progrès de la petite vérole et encourager l'inoculation de la vaccine» dans le Bas-Canada. Les médecins ne seront rétribués que s'ils présentent un registre des noms des personnes vaccinées. Le président en est le docteur W. Hackett, membre du Bureau des examinateurs de Québec. Ce bureau de vaccination est également composé des docteurs W. Holmes, J. Morrin, A. Mercer, J. Painchaud et J. Ready. Le mandat du Bureau demeurera actif jusqu'en 1823, année où les autorités décident de ne pas renouveler la loi de vaccination, préférant, semble-t-il, se replier sur l'application des mesures de quarantaine. On peut estimer qu'entre 1815 et

32. Bernier (1989, 106) affirme que l'Hôpital des Émigrés sera détruit par un incendie en 1833. C'est peu probable puisque Fecteau (1989, 219) fait mention d'un rapport des admissions de l'hôpital pour l'année 1836 publié dans la *Gazette de Québec.* L'hôpital aurait alors accueilli, de mai à octobre, 472 matelots et 329 immigrés. Drolet (1967, 72) fait par ailleurs mention d'une épidémie de fièvre typhoïde à l'hôpital durant l'hiver 1836-1837 et d'un incendie qui y éclata le 4 mars 1837.

1822 environ 32 250 personnes auront été vaccinées contre la variole dans le cadre de cette première politique de vaccination.
Sources: SPBC (1821), chap. 7; MMJ (1902), 577; Tunis (1982), 264, 267-271, 275.

Acte pour rembourser au gouvernement de sa Majesté une certaine somme d'argent y mentionnée, et qui fait de plus amples dispositions pour le soulagement des personnes dérangées dans leur esprit, et pour le soutien des enfants trouvés, et autres y mentionnés. Après remboursement d'une avance de 2000 £, les districts de Québec, Montréal et Trois-Rivières reçoivent respectivement 2000 £, 1500 £ et 300 £. La loi stipule aussi que les commissaires sont autorisés à engager comme apprentis les enfants trouvés qui ont moins de 21 ans.
Source: SPBC (1821), chap. 18.

Création de la Société compatissante de Québec. Cette société, fondée par des femmes anglophones et francophones, s'occupe, entre autres, «de fournir les soins d'une sage-femme licenciée à domicile». La société en engage deux en 1822 et quatre en 1825. Cette société existera encore en 1863.
Source: Laforce (1985), 97.

Le gouverneur confie à A. von Iffland la mission de vacciner la population du district de Gaspé contre la petite vérole.
Source: DBC (10), 412.

Le docteur E. P. Taché publie un ouvrage intitulé *Études sur l'hygiène et le développement de la force physique.*
Source: MMJ (1904), 847.

1822 *Acte qui approprie une certaine somme d'argent y mentionnée, pour le soulagement des personnes dérangées dans leur esprit et pour le soutien des enfants trouvés.* Des sommes de 1500 £ sont octroyées aux districts de Québec et de Montréal ainsi qu'une somme de 300 £ au district de Trois-Rivières.
Source: SPBC (1822), chap. 12.

1823 *Acte qui approprie une certaine somme d'argent pour faciliter l'exécution d'un Acte y mentionné, communément appelé Acte de la Quarantaine, et pour autres fins.* Cette loi vise à garantir une somme de 300 £ pour renforcer la loi de quarantaine de 1795. Elle sera en vigueur jusqu'au 1er mai 1824.
Source: SPBC (1823), chap. 20.

Acte pour approprier une certaine somme d'argent y mentionnée, pour le soulagement des personnes dérangées dans leur esprit, des invalides et infirmes et pour le soutien des enfants trouvés. Une somme totale de 3635 £ est accordée.
Source: SPBC (1823), chap. 25.

Révocation de la loi de vaccination. Le Bureau de vaccination est fermé.
Source: Farley *et al.* (1987), 90.

Création du comité sanitaire de la ville de Québec. Ce comité est en fonction de mars à septembre 1823. Il est «chargé de mettre sur pied les moyens de lutter contre les épidémies dans la ville de Québec et d'assurer l'assistance médicale aux immigrants».
Sources: Bernier (1980), 242; DBC (6), 75.

Épidémie de variole dans la région du lac des Deux Montagnes et de Kahnawake. La vaccination est alors apparemment pratiquée parmi les Amérindiens de cette région.
Source: Heagerty (1928a), 52.

1824 *Acte pour approprier une certaine somme d'argent y mentionnée, pour le soulagement des personnes dérangées dans leur esprit, des infirmes et des malades, pour le soutien des enfants trouvés, et pour d'autres fins.* Les sommes sont réparties comme suit: à l'Hôpital Général de Québec, 1000 £ pour les enfants trouvés, 500 £ pour les insensés et 500 £ pour les invalides; à l'Hôpital Général de Montréal, 1000 £ pour les enfants trouvés et les insensés et 500 £ pour l'acquisition de meubles, vêtements, draps et ustensiles; à l'Hôtel-Dieu de Montréal, 250 £; enfin 300 £ au district

de Trois-Rivières pour les enfants trouvés, les malades, les infirmes et les insensés.
Source: SPBC (1824), chap. 28.

La variole est introduite durant l'été dans la ville de Québec par des navires en provenance de Dublin et de Limerick.
Source: Heagerty (1928a), 86.

1825 *Acte pour affecter une certaine somme d'argent au soutien des hôpitaux, et pour d'autres objets de charité y mentionnés.* Les sommes sont réparties comme suit: à l'Hôpital Général de Québec, 900 £ pour les enfants trouvés, 500 £ pour les insensés et 500 £ pour les invalides; à l'Hôpital Général de Montréal, 900 £ pour les enfants trouvés et les insensés et 250 £ pour l'acquisition de meubles, vêtements, draps et ustensiles; à l'Hôtel-Dieu de Montréal, 250 £; enfin 625 £ au district de Trois-Rivières pour les enfants trouvés, les malades, les infirmes et les insensés.
Source: SPBC (1825), chap. 12.

1826 Épidémie d'influenza à Québec[33]. Cette épidémie affecte près de la moitié de la population de Québec et fait plusieurs morts[34].
Source: Heagerty (1928a), 212.

1827 Épidémie de fièvre typhoïde à Québec[35]. L'épidémie est suffisamment importante pour remplir l'Hôpital des Émigrés. Le docteur J. Painchaud décide alors d'aménager sommairement un appentis de l'hôpital et d'ériger des abris temporaires pour les contagieux.
Source: Leblond (1970), 49.

33. LM (1951, 1084) et (1967, 187) ainsi que Mathieu (1953, 45) mentionnent plutôt 1827.

34. ACCTMR (1968, 66) précise qu'il y eut 30 000 cas dans la ville de Québec.

35. UMC (1902, 398) et BMQ (1904, 539) mentionnent qu'une épidémie de fièvre typhoïde frappe la ville de Québec en 1826. Y a-t-il confusion avec celle de 1827? Mathieu (1953, 45) mentionne qu'une épidémie de variole affecte la ville de Québec la même année.

1828 Le docteur F. Blanchet propose à la Chambre d'assemblée la formation d'un comité chargé d'étudier la possibilité d'érection d'un hôpital pour les matelots malades et les autres indigents malades non résidents. Il s'agit d'une première démarche pour établir l'Hôpital de la Marine.
Source: LM (1967), 188.

1829 *Acte pour affecter certaines sommes d'argent pour le soutien des insensés, des enfants trouvés et autres personnes indigentes dans le district de Trois-Rivières*. Une somme de 450 £ est accordée au district de Trois-Rivières pour les insensés, les enfants trouvés et les indigents.
Source: SPBC (1829), chap. 59.

Acte pour faire de plus amples dispositions pour le soulagement des pauvres malades et pour le soutien des enfants trouvés, et autres, et pour rembourser certaines sommes d'argent avancées. Une somme de 7225 £ est accordée.
Source: SPBC (1829), 381.

Une épidémie de variole affecte la région de Sainte-Marie de Beauce et une requête est faite pour que le prêtre du district effectue les vaccinations nécessaires.
Source: Heagerty (1928a), 87.

Affiliation de la Société médicale de Québec à la London Vaccine Institution.
Source: Boissonnault (1953), 124.

Un comité de la Chambre basse est formé pour enquêter sur la condition des aliénés dans la province de Québec.
Source: DBC (6), 358-359.

1830 *Acte pour pourvoir à l'établissement d'un hôpital temporaire pour les personnes attaquées de maladies contagieuses*. Le gouverneur aura désormais le droit de nommer des commissaires pour établir un hôpital temporaire pour les cas de fièvres, dans un endroit retiré de la ville de Québec. La loi accorde une somme de 750 £ pour payer le coût du loyer d'une maison servant à établir l'hôpital et pour l'achat des objets nécessaires. Cet hôpital servira à la réception et au

traitement des personnes «venant de la mer» atteintes du typhus, de la fièvre jaune, de la scarlatine, de la peste, de la vérole et de la rougeole. Un officier de santé sera aussi nommé. Le maître du havre du port de Québec fera rapport à l'officier de santé sur tous les cas de maladies contagieuses et verra à faire conduire les malades infectés à l'hôpital temporaire. Les vaisseaux infectés devront être désinfectés en employant du chlorure d'oxyde et autres désinfectants. C'est suite à cette loi que sera érigé l'Hôpital Temporaire des Fébricitants à Pointe-Lévis.
Source: SPBC (1830), chap. 18.

Acte pour faire de plus amples dispositions pour le soulagement des pauvres malades, et pour le soutien des enfants trouvés, et autres. La loi accorde une somme d'argent pour le support des malades et des infirmes, pour les frais de réparation de l'Hôpital Général de Québec, pour la fourniture des vêtements nécessaires pour l'Hôpital Général de Montréal, pour les loges du couvent des ursulines de Trois-Rivières et pour l'Hôpital des Émigrés à Québec.
Source: SPBC (1830), chap. 35.

Acte pour pourvoir à l'érection d'un hôpital de marine à ou près de Québec. La loi accorde une somme annuelle de 3847 £ pendant trois ans pour la construction d'un hôpital ayant pour fonction de recevoir les matelots malades et les autres malades indigents. Cette somme servira à construire l'Hôpital de la Marine qui sera temporairement ouvert pendant l'épidémie de choléra de 1834 et officiellement inauguré en 1835. La loi ordonne aussi l'engagement d'un officier de santé au port de Québec pour inspecter et désinfecter les bateaux.
Source: SPBC (1830), chap. 23.

Création de l'Hôpital Temporaire des Fièvres dénommé aussi Hôpital Temporaire des Fébricitants[36]. Cet hôpital

36. Bernier (1989,106, 183) situe par erreur l'ouverture de l'hôpital vers 1820. SPBC (1831, chap. 25) mentionne que trois commissaires peuvent être nommés par le gouverneur «pour gérer et conduire l'établissement commencé à la Pointe-Lévis».

pour les marins et les immigrants aménagé à Pointe-Lévis contient 50 lits. Les malades atteints de typhus, de fièvre jaune, de scarlatine, de peste, de petite vérole, de rougeole et d'autres infections sont transportés en chaloupe jusqu'à l'hôpital. C'est vraisemblablement cette même année que le docteur Tessier devient administrateur du nouvel hôpital. Une somme de 750 £ lui sera accordée en 1831 pour la location d'une ou plusieurs maisons selon les besoins, pour l'achat d'une chaloupe et de divers articles, ainsi que pour la rémunération de l'officier de santé. Il y a alors à Québec au moins deux hôpitaux temporaires sur lesquels les autorités peuvent compter pendant une épidémie: l'Hôpital Temporaire des Fièvres et l'Hôpital des Émigrés du faubourg Saint-Jean[37]. Mais, face aux difficultés d'accès à l'hôpital et à l'hostilité de la population, les médecins de la ville demandent la fermeture de l'Hôpital Temporaire des Fièvres. Il sera fermé à la fin de l'année 1832.
Sources: SPBC (1831), chap. 25; Janson (1979), 32; Bernier (1981), 320; Bilson (1980), 15; Anctil/Bluteau (1986), 24; Leblond (1986), 230; Fecteau (1989), 222; Rousseau (1989), 232.

Pandémie d'influenza. Elle persistera au Bas-Canada jusqu'en 1832.
Source: Heagerty (1928a), 213.

La variole est réintroduite au Québec par des bateaux infectés. Ce sont surtout les enfants qui sont affectés par la maladie.
Sources: Heagerty (1928a), 87; Abbott (1931), 62.

37. Selon Rousseau (1989, 232), Québec pouvait alors compter, en plus de l'Hôpital des Fièvres, sur deux autres hôpitaux temporaires: l'un situé sur le quai du Roi et l'autre dans le faubourg Saint-Jean. Nous n'avons aucune précision concernant l'hôpital situé sur le quai du Roi sinon qu'en 1834, Lord Aylmer donnera un édifice situé sur ledit quai pour héberger les malades qui sera dénommé Hôpital Blue Store. (Voir *infra* 1834.)

1831 *Acte pour pourvoir ultérieurement contre l'introduction des maladies contagieuses et pestilentielles dans cette province.* La loi ordonne la nomination de trois commissaires pour gérer et conduire l'établissement existant déjà à Pointe-Lévis sous la dénomination Hôpital Temporaire des Fièvres. Elle stipule que les malades atteints de maladies contagieuses seront désormais sous les soins de l'officier de santé. Ce dernier aura la responsabilité de vérifier si des malades contagieux se trouvent à bord d'un vaisseau dès l'arrivée de ce dernier dans le havre de Québec et de les faire transporter à l'Hôpital Temporaire des Fièvres. Il est aussi statué qu'aucun passager ne peut débarquer sans l'obtention d'un certificat attestant qu'il n'est atteint d'aucune maladie contagieuse. La désinfection à l'aide du chlorure ou de certains «oxydes» devra aussi être faite chaque fois que seront trouvés des miasmes ou des personnes infectées. Le maître de vaisseau devra collaborer en tout temps avec l'officier de santé.
Source: SPBC (1831), chap. 25.

Acte pour affecter une certaine somme d'argent y mentionnée pour le soulagement des malades indigents et pour le support des enfants trouvés et des aliénés. Différentes sommes sont allouées aux institutions de Québec, de Montréal et de Trois-Rivières: 1169 £ à l'Hôpital Général de Québec, 580 £ à l'Hôtel-Dieu de Québec, 200 £ au couvent des ursulines de Trois-Rivières et 1420 £ à l'Hôpital Général de Montréal.
Source: SPBC (1831), chap. 18.

Un règlement de police émis par la «Cour de session générale du quartier de la paix pour le district de Montréal» interdit l'inhumation de cadavres dans la ville, sauf dans les églises et cimetières.
Source: Lapointe-Roy (1987), 33.

Devant l'imminence de la venue du choléra asiatique qui sévit alors en Europe, la Grosse-Île, située à 34 kilomètres à l'est de Québec, est désignée comme lieu de mouillage pour l'éventuelle application de la loi de qua-

rantaine. Établi d'abord en 1830 à Pointe-Lévis, l'ancien lieu de quarantaine ne répond plus aux besoins parce qu'il est situé trop près des centres populeux. C'est conséquemment aux relevés hydrographiques effectués par le capitaine Bayfield en 1827 que la Grosse-Île est choisie comme site de quarantaine. Les autorités décident aussi de faire appel à des médecins pour prévenir l'épidémie. Le docteur J. Douglas, membre du Conseil médical de Québec, est désigné pour diriger les préparatifs de prévention. En octobre, le docteur X. Tessier est envoyé à New York pour étudier les méthodes d'organisation d'un service sanitaire et de quarantaine dans une zone portuaire. Le docteur G. Roberts présente, le 27 octobre, une communication sur le choléra devant les membres du Bureau médical de Québec. Le 12 novembre suivant, le Bureau présente un rapport sur les moyens de prévenir la propagation du choléra.
Sources: SPC (1832), 357; Heagerty (1928a), 179-180 et (1928b), 337; LM (1967), 187; UMC (1970), 311; Vekeman Masson (1985), 173; O'Gallagher (1987), 21-23; DBC (6), 842.

1832 *Acte pour affecter certaines sommes d'argent pour le soutien de l'Hôpital des Émigrés à Québec, et de l'hôpital pour les cas de fièvres à la Pointe Lévy, et pour d'autres fins y mentionnées.* En prévision de l'épidémie de choléra, une somme d'argent est allouée, le 25 février, pour la réorganisation de l'Hôpital des Émigrés et de l'Hôpital Temporaire des Fébricitants.
Source: SPBC (1832), chap. 15.

Acte pour créer un fonds pour subvenir aux dépenses du traitement médical et des soins pour les émigrés malades, et pour mettre les personnes indigentes de cette description en état de se rendre au lieu de leur destination. Cette loi, adoptée le 25 février, impose un droit de cinq chelins par passager qui doit être payé par les «patrons» des vaisseaux ayant à leur bord des immigrants. Les sommes ainsi prélevées serviront à rembourser les dépenses de l'Hôpital des

Émigrés ainsi que celles de l'Hôpital Général de Québec et de Montréal pour le transport des immigrants indigents vers des lieux où ils sont susceptibles de trouver un emploi. Cette mesure sera réitérée en 1836, 1839 et 1841.
Source: SPBC (1832), chap. 17.

Acte pour l'établissement de bureaux sanitaires en cette province et pour mettre en force un système effectif de quarantaine[38]. La loi, sanctionnée le 25 février en prévision d'une épidémie de choléra, comporte deux niveaux d'intervention pour la protection de la santé publique: 1) mise en place d'une structure sanitaire dans la ville de Québec et ses environs; 2) proclamation de mesures de quarantaine. En ce qui regarde le premier aspect, la loi établit le bureau de santé de la ville de Québec, composé de dix membres dont au moins huit sont juges de paix. Ce bureau obtient le pouvoir d'ordonner des mesures de nettoyage et de purification des lieux publics et privés et d'importer les médicaments nécessaires pour lutter contre le choléra asiatique. Sous l'autorité du bureau de santé, deux médecins résidents et un commissaire de santé feront la visite des personnes infectées. Ils devront tenir une assemblée quotidienne et faire rapport de leurs activités. L'officier de santé du port de Québec devra inspecter tous les navires et verra à faire détruire les cargaisons en état de putréfaction. Tous les médecins de Québec et de la banlieue de Québec sont tenus de faire rapport sur tous les cas de maladies contagieuses. Les aubergistes doivent aussi, dans les douze heures, déclarer tous les marins ou les passagers malades dans leurs établissements.

La deuxième partie de la loi établit la quarantaine et proclame que tous les vaisseaux arrivant de pays où sévissent des maladies contagieuses doivent se rendre au lieu de quarantaine désigné par des bouées pour y être

38. Leblond (1986, 119) affirme cependant que la loi de quarantaine est adoptée par la législature du Bas-Canada le 4 septembre 1831. Nous n'avons pas trouvé trace de cette loi.

inspectés par l'officier de santé. Le lieu de quarantaine devra être aussi proche que possible de la Grosse-Île et situé entre celle-ci et les îles aux Rochers, Sainte-Marguerite et aux deux Têtes. Si l'un de ces bateaux est trouvé porteur de «peste ou de maladies pestilentielles», le pilote devra hisser un pavillon bleu à la tête du mat de misaine et le navire sera alors tenu d'y rester quarante jours sous peine de confiscation. La loi fait de la Grosse-Île et de l'île aux Rochers des territoires sous occupation militaire. Il est prévu d'ériger à la Grosse-Île des casernes, appentis et loges pour recevoir les malades. Une chaîne de télégraphes est aussi prévue, reliant la ville de Québec, la Grosse-Île et les navires en quarantaine[39]. La loi mentionne de plus que tout vaisseau arrivant dans le havre de Québec s'ancrera à l'embouchure de la rivière Saint-Charles. Aucun débarquement n'y sera effectué avant l'obtention d'un certificat sanitaire. Les navires autorisés à débarquer leurs passagers ou leurs marchandises arboreront un pavillon rouge. Une somme de 10 000 £ est accordée pour l'application de cette loi. Elle sera en vigueur jusqu'au 1er février 1833.
Source: SPBC (1832), chap. 16.

À la suite de la loi pour l'établissement des bureaux sanitaires, des bureaux de santé sont formés dans les villes de Québec et de Montréal. Le bureau de Québec constitué en février constitue la première commission de santé au Canada. Ce sont les docteurs Morrin, Parent et Perrault qui en sont les commissaires. Quelques mois plus tard, le bureau de santé de Québec, composé de

39. Il s'agit alors d'un mode de communication fonctionnant à l'aide d'un appareil qui transmet des signaux par une combinaison de bras mobiles. Rappelons que le télégraphe par fil tel que nous le connaissons aujourd'hui a été mis au point par Morse en 1842.

15 membres, sera réorganisé[40] et verra à l'application de mesures concrètes de prévention des maladies contagieuses, En 1833, ce bureau comptera 28 membres dont 3 médecins. Le bureau de santé de la ville de Montréal, formé pendant l'épidémie, sera dissout en janvier 1833. D'autres bureaux de santé sont constitués à Trois-Rivières, Chambly, Gaspé, Berthier, La Prairie, Beauharnois et Saint-Hyacinthe.
Sources: McConnell (1885), 8; Heagerty (1928a), 343; Voyer (1954), 22; Taché (1966), 14-15; LM (1967), 188; Bilson (1980), 72, 187 et (1981), 123; Leblond (1986), 242; DBC (8), 522.

Construction de l'Hôpital de la Grosse-Île. En prévision de l'épidémie de choléra qui sévit dans les îles britanniques, un hôpital et des hangars sont érigés par des ingénieurs du roi à la station de quarantaine de la Grosse-Île qui est mise sous occupation militaire. Peu après, une garnison composée de militaires, de commis, de cultivateurs, de matrones et de trois médecins est envoyée à la Grosse-Île sous le commandement du capitaine H. Reid. C'est au début du mois de mai que le docteur Griffin, aide-chirurgien du 32e régiment, commence à inspecter les centaines de vaisseaux qui s'arrêtent à la Grosse-Île[41]. La tâche est énorme et celui-ci s'en acquitte avec un certain laxisme. Une autre station de quarantaine est aussi installée à Gaspé par le gouverneur général, Lord Aylmer, laquelle est placée sous la direction du docteur J. Douglas.
Source: Bilson (1980), 9-10.

---

40. Bernier (1989, 103) mentionne qu'il s'agit plutôt d'un bureau de 16 personnes, dont fait partie un seul médecin, le docteur Thomas Fargues.

41. Le docteur Fortier lui succédera comme officier médical en chef en 1834. Parmi les autres officiers médicaux, durant la période 1832-1834, il y aura les docteurs Miller, Crawford et Poole. G. Douglas succédera à Poole à titre d'officier médical en chef de l'île vers 1840.

Première épidémie de choléra au Canada[42]. Entre le 2 et le 5 juin, plus de 7000 immigrants débarquent à la station de quarantaine. Les premiers cas de décès sont signalés sur les navires *Elizabeth* et *Carricks,* en provenance de Dublin, qui arrivent à la Grosse-Île respectivement le 28 mai et le 3 juin. Le *Elizabeth* compte déjà 22 morts parmi ses 200 passagers. Le *Carricks* en compte 42 sur 145 passagers. C'est toutefois le navire montréalais *Le Voyageur* faisant la navette entre Grosse-Île et Montréal qui, le 8 juin, introduit à l'intérieur du continent le vibrion cholérique. Surchargé d'immigrants, le *Voyageur* quitte la Grosse-Île mais doit aussitôt rebrousser chemin pour se débarrasser d'une partie de sa «cargaison» d'immigrants. Il repart avec 450 passagers à son bord. Puis, près de Trois-Rivières, deux de ses passagers succombent au choléra, l'un sur le bateau, l'autre, le 9 juin, dans une auberge riveraine où on l'a déposé. Un autre passager meurt également la même journée sur les quais en arrivant à Montréal[43].

À partir de là, l'épidémie se répand dans le Bas et le Haut-Canada. Après une semaine, on compte déjà plus de 200 cas à Québec. Des circulaires enjoignent aux curés d'encourager les paroissiens à prendre des mesures de protection contre le choléra et à les dispenser du jeûne et

42. Lapointe-Roy (1987, 33-34) mentionne l'apparition du choléra en 1831 et souligne que «l'épidémie de 1832 fut plus meurtrière que la précédente». MacDermot (1950, 48) mentionne aussi que la première «grande» épidémie de choléra survient en 1831 et que celle-ci fera 4000 morts dans la ville de Montréal. Il y a manifestement méprise avec l'épidémie de 1832. Bernier (1989, 113) laisse-t-il entendre la présence du choléra en 1831 lorsqu'il mentionne, à propos des taux de mortalité de la province, que «de 1831 à 1835 ce taux augmenta en raison du choléra»? Toutefois Bilson (1980, 3) affirme que le choléra s'étend aux îles Britanniques en 1831; mais que *«the next year saw it in Canada for the first time, and between 1832 and 1871 epidemics occured in various parts of British North America».*

43. CMJMR (1868, 533) ajoute que le navire *Voyageur,* de retour à Québec, réintroduit le choléra dans la ville. En effet, la maladie refait irruption sur la rue Champlain où logent des membres de son équipage.

de l'abstinence pendant l'épidémie. Le 19 juin, l'Hôpital des Émigrés admet 450 malades. Les hôpitaux étant bondés, on doit ériger des tentes sur les plaines d'Abraham pour héberger plus de 500 patients. Le bureau de santé de Québec loue les bâtiments d'une brasserie à Près-de-Ville pour établir un hôpital temporaire sur la rue Saint-Paul à Québec, sous la direction des docteurs O'Callaghan et von Iffland. Un hôpital constitué de tentes est temporairement ouvert dans le faubourg Saint-Jean. Un entrepôt, situé dans la vieille ville, est aussi transformé en hôpital temporaire, dénommé l'Hôpital Blue Shed. Dès l'éclatement de l'épidémie à Québec, le 8 juin, les soldats et leurs familles restent barricadés dans leurs baraques. Les soldats revenant de service sont soumis à une période d'isolement de quelques jours dans des tentes érigées dans les fossés de la citadelle. Malgré ces précautions, le mois d'août est particulièrement meurtrier pour la garnison. On y comptera 146 cas de choléra, dont 36 décès[44]. À Montréal, les troupes du 15e régiment, sévèrement frappées par la contagion[45], se transportent rapidement sur l'île Sainte-Hélène. De juin à septembre, la région de Québec compte plus de 3800 décès[46]. L'épidémie fait plus de 4000 décès à Montréal et ses environs entre les mois de juin et septembre et fait au total dans le Bas-Canada près de 12 000 morts[47]. Le bureau de santé de Montréal érige des refuges dans des entrepôts localisés dans la paroisse Sainte-Anne. Certains de ceux-ci n'ont aucun plancher et les malades dorment sur le sol. Le Montreal General Hospital refusant d'admettre les cholériques, un autre hôpital est aménagé sur la rue Saint-

44. L'épidémie de 1834 fera 193 victimes dont 45 morts à la garnison de Québec.

45. BAJMPS (1849, 268) parle de 45 cas dans une seule journée au début de l'épidémie.

46. CMJMR (1868, 52) et BRH (1906, 90) mentionnent 3451 décès à Québec, Rousseau (1989, 230), plus de 3000 tandis que Howell (1933, 71) soutient qu'il y eut 2208 décès dans la ville même. O'Gallagher (1987, 27) mentionne 3292 décès officiels dans la seule ville de Québec mais soutient qu'il y en eut davantage à la Grosse-Île.

47. DBC (6, 636) mentionne 8000 décès au total.

Denis. Le taux de mortalité pendant l'épidémie est de 45,7/1000 habitants pour le Bas-Canada avec des pointes de 74/1000 à Montréal et de 82/1000 à Québec, comparativement à 37/1000 pour l'ensemble de l'année[48]. Devant l'ampleur de l'épidémie qui affecte Québec, le bureau de santé de la municipalité de Trois-Rivières convoque une assemblée publique, élabore des mesures de quarantaine et met en place un cordon sanitaire qui interdit l'entrée d'étrangers dans la ville. La ville n'accepte l'amarrage à son port que des navires transportant des passagers originaires de la ville. Grâce à ces mesures, la ville fut relativement épargnée avec seulement 32 cas de choléra et 16 décès entre le 13 juin et le 10 juillet. Le bureau avait demandé une aide financière au gouvernement de Québec pour engager deux médecins et un officier de santé et pour ériger un hôpital pour les cholériques. Mais le Gouvernement ne fournit finalement que 200 £. L'épidémie affectera le Bas-Canada jusqu'au mois d'octobre.
Sources: MMG (1844-45), 184; BAJMPS (1849), 267-268; Taché (1866), 14-15; CMJMR (1868), 533-535; McConnell (1885), 8; BRH (1906), 90; Heagerty (1928a), 182, 185, 198, 343 et (1928b), 327; Abbott (1931), 63; Howell (1933), 77-78; LM (1967), 189; Hamelin/Roby (1971), 59; Bilson (1980), 3, 23-28, 47; Vekeman Masson (1985), 173-175; Leblond (1986), 242; O'Gallagher (1987), 22, 25, 35-36, 71; Gosselin (1989); DBC (9), 238.

Fondation en juin du Committee for Emigrant and Sanitary Purposes de Montréal par un groupe de citoyens bénévoles. Ce comité a pour but de venir en aide aux immigrants malades. Une souscription publique permet au comité de construire deux hangars à la pointe Ogilvie sur un terrain appartenant aux sœurs grises. Le comité offre aussi son aide au bureau de santé de la ville pour faire observer et renforcer les règlements sanitaires.
Source: Bilson (1980), 42-43.

48. Bilson (1980, 48).

Fondation, le 20 août, du comité sanitaire de Québec par des citoyens bénévoles. Celui-ci regroupe dès sa fondation près de 200 volontaires qui se chargent de désinfecter les maisons avec du chlorure de lime et d'aider les officiers de santé dans l'exercice de leur tâche.
Source: Bilson (1980), 43.

Publication d'une brochure intitulée *Règlements sur le choléra, prescrits par le bureau de santé à Québec et par la commission centrale de Paris*, Québec, Neilson and Covan, 1832, 22 p.

1833 Le conseil municipal de Québec met sur pied, le 6 mai, un comité de santé présidé par un médecin de la municipalité. Ce comité met en application une réglementation sur la salubrité des maisons, des cours, des jardins, des marchés, des quais et des rues. Il n'aura cependant qu'une brève existence.
Sources: Voyer (1954), 22; Drolet (1967), 70.

Un comité de santé est créé à Montréal au mois de mai. Il reçoit 500 £ pour assurer à la ville des conditions de salubrité acceptables. Cependant son pouvoir légal est imprécis. Encore en fonction lors du début de l'épidémie de choléra en 1834, les mesures adoptées par le comité n'auront cependant que peu d'effet sur la propagation de la maladie.
Source: Bilson (1980), 72.

La variole réapparaît à la Grosse-Île où sont dénombrés 34 cas.
Sources: Abbott (1931), 62; Vekeman Masson (1985), 175.

Le docteur X. Tessier met sur pied, en collaboration avec ses étudiants, une clinique de vaccination à son domicile.
Source: DBC (6), 842.

Conséquemment à l'épidémie de choléra, l'archevêque de Québec déclare que celle-ci a été une source de grâce, une motivation à pratiquer la vertu et un sévère avertissement de Dieu à une communauté qui met en veilleuse ses commandements.
Source: Bilson (1980), 65.

1834 *Acte qui pourvoit à rembourser une certaine somme d'argent avancée pour maintenir l'établissement de quarantaine à la Grosse-Île, pendant l'année 1833 et pour d'autres objets y mentionnés.* Une somme de 4272 £ est accordée pour les dépenses de quarantaine à la Grosse-Île. Des sommes de 706 £ et de 500 £ sont aussi accordées pour rembourser les dépenses engagées pour le soutien de l'Hôpital des Émigrés à Québec pour l'année 1833 et pour soutenir ledit hôpital qui doit pourvoir au soin des malades jusqu'au 1er mai 1834.
Source: SPBC (1834), chap. 18.

Ouverture de l'Hôpital Blue Store[49]. La Société des émigrés de Québec lance une souscription publique afin d'ouvrir un nouvel hôpital pour les émigrés souffrant de maladies contagieuses. Ils obtiennent 200 £ et décident d'ouvrir l'hôpital au début du mois de juin dans un édifice donné par Lord Aylmer, situé à côté du bureau des douanes sur le quai du Roi[50]. Le gouverneur avait fait don de cet édifice pour héberger les malades en attendant leur admission dans les hôpitaux. L'ameublement de l'hôpital provient de l'hôpital temporaire aménagé dans des tentes dans le faubourg Saint-Jean durant l'épidémie de choléra de 1832.
Sources: Drolet (1967), 71; Bilson (1980), 66, 69, 72.

Épidémie majeure de choléra[51]. La loi de quarantaine et les mesures qui en découlent sont appliquées jusqu'en

49. S'agit-il du même édifice érigé en hôpital pour les cholériques lors de l'épidémie de 1832 sous la dénomination Hôpital Blue Shed?
50. Drolet (1967, 71) mentionne que l'Hôpital Blue Store est aménagé dans un hangar près du quai du Roi.
51. Drolet (1967, 70-71) indique, contrairement à toutes les sources que nous avons consultées, que l'épidémie de choléra et l'ouverture anticipée de l'Hôpital de la Marine ont lieu en 1833. Il y a manifestement erreur. Pourtant ses informations concernant l'épidémie et les réactions du comité de santé de la ville de Québec sont assez approfondies.

1835. L'épidémie apparaît vers la fin de mai au lazaret de la Grosse-Île[52] et y fait 264 morts parmi les immigrants. Elle aurait été introduite par un marin du navire *Eleonor* en provenance de Dublin. Entre le 26 juin et le 5 juillet, six patients hospitalisés à l'Hôpital Blue Store, nouvellement aménagé, meurent du choléra[53]. La maladie se manifeste surtout sous une forme bénigne de la fin de mai à la mi-juillet mais augmente d'intensité entre le 15 juillet et la fin d'août. Le comité de santé de la ville de Québec exerce des pressions auprès du gouverneur pour ouvrir prématurément l'Hôpital de la Marine en construction. L'hôpital est finalement ouvert aux cholériques le 20 juillet sous la direction du docteur X. Tessier. La maladie atteint Montréal le 11 juillet. Le nombre des victimes dans le Bas-Canada s'élève à environ 2400[54]. L'épidémie cause 1800 décès à Québec[55], autour de 900 à Montréal et 2500 à Toronto[56].

Sources: GM (1866), 184; Taché (1866), 15; BRH (1906), 90; Howell (1933), 78-79; Drolet (1967), 70-71; Hamelin/Roby (1971), 59; Bilson (1980), 70, 72-74, 181; Farley *et al.* (1982), 24; Vekeman Masson (1985), 175; Leblond (1986), 243.

---

52. Marsden, dans CMJMR (1868, 3), affirme pourtant que le choléra arrive à la Grosse-Île le 6 juillet 1834 à bord du navire *John* en provenance de Dublin. Faute d'être intercepté et mis en quarantaine, le navire poursuit son chemin jusqu'à Québec où il parvient le lendemain. Le 11 juillet, le choléra apparaît à Montréal et le 19, à Trois-Rivières. Marsden mentionne, non sans une certaine ironie indignée, que le 11 juillet, alors que l'épidémie est déjà de notoriété publique à Québec, un voyage de divertissement et de plaisir à la Grosse-Île est organisé pour les citoyens et les visiteurs de Québec .

53. Drolet (1967, 71-72) affirme qu'un hôpital temporaire est aménagé sur la rue Saint-Jean durant l'épidémie de 1834.

54. Le nombre des victimes varie selon les auteurs: 2358 morts selon Bilson (1981, 181); 2509 selon BRH (1906, 90); plus de 3000 selon Pelletier (1940) qui inclut probablement les victimes du Haut-Canada; 8000 victimes (s'agit-il des personnes contaminées?) selon GM (1866, 184). Vekeman Masson (1985, 175) précise que 159 immigrants meurent du choléra et 37 de la variole à l'Hôpital de la Grosse-Île.

55. Marsden, dans CMJMR (1868, 52), mentionne 2500 décès à Québec alors que Drolet (1967, 71) chiffre les décès dans cette ville à 1282.

56. Howell (1933, 78-79) mentionne que 5000 personnes fuient la ville de Toronto qui compte alors 12 000 habitants.

À la suite de la réunion du comité constitutionnel présidé par Lord Aylmer tenue le 3 novembre, un comité de cinq personnes est nommé pour enquêter sur les ravages causés durant l'année par le choléra asiatique. Il publiera une brochure intitulée *Comité sanitaire spécial de Montréal. Rapport sur le choléra et l'émigration pour l'année 1834*, Montréal, Duvernay, 1834, 21p.
Sources: Heagerty (1928a), 195; Lahaise (1990), 42.

1835 Ouverture officielle de l'Hôpital de la Marine situé près de Pointe-aux-Lièvres à Québec, au bout de la rue Dorchester. La construction de l'Hôpital de la Marine fut entreprise le 28 mai 1832 avec la pose de la pierre angulaire par Lord Aylmer. Pour répondre aux besoins créés par l'épidémie de choléra de 1834, les autorités avaient décidé d'ouvrir l'hôpital temporairement même si la construction n'était pas achevée. Ce premier hôpital permanent consacré uniquement aux soins des marins accueille durant l'été 112 malades. Le docteur A. von Iffland est nommé médecin résident et le docteur W. Hall, médecin visiteur[57]. Cet hôpital, dirigé par J. Douglas de 1837 à 1850, sera complètement désorganisé après l'épidémie de typhus de 1847. Une enquête royale sera entreprise en 1852 par les docteurs W. Nelson, R. L. MacDonnell et A. von Iffland. L'hôpital est bientôt repris en main. Il fermera ses portes en 1890.
Sources: Howell (1933), 59, 67; LM (1951), 1087; Paradis (1977b), 27; LeBlond (1986), 231-232; Anctil/Bluteau (1986), 24; Gosselin (1989); Bernier (1989), 106; Rousseau (1989), 232; DBC (11), 299.

57. Howell (1933, 57, 59) situe cet hôpital sur les bords de la rivière Saint-Charles. Il s'y réfère sous la dénomination de Marine and Emigrant Hospital et donne à penser que l'hôpital était en opération dès 1831, ce qui est peu vraisemblable. L'Hôpital de la Marine était aussi dénommé Hôpital de la Marine et des Émigrés.

1836 *Acte pour mettre sa Majesté en état de faire l'acquisition de l'Isle appelée «La Grosse-Isle», pour les usages publics de la province, et pour indemniser le propriétaire et le fermier d'icelle.* Le gouvernement britannique se porte acquéreur de la Grosse-Île et indemnise les anciens propriétaires.
Source: SPBC (1836), chap. 21.

Acte pour pourvoir au traitement des marins malades. La loi impose un droit, que devront payer les capitaines de vaisseaux, qui servira à créer un fond pour les soins et les traitements des marins. L'argent perçu au port de Québec est donné aux directeurs de l'Hôpital de la Marine, alors que celui perçu au port de Montréal est donné à la corporation de l'Hôpital Général de Montréal. Les marins seront donc admis gratuitement à toute heure du jour à l'Hôpital de la Marine et à l'Hôpital Général de Montréal pour y recevoir des soins médicaux ou chirurgicaux.
Source: SPBC (1836), chap. 35.

Acte pour pourvoir au remboursement de certaines sommes d'argent dépensées pour des fins sanitaires et de bienfaisance, et pour pourvoir à des objets semblables pour l'avenir. Une somme de 250 £ est accordée à l'Hôpital Général de Montréal ainsi qu'un montant de 2915 £ pour le remboursement des frais engagés lors de la quarantaine à Québec et à la Grosse-Île.
Source: SPBC (1836), chap. 31.

Épidémie d'influenza qui persistera jusqu'en 1837.
Sources: MMG (1844-45), 25; Heagerty (1928a), 213.

1837 Publication d'un brochure intitulée *Copie de l'Acte de quarantaine et des règlements à suivre par les vaisseaux venant au Canada*, Québec, Impr. Fisher & Remble, 1837, 45 p.
Source: Lahaise (1990), 42.

1839 *Ordonnance qui affecte certaines sommes d'argent pour pourvoir au soutien de certaines institutions de bienfaisance.* Des sommes sont consacrées au soutien des enfants trouvés

et des malades indigents dans les districts de Québec, de Montréal et de Trois-Rivières.
Source: SPBC (1839), 475.

Fondation du Bureau médical de Montréal. Il sera dissout en 1842.
Sources: Lesage (1947), 69; UMC (1947), 249.

Le docteur Doratt, membre du comité de santé, produit un rapport sur les conditions de santé, sur la pratique médicale et sur les hôpitaux dans la Colonie. Ce rapport sera annexé au fameux rapport Durham intitulé *Reports of the affairs of British North America.*
Source: Anctil/Bluteau (1986), 23.

1840 Le conseil municipal de Montréal crée, le 14 septembre, la commission de police et de santé de la ville de Montréal.
Source: AMM (800.A).

Un bureau de santé est à nouveau mis sur pied à Québec.
Source: Pelletier (1940), 15.

La *Gazette de Québec* fait mention de l'intention du gouverneur «de ne faire arrêter à la Grosse-Île qu'une partie des vaisseaux[58]».
Source: Fecteau (1989), 223.

1842 La variole sévit à Québec.
Sources: Heagerty (1928a), 88; Abbott (1931), 62.

1844 Épidémie d'influenza.
Source: MMG (1844-45), 25.

1845 *Acte pour amender l'Acte pour pourvoir au traitement médical des marins malades.*
Source: SPC (1845), chap. 26.

---

58. Fecteau (1989, 223), ne mentionne pas si ce projet est devenu effectif.

Au début de l'année, une commission d'enquête fait rapport à Québec sur la situation des aliénés au Bas-Canada et formule des recommandations.
Source: Howell (1933), 73.

1847 Épidémie de typhus. Il s'agit de la plus grave épidémie de typhus qu'ait connue le Québec. La maladie est introduite à la suite de l'arrivée de navires chargés d'immigrants irlandais atteints du microbe. Plus de 6000 Irlandais meurent à Pointe-Saint-Charles à Montréal et 1041 à l'Hôpital de la Marine de Québec. Le 20 mai, une trentaine de navires sont ancrés à la Grosse-Île. C'est le docteur G. Douglas (le frère de J. Douglas) qui est alors directeur médical de la Grosse-Île. Lors de l'épidémie de typhus, douze bâtisses sont aménagées pour y recevoir les malades. Parmi les médecins qui viennent épauler Douglas durant l'été 1847, on retrouve les noms des docteurs Jacques, Fenwick, McGrath, Clark et Landry[59]. Mais la demande de soins est telle que les autorités décident de faire appel aux prisonniers de la ville de Québec pour soigner les malades de la Grosse-Île.

Les navires qui transportent à Montréal les immigrants irlandais reçoivent l'ordre d'amarrer à la pointe du Moulin-à-Vent plutôt qu'aux quais du port central. Le conseil de ville de Montréal décide de construire des hangars qui serviront de lazarets à Pointe-Saint-Charles[60]. Ces hangars contiennent chacun environ 150 malades et sont situés tout près du canal Lachine et à peu de distance du pont Victoria. Le 22 juillet, 3500 immigrés sont acheminés dans ces lazarets. Une dizaine de milliers de malades y seront hospitalisés parmi lesquels plus de 3000

59. G. Douglas deviendra le premier surintendant civil de l'île en 1857, avec le départ des effectifs militaires, et gardera ce poste jusqu'en 1864. Le docteur A. von Iffland, qui avait été nommé assistant surintendant médical de l'île en 1853, et le docteur Montizambert lui succéderont. En 1899, le docteur Martineau prendra la relève jusqu'en 1929.

60. Il semble que les autorités construisirent 13 hangars. Selon UMC (1919, 556), plus de 10 000 personnes atteintes du typhus seront hospitalisées dans les hangar de la Compagnie du Grand Tronc à Pointe-Saint-Charles à Montréal. Le tiers de ces malades mourront de la maladie.

succombent à la maladie[61]. Ceux-ci sont étendus «deux ensemble sur une chétive paillasse recouverte d'un drap blanc et d'une couverture de coton gris[62]». Un monument érigé à l'entrée nord du pont Victoria commémore cette tragique épidémie. On installe également des tentes et des hangars sur le terrain du Montreal General Hospital pour y accommoder 250 malades.

L'évaluation du nombre des victimes varie selon les auteurs. Mais la plupart s'entendent pour affirmer qu'il y a eu plus de 5000 morts en mer[63] et plus de 17 000 décès en territoire québécois, soit 17 % des 106 000 immigrants de l'année[64]. L'épidémie aurait fait plus de 8000 victimes à Québec et à la Grosse-Île[65] et près de 7000 dans la région de Montréal[66]. La plupart des victimes sont irlandaises[67]. De nombreuses familles canadiennes-françaises adoptent les enfants devenus orphelins.

---

61. MacDermot (1950, 47) mentionne 10 163 admissions et 3144 décès. L'auteur tire ces informations du *British American Journal*, 1847, p. 261.

62. UMC (1970, 306).

63. Howell (1933, 82) précise qu'il y eu 5293 morts en mer; Leblond (1986, 120) mentionne 6000 mais se contredit et mentionne ailleurs (1986, 234) 5000 décès en mer; Heagerty (1928a, 124) fait mention de 4647 morts durant la traversée.

64. Vekeman Masson (1985, 175-178).

65. Heagerty (1928a, 130) mentionne 8072 décès sur le site de la quarantaine et dans la ville de Québec. Rousseau (1989, 230) affirme qu'il y eut plus de 5000 Irlandais inhumés dans le cimetière de la Grosse-Île. Leblond (1986, 234) souligne par ailleurs que «la Grosse-Île abrite jusqu'à 2500 malades la fois». Howell (1933, 83) en compte 2195 en date du 21 juin

66. Shepherd (1919, 11) mentionne 5000 morts à Montréal et souligne que beaucoup d'entre eux sont enterrés au pied du pont Victoria. Heagerty (1928a, 126) dénombre 3862 victimes irlandaises à Montréal. Leblond (1986, 120, 234) se contredit en mentionnant tour à tour pour la région de Montréal, 17 300 décès et 25 000 décès. Heagerty (1928a, 130) évalue à 20 365 le nombre total de décès en mer et au Québec. Abbott (1931, 62) estime à 10 000 le nombre de morts et à 30 000 le nombre de personnes hospitalisées.

67. Hamelin (1971, 59) et Bilson (1980, 4) précisent que le typhus fait 4734 morts chez les immigrants irlandais à Québec et à Montréal. Selon Leblond (1986, 120) quelque 4100 Irlandais décèdent peu après leur débarquement.

Sources: GIT (1909), 36, 64, 66; Shepherd (1919), 11; Heagerty (1928a), 130, 343; Abbott (1931), 62; MacDermot (1950), 47; UMC (1970), 306, 311; Hamelin/Roby (1971), 59; Paradis *et al.* (1977b), 12; Bilson (1980), 4; Farley *et al.* (1982), 38; Vekeman Masson (1985), 175-178; Leblond (1986), 120, 234; O'Gallagher (1987), 50-51, 72; DBC (9), 239.

Création à Beauport, à l'occasion de l'épidémie de typhus, d'un hôpital, appelé Emigrant Fever Hospital, destiné à héberger 350 patients[68]. Cet hôpital privé, vraisemblablement fondé par le docteur J. Douglas pour accueillir les immigrants irlandais malades, abritera bientôt plus de 1100 patients. Il est alors décidé d'ajouter des abris temporaires et de transformer plusieurs bâtiments situés sur le chemin de Beauport en hôpitaux provisoires. Le docteur Racey sera l'un des médecins en devoir dans ces hôpitaux. Le 25 octobre, il succombera au typhus, comme plusieurs de ses collègues de la Grosse-Île.
Sources: MMJ (1902), 581; Voyer (1954), 18; DBC (10), 412.

En raison de l'épidémie de typhus, le conseil municipal de Montréal accepte une recommandation de la commission de police et pourvoit à l'établissement d'un bureau de santé et à des mesures pour protéger la santé publique. Un bureau de santé est aussi constitué dans la ville de Québec. Quelques 75 bureaux de santé sont ainsi formés à travers le Québec.
Sources: LC (1847), 53; Heagerty (1928a), 343; Q2A.

Épidémie d'influenza. Elle durera jusqu'en 1848.
Source: Heagerty (1928a), 213.

68. «*During the summer of 1847, typhus fever was brought to Quebec by the Irish immigrants, therefore an Emigrant Fever Hospital was built which was intended to contain 350 patients.*» MMJ (1902, 581).

1849 *Acte pour amender l'Acte de quarantaine.* Cet amendement à la loi de quarantaine de 1795 autorise l'émission d'un passeport qui décharge de la quarantaine certains navires jugés non infectés par les maladies contagieuses.
Source: SPC (1849), chap. 7.

Acte pour établir des dispositions pour la conservation de la santé publique dans les cas d'urgente nécessité. Le gouverneur est autorisé par cette loi à constituer un «Bureau central de santé» composé d'au moins cinq personnes et des bureaux locaux de santé composés d'au moins trois personnes qui portent l'appellation «officiers de santé». Les municipalités se voient accorder le choix des agents locaux en temps d'épidémie. Le Bureau central peut à volonté publier des instructions et des règlements pour que le nettoyage, la purification, la ventilation, la désinfection ou l'inhumation soient ordonnés et effectués par les bureaux locaux de santé. Il se voit aussi octroyer le pouvoir d'autoriser l'éloignement des malades de leurs maisons et d'accorder aux officiers de santé le droit de pénétrer de force avec l'aide de la police dans les maisons où ils peuvent détruire ce que bon leur semble. Le Bureau central de santé est mis sur pied le 9 juin.
Sources: SPC (1849), chap. 8; Bilson (1980), 116.

Acte pour pourvoir à la santé publique de la cité de Québec. La loi établit le bureau de santé de Québec qui nommera des officiers de santé. Le bureau a pour fonction d'établir les causes des maladies et de voir à ce que les nuisances, ordures et immondices qui lui paraissent nuisibles à la santé des habitants soient éliminées. Le Bureau pourra, en temps de choléra, limiter le nombre de personnes habitant dans les maisons, demander l'assistance de la police pour pénétrer de force dans les établissements et saisir les viandes en putréfaction. Le conseil de ville de Québec accorde au bureau la permission d'engager des officiers de santé et lui accorde un octroi de 150 £. Le bureau de santé ne fonctionnera pas cependant sur une base permanente avant la décennie 1890. La loi statue aussi que les prisonniers atteints d'une

maladie contagieuse devront être transférés à l'Hôpital de la Marine.
Sources: SPC (1849), chap. 116; Bilson (1980), 121.

Acte pour abroger certains actes y mentionnés et pour établir de nouvelles dispositions relativement aux émigrés. La loi augmente les droits d'entrée des immigrants et établit des mesures plus sévères vis-à-vis ces derniers. Les immigrants sont tenus de subir un examen médical par le surintendant médical de l'établissement de la quarantaine.
Source: SPC (1849), chap. 6.

Épidémie majeure de choléra au Canada. Le choléra provient, semble-t-il, des États-Unis et fait sa première apparition à Kingston à la fin de mai[69]. La maladie sévissait depuis quelque temps dans plusieurs villes américaines en bordure des rivières Mississippi et Missouri. Elle se manifeste à Montréal le 15 juin et à Québec entre le 4 et le 12 juillet. Elle s'étend ensuite à tout le pays. À Québec, le chanteur écossais John Wilson, qui termine sa tournée en Amérique, succombe au choléra le 8 juillet, la veille de son concert. L'épidémie affecte la population canadienne pendant quatre mois et demi, soit jusqu'à la mi-octobre[70]. Elle fait au moins 2000 morts dans les villes de Québec, Montréal et Toronto, soit plus de 1000 morts à Québec et plus de 700 à Montréal[71]. Le bureau de santé de la ville de Québec décide d'installer un hôpital temporaire dans le quartier Champlain, dans l'ancienne douane qui était devenue une caserne de police. Mais la population s'oppose à la présence de cet hôpital temporaire et, le 11 juillet, 2000 personnes prennent d'assaut la caserne et la saccagent. Les autorités décident malgré tout de réaménager l'Hôpital de la Douane et d'hospitaliser entre-temps les cholériques dans des hangars érigés à l'Hôpital de la Marine.

69. Marsden dans CMJMR (1868, 7) mentionne plutôt le 30 avril.
70. Cependant Bilson (1980, 128) affirme que l'épidémie s'éteint vers la mi-septembre.
71. Bernier (1989, 132) mentionne 1185 décès «dans la seule ville de Québec» et CMJMR (1868, 52) mentionne 1180 décès.

Sources: Taché (1866), 16; CMJMR (1868), 7, 50; BRH (1906), 91; Heagerty (1928a), 199; Leblond (1954), 294; Drolet (1967), 74; Bilson (1980), 126-128; Leblond (1986), 153, 243; Bernier (1989), 132; AMM (800.A), 2-1.

Le 20 juin, le conseil municipal de Montréal crée un bureau local de santé qui a pour objet de faire observer les règlements émanant du conseil municipal et du Conseil central de santé en ce qui regarde l'hygiène publique[72].
Source: AMM (800.A), 2.

1851 Quatrième épidémie de choléra. Provenant des États-Unis, cette épidémie apparaît au mois d'août et disparaît deux mois plus tard, au début d'octobre. C'est un groupe d'immigrants allemands, logés à l'hôtel Sword's sur la rue Saint-Louis, qui aurait introduit le choléra dans la ville de Québec. Le comité de santé de la ville est alors reformé et recourt aux moyens habituels de prévention: quarantaine, désinfection des maisons, contrôle des exhumations, etc. L'épidémie fait 280 victimes dans la ville et ses environs[73]. On dénombre aussi 50 à 60 cas dans la ville de Montréal.
Sources: BAMPJ (1851), 271; Taché (1866) 16; CMJMR (1868), 52; BRH, (1906), 91; Heagerty (1928a), 202; Drolet (1967), 76; Bilson (1980), 131; Leblond (1986), 243; Bernier (1989), 132.

Création d'un bureau de santé par le gouvernement provincial. Ce bureau compte neuf membres parmi lesquels on retrouve quatre médecins.
Source: Bernier (1989), 103.

---

72. Bilson (1980, 118) mentionne qu'il y a un bureau de santé à Berthier lors de l'épidémie.
73. Bernier (1989, 132) mentionne 280 victimes dans la ville de Québec mais la source à laquelle il fait référence, Heagerty (1928a, 202), souligne qu'il y eut *«280 deaths in and about Quebec»*, dont 206 à Québec même. BAMPJ (1851, 271) mentionne que le choléra fait 160 morts à Québec entre le 26 août et le 24 septembre.

1852 Cinquième épidémie de choléra. Similaire à celle de 1851, cette épidémie est introduite le 25 septembre à Québec, par le navire *Advance* en provenance de New York. Elle y fait 145 morts de septembre à novembre. Le foyer de l'épidémie est une maison de chambres de la rue Champlain où loge un dénommé McKnight, membre de l'équipage de l'*Advance*. Six des pensionnaires seront mortellement atteints par la maladie. Cette épidémie, confinée à Montréal et à Québec, fera au total environ 200 morts, dont 145 à Québec. Le dernier cas sera signalé le 9 novembre.
Sources: CMJMR (1868), 52; BRH (1906), 88 et 91; Heagerty (1928a), 202; Bilson (1980), 131; Bernier (1989), 132.

Pour la première fois, le conseil de ville de Montréal crée une commission de santé indépendante de la commission de police. Cette commission durera jusqu'en 1876, année où sera créé le bureau de santé.
Source: AMM (800.A).

1853 *Acte pour amender et refondre les lois relatives aux émigrés et à la quarantaine.* Cette loi, votée le 22 avril, remplace la loi de quarantaine de 1795. Elle maintient la station de quarantaine de la Grosse-Île et oblige les bateaux qui transportent des contagieux à s'y arrêter. Elle stipule que le personnel de la Grosse-Île devra être composé du surintendant de l'émigration, du surintendant médical, d'aides-médecins, de matrones, de gardes-malades et de policiers. La loi précise que le gouverneur peut nommer un officier de santé pour inspecter les vaisseaux au port de Québec.
Source: SPC (1853), chap. 86.

Acte pour réprimer la pratique dangereuse d'inoculer avec la variole. Il s'agit de la première loi interdisant l'inoculation de la variole. Cette loi prévoit une amende et une peine maximale d'un mois d'emprisonnement pour quiconque inocule la variole à autrui. Les médecins qui inoculeront des «matières varioleuses» verront leur licence suspendue.
Source: SPC (1853), chap. 170.

Acte pour permettre l'exhumation en certains cas. Il est mentionné dans cette loi que le corps de toute personne morte de maladies contagieuses ne pourra être exhumé avant un délai de trois ans suivant son inhumation.
Source: SPC (1853), chap. 174.

Le choléra asiatique est appréhendé à la Grosse-Île. Un début d'épidémie, qui cause 34 morts, se déclare en mer sur le vapeur *Fingal* en provenance de Liverpool. La maladie est rapidement endiguée à la Grosse-Île par l'imposition de la quarantaine aux malades.
Source: Heagerty (1928a), 203.

1854 Incorporation du bureau central de santé formé par le gouvernement en raison de l'épidémie de choléra qui s'annonce. Il est composé de 11 citoyens dont 5 médecins de la ville de Québec. Ce bureau a pour mandat, d'une part, de proposer les mesures sanitaires les plus propices «à sauvegarder le territoire» et, d'autre part, à répandre parmi la population «les instructions à suivre en vue de la préservation individuelle[74]». Il adopte des recommandations pour prévenir la propagation du choléra: désinfection et aération des habitations, bains fréquents, frugalité, etc. En fait, les mesures adoptées par le bureau sont semblables à celles que prônent les bureaux de santé en Angleterre.
Sources: Boissonnault (1953), 253; Drolet (1967), 77; Bilson (1980), 133; DBC (10), 412; LIIPQ.

Sixième épidémie de choléra. Introduit à la Grosse-Île le 15 juin par le navire *Glenmanna* de Liverpool[75], le choléra fait son apparition à Québec le 20 juin pour disparaître trois mois plus tard, soit vers la mi-septembre. Le premier cas signalé est celui d'un dénommé Langlorts

74. Boissonnault (1953, 253).
75. CMJMR (1868, 103) précise que, durant le voyage, l'équipage du bateau *Glenmanna* avait jeté 45 de ses passagers décédés du choléra à la mer.

qui est transporté à l'Hôpital de la Marine où neuf autres immigrants le suivent en très peu de temps. L'épidémie touche les principales villes en bordure du Saint-Laurent et du lac Ontario. Le Bureau central de santé dénombre 3486 décès pour tout le Canada. Le conseil de ville de Québec reforme le comité de santé qui fournit un rapport quotidien de la marche de la maladie et adopte certaines mesures préventives. La ville de Québec compte plus d'un millier de décès[76] alors que la ville de Montréal est plus fortement touchée avec 1300 décès[77].
Sources: Taché (1866), 19; CMJMR (1868), 103; BRH (1906), 88, 91; Heagerty (1928a), 204, 207-208; BRH (1943), 213-215; Hamelin/Roby (1971), 59; Farley *et al.* (1982), 27; Leblond (1986), 243.

La variole sévit à Québec.
Source: Abbott (1931), 62.

Inauguration de l'aqueduc de Québec. Ce projet de canalisation de l'eau potable est largement attribuable aux docteurs Nault, Morrin, Robitaille et Sewell. Cet aqueduc fait suite à la rédaction, en 1849, du *Rapport du comité spécial du bureau de santé sur un meilleur système de canalisation de la ville.* L'approvisionnement en eau provenait de la rivière Saint-Charles, à environ 11 kilomètres du centre-ville[78]. En 1870, l'aqueduc couvrira près de 50 % des rues de Québec.
Sources: Leblond (1954), 293; Noël (1983), 106.

Publication par le docteur W. Nelson d'une brochure intitulée *Notions pratiques sur le choléra (Practical Views on Cholera),* Montréal, Perrault, 1854, 18 p.

---

76. Heagerty (1928a, 204) en signale 724.
77. Hamelin (1971, 59) en dénombre plus de 1200 à Montréal. Pour les cinq épidémies de choléra, Heagerty (1928a, 204, 207) évalue à 8373 le nombre de victimes pour la ville de Québec et à 4480 celui de la ville de Montréal.
78. Leblond (1954, 293) mentionne que la source d'eau est située dans la réserve indienne de Loretteville.

1855 Une loi municipale interdit, pour des raisons d'hygiène, l'inhumation dans les limites de la ville de Québec. Cependant, malgré cette interdiction, quelques nouveaux cimetières s'ouvrent dans les propriétés appartenant à des ordres religieux et l'on continue à inhumer dans les cryptes des chapelles et des églises.
Sources: Drolet (1967), 79; Rousseau (1989), 244.

Épidémie de variole à Québec.
Source: Heagerty (1928a), 88.

1856 Suite à l'épidémie de choléra de 1854, le docteur A. von Iffland entreprend une correspondance avec la Epidemiological Society de Londres.
Source: DBC (10), 412.

1857 *Acte pour amender les actes passés pour remédier aux abus préjudiciables à l'agriculture.* La loi ordonne l'isolement ou la mise à mort des chiens atteints de la rage.
Source: SPC (1857), chap. 40.

Avec la levée du contrôle militaire, la station de quarantaine de la Grosse-Île passe sous la juridiction du Bureau d'agriculture et des statistiques.
Source: DBC (9), 239.

1858 *Acte pour encourager et répandre la pratique de la vaccination*[79]. Cette loi stipule que, dorénavant, tout hôpital ou dispensaire qui reçoit l'aide financière du gouvernement est tenu de garder une quantité suffisante de matière vaccinale. Le dépôt de vaccins servira à vacciner gratuitement les indigents et, contre une légère somme, les autres malades des hôpitaux et des dispensaires. Il permettra aussi de répondre efficacement aux demandes de

79. Anctil/Bluteau (1986, 27) mentionnent qu'en 1853 «le législateur menace de couper les crédits aux hôpitaux qui ne se dotent pas de vaccins». Nous n'avons pas trouvé une telle mention dans les statuts de la Province du Canada de 1853. Il s'agit probablement d'une erreur.

vaccins de la part des médecins. Ce dépôt servira enfin à répondre aux demandes de vaccins du surintendant général des Affaires indiennes.
Source: SPC (1858), chap. 89.

Le premier bureau de vaccination est établi à l'Hôtel-Dieu de Québec. La formation de ce bureau par les autorités hospitalières fait probablement suite à la loi de vaccination mentionnée ci-dessus.
Source: Farley *et al.* (1987), 118.

1859 *Acte relativement à la conservation de la santé publique.* Il s'agit d'une mesure de protection de la santé publique applicable temporairement lorsque survient une épidémie importante. Cette loi est mise en vigueur par proclamation. Le gouverneur pourra nommer un Bureau central de santé composé de cinq personnes ou plus qui auront autorité pour réglementer la santé publique. Ce bureau pourra ordonner que les rues, maisons et églises soient nettoyées, que les morts soient enterrés sans délai et que les malades infectés soient éloignés de leurs habitations et transportés dans des tentes ou abris temporaires.
Source: SPC (1859), chap. 38.

Acte concernant l'inoculation et la vaccination. Une pénalité est prévue pour ceux qui inoculent avec du virus variolique. Les médecins pourront se voir retirer leur licence. Cette loi impose certaines responsabilités aux hôpitaux qui reçoivent des fonds publics. Ainsi les administrateurs des hôpitaux devront s'approvisionner de vaccins pour permettre la vaccination gratuite des indigents au moins une journée par semaine, vaccination pratiquée par un médecin agrégé à un hôpital ou à un dispensaire, et ce aux frais de l'hôpital. On devra aussi offrir la vaccination aux personnes qui pourront en payer le coût. Cette loi stipule aussi que des vaccins devront être disponibles pour tous les médecins exerçant qui en feront la demande. Enfin, les hôpitaux devront être en mesure de répondre aux demandes de vaccins du surintendant général des Affaires indiennes.
Source: SPC (1859), chap. 39.

Acte concernant les émigrés et la quarantaine. Cette loi impose une taxe de 1 $ aux maîtres de navires pour chaque passager en provenance du Royaume-Uni ou d'Europe. Le maître du navire doit fournir une liste desdits passagers. Ces derniers peuvent cependant être débarqués avant d'arriver à Québec. Le gouverneur peut faire des règlements de quarantaine et commander le nettoyage et la désinfection des vaisseaux, des effets et des passagers. La quarantaine a toujours lieu à la Grosse-Île. La loi mentionne que le personnel de la station de quarantaine sera composé d'un surintendant d'émigration, d'un surintendant médical, d'aides-médecins, d'infirmiers, de sages-femmes, de gardes-malades, d'un corps de police, etc.
Source: SPC (1859), chap. 40.

Acte concernant les inspecteurs des asiles et hôpitaux publics du pénitenciaire provincial et de toutes les prisons communes et autres prisons. Cette loi entraîne la nomination d'inspecteurs qui forment le Bureau des inspecteurs des asiles, prisons, etc. du Canada-Uni. Il s'agit du premier organisme central de contrôle de l'appareil sociosanitaire en Amérique du Nord. Ce bureau se voit confier la surveillance de 62 établissements publics. Les inspecteurs sont tenus de soumettre un rapport annuel.
Sources: SPC (1859), chap. 110; Heagerty (1928b), 260; Keating (1986), 133.

1861 *Acte pour rendre plus générale la pratique de la vaccination.* La loi stipule qu'aucun fonds public ne sera donné aux hôpitaux qui ne possèdent pas une petite salle pour les variolés. Les administrations municipales de Québec, Montréal, Trois-Rivières, Saint-Hyacinthe et Sherbrooke sont tenues de passer un contrat annuel avec un médecin pour la vaccination des indigents et à fournir à celui-ci le matériel requis pour procéder aux vaccinations. Une salle doit en effet être aménagée pour les séances mensuelles de vaccination prescrites par la loi. Conséquemment à cette loi, des vaccinateurs sont désignés

pour chacun des quartiers de la ville de Montréal. La loi de vaccination stipule aussi que tous les enfants nés après le 1er janvier 1862 devront être vaccinés avant l'âge de quatre mois et un certificat de vaccination devra être transmis à la ville. La responsabilité en matière de vaccination incombe désormais aux parents qui pourront, en cas d'omission, être mis à l'amende.
Sources: SPC (1861), chap. 24; Farley *et al.* (1987), 91.

Acte concernant les municipalités et les routes dans le Bas-Canada. La loi autorise les villes et les villages à créer des bureaux de santé dotés de pouvoirs étendus.
Source: SPC (1861), chap. 8.

Fermeture de la station de la Grosse-Île. La station de quarantaine sera toutefois réouverte le 22 avril 1863.
Source: DBC (9), 239.

1862 Le conseil de ville de Québec nomme des médecins-vaccinateurs. Ils reçoivent 0,25 $ pour chaque personne vaccinée.
Source: Lemoine (1983), 157.

1863 Épidémie de variole sur la rive nord du Saint-Laurent et du Saguenay.
Source: Heagerty (1928a), 54.

Épidémie de fièvre typhoïde dans le district de Franklin.
Source: CMR (1872), 53.

1864 *Acte pour amender l'acte concernant les émigrés et la quarantaine.* Le gouverneur obtient le pouvoir de décider par proclamation de l'endroit d'arrivée de tous les immigrants dans le port de Québec.
Source: SPC (1864), chap. 16.

1865 *Acte pour arrêter la propagation des maladies contagieuses dans certaines stations navales et militaires en cette province.* Le terme «maladies contagieuses» signifie ici maladies vénériennes. La loi permet la nomination d'un officier supérieur de santé de l'armée ou de la marine au poste

d'inspecteur des hôpitaux. La loi stipule qu'un juge, à partir d'une dénonciation impliquant une femme, pourra ordonner que cette dernière se rende, volontairement ou non, dans un hôpital pour y subir des examens médicaux. Advenant la découverte d'une maladie vénérienne, la femme sera détenue à l'hôpital pour une période de 24 heures, période pendant laquelle un juge pourra ordonner aux autorités de l'hôpital de prolonger la détention pour qu'elle y reçoive les traitements appropriés, et ce jusqu'à ce qu'elle soit libérée par les autorités. En outre, les propriétaires des maisons de chambres sont tenus de signaler aux autorités les prostituées atteintes de maladies vénériennes. Cette loi deviendra caduque en 1870.
Source: SPC (1865), chap. 5.

Formation du bureau de santé de la ville de Montréal par une loi du conseil de ville passée le 10 mai. Le bureau sera présidé par le docteur R. L. McDonnell.
Source: AMM (800.A).

Fondation et construction du Jeffery Hale Hospital de Québec. Cet hôpital protestant pour les malades contagieux est fondé à la suite de legs d'un riche marchand de Québec.
Sources: SPQ (1901), chap. 91; Hare *et al.* (1987), 287; Bernier (1989), 106, 183; Gosselin (1989), 1.

Le conseil de ville de Québec prend des mesures pour vacciner les enfants pauvres aux frais de la municipalité. Une modification à la charte de la ville autorise par ailleurs celle-ci à établir des bureaux de santé «pour rechercher la cause des maladies, réglementer les conditions d'habitation en temps d'épidémie et régir les sépultures et exhumations».
Source: Drolet (1967), 78.

1866 Un avertissement donné par Londres qu'une épidémie de choléra se répand en Europe et la découverte de cas de choléra au port de New York entraînent l'application

de certaines mesures préventives dans les villes de Montréal et de Québec. Le bureau de santé de la ville de Montréal vote, le 10 août, un montant de 1600 $ pour l'engagement de deux officiers de santé, les docteurs Rottot et Girdwood[80]. La ville de Québec réagit avec plus de vigueur. Des mesures de prévention sont mises en branle à la station de quarantaine de la Grosse-Île. Quelques mois plus tard, la ville nomme huit officiers de santé chargés de faire nettoyer dans chaque quartier de la ville «les cours, les caves et les fosses d'aisance». Elle adopte une réglementation qui définit certaines mesures d'hygiène dont l'application relève des officiers de santé. Cette réglementation fixe les normes pour la construction de fosses d'aisance qui doivent désormais être recouvertes en bois, posséder au moins trois pieds de profondeur et être reliées «à un tuyau collecteur, s'il y en a un à proximité». Les fosses devront être vidées de leur contenu au moins une fois par an. Sont précisés aussi les lieux qui pourront recevoir les déchets et les carcasses d'animaux. Le docteur Larue est par ailleurs invité par la municipalité à faire l'analyse de l'eau de l'aqueduc, soupçonné d'être le vecteur principal du choléra. Il recommande de changer la prise d'eau ou de la filtrer, mais ses recommandations demeurent sans effet. Finalement, le choléra ne parvient pas jusqu'au Québec et demeure circonscrit aux ports américains et aux provinces maritimes.
Sources: CMJMR (1866), 368, 430; Farley *et al.* (1982), 28; Lemoine (1983), 155-156; DBC (10), 517; AMM (800.A), 3.

Création d'un comité de santé par la ville de Trois-Rivières. Ce comité prendra diverses mesures pour améliorer la santé publique. Il interdira la construction de briqueteries sur le territoire de la ville et incitera les propriétaires d'abattoirs à se regrouper aux confins des

80. CMJMR (1866, 368, 430) mentionne plutôt l'engagement du docteur Girdwood comme seul officier de santé, et ce pour une période de huit mois.

zones habitées. Il prohibera l'élevage du porc au centre-ville, en limitera le nombre à deux par famille et obligera les gens à transporter les morts dans des corbillards. Les médecins seront aussi tenus de déclarer les maladies contagieuses.
Source: Gamelin (1987), 22.

Le 5 février, le conseil de ville de Sherbrooke crée une commission d'hygiène municipale.
Sources: Rioux (1985), 47.

Publication par le docteur J.C. Taché d'une brochure intitulée *Mémoire sur le choléra*, Ottawa, Bureau de l'agriculture et des statistiques, 1866, 52 p.
Source: Lahaise (1990), 42.

1867 *Acte pour amender l'acte de la marine marchande.* Cette loi réglemente l'usage, la quantité et la nature des produits antiscorbutiques tels que le jus de citron. Elle oblige de plus les bateaux à adopter des mesures de désinfection et de salubrité vis-à-vis les marchandises et les passagers.
Source: SPC (1867), chap. 124.

L'article 92 de l'Acte de l'Amérique du Nord britannique confie la santé et le bien-être social aux provinces.
Source: Anctil/Bluteau (1986), 27.

Conséquemment à la Confédération, le Bureau des inspecteurs des prisons et asiles créé en 1857 est remplacé par un bureau provincial. Le comité de direction est composé des docteurs Desaulniers, Miles et Boucher de la Bruère.
Source: Heagerty (1928b), 261.

Fondation en mars de l'Association sanitaire de Montréal (Montreal Sanitary Association).
Sources: Farley *et al.* (1982), 39 et (1988), 96.

1868 *Acte relatif à la quarantaine et à la salubrité publique.* Cette loi fédérale, votée le 22 mai, définit les pouvoirs des offi-

ciers de quarantaine et les obligations des vaisseaux venant en quarantaine. Un médecin peut être nommé pour visiter les bateaux dans le port de Québec. Des règlements concernant l'établissement de bureaux principaux et de bureaux locaux de salubrité publique peuvent aussi être mis en vigueur. La quarantaine est proclamée le 23 mai.
Sources: SPC (1868), chap. 63; SPC (1885), LI.

Acte relativement au traitement et aux secours à donner aux marins dans le cas de maladie et de détresse. La loi stipule que des hôpitaux peuvent être désignés par le gouverneur pour admettre, soigner et traiter gratuitement les marins malades. Il est aussi statué que tout marin sans ressources pourra être nourri, logé et soigné à tout hôpital consacré exclusivement à l'admission et au traitement des marins malades. Les soins médicaux et chirurgicaux seront payés par un droit perçu sur tous les vaisseaux amarrés dans les ports.
Source: SPC (1868), chap. 64.

Ouverture de l'Hôpital pour contagieux du Montreal General Hospital. Ce petit hôpital construit en 1867 en arrière de l'aile Richardson est destiné aux personnes souffrant de variole et d'autres maladies contagieuses. Il peut recevoir 40 patients. Les autorités du Montreal General Hospital considéraient que la présence de variolés dans les salles de l'hôpital représentait un danger d'infection pour les autres patients. Le pavillon des contagieux, qui sera pris en charge par le docteur W. Osler durant l'année 1875, continuera à recevoir des patients souffrant de maladies contagieuses jusqu'en 1893, année où la ville de Montréal décide d'ouvrir deux hôpitaux civiques anglophone et francophone.
Sources: Shepherd (1919), 12-13, 19; Cushing (1925), 133-134; MacDermot (1950), 49, 56, 58, 73.

1869 *Acte relatif aux maladies contagieuses qui attaquent les animaux.* La loi stipule que les animaux infectés devront être mis en quarantaine. Le gouverneur pourra prohiber

l'importation de bêtes à cornes infectées et interdire la vente ou l'exposition d'animaux infectés. Des inspecteurs pourront être nommés pour visiter les vaisseaux et les lieux où se déclarent des épizooties.
Source: SPC (1869), chap. 64.

Acte relatif à l'immigration et aux immigrants. La loi spécifie les devoirs des officiers de quarantaine, impose des droits à payer aux capitaines de bateaux, précise leur responsabilité vis-à-vis la déclaration des maladies contagieuses et fixe le montant des pénalités. Elle précise de plus l'espace minimal qui doit être accordé à chaque passager sur un bateau et rend obligatoire la déclaration des malades, des déficients mentaux, des infirmes, des sourds, muets, et autres personnes handicapées.
Source: SPC (1869), chap. 10.

Épidémie de fièvre scarlatine et de coqueluche.
Source: CMJMR (1870), 430

Publication par le docteur P.P. Carpenter d'un opuscule intitulé *One some of the Causes of the Excessive Mortality of Young Children in the City of Montreal,* Montréal, s.éd., 1869, 21p.

1870 *Acte pour amender l'acte relativement au traitement et les secours à donner aux marins dans les cas de maladie et de détresse.*
Source: SPC (1870), chap. 19.

Le conseil municipal de Montréal passe le règlement 37 établissant un bureau de santé présidé par le maire et formé des membres des comités de santé et de police. Il nomme par ailleurs deux officiers de santé, les docteurs Dugdale et Larocque.
Sources: AMM (1879), 1; Farley *et al.* (1982), 35.

Épidémie de coqueluche.
Source: CMJMR (1870), 430.

1871 Formation du Bureau des vaccinateurs publics par le bureau de santé de la ville de Montréal.
Source: AMM (800.A).

Fondation de la première chaire d'hygiène et de santé publiques à la faculté de médecine de l'université McGill. Cette chaire ne sera toutefois subventionnée qu'à partir de 1893. En 1898, cette partie de l'enseignement médical sera dénommée «Department of health and social medicine».
Sources: Desrosiers *et al.* (1987), 87 et (1989), 21.

Publication par le docteur G. Grenier d'un opuscule intitulé *Quelques considérations sur les causes de la mortalité des enfants, contenant des conseils aux mères sur les soins à donner aux enfants*, Montréal, Eusèbe Sénécal, 1871, 49 p.

1872 *Acte relatif à la quarantaine.* Cette loi fixe les conditions de quarantaine, les obligations des capitaines de bateaux à la station de quarantaine et définit les pouvoirs des officiers de quarantaine. Elle permet aux bateaux qui s'arrêtent à la Grosse-île de reprendre la mer pourvu qu'il y ait assurance qu'on prenne soin des malades à bord ou que ceux-ci puissent être débarqués si le surintendant médical de la quarantaine juge cette mesure préférable. La quarantaine sera proclamée le 21 janvier 1873 en raison de l'apparition d'une épidémie de choléra aux États-Unis.
Sources: SPC (1872), chap. 27; SPC (1885), LI.

Épidémie de variole qui sévit fortement durant l'hiver. La municipalité de Montréal conclut une entente avec le Montreal General Hospital et l'Hôtel-Dieu de Montréal pour qu'ils reçoivent les malades atteints de la variole. Toutefois, malgré la résurgence de l'épidémie en 1873, les deux hôpitaux décideront de ne pas renouveler l'entente et d'exclure les variolés. L'épidémie demeurera à l'état endémique jusqu'en 1875. En 1874, il y aura 981 décès causés par la variole dont 953 parmi les Canadiens français. De nombreux cas de variole seront par ailleurs

signalés chaque année jusqu'à la grande épidémie de 1885.
Sources: UMC (1873), 563; Heagerty (1928a), 90, 92; Hamelin/Roby (1971), 59; Farley *et al.* (1982), 32, 36.

Ouverture à Trois-Rivières, par les sœurs de la Providence, d'une petite boutique d'apothicaire qui offre des médicaments aux pauvres de la ville.
Source: Gamelin (1987), 22

L.-D. Lafontaine, médecin député, recommande de confier le soin des aliénés aux communautés religieuses.
Source: DBC (11), 469.

Publication par le docteur G. Grenier d'une brochure intitulée *Contagion de la variole. Lecture faite devant l'Union catholique*, Montréal, Typ. le Nouveau-Monde, 1872.

1873 Fondation de l'Association sanitaire de Montréal. Il s'agit en fait de la renaissance de la Montreal Sanitary Association fondée initialement en 1867. Cette association regroupe des médecins francophones et anglophones parmi lesquels on retrouve les docteurs Hingston, Larocque, Howard, Kennedy et Leprohon. Elle favorisera, en 1883, la création de l'Association sanitaire du Canada.
Sources: Pierre-Deschênes (1981), 363-364; Farley *et al.* (1987), 96.

Épidémie de méningite cérébro-spinale.
Source: CMR (1877), 239.

1874 Le gouvernement provincial, par un amendement à la charte de la ville, autorise le conseil de ville de Montréal à légiférer en matière de santé publique. Le conseil obtient dès lors le pouvoir de rendre obligatoires la vaccination, l'inspection des domiciles privés et la désinfection des lieux publics ou des endroits susceptibles de propager les épidémies.
Source: Farley *et al.* (1987), 98.

Le 22 avril, H. Brouse, de la Chambre des communes, propose de nommer un comité pour étudier l'opportunité d'établir un bureau de statistiques sanitaires en rapport avec l'un des services publics et demande que ce bureau oriente ses activités vers tout ce qui concerne la santé publique ou la «science sanitaire».
Source: UMC (1874), 237.

Ouverture, le 7 novembre, de l'Hôpital Civique des Variolés à Montréal[81]. Une propriété acquise par expropriation au parc Mont-Royal est transformée, par le bureau de santé de Montréal, en hôpital temporaire pour les cas de variole.
Sources: UMC (1874), 231, 574; CMR (1876), 60; UMC (1880), 528; RSCHM (1886), 5; UMC (1901), 175; Farley *et al.* (1987), 100.

Première publication du *Guide sanitaire* à Montréal. C'est un journal qui a pour but de populariser les notions élémentaires d'hygiène. Il disparaîtra peu après sa fondation.
Sources: Roland/Potter (1979), 34; Farley *et al.* (1982), 33.

Le bureau de santé de la ville de Montréal se procure des génisses en vue de la production d'une souche vaccinale destinée aux médecins québécois. Le docteur A. B. Larocque reçoit en avril de la lymphe fraîche d'un médecin de Boston.
Source: Farley *et al.* (1987), 97-98.

1875 Épidémie de variole. Cette épidémie, qui se déclare durant l'été, frappe principalement les villes portuaires en bordure du Saint-Laurent. La ville de Montréal est particulièrement touchée. Le petit hôpital pour contagieux

81. Cushing (1925, 143) mentionne toutefois qu'au début de l'année 1876, un hôpital civique pour la variole est ouvert à Montréal. UMC (1873, 564) mentionne que «L'hiver dernier [...] l'on a voulu convertir l'ancien hôpital militaire en hôpital temporaire pour les varioleux» mais il semble que l'opposition des citoyens ait fait avorter le projet. (Voir *infra* I-1874.)

du Montreal General Hospital, alors sous la direction de W. Osler, est rapidement bondé. L'Hôpital Civique ne suffit plus à accueillir les patients. Les autorités rendent obligatoire la vaccination. De graves émeutes contre cette mesure prophylactique éclatent dans la ville de Montréal. Le 4 août, l'un des officiers de santé de la ville, le docteur A. B. Larocque, voit sa maison saccagée par la foule. En septembre, plus de 3000 personnes se rendent à l'hôtel de ville pour protester contre l'obligation de se faire vacciner.
Sources: Cushing (1925), 133-134; Heagerty (1928a), 91; Farley *et al.* (1987), 101, 120.

Fondation, le 11 juin, de l'Association sanitaire des citoyens (Citizens' Public Health Association). Cette association est composée majoritairement d'anglophones. Elle est la seconde en importance après l'Association sanitaire de Montréal.
Sources: CMSJ (1874-75), 576; Heagerty (1928a), 341 et (1928b), 1; Pierre-Deschênes (1980), 32; Farley *et al.* (1982), 39.

Après une assemblée tenue chez le docteur J. E. Coderre, le 9 novembre, on décide de former la Ligue contre la vaccination compulsoire. Le docteur A. B. Craig est nommé président et le docteur S. Gauthier, sécrétaire-trésorier. Le but de l'association est de «s'opposer par tous les moyens légaux au fonctionnement de la loi actuelle sur la vaccination et d'en demander le rappel». La ligue offre de plus une protection aux membres qui résisteront aux vaccinateurs de la ville de Montréal et s'engage à les défendre devant les tribunaux. Cette ligue contre la vaccination obligatoire fusionnera avec l'Association sanitaire de Montréal. Le docteur Coderre fait par ailleurs paraître une brochure intitulée *Étude sur les effets de la vaccination*, Montréal, Imprimerie La Minerve. Le mouvement contre la vaccination obligatoire s'intensifie.
Sources: UMC (1875), 47; Heagerty (1928a), 91; Farley *et al.* (1987), 110, 120.

Première publication du *Public Health Magazine and Literary Review*. Cette revue mensuelle, dirigée par le docteur G. A. Baynes, émane du Citizens' Public Health Association. Elle cessera de paraître en 1877.
Sources: UMC (1875), 335; Farley *et al.* (1982), 33; Bernier (1983), 113.

La ville de Sherbrooke crée le 25 janvier son premier bureau de santé. Ce bureau fonctionnera toutefois de façon intermittente au cours de ses premières décennies d'existence.
Source: Rioux (1985), 49-50.

Un bureau de santé est créé à Sorel.
Source: Pelletier (1940), 15.

1876 En décembre, le docteur W. H. Hingston, maire de Montréal, fait adopter le projet de loi 105 intitulé *Règlements concernant la santé,* qui réorganise le bureau de santé et en fait un organisme permanent. Cette loi renforce la présence médicale dans l'administration sanitaire et habilite les officiers de santé à vérifier les conditions sanitaires des maisons privées et des édifices publics.
Sources: Tétrault (1979), 134; Farley *et al.* (1982), 35 et (1987), 99; AMM (800.A).

Le chirurgien W. H. Hingston publie simultanément une version française et anglaise de ses *Remarques sur la vaccination (Remarks on Vaccination),* Montréal, Louis Perrault & Co., 1876.

1877 Le bureau de santé de Montréal est officiellement établi.
Sources: UMC (1877), 142; AMM (800.A).

Le docteur Bessey de Montréal met en place un système de production de la lymphe vaccinale. Le 6 novembre, il se rend à la ferme de monsieur John Leney de Longue-Pointe et y trouve six animaux atteints par la vaccine. De là, il décide d'inoculer des génisses d'une autre ferme, propriété de monsieur Logan. La premiè-

re vaccination à partir de cette souche se fait à Montréal, dès le 7 novembre, sur un enfant dénommé Michael O'Mara.
Source: CMR (1880), 67.

Publication par T. G. Mc Grath d'une conférence sur la santé publique intitulée *Lectures on Health,* Québec, Brousseau, 1877, 62 p.

1879 Le 20 octobre, le conseil municipal de Montréal abolit le bureau de santé ainsi que la Commission de santé. Le conseil charge la Commission de police de les remplacer.
Source: AMM (800.A).

Épidémie de fièvre typhoïde à Montréal.
Source: CMR (1879), 79.

Publication par F. P. Mackelcan d'une brochure intitulée *Our Health and our Diseases. Condition of Montreal in a Sanitary Point of View,* Montréal, Lowell, 1879, 43 p.

1880 Épidémie de rougeole à Montréal.
Source: CMR (1880), 159.

Publication par le docteur S. Lachapelle d'un ouvrage intitulé *La santé pour tous ou notion élémentaire de physiologie et d'hygiène à l'usage des familles; suivie du petit guide de la mère auprès de son enfant malade,* Montréal, Compagnie d'imprimerie canadienne, 1880, 316 p.

Le docteur E. Paquin publie *Le Livre des mères ou instructions pratiques sur les principes fondamentaux de la propagation de la race humaine,* Montréal, s.éd., 1880, 256 p.

1881 Le conseil municipal de Montréal rétablit le bureau de santé. À partir de 1885 et jusqu'en 1913, le bureau de santé sera dirigé par le docteur L. Laberge.
Sources: AMM (800.A); Pierre-Deschênes (1981), 363.

1882 Fondation du Canadian Vaccine Institute. Le docteur Bessey trouve, à la ferme des sœurs de la Providence de

Longue-Pointe, des vaches atteintes du cow-pox[82]. Celles-ci pourraient fournir une certaine quantité de vaccins contre la variole. Il décide donc d'entreprendre des démarches auprès des autorités provinciales et fédérales pour recevoir une aide financière. Mais cette initiative se révèle infructueuse. Malgré tout, le docteur Bessey décide de créer son institut vaccinal. Celui-ci sera incorporé en 1883 sous la dénomination Canadian Vaccine Institute. Il semble qu'en 1885 l'entreprise sera fermée par suite de la mise en marché de vaccins de mauvaise qualité[83].
Sources: CMR (1882), 8-9; BMQ (1900), 454; Farley *et al.* (1987), 102, 121; LIIPQ.

1883 *Acte relativement à la perception des frais d'entretien des aliénés.* Amendement aux sections 33, 34 et 36 de la loi de 1879 concernant les frais qui incombent aux municipalités pour l'entretien des aliénés.
Source: SPQ (1883), chap. 18.

Fondation à Montréal, le 23 octobre, de la Société d'hygiène de la province de Québec[84]. La société est également dénommée Société canadienne-française d'hygiène. Elle est composée majoritairement de médecins canadiens-français. Font partie du comité de régie les docteurs L. Laberge, A. Trudel, J. I. Desroches et H. E. Desrosiers. Le bureau principal a son siège à Montréal.
Sources: UMC (1883), 543; Pierre-Deschênes (1980), 33 et (1981), 364.

Création de l'Association sanitaire du Canada (Canadian Sanitary Association[85]).
Source: Pierre-Deschênes (1981), 364.

---

82. Le cow-pox désigne la variole des vaches dont les pustules se manifestent sur les trayons de la vache. C'est à partir de ces pustules qu'est recueilli le virus vaccin qui préserve de la variole.
83. Voir à ce propos BMQ (1899, 454).
84. Heagerty (1928a, 297) mentionne que sont fondées en 1883 et 1884, la Société d'Hygiène de Montréal et la Société d'Hygiène de Québec.
85. Heagerty (1928b, 2) affirme que la première rencontre officielle de l'Association sanitaire du Canada a lieu en 1901.

Un groupe de citoyens de Trois-Rivières adresse une pétition à l'Hôtel de ville réclamant l'ouverture d'un hôpital pour les marins et les malades atteints de maladies contagieuses.
Source: Gamelin (1987), 22

1884 Incorporation de la Société d'hygiène de la province de Québec. Cette loi, qui mentionne les noms des premiers membres de la société, prévoit l'élection d'officiers et la formation d'un bureau de direction composé de huit membres. Elle précise aussi les modalités d'élection des officiers, les devoirs et les droits de la société, notamment en ce qui regarde la publication d'un journal et la rédaction d'un rapport annuel.
Source: SPQ (1884), chap. 56.

Fondation du *Journal d'hygiène populaire.* Le premier numéro paraît le 15 mai. La même année, le docteur J. I. Desroches devient propriétaire du journal qui paraîtra jusqu'en 1895. Ce périodique deviendra en 1888 le porte-parole du Conseil d'hygiène de la province de Québec «qui l'utilise[ra] surtout pour rendre publiques ses travaux et ses statistiques».
Sources: UMC (1884), 527; Roland/Potter (1979), 37; Pierre-Deschênes (1981), 364.

Première publication du *Health and Home* dirigé par F. N. Boxer. Il s'agit de l'organe officiel de l'Association sanitaire du Canada. Ce journal cesse de paraître au cours de la même année.
Sources: UMC, (1884),144; Roland/Potter (1979), 34; Bernier (1983), 113.

Le docteur W. H. Hingston publie à Montréal *The Climate of Canada and its Relation to Life and Health.*

Le conseil municipal de Québec embauche le docteur E. Morrin qui devient ainsi le premier médecin municipal permanent. Son salaire annuel est de 400 $. Un second médecin, le docteur L. Larue, viendra s'ajouter en 1889.
Source: Lemoine (1983), 153, 160.

Création du bureau de santé de la municipalité de Saint-Hyacinthe.
Source: Pelletier (1940), 15.

1885 *Acte pour protéger la vie et la santé des personnes employées dans les manufactures.* Cette loi, dénommée *Loi des manufactures du Québec,* comporte certaines clauses concernant la santé des travailleurs. Chaque manufacture doit désormais répondre à certaines exigences de propreté telles que l'élimination des émanations provenant des égouts, fosses d'aisance ou «autres immondices» et la mise en place d'un système de ventilation de façon «à rendre inoffensif les gaz, vapeurs, poussières [...] pouvant être nuisibles à la santé». Les cabinets d'aisance «pour chaque sexe» et les urinoirs doivent aussi être tenus inodores, propres et bien ventilés. Il est aussi stipulé que les appareils doivent être munis d'un système de protection. La loi comprend également certaines dispositions concernant le travail des enfants: aucun garçon de moins de 12 ans et aucune fille de moins de 14 ans ne peuvent être engagés dans les manufactures; l'horaire de travail des «jeunes filles ou femmes» ne doit pas dépasser 10 heures par jour et 60 heures par semaine. Des inspecteurs seront nommés pour faire respecter les dispositions de la loi.
Source: SPQ (1885), chap. 32.

Proclamation de quarantaine. La quarantaine est mise en vigueur le 17 juin à la suite des rumeurs de propagation du choléra asiatique en Espagne et dans les ports méditerranéens. Les ports affectés par cette proclamation sont ceux de Québec, Saint-Jean, Halifax, Pictou, Sydney, Charlottetown et Victoria. Quelques règlements de quarantaine sont ajoutés à ceux déjà proclamés le 23 mai 1868 et le 21 janvier 1873.
Source: SC (1885), LI.

Épidémie de variole[86]. L'épidémie fait plus de 5864 morts parmi lesquels on compte plus de 3100 victimes à

86. MacDermot (1950, 49) mentionne que c'est en 1886 que Montréal connaît l'une *«of the most disastrous smallpox epidemics in its history»*. Il y a ici manifestement méprise avec l'épidémie de 1885.

Montréal. Près de 20 000 personnes sont atteintes de la maladie et 13 000 demeurent défigurées pour la vie. Ce sont surtout les enfants qui sont touchés par la maladie[87]. Au plus fort de l'épidémie, soit vers la mi-septembre, 30 personnes par jour meurent de la variole à Montréal et 218 dans la seule semaine du 16 au 23 septembre. Le conseil municipal décrète la vaccination gratuite et obligatoire ainsi que l'isolement des malades. Les docteurs W. H. Hingston et E. P. Lachapelle recommandent la vaccination, mais certains médecins, dont le docteur E. Coderre de l'École de Médecine, la déclarent inutile ou dangereuse. Une certaine partie de la population, affolée par l'épidémie, refuse la vaccination. Le journal *Herald* attise la colère en attribuant l'épidémie à la malpropreté de la population canadienne-française. Ces événements qui coïncident avec l'affaire Riel ajoutent au mécontentement populaire et l'agitation est telle que certains médecins vaccinateurs sont rudoyés.

Des émeutes éclatent à Montréal les 28 et 29 septembre: «La foule lacère les affiches ordonnant la vaccination ou placardées sur des maisons contaminées. Elle assiège le bureau de santé du faubourg de l'Est, y met le feu, puis se dirige vers l'Hôtel de ville, y brise des vitres. La police charge à coups de bâton. La foule, un moment dispersée, se reforme pour briser les vitres du *Herald* et pour menacer les maisons des docteurs Hingston, Mount, Lachapelle et les maisons des médecins vaccinateurs[88]». Le maire Beaugrand fait appel à 600 militaires pour faire respecter l'ordre. Les vaccinateurs doivent se faire accompagner par des policiers. Le clergé intervient en faveur de la vaccination. Une directive de Monseigneur Fabre enjoint aux fidèles de se laisser vacciner. Mais de nombreux opposants à la vaccination laissent courir la rumeur que le vaccin est plus dangereux que la variole et qu'il est susceptible de causer des décès[89].

---

87. Farley *et al.* (1987, 102) mentionnent que sur les 3164 personnes décédées à Montréal, 2717 étaient des enfants de moins de dix ans.
88. Rumilly (1972, 175-177).
89. Farley *et al.* (1987, 104-112) expliquent les multiples raisons qui ont entraîné une résistance aussi vive de la population face à la vaccination obligatoire.

Le bureau de santé de la ville de Québec loue certains bâtiments de l'Hôpital de la Marine et achète une ambulance pour transporter les contagieux. On décide aussi d'exiger de tous les passagers en provenance de Montréal un certificat de vaccination mais sans grand succès. Cette épidémie de variole fut la plus importante au Québec.
Sources: Heagerty (1928a), 91-92; ACCTMR (1968), 115; Rumilly (1972),174-177; Roland/Potter (1979), 517; Farley *et al.* (1982), 91; Lemoine (1983), 159; Farley *et al.* (1987), 102-104; Bernier (1989), 103.

En plein cœur de l'épidémie de variole est ouvert à Montréal, sous la direction du docteur A. B. Larocque, un hôpital civique pour les variolés. Il ferme ses portes la même année, peu après la fin de l'épidémie.
Source: Farley *et al.* (1987), 100.

Épidémie de rougeole dans la ville de Montréal.
Source: Tétrault (1979), 90.

Première publication de *L'Antivaccinateur canadien-français*. Ce journal mensuel consacré à la lutte contre «les méfaits» de la vaccination antivariolique paraîtra de décembre 1885 à février 1886. Sa publication fait suite à la renaissance de la Ligue de Montréal contre la vaccination obligatoire.
Sources: Roland/Potter (1979), 2; Farley *et al.* (1982), 45 et (1987), 110.

Fondation de l'Institut vaccinogène de Sainte-Foy (Dominion Vaccine Establishment)[90]. Cet institut, subventionné par le département d'Agriculture, est dirigé par le docteur E. Gauvreau. La fondation de cet institut fait suite à une requête du cardinal Taschereau et de certains

90. JHP (1886-87, 158-159) affirme que l'Institut n'ouvre ses portes qu'en 1887.

médecins et députés qui désirent fournir un vaccin de qualité à la population québécoise.
Sources: BMQ (1899), 454; Pierre-Deschênes (1980), 40; Lemoine (1983), 158.

La Minerve conduit une campagne intensive contre la vaccination obligatoire et l'isolement des malades. De l'imprimerie du Monde sort un pamphlet, distribué dans les milieux ouvriers, contre le bureau de santé et contre le maire de Montréal.
Source: Rumilly (1972),178.

Un bureau central de santé composé des docteurs Hingston, Lachapelle, MacDonnell et Mount est mis sur pied le 4 septembre par le gouvernement provincial. Ce bureau sera dissout le 4 septembre 1886.
Sources: Heagerty (1928a), 344; Pierre-Deschênes (1980), 36 et (1981), 365.

Le conseil municipal de Trois-Rivières demande aux sœurs de la Charité d'administrer un petit hôpital temporaire que la ville s'apprête à organiser pour contrer l'épidémie de variole.
Source: Gamelin (1987), 22

Un bureau de santé est mis sur pied à Valleyfield.
Source: Pelletier (1940), 15.

Le premier incinérateur pour les déchets au Canada est construit à Montréal.
Source: Pelletier (1940), 15.

1886 *Acte relativement à la quarantaine.* Cette proclamation désigne les stations de quarantaine qui sont mises en fonction: Grosse-Île, Lawlor's Island et Portridge Island.
Source: SPC (1886), chap. 91; Heagerty (1928b), 32.

Acte pour établir une Commission provinciale d'hygiène, et pour d'autres fins relativement à la santé publique. Cette loi est promulguée à cause de l'épidémie de 1885. Certains auteurs l'appelleront par la suite la loi d'hygiène publique du Québec ou *Public Health Act.* Elle sera

amendée en 1888, 1890, 1892, 1894, 1895, 1901 et 1915. Elle prévoit la formation d'une commission de sept membres, dont quatre médecins exerçants, nommés par le gouverneur général en conseil. La Commission provinciale d'hygiène a pour mandat «de s'occuper de tout ce qui intéresse la santé publique en cette province». Elle prévoit les émoluments applicables aux membres de la commission et définit leurs devoirs, parmi lesquels on retrouve la mise en œuvre de perquisitions sanitaires et d'enquêtes sur les causes des maladies; l'établissement systématique de statistiques vitales; l'adoption de mesures de prophylaxie sociale; la formation de commissions locales d'hygiène et enfin la diffusion d'informations à caractère pratique. La loi définit également les devoirs des chefs de famille et des médecins à l'endroit de la commission en ce qui regarde la déclaration des malades contagieux. En 1887, la Commission provinciale d'hygiène envoie une délégation au congrès international d'hygiène tenu à Vienne. Avec l'amendement de 1888, la Commission provinciale d'hygiène de Québec deviendra le Conseil d'hygiène de la province Québec.
Sources: SPQ (1886), chap. 75; SPQ (1888), chap. 47; Heagerty (1928a), 344-345; Pierre-Deschênes (1981), 365, 373.

L'Hôpital Saint-Joseph de Trois-Rivières ouvre une clinique pour le dépistage et le traitement des maladies vénériennes.
Source: Gamelin (1987), 22.

Le Bureau central de santé de la province de Québec publie une brochure intitulée *Rapport du sous-comité du Conseil d'hygiène de Montréal sur l'origine de l'épidémie de la variole.*

Le Bureau central de santé de Montréal publie une brochure intitulée *La Diphtérie et les moyens de s'en préserver.*

1887 *Loi relativement à la quarantaine.* Devant la menace du choléra asiatique qui sévit sur le continent européen et

la présence de la variole dans certaines parties du Royaume-Uni, cet arrêté en conseil ajoute des suppléments à la loi du 22 mai 1868. Il stipule que toute personne non vaccinée arrivant à Rimouski ou à la Grosse-Île sera vaccinée par le médecin de quarantaine ou, dans les cas de refus, sera débarquée à la Grosse-Île et soumise à une quarantaine d'observation. Il stipule aussi que les passagers des navires, non vaccinés depuis sept ans ou qui n'ont jamais eu la variole, doivent être revaccinés.
Source: SPC (1887), CXX.

Épidémie de diphtérie. Un nombre anormalement élevé d'enfants de Montréal sont atteints par la maladie durant les années 1887 et 1888.
Source: CMSJ (1887-88), 385-390.

Un bureau de santé est créé à Sherbrooke.
Source: Pelletier (1940), 15.

La ville de Montréal procède à la construction d'un hôpital civique destiné à recevoir les malades contagieux.

La ville de Trois-Rivières procède à l'installation d'un réseau d'égout.
Source: Gamelin (1987), 22.

La ville de Montréal crée deux abattoirs publics possédant chacun un inspecteur.
Source: Tétrault (1979), 117.

Le docteur J. I. Desroches, rédacteur en chef du *Journal d'hygiène populaire,* se voit décerner à Paris une médaille d'or de la Société d'hygiène de l'enfance.
Source: Pierre-Deschênes (1981), 373.

Le docteur L. Dion fait paraître une brochure intitulée *Mémoire sur la vaccination,* Québec, C. D. Darveau.

1888 *Acte concernant la santé publique.* Cette loi entraîne la formation du Conseil d'hygiène de la province de Québec qui est composé de sept membres dont quatre au moins

doivent être médecin[91]. Cependant, les membres et officiers, à l'exception de l'échevin H. R. Gray, seront tous des médecins. Le conseil, qui doit se réunir tous les trois mois, est sous la direction du docteur E. P. Lachapelle qui en assurera la présidence jusqu'en 1918. Les devoirs d'un tel conseil sont nombreux. Il doit faire l'analyse des statistiques vitales; ordonner les perquisitions sanitaires et les enquêtes sur les causes des maladies; définir des règlements pour prévenir les maladies contagieuses; surveiller la formation des conseils locaux d'hygiène; faire des recommandations sur les mesures de santé publique; distribuer en temps d'épidémie des informations sur l'hygiène et sur les façons de prévenir les maladies contagieuses et infectieuses; etc. La loi donne le pouvoir au conseil d'ordonner la formation de bureaux d'hygiène dans les municipalités et de les soumettre à sa réglementation. En 1895, plus de 800 municipalités auront leur service local d'hygiène.
Sources: SPQ (1888), chap. 47; Heagerty (1928a), 344-345; Pierre-Deschênes (1980), 37 et (1981), 361, 365-366, 373; Farley *et al.* (1982), 91; Bernier (1989), 103.

Acte pour mieux définir le mode de procéder aux inhumations et aux exhumations. La loi prescrit l'emploi de désinfectants dans toutes les inhumations effectuées dans les

91. Plusieurs auteurs affirment que le Conseil d'hygiène est formé en 1887. Mais les interprétations diffèrent et ne nous paraissent pas concluantes. Heagerty (1928a, 344) fait erreur en mentionnant une loi d'hygiène publique passée en 1887. Il s'agit plutôt de la loi de 1888. Bernier (1989, 103) mentionne qu'en 1887 est formé le Conseil d'hygiène «composé de sept personnes, dont quatre médecins». Il s'agit manifestement de la loi de 1888. Pierre-Deschênes (1981, 361, 365) affirme que le Conseil est formé en 1887 par le docteur Lachapelle. Ne s'agit-il pas plutôt de la Commission provinciale d'hygiène établie en 1886? Boissonnault (1953, 254) mentionne que l'établissement du Conseil d'hygiène date de 1884. Il confond manifestement ce dernier avec la Société d'hygiène incorporée en 1884.

églises. L'emploi de désinfectants dans le cercueil est rendu obligatoire dans les cas de décès causés par la variole, le choléra asiatique, le typhus, la fièvre typhoïde, la scarlatine, la diphtérie, la morve et la rougeole. Les cadavres morts de ces maladies et transportés d'une paroisse à une autre doivent être enfermés dans des cercueils métalliques remplis de désinfectants et fermés hermétiquement. La loi stipule aussi que de tels cadavres doivent être enterrés à au moins quatre pieds sous terre et dans une fosse séparée et en aucun cas ne peuvent être mis dans un charnier ni inhumés dans une église. Le conseil d'hygiène provincial et le conseil d'hygiène local peuvent prohiber, avec l'accord des autorités religieuses, la présence de tels cadavres dans les églises.
Source: SPQ (1888), chap. 48.

Un bureau de santé est formé à Lévis.
Source: Pelletier (1940), 15.

Épidémie de variole à Granby, qui sévit tout le mois d'octobre.
Sources: Heagerty (1928a), 345; Hamelin/Roby (1971), 345.

Publication par le docteur S. Lachapelle du *Manuel d'hygiène à l'usage des écoles et des familles,* Montréal, Éd. Cadieux et Derome, 1888. Cet ouvrage sera réédité en 1901.

Publication par l'hygiéniste J. I. Desroches du *Traité élémentaire d'hygiène privée,* Montréal, W.F. Daniel, 1888, 186 p. Cet ouvrage sera réédité en 1890.

1889 Création de l'Hôpital Civique de Sherbrooke.
Source: Rioux (1985), 51.

Un bureau de santé est créé à Hull.
Source: Pelletier (1940), 15.

Une épidémie de fièvre typhoïde se déclare dans la ville de Québec[92]. Le foyer de l'épidémie est localisé chez un

92. Heagerty (1928a, 345) fait mention d'une épidémie de variole à Québec. Y a-t-il ici confusion avec l'épidémie de fièvre typhoïde?

laitier de Saint-Sauveur qui distribue du lait contaminé. Vingt-trois de ses clients sont atteints de la fièvre typhoïde.
Sources: Lemoine (1983), 161; Anctil/Bluteau (1986), 42.

Épidémie de fièvre scarlatine, appelée aussi «fièvre rouge». Entre 1889 et 1893, la fièvre scarlatine prend une ampleur épidémique mais sera néanmoins partiellement contrôlée.
Source: Heagerty (1928a), 346; Hamelin/Roby (1971), 60.

Craignant une épidémie de fièvre jaune, les autorités ordonnent l'examen des passagers et membres d'équipage des navires à la station de quarantaine de la Grosse-Île. Quelque 50 809 personnes y sont examinées. C'est finalement le choléra asiatique qui sera introduit à la Grosse-Île, le 16 septembre, par le *S.S. Alberta* en provenance des Philippines. Mais grâce aux mesures préventives, le choléra restera circonscrit à la station de quarantaine.
Source: Vekeman Masson (1985), 181.

Publication du *Rapport de la Commission royale sur les relations de travail avec le capital au Canada,* Ottawa, Imprimeur de la Reine, 1889. Ce rapport contient un témoignage important de L. Laberge, médecin et officier de santé de la ville de Montréal.

Publication par l'hygiéniste J. I. Desroches d'un ouvrage intitulé *Catéchisme d'hygiène privée,* Montréal, W.F. Daniel, 1889, 64 p.

Publication par le docteur D. Brochu d'un opuscule intitulé *Mémoire sur la nécessité d'une inspection hygiénique médicale des ateliers et des manufactures,* Québec, Imprimerie J. Dussault, 1889. L'auteur y souligne «l'influence désastreuse, telle que démontrée par les statistiques, que le travail des manufactures dans cette province exerce sur la santé et sur la vie des populations ouvrières».
Source: Goulet/Keel (1990), 69.

1890 *Acte amendant la loi relativement à la santé publique.* Cette loi amende les dispositions existantes concernant la composition du Conseil d'hygiène de la province de Québec, la durée des mandats, les indemnités des conseillers et les devoirs et pouvoirs du Conseil et de ses officiers. Elle précise les devoirs et pouvoirs des médecins et des municipalités dans le cas de maladies contagieuses. Le Conseil formé désormais de sept membres nommés par le lieutenant-gouverneur devra compter au moins quatre médecins et tenir une réunion tous les trois mois. Le conseil obtient le mandat d'établir les statistiques pertinentes, d'élaborer des règlements sanitaires, d'ordonner les perquisitions sanitaires, de surveiller la formation des bureaux locaux et de mener des enquêtes sur les causes des maladies contagieuses. Les pénalités et les modalités de poursuite en cas d'infraction à la loi y sont également précisées. Un autre amendement mineur sera voté en 1892.
Sources: SPQ (1890), chap. 27; SPQ (1892), chap. 28.

Pandémie de grippe ou influenza. La maladie qui affecte l'Asie en 1888 et l'Europe en 1889 atteint l'Amérique du Nord en décembre. Mais il semble qu'elle ne prendra une ampleur épidémique à Montréal que vers la mi-janvier. Les décès, généralement rares, sont causés par une complication pulmonaire, la pneumonie, qui touche surtout les enfants et les vieillards[93]. Une épidémie de grippe apparaîtra à nouveau à Montréal en 1894.
Sources: UMC (1890), 47-50; MMJ (1890-91), 753; MMJ (1894-1895), 795; Heagerty (1928a), 214; Desjardins (1973), 254-256.

Publication par le docteur S. Lachapelle d'un ouvrage intitulé *Manuel d'hygiène à l'usage des écoles et des familles*

93. L'annaliste de l'Hôtel-Dieu de Montréal mentionne qu'en l'espace de 14 jours, il y eut 21 décès à l'hôpital. Voir Desjardins (1973, 255).

rédigé conformément aux instructions du Conseil d'hygiène de la province de Québec, Montréal, Cadieux et Derome, 1890, 176 p.

Première publication de *La Mère et l'enfant*. Cette revue montréalaise de pédiatrie et de puériculture a pour objectif de diminuer le taux de mortalité infantile. On y informe le public, en particulier les jeunes mères, de certains aspects concernant la santé de l'enfant. La revue cessera de paraître en octobre 1891.
Source: Roland/Potter (1979), 44.

Les 1398 municipalités de la province sont autorisées à rendre obligatoire la vaccination, et 1275 d'entre elles répondent à l'appel lancé par le Bureau provincial de santé.
Source: Pelletier (1940), 16.

Pour contrer les nombreuses falsifications du lait, le conseil municipal de la ville de Montréal vote l'article 22 du règlement 105 interdisant la vente de lait qui ne contient pas au moins 3 % de beurre.
Source: Tétrault (1979), 118.

1891 Le Conseil d'hygiène délègue le docteur J. A. Beaudry pour effectuer une enquête sur l'état sanitaire de la ville de Québec. Jugé déplorable par Beaudry, le service d'hygiène souffre de trois lacunes graves: aucun service régulier d'ébouage, absence d'un système efficace de drainage et d'égout et «laisser-aller général dans la construction des fosses d'aisance». Il insiste aussi sur l'inefficacité et le manque de moyens du bureau de santé. Les autorités municipales réagissent et congédient le docteur Larue. Ce dernier est remplacé par le docteur Catellier qui propose des mesures correctives. Elles ne seront toutefois que partiellement appliquées.
Source: Lemoine (1983), 162-163.

Épidémie de variole à Montréal et à Québec.
Source: Heagerty (1928a), 345.

La ville de Québec fait l'acquisition d'une propriété sur la rue des Prairies et y construit un hôpital de quarantaine d'une capacité de 20 lits. Objet de mécontentement populaire, cet hôpital sera tout de même en fonction jusqu'à l'inauguration de l'Hôpital Civique en 1915.
Source: Rousseau (1989), 234.

1892 L'épidémie de choléra qui affecte gravement la Russie déclenche l'adoption de mesures de protection par les autorités municipales. Le Conseil d'hygiène et le bureau de santé de la ville de Québec décident, devant l'inertie des autorités fédérales, de renforcer les mesures de quarantaine en créant une deuxième station de quarantaine sur la jetée Louise dans le port de Québec. Celle-ci aura pour but de retourner à la Grosse-Île les bateaux suspects. Le conseil d'hygiène décrète de plus l'interdiction de toute immigration, ce qui ne manque pas de provoquer une vive altercation entre les autorités fédérales et provinciales. Les autorités municipales remplacent les policiers affectés occasionnellement à la surveillance des mesures d'hygiène par des inspecteurs sanitaires.
Source: Lemoine (1983), 155-156, 161.

1893 Un arrêté en conseil du 20 juin modifie en profondeur les règlements de quarantaine. Il désigne, en plus de la vieille station de quarantaine de la Grosse-Île, de nouvelles stations auxiliaires telles que la «levée Louise» à Rimouski et le quai du «Grand Tronc» à Lévis. Cet arrêté institue aussi de nouveaux procédés de désinfection tels que l'exposition à la vapeur.
Source: SC (1893), XCVI.

Un nouveau règlement municipal relativement à la propreté, à la salubrité et à l'hygiène est adopté par la ville de Québec. On adopte aussi les premières réglementations sur la distribution et la vente du lait. Il est désormais exigé que les bidons et autres ustensiles soient lavés. Il est de plus interdit de transporter des déchets dans le même véhicule que celui servant à transporter le

lait. En 1894, un inspecteur du lait est désigné pour voir à l'application de la réglementation. Les autorités décident alors pour contrôler la vente du lait, de délivrer des permis.
Sources: Lemoine (1983), 169, 180; Anctil/Bluteau (1986), 42-44.

Une étuve pour la désinfection des vêtements et de la lingerie des familles atteintes de maladies contagieuses est installée par le bureau d'hygiène de la ville de Québec. Cette étuve est localisée près de l'Hôpital Civique de la rue des Prairies.
Source: Lemoine (1983), 172.

Une épidémie de scarlatine sévit à Montréal durant l'hiver. La ville de Montréal décide alors d'ouvrir deux hôpitaux, l'un anglophone, l'autre francophone, pour traiter et isoler les cas de scarlatine. Le contrôle en est confié au Montreal General Hospital et à l'Hôpital Notre-Dame. L'hôpital francophone est établi dans l'ancien Hôpital Civique de la rue Moreau et débute ses activités en février 1894. Jusqu'au 31 juillet 1895, l'hôpital francophone accueillera 160 jeunes patients dont 29 sont décédés. La maladie persistera encore à l'état épidémique jusqu'en 1895, année où elle sévira avec force, faisant 687 victimes. Il semble que l'Hôpital Civique francophone cesse ses activités en 1895.
Sources: MMJ (1893-94), 709-713, 756; Tétrault (1979), 90; Farley *et al.* (1982), 96; GRHHND.

Le comité de la Montreal Medico-Chirurgical Society sur les maladies infectieuses dépose son rapport. Ce comité est composé des docteurs J. Stewart, J. C. Cameron, J.G. Adami, W. Mills, D. McEachran et F. W. Campbell.
Source: CMR (1893), 158-160.

Publication par S. Lachapelle *et al.* d'un ouvrage intitulé *Le Médecin de la famille, encyclopédie de médecine et d'hygiène publique et privée: contenant la description de toutes les maladies connues et les meilleures méthodes de les traiter et de les guérir*, Guelph, World Publishing Co., 1893, 1251 p.

1894 *Loi amendant la loi relativement au Conseil d'hygiène de la province de Québec.* Cette loi amende les dispositions existantes concernant notamment les pouvoirs d'intervention du Bureau provincial en matière d'hygiène publique, en particulier dans les cas d'urgence. La loi stipule qu'une fois formé, un bureau d'hygiène ne peut être aboli et autorise les municipalités ou les bureaux locaux à adopter des règlements internes favorisant son bon fonctionnement. Elle autorise les municipalités à détruire des objets infectés moyennant une indemnisation des particuliers et permet au Conseil d'élaborer des dispositions relatives à la salubrité des établissements industriels. Elle prévoit des pénalités pour les infractions à ces règlements et annule l'application des règlements municipaux qui s'avéreraient contradictoires. Le Conseil d'hygiène se charge du contrôle sanitaire des établissements industriels et de l'Institut vaccinogène de Sainte-Foy.
Sources: SPQ (1894), chap. 31; Pierre-Deschênes (1980), 43.

Le Conseil d'hygiène se dote d'un laboratoire de bactériologie[94].
Sources: CMR (1897), 275-276; Copp (1978), 100.

La ville de Montréal engage le bactériologiste J. E. Laberge. Celui-ci n'aura toutefois un laboratoire bien organisé qu'en 1897.
Source: Tétrault (1979), 137.

À Québec, un inspecteur du lait est nommé et la ville adopte un règlement plus sévère pour généraliser chez les laitiers l'usage des bidons étanches.
Source: Anctil/Bluteau (1986), 44.

Le congrès annuel de l'American Public Health Association, dont les docteurs Montizambert et Lachapelle avaient été nommés présidents respectivement en 1891 et 1893, se tient à Montréal à compter du 28 septembre[95].

94. Voir section V, 1894.
95. UMC (1966, 974) mentionne que c'est en 1894 que le docteur E.P. Lachapelle est nommé président de l'American Public Health Association.

Sources: MMJ (1894), 271; Pierre-Deschênes (1981), 373; O'Gallagher (1987), 77.

Dans le cadre des conférences du Cercle Ville-Marie de Montréal, le docteur S. Lachapelle présente un texte intitulé «La mère et le médecin».
Source: Lajeunesse (1982), 243.

1895 Le docteur E. P. Benoit présente au Cercle Ville-Marie de Montréal une conférence intitulée «La femme auprès du malade à notre époque».
Source: Lajeunesse (1982), 243.

1896 Fondation de l'Association nationale des sanatoriums (National Sanatorium Association).
Source: CPHA (1982), 62, 64.

L'université McGill envisage la création d'un musée d'hygiène sous la direction du docteur Adami. On prévoit y investir 10 000 $.
Source: UMC (1896), 640.

1897 Publication de l'ouvrage *The City below the Hill* par l'homme d'affaires montréalais H. B. Ames. Il s'agit du compte rendu d'une enquête sur la population ouvrière des quartiers Saint-Antoine et Sainte-Anne.

1898 Première publication de la *Revue générale de pharmacie et d'hygiène*. Le premier numéro paraît en mars. Cette revue cessera de paraître en 1900.
Source: UMC (1936), 1044; Roland/Potter (1979), 55.

1899 *Acte pour établir des mesures d'hygiène sur les travaux publics.* Cet acte contient des dispositions concernant les maisons, tentes ou logements des employés (nettoyage, désinfection), des précisions quant au nombre de médecins à employer sur les lieu de travail ainsi que des règlements sur l'isolement des personnes atteintes de maladies contagieuses ou infectieuses.
Source: SPC (1899), chap. 30.

Fondation de l'Institut vaccinal de Montréal par les docteurs G. Archambault et J. Leduc. L'Institut, situé au 750 rue Mont-Royal, est doté d'un laboratoire de bactériologie et d'une chambre de stérilisation. Une violente polémique opposera en 1899-1900 les directeurs de l'Institut vaccinal de Montréal au docteur E. Gauvreau, directeur de l'Institut vaccinogène de Sainte-Foy.
Sources: BMQ (1899), 454-457; BMQ (1900), 575-578; MI (1900), 754.

La faculté de médecine de McGill institue un enseignement post-doctoral conduisant à un diplôme en santé publique et en science sanitaire. En 1908, quatre cours d'hygiène seront créés pour les ingénieurs, les architectes, les candidats au doctorat en philosophie et le corps de santé militaire. En 1924, des cours d'hygiène industrielle et d'hygiène scolaire seront mis au programme.
Sources: Desrosiers *et al.* (1987), 9, 10, 85 et (1989), 6-7.

1900 Création de l'Association canadienne pour la prévention de la tuberculose (Canadian Tuberculosis Association)[96].
Sources: Heagerty (1928b), 2; Abbott (1931), 89; UMC (1942), 804; Pierre-Deschênes (1980), 95, 209.

Publication par le docteur E.P. Lachapelle d'une brochure intitulée *La Prophylaxie de la tuberculose.*

Le gouvernement crée la Commission du lait et réglemente la production du lait.
Source: Copp (1978), 104.

1901 *Loi amendant et refondant la loi concernant l'hygiène publique.* Cette refonte *in extenso* de la loi d'hygiène publique statue: 1) sur la composition du Conseil d'hygiène, sur ses officiers, employés, sur leur fonction et rému-

---

96. CPHA (1982, 62, 64) affirme que la fondation de l'Association canadienne pour la prévention de la consomption et autres formes de la tuberculose (The Canadian Association for the Prevention of Consomption and others forms of tuberculosis) est fondée en 1901. Il s'agit vraisemblablement de la même association.

nération; 2) sur les pouvoirs et devoirs du Conseil quant aux mesures d'hygiène publique; 3) sur son droit de faire des règlements en cette matière (les champs d'intervention sont définis) et d'imposer des sanctions; 4) sur la création et l'administration des bureaux d'hygiène locaux; 5) sur le dépôt de plaintes concernant les nuisances et l'insalubrité publiques; 6) sur les eaux, aliments et boissons et sur la déclaration des maladies contagieuses; 7) sur la salubrité des établissements industriels; 8) sur les services sanitaires et sur les devoirs des conseils locaux d'hygiène en cas de proclamation d'épidémie, et enfin; 9) sur les mesures de prévention de la variole par la vaccination. La loi rend illégale l'inoculation variolique sous peine d'emprisonnement pour quiconque et de perte du droit de pratique pour les médecins. Elle rend obligatoire la vaccination des nouveau-nés. La loi définit le pouvoir des municipalités relativement à la pratique de la vaccination sur leur territoire et leur permet de contracter avec des médecins vaccinateurs. Elle ordonne l'émission de certificats de vaccination ou d'inaptitude provisoire à la vaccination et permet aux commissaires d'écoles et à l'autorité sanitaire des municipalités d'exiger des élèves ou étudiants, sous peine d'exclusion, de tels certificats.
Source: SPQ (1901), chap. 49.

Le conseil municipal de Québec rend obligatoire la vaccination dans les établissements industriels et scolaires.
Source: Lemoine (1983), 178.

Ouverture, le 5 juillet, d'un premier dépôt de distribution de lait stérilisé, dénommé «Goutte de lait», pour les jeunes enfants. Il fermera, pour des raisons financières, 261 jours après son ouverture, soit le 24 novembre. Des anglophones fondent un dépôt similaire au Montreal Foundling and Baby Hospital, avenue Argyle.
Source: Pierre-Deschênes (1980), 58.

Première publication du *Bulletin sanitaire*. Il s'agit d'une revue publiée par le Conseil d'hygiène de la province de Québec.
Source: Roland/Potter (1979), 9.

Première publication de *La revue scientifique*. Cette revue dirigée par le docteur P. Bédard a pour but de «répandre parmi le peuple les principes d'hygiène moderne». Elle ne paraîtra que de mai à août 1901.
Source: UMC (1946), 1343.

Première parution du *Canadian Association for the Prevention of Tuberculosis Annual Report With Transactions of the Annual Meeting*. Ces rapports paraîtront jusqu'en 1925.
Source: Roland/Potter (1979), 14.

Publication par le docteur S. Lachapelle d'un ouvrage intitulé *Femme et Nurse ou ce que la femme doit apprendre en hygiène et en médecine*, Ottawa, Ministère de l'Agriculture, 1901, 213 p.

Épidémie de variole à Montréal[97].
Source: UMC (1902), 727.

Une épidémie de variole affecte les chantiers québécois durant l'hiver 1901-1902.
Source: Pelletier (1940), 16.

Épidémie de scarlatine dans la ville de Montréal.
Source: Tétrault (1979), 90.

Le premier congrès canadien sur le thème de la tuberculose se tient à Ottawa en février.
Source: Pierre-Deschênes (1980), 94.

1902 Fondation, le 29 novembre, de la Ligue antituberculeuse de Montréal (Montreal League for the prevention

97. C'est J. E. Laberge, médecin de l'Hôpital Civique de Montréal, qui en fait le compte rendu à la Société médicale de Montréal.

of tuberculosis)[98]. La fondation de cette ligue fait suite à la convocation d'une assemblée publique tenue le 29 novembre 1901 à la Art Gallery. C'est à l'instigation du docteur A. J. Richer, avec le concours des docteurs E. P. Lachapelle, T. G. Roddick et de nombreux collègues des hôpitaux et des universités Laval et McGill, qu'est convoquée cette assemblée. Le 7 novembre 1904, la Ligue ouvrira un dispensaire qui sera ultérieurement transporté au Saint George Home, rue Dorchester. Elle «entretiendra [aussi], à ses frais, vingt lits mis à sa disposition par l'Hospice des Incurables à Notre-Dame de Grâce[99]». Cette ligue sera incorporée et affiliée au Royal Edward Institute en 1909. Elle renaîtra en 1924 sous la direction du docteur G. Fleming, sous la dénomination The Montreal Anti-Tuberculosis and General Health League, grâce à un don de Lord Atholston du *Montreal Star*. Une autre ligue antituberculeuse du même nom verra également le jour à Montréal en 1942. L'une des premières tâches de la ligue, en 1902, sera de former un comité sous la direction du colonel Burland, dont le mandat est de procéder à une enquête statistique sur le nombre de tuberculeux à Montréal. Le docteur E. S. Harding, membre de ce comité, deviendra par la suite l'officier médical du Royal Edward Institute. Avec le colonel Burland, il mettra sur pied un organisme d'éducation populaire nommé le Emmanuel Church Tuberculosis Class.

Sources: UMC (1909), 705-706; UMC (1922), 239; Heagerty (1928b), 231; ACCTMR (1968), 135; Wherrett (1977), 211-212; 214; Pierre-Deschênes (1980), 104, 106.

---

98. Abbott (1931, 89) mentionne toutefois que la branche montréalaise de l'Association canadienne pour la prévention de la tuberculose (fondée en 1900) est établie en 1903 sous la présidence du docteur J. G. Adami. S'agit-il de la Ligue antituberculeuse de Montréal? UMC (1915, 248) mentionne que la Ligue antituberculeuse de Montréal est fondée en 1903.

99. Pierre-Deschênes (1980, 106).

1903 Une clinique antituberculeuse est ouverte au 11 rue Bleury, à Montréal, dans une boutique désaffectée offerte par G. B. Burland.
Source: Wherrett (1977), 211.

Épidémie de variole. En raison de cette épidémie, le Conseil provincial d'hygiène ordonne aux municipalités de rendre la vaccination obligatoire.
Sources: Copp (1978), 100; Farley *et al.* (1982), 92, 97.

1904 Une nouvelle «Goutte de lait» voit le jour avec la fondation, par le docteur Blackader, de la Montreal Milk League.
Source: Pierre-Deschênes (1980), 59.

1905 Ouverture de l'Hôpital Saint-Paul pour les maladies contagieuses. Il s'agit d'une nouvelle succursale de l'Hôpital Notre-Dame construite à la suite d'une entente avec les autorités municipales de Montréal. La ville s'était engagée en 1903 à payer une partie des coûts de construction et d'exploitation de cet hôpital et de l'Hôpital Alexandra de façon à répondre aux besoins engendrés par certaines maladies contagieuses. L'Hôpital Saint-Paul peut recevoir des contagieux atteints de la diphtérie, de la scarlatine ou de la rougeole. À la fin de l'année 1933, le contrat entre les deux parties est échu mais n'est pas renouvelé, et l'hôpital Saint-Paul ferme définitivement ses portes.
Sources: Abbott (1931), 84; GRHHND.

Fondation de la Ligue du lait pur et des «Gouttes de lait» de Montréal par des médecins anglophones et francophones. Les rapports bactériologiques de cette ligue sont effectués par le docteur J. E. Laberge.
Source: UMC (1906), 36.

La Ligue antituberculeuse de Montréal dépose un rapport devant la Canadian Association for the Prevention of Tuberculosis sur la responsabilité du gouvernement fédéral vis-à-vis la tuberculose et certaines mesures qui

pourraient être prises pour aider à la prévention de cette maladie. Ce rapport est signé par les docteurs Adami, Dubé et Richer.
Source: Wherrett (1977), 210.

1906 Fondation dans la municipalité de Hull d'une ligue anti-tuberculeuse et anti-alcoolique.
Source: UMC (1906), 119.

Lors du troisième congrès des médecins de langue française de l'Amérique du Nord tenu à Trois-Rivières, les docteurs Loir, de Paris, Brochu, de Québec, Foucher, de Montréal et Panneton, de Trois-Rivières, sont sollicités pour constituer un comité afin d'établir un institut Pasteur au Québec.
Source: CAMLF (1906), 735.

1907 *Loi amendant la loi d'hygiène publique de Québec.* Cette loi amende les dispositions existantes relativement à la composition du Conseil d'hygiène et porte de sept à neuf le nombre de ses membres.
Source: SPQ (1907), chap. 69.

La ville de Québec oblige les propriétaires de vaches à tuberculiniser leur troupeau. Une étable municipale est aussi mise sur pied pour l'inspection des vaches.
Source: Lemoine (1983), 170.

En janvier, la Société médicale de Montréal forme la Commission du bon lait qui a pour but d'étudier les moyens à prendre pour améliorer la qualité du lait livré à la consommation dans la ville de Montréal.
Sources: UMC (1908), 19; Anctil/Bluteau (1986), 44.

Formation de la Commission permanente de la tuberculose.
Source: UMC (1907), 485.

Formation de l'Association des dames patronnesses des tuberculeux. Cette association a pour but d'informer le public sur les dangers de la tuberculose et sur les

moyens de prévention. Elle aidera la Commission de la tuberculose à se créer un fonds pour construire des sanatoriums et des dispensaires dans la province de Québec.
Source: UMC (1907), 116.

Première campagne canadienne du timbre de Noël contre la tuberculose.
Source: BMQ (1930), 322.

Réforme en profondeur du bureau de santé de Montréal. Cette réforme ne sera achevée qu'en 1910.
Source: Pierre-Deschênes (1980), 31.

1908 Une section d'ingénierie sanitaire est créée par le Bureau provincial d'hygiène. Elle s'occupera particulièrement des travaux reliés aux systèmes d'aqueduc et d'égout de la ville. Depuis 1894, les plans de ces travaux devaient être soumis au Bureau provincial d'hygiène.
Source: Pelletier (1940), 18.

La Ligue antituberculeuse de Montréal organise du 18 au 29 novembre, sous la présidence du docteur Adami, une «exposition antituberculeuse» qui attire près de 50 000 personnes parmi lesquelles la moitié sont des écoliers. Plus de 6000 écoliers y seront transportés gratuitement par tramway. C'est à cette occasion qu'est diffusé le *Catéchisme de la tuberculose* qui avait été publié peu de temps auparavant. L'exposition donnera aussi lieu à la publication d'une brochure intitulée *Exposition antituberculeuse*, Montréal, La Ligue antituberculeuse de Montréal, 1908, 40 p.
Sources: Pierre-Deschênes (1980), 107; Lahaise (1990), 160.

1909 *Loi amendant la loi d'hygiène publique de Québec, 1901.* Cette loi amende les dispositions existantes concernant les pouvoirs du président du Conseil d'hygiène et précise qu'une assemblée dudit Conseil peut être convoquée sur demande par écrit par au moins deux membres. La

loi oblige les bureaux d'hygiène municipaux à se conformer à la loi d'hygiène publique à moins d'une directive contraire donnée par le conseil municipal. Elle précise les modalités d'intimation aux particuliers en cas de nettoyage et de désinfection rendus nécessaires par l'occurrence de maladies infectieuses et prévoit aussi le cas où une municipalité peut s'engager, à ses frais, à un tel nettoyage. La loi stipule que «tout conseil municipal peut établir et maintenir des dispensaires et hôpitaux spéciaux pour le traitement des vénériens, ou subventionner pour ces traitements des dispensaires ou hôpitaux déjà établis». La loi autorise en certains cas un coroner, un juge de paix ou un ministre du culte à signer un certificat de décès.
Source: SPQ (1909), chap. 49.

Fondation et incorporation du Montreal Tuberculosis Institute, appelé aussi le Royal Edward Institute. La loi incorpore l'institut qui a pour but «d'établir des dispensaires et de prendre d'autres moyens pour prévenir la propagation de la tuberculose par l'éducation ou autrement». Parmi les fondateurs, on remarque les noms de l'Honorable L. Beaubien et des docteurs Roddick, E. P. Lachapelle, Adami, Blackader, Kennedy, Howard, Hamilton, Dagenais et Laberge. La loi rappelle les droits et privilèges de la corporation et définit les différentes catégories de membres. Elle prévoit la formation d'un bureau d'administration d'au moins dix gouverneurs élus qui ont souscrit un minimum de 100 $. Pour les bienfaiteurs, elle prévoit pour tout don consenti un droit de vote proportionnel à chaque tranche de 500 $. Ce droit pourra en partie être légué par testament et divisé entre les bénéficiaires. Chaque bienfaiteur aura le droit de nommer ou de constituer un gouverneur à vie pour chaque tranche de 500 $ excédant la somme de 5000 $.
Sources: SPQ (1909), chap. 133; Wherrett (1977), 210; 212.

La Lake Edward Sanatorium Association of Quebec ouvre le Sanatorium du Lac Edouard (Lake Edward Sana-

torium)[100]. Il peut accueillir 25 patients. Ce sanatorium est érigé sur un terrain légué à cette fin par le gouvernement provincial en 1905. En 1921, une loi autorisera le gouvernement à en faire l'acquisition.
Sources: SPQ (1922), chap 60; Heagerty (1928b), 232.

Création, le 9 août, de la Commission royale sur la tuberculose pour la province de Québec. Cette commission est présidée par le docteur E. P. Lachapelle. Le but de celle-ci est d'enrayer la propagation de la maladie et de vérifier la valeur des traitements. La résolution ayant pour objet la formation de cette commission avait apparemment été formulée lors du congrès des médecins de langue française tenu à Trois-Rivières, le 26 juin 1906. Le rapport de la Commission, publié en 1910, contiendra une série de recommandations très précises pour diminuer la propagation de la maladie.
Sources: UMC (1907), 117; Lachapelle *et al.* (1909-1910), 14-39; Heagerty (1928b), 232; 347; Wherrett (1977), 213; Pierre-Deschênes (1980), 101, 107, 111.

Fondation de la Laurentian Society for the Treatment and Control of Tuberculosis de Montréal. Elle sera incorporée l'année suivante. La loi d'incorporation stipule que le but de ladite société est de venir en aide aux tuberculeux, d'établir des sanatoriums pour le soulagement de ces personnes, d'établir un département d'examen médical concurremment avec ces sanatoriums et de transmettre les connaissances et les renseignements qui se rattachent à cette maladie. Elle autorise la corporation à passer un ou plusieurs contrats avec la ville de Sainte-Agathe ou toute autre municipalité en vue de la réalisation de ses objectifs. Elle prévoit la formation d'un bureau des gouverneurs composé de 7 à 20 membres élus pour 2 ans par les membres en assemblée

100. Wherrett (1977, 213) situe à tort la mise sur pied de ce sanatorium en 1922. En réalité, à ce moment, le sanatorium ne fait que passer sous la juridiction du gouvernement provincial. BMQ (1918, 42) semble en situer l'ouverture en 1901.

générale et spécifie les devoirs des gouverneurs, notamment en regard de la gestion interne des services qu'ils pourront mettre sur pied pour les malades atteints de tuberculose.
Sources: SPQ (1910), chap. 88; Heagerty (1928b), 232.

Fondation de la Ligue antituberculeuse de Québec[101] sous les auspices de la Société médicale de Québec et à la suite des représentations du docteur C. Rosaire. La ligue sera incorporée en 1910. La loi d'incorporation entérinera la requête des docteurs M. Ahern, M. D. Brochu, A. Simard, A. Rousseau, C. R. Paquin, A. Morisset et de l'Honorable L.-P. Pelletier. Elle définira les droits et privilèges de la ligue, sa composition, ses moyens d'action, ses sources de revenu et ses objectifs. La loi d'incorporation prévoira également la formation d'un conseil général élu par l'assemblée générale et chargé d'administrer la société.
Sources: SPQ (1910), chap. 94; LM (1942), 339; ACCTMR (1968), 88; Pierre-Deschênes (1980), 158.

Lors de la première grande exposition antituberculeuse organisée à Montréal selon le modèle des grandes expositions américaines sur la santé de l'enfant est créée la Civic Improvement League of Montreal, ligue qui s'occupe de problèmes reliés aux domaines de l'hygiène et de l'urbanisme. Parmi les mesures proposées, elle établit un plan de lutte contre l'expectoration en public. Elle s'occupera aussi des problèmes reliés à l'épuration des eaux à Montréal.
Source: Germain (1980), 110.

---

101. LM (1942, 339) affirme qu'elle fut fondée en 1908. Probablement, si l'on se fie à BMQ (1908, 145) et Pierre-Deschênes (1980, 104), y a-t-il ici confusion avec la proposition de C. R. Paquin faite en 1908 qui demande la fondation d'une telle ligue à Québec. Mais, toujours selon Pierre-Deschênes (1980, 158), «la ligue n'est fondée qu'en 1911», affirmation qui se révèle inexacte puisque la ligue est bien incorporée en 1910.

Épidémie de fièvre typhoïde[102] à Montréal. Elle affecte la population durant près de 5 mois et cause plus de 300 morts parmi les 3000 personnes atteintes[103]. Un hôpital d'urgence est alors établi sur la rue Guy et de nombreux malades sont hospitalisés à l'Hôpital Saint-Paul. À l'occasion de l'épidémie de fièvre typhoïde, l'efficacité du chlore dans l'eau comme mesure de prévention est démontrée, et la ville de Montréal décide d'utiliser ce produit pour améliorer son service d'eau potable.
Sources: Heagerty (1928a), 347; Pelletier (1940), 18; AMM (800.10); GRHHND.

1910 Fondation en juin d'une «Goutte de lait» dans la paroisse de l'Enfant-Jésus par le chanoine Le Pailleur avec l'aide des médecins de cette paroisse. Des conférences sont alors organisées sur les soins à donner aux nouveau-nés.
Source: Tétrault (1979), 119.

Publication du *Rapport de la Commission royale de la tuberculose,* Québec, 1909-1910.

L'Association canadienne pour la prévention de la tuberculose tient son congrès à Montréal en juin, sous la présidence du docteur Adami. Le congrès se tient au King Edward Institute ainsi qu'à la Art Gallery et à la bibliothèque de l'Université Laval à Montréal.
Source: UMC (1910), 409-412.

Un congrès antituberculeux se tient les 2 et 3 mars à l'Université Laval à Québec. Les docteurs A. Rousseau et A. Lessard y donneront chacun une conférence.
Source: BMQ (1910), 289-302, 337.

Les services sanitaires tiennent leur quatrième convention, en février, à Québec.
Source: Desrosiers *et al.* (1989), 21.

---

102. Selon Germain (1980, 110), il s'agit d'une épidémie de typhus. Cela paraît peu probable.
103. Mais selon AMM, l'épidémie fait 203 morts parmi les 1184 personnes affectées par la maladie.

Une exposition informant le public sur les moyens de prévention et sur les dangers de la tuberculose est organisée à l'Université Laval.
Source: ACCTMR (1968), 88.

1911 Le conseil municipal de Québec rend obligatoire la vaccination pour tous les citoyens de la ville ainsi que la revaccination sept ans après la première vaccination. Mais il semble que cette mesure ne sera pas appliquée avec rigueur.
Source: Lemoine (1983), 178-179.

Résolution du Bureau de santé de la province de Québec, sous l'autorité du Conseil d'hygiène, qui subdivise la province en 10 districts sanitaires, lesquels seront désormais soumis à la juridiction locale d'un inspecteur résident. La nomination des 10 aides-inspecteurs ne se fera cependant qu'en juillet 1912.
Sources: Heagerty (1928a), 348; Pierre-Deschênes (1981), 371; Desrosiers *et al.* (1989), 21.

Incorporation de la Ligue antituberculeuse de Trois-Rivières. Parmi les médecins pétitionnaires, on remarque les noms des docteurs L. Normand et G. Bourgeois. La loi statue sur les droits et privilèges de la ligue, sur sa composition, ses moyens d'action, ses sources de revenu et ses objectifs. Elle prévoit la formation d'un conseil général élu par l'assemblée générale et chargé d'administrer la société.
Source: SPQ (1911), chap. 99.

Fondation à Montréal, le 9 mars, de l'Institut Bruchési[104] sous l'initiative du docteur J. E. Dubé, et sous le patronage de Monseigneur Bruchési. Ce dispensaire antituberculeux qui occupe des locaux prêtés par les autorités de l'Asile des sœurs de la Providence est situé au 369 rue Sainte-Catherine Est, à l'intersection de la rue Saint-

---

104. Wherrett (1977, 210) situe l'organisation de l'Institut Bruchési en 1912.

Hubert. La première année, on y effectue 2500 examens et 14 480 consultations. C'est le 4 février 1913 que l'Institut Bruchési inaugurera son dispensaire antituberculeux. En 1925 et en 1927, deux succursales seront ouvertes dans le quartier Hochelaga et dans le nord de la ville de Montréal.
Sources: UMC (1911), 394-396; UMC (1913), 172; Heagerty (1928b), 232; UMC (1932), 188; ACTMR (1968), 107, 125-126; Pierre-Deschênes (1980), 126.

Le docteur J. E. Dubé crée le Préventorium Saint-Victor pour les tuberculeux sur les bords du Richelieu, à un mille de Belœil. Ce sanatorium peut recevoir 11 malades. Mais l'entreprise sera un échec et le préventorium fermera un an après son ouverture.
Sources: UMC (1911), 397 et (1932), 198.

La Canadian Public Health Association tient sa première réunion annuelle à Montréal les 13, 14 et 15 décembre.

Le bureau de santé de la ville de Québec se dote d'un laboratoire de bactériologie sous la direction du docteur C. O. Guimont. Les analyses étaient précédemment faites au laboratoire de l'Université Laval.
Source: Lemoine (1983), 180.

Un mémoire est soumis à la Canadian Medical Association en vue d'un contrôle plus efficace des maladies vénériennes. Ce mémoire propose l'établissement de dispensaires et de soins gratuits, l'hospitalisation des prostituées dans des salles spéciales, l'inspection médicale des prisonniers et l'adoption d'une législation plus contraignante pour réduire la prostitution. Ces recommandations seront mises à exécution en 1919[105].
Source: Heagerty (1928a), 348.

105. Heagerty (1928a, 348) mentionne toutefois que les recommandations seront appliquées en 1918. Mais c'est en 1919 que la loi amendant la loi d'hygiène publique de Québec prévoit des dispositions pour lutter contre les maladies vénériennes.

L'École de Médecine et de Chirurgie/Succursale de l'Université Laval à Montréal et la faculté de médecine de l'Université Laval à Québec créent un cours d'hygiène publique appliquée. Ces cours, qui s'adressent aux médecins, conduisent à l'obtention du diplôme d'«hygiéniste expert». L'instauration de ces cours fait apparemment suite aux pressions exercées par le Conseil d'hygiène de la province de Québec qui, depuis 1907, désirait former des officiers et des inspecteurs sanitaires compétents. Or, la division du territoire québécois en dix districts sanitaires accentue les besoins de spécialistes dans le domaine. Une requête demandant l'instauration de ces cours d'hygiène est adressée au printemps par le Conseil d'hygiène au conseil universitaire de l'Université Laval.
Sources: BMQ (1911), 102; AUL (1912-1913), 154; Boissonnault (1953), 320; ACCTMR (1968), 116; Desrosiers *et al.* (1987), 20-22, 91-92.

Le docteur S. Lachapelle est chargé par la ville de Montréal de la création et de la direction de plusieurs «Gouttes de lait», organismes qui ont pour but de distribuer du lait pur. Les quartiers Laurier, de Lorimier et Saint-André sont dotés d'un tel service.
Sources: UMC (1913), 445; Copp (1978), 106.

La compagnie d'assurance-vie Métropolitaine inaugure un service d'infirmières visiteuses pour les détenteurs d'une police d'assurance «appartenant à la classe ouvrière avec la collaboration de la profession médicale».
Source: Desrosiers *et al.* (1987), 93.

1912 Fondation d'un sanatorium à Sainte-Agathe par la Laurentian Society. Le docteur Byers en sera le surintendant pendant une dizaine d'années.
Sources: Heagerty (1928b), 232; ACCTMR (1968), 97.

Création d'un département de service social rattaché au Montreal General Hospital.
Source: Shepherd (1919), 29.

Fondation, par le docteur A. Rousseau, de la Société de patronage de l'hôpital des tuberculeux de Québec. Le docteur G. E. Amyot en est le président et F. Roy en est le sécrétaire-trésorier. Cette société, qui a pour objectif la construction d'un hôpital pour les tuberculeux, sera l'initiatrice de la construction de l'Hôpital Laval en 1915.
Source: Boissonnault (1953), 356.

Fondation d'un dispensaire antituberculeux à Québec.
Source: Wherrett (1977), 210.

Le service municipal de santé de la ville de Montréal, par suite des recommandations des docteurs S. Lachapelle, A. D. Blackader et E. Pelletier, crée 12 nouvelles «Gouttes de lait» dans les quartiers les plus défavorisés de la ville. En 1914, 27 nouveaux centres de distribution du lait seront ouverts.
Source: Copp (1978), 108.

Une exposition intitulée «Hygiène de l'enfance» est organisée au mois de septembre à Montréal. Le secrétaire du comité provisoire d'organisation de cette exposition est le docteur C. R. Paquin.
Source: BMQ (1912), 86.

Le docteur S. Lachapelle est le délégué du Canada au Congrès de la tuberculose qui se tient à Rome.
Source: UMC (1913), 446.

1913 Création du premier Bureau central des «Gouttes de lait» de Montréal dans la paroisse de l'Enfant-Jésus. Il sera présidé par le docteur S. Lachapelle. Ce bureau a deux fonctions principales: l'éducation des mères et la distribution de lait pur. La première convention des «Gouttes de lait» de Montréal se tient le 11 mai 1913 dans les salles du Cercle paroissial de l'Enfant-Jésus. La convention est présidée par le docteur S. Lachapelle.
Sources: UMC (1913) 316; Tétrault (1979), 119.

Inauguration le 4 février du Dispensaire antituberculeux de l'Institut Bruchési.
Source: UMC (1913), 172.

Incorporation du Mount Sinaï Sanatorium[106] pour le traitement de la tuberculose.
Source: SPQ (1931), chap. 176.

Fondation d'un dispensaire antituberculeux à Québec.
Source: Wherrett (1977), 210.

Le bureau de santé de la ville de Montréal change son nom pour celui de bureau municipal d'hygiène et de statistique.
Source: Pierre-Deschênes (1980), 31.

Par suite de la recommandation des médecins hygiénistes de Québec et de la collaboration des autorités municipales, un cours clinique sur les maladies contagieuses est mis sur pied à l'Hôpital Civique de Québec.

Durant l'été, l'Institut Bruchési dispense aux médecins praticiens des cours spécialisés sur la tuberculose. Ces cours portent particulièrement sur le diagnostic de la maladie.
Source: UMC (1913), 707.

Organisation de conférences sur l'hygiène de l'enfance par la Société Saint-Jean-Baptiste sous la responsabilité du docteur Saint-Hilaire.
Source: BMQ (1913), 306.

Formation du comité organisateur de la province de Québec pour le quatrième congrès international d'hygiène scolaire qui doit se tenir à Buffalo du 25 au 30 août. Ce comité est formé de C. J. Magnan, président et inspecteur général des écoles de la province de Québec

---

106. Heagerty (1928b, 232) mentionne qu'un sanatorium est fondé à Sainte-Agathe sous les auspices de la Laurentian Society mais il n'en donne pas le nom. Il s'agit probablement de celui-là.

ainsi que des docteurs J. A. Beaudoin, J. E. Laberge, C. R. Paquin, T. A. Starkey, C. N. Valin, A. D. Blackader, J. Cormier et R. Fortier.
Source: BMQ (1913), 463-464.

1914 *Loi amendant la loi d'hygiène publique de Québec.* Cette loi porte de neuf à dix le nombre de membres du Conseil d'hygiène.
Source: SPQ (1914), chap. 43.

L'inspection médicale est rendue obligatoire dans les écoles.
Sources: Pierre-Deschênes (1980), 46 et (1981), 368.

Première publication, en novembre, du *Bulletin sanitaire du Bureau municipal d'hygiène et de statistique de la cité de Montréal.* En 1916, ce bulletin prendra le nom de *Bulletin d'hygiène de la cité de Montréal.*
Source: UMC (1937), 524.

Le bureau de santé de la ville de Montréal organise une série de conférences sur les soins à donner aux enfants et sur la tuberculose. Plus de 130 conférences sont présentées dans de nombreuses paroisses.
Source: Tétrault (1979), 119.

1915 *Loi amendant la loi d'hygiène publique de Québec.* En vertu de cet amendement, le Conseil d'hygiène devient le Conseil supérieur d'hygiène. Il exerce alors un contrôle sanitaire sur 1158 municipalités réparties dans les 10 régions désignées en 1911. La loi permet au Conseil d'hygiène d'obliger les propriétaires de chantiers de bois, de mines ou de chemins de fer à recourir aux services d'un médecin dans le cas où le nombre d'employés excède 25. Elle autorise aussi l'intervention du Conseil dans les cas de pollution et de défaut de purification compromettant l'alimentation des municipalités en eau potable. La loi prévoit des procédures d'appel pour les personnes saisies par les décisions du Conseil et permet une procédure plus expéditive en ce qui concerne les formalités

d'emprunt dans le cas d'améliorations municipales rendues nécessaires. Elle prévoit aussi des pénalités et des poursuites pour les municipalités qui ne se conforment pas aux décisions du Conseil. Elle stipule que le Conseil pourra appliquer lui-même les mesures prévues en cas de maladies contagieuses, et ce aux frais des municipalités négligentes. Dans le cas d'épidémies déclarées, les municipalités se voient enfin octroyer le droit de restreindre la circulation de personnes provenant de municipalités voisines ayant fait preuve d'incurie.
Sources: SPQ (1915), chap. 59; Heagerty (1928a), 348.

Loi amendant les Statuts refondus, 1909, relativement à la Société d'industrie laitière de la province de Québec et à la fabrication de produits laitiers. Cette loi amende les dispositions existantes relativement à la composition de la Société. Elle permet à celle-ci de diviser la province en un nombre de régions n'excédant pas 50 en vue d'améliorer la diffusion des meilleures techniques de production. Elle autorise le lieutenant-gouverneur en conseil à nommer des inspecteurs et aides-inspecteurs généraux pour chacune de ces régions. Elle précise les devoirs de ces inspecteurs. Elle prévoit enfin l'élection d'un comité pour représenter le commerce d'exportation et l'élection d'un directeur pour chacune des 22 divisions existantes dans la province.
Source: SPQ (1915), chap. 31.

Construction et inauguration de l'Hôpital Civique de Québec. Le 15 novembre, l'hôpital reçoit ses huit premiers malades. Durant ses 15 premiers mois, l'hôpital recevra 104 malades. Cet hôpital, financé par la ville de Québec, accueillera des tuberculeux jusqu'en 1918.
Sources: BMQ (1918), 43-44; Anctil/Bluteau (1986), 45; Gosselin (1989), 1; Rousseau (1989), 234.

1916 *Loi modifiant la loi d'hygiène publique de Québec.* Cette loi permet à plusieurs municipalités d'agir en collaboration dans le cas de certains travaux de drainage. Elle fixe les modalités de la participation financière de chaque muni-

cipalité et permet une procédure plus expéditive en ce qui concerne les formalités d'emprunt pour payer ces travaux.
Source: SPQ (1916), chap. 36.

En octobre, les docteurs E. P. Lachapelle et Montizambert, qui assistent au congrès de l'American Public Health Association à Cincinnati, proposent la formation d'un comité spécial chargé d'établir l'état des connaissances sur la poliomyélite. Le comité fera rapport au début de l'année 1917.
Source: BMQ (1917), 207-211.

Le 5e congrès de la Canadian Public Health Association a lieu à Québec du 12 au 14 septembre.
Source: UMC (1916), 492

Le 15e congrès annuel de l'Association canadienne pour la prévention de la tuberculose a lieu à Québec les 12 et 13 septembre.
Source: UMC (1916), 492

1918 Pandémie de grippe espagnole. Cette grande pandémie, qui affecte la majeure partie de la planète, est signalée pour la première fois en territoire québécois à la Grosse-Île sur le bateau *Somali* en provenance de l'Inde. L'épidémie se déclare le 23 septembre à Victoriaville, puis aux casernes militaires de Saint-Jean-d'Iberville. Ce sont les comtés de Saguenay, de Témiscamingue et d'Arthabaska qui, à l'automne, sont les plus touchés. Au moment où l'épidémie atteint son point culminant, soit à la mi-octobre, le taux de mortalité à la Grosse-Île passe de 2 à 30 %. La maladie affecte en tout 17 252 Montréalais parmi lesquels on recense 3028 décès[107]. Environ 530 000 personnes sont atteintes de la grippe espagnole dans la province. Le nombre total de décès varie, selon les auteurs, de 8000 à 14 000[108]. Certains hôpitaux (Hôpital

107. Il y eut 3128 décès selon Rioux (1985, 20)
108. Selon Desjardins (1973a, 257), le Conseil d'hygiène rapporte 530 704 cas de grippe et 13 880 décès. Selon Rioux, le Conseil d'hygiène déclare plutôt 406 074 cas dont 13 139 décès.

Notre-Dame, Montreal General Hospital, Hôpital Civique) sont partiellement transformés pour recevoir les patients atteints de cette maladie. Les églises et les établissements publics (écoles, théâtres) sont fermés jusqu'au début du mois de novembre. Différentes mesures sanitaires seront prises par les autorités des services d'hygiène de la ville de Montréal: fermeture des lieux publics tels que cinémas, théâtres, écoles, salles de danse, etc.; distribution de circulaires à la population indiquant certaines mesures préventives; mise sur pied de bureaux d'information sur la grippe; création de refuges pour les indigents atteints de la maladie; réglementation des heures d'ouverture des commerces pour éviter la congestion dans les tramways et réglementation de l'hygiène dans les édifices publics.

La ville de Québec est aussi sévèrement touchée. Apparaissant au début du mois d'octobre, la grippe espagnole y fait plus de 500 victimes. Au cœur de l'épidémie, on dénombre près de 40 décès par jour. Des hôpitaux temporaires sont mis à la disposition des malades, notamment le couvent du Bon Pasteur et l'école Saint-Maurice à Limoilou. Le bureau de santé de Québec ordonne la fermeture de certains lieux publics, tels les théâtres, les écoles et les débits de boisson. Quant au bureau d'hygiène, il se charge de la désinfection des chambres et des vêtements des malades. Le clergé décide de fermer les églises, lesquelles demeurent closes pendant trois semaines. L'archevêque de Québec, Monseigneur Bégin, accorde son *Imprimatur* le 20 octobre, dans la période la plus critique de l'épidémie, à un opuscule intitulé *Saint Roch, guérisseur de toutes les maladies épidémiques*. Durant l'épidémie, la commission d'hygiène de Sherbrooke installe à l'académie du Sacré-Cœur un hôpital d'urgence qui est mis sous les soins des sœurs de la Charité. L'épidémie, après avoir atteint des sommets dans la province entre le 14 et le 20 octobre, est à son déclin au début du mois de novembre.

Sources: Heagerty (1928a), 215-219; Pelletier (1940), 17; Drolet (1970), 104; Desjardins (1973b), 256-257; Lemoine

(1983), 175; Perrault (1983), 201; Rioux (1985), 18-21 et 56-58; GRHHND.

Fondation du Canadian National Committee on Mental Hygiene.
Source: Abbott (1931), 80.

Fondation de la Ligue antituberculeuse du comté de Témiscouata.
Source: BMQ (1929), 221.

Le service municipal de santé de la ville de Montréal crée une division d'hygiène infantile. En 1919 seront ouverts des dispensaires municipaux pour les bébés. En 1927, vingt-sept de ces dispensaires publics et privés seront en fonction.
Source: Copp (1978), 108.

1919 *Loi relativement au ministère de la santé publique.* Par cette loi, le gouvernement fédéral crée un ministère de la santé. Il aura entre autres tâches celles de promouvoir la coopération avec les autorités sanitaires provinciales, d'établir et d'entretenir un laboratoire national d'hygiène publique et de recherche et d'assurer l'administration des hôpitaux de la Marine. Un service du ministère, consacré aux maladies vénériennes, est mis sous la direction du bactériologiste J. J. Heagerty. Une somme de 200 000 $ est alloué à ce service.
Source: SPC (1919), chap. 24.

Loi amendant la loi d'hygiène publique de Québec. Cette loi permet à deux municipalités de s'unir pour mettre sur pied un bureau d'hygiène commun. Elle prévoit que toute personne appréhendée pour un délit sexuel ou comme prostituée, souteneur ou pourvoyeur de prostituée doit être examinée sans délai par le médecin de la prison ou autre lieu de détention et que le médecin doit communiquer au juge le résultat de son examen avant la sentence. Elle oblige les médecins de prisons à signaler les cas de maladies vénériennes à l'inspecteur régional du Conseil supérieur d'hygiène. Elle dispense du secret

professionnel les médecins qui jugent nécessaire cette déclaration pour empêcher la contagion et pour des fins de justice.
Source: SPQ (1919), chap. 51

La vaccination obligatoire s'étend à tous les enfants d'âge scolaire.
Sources: Pelletier (1940),17; ACCTMR (1968), 37.

Une conférence fédérale-provinciale sur les maladies vénériennes tenue en mai établit une organisation nationale dénommée Canadian National Council for Combatting Venereal Disease. Ce bureau a principalement pour mandat: 1) de lutter contre les maladies vénériennes; 2) de préparer une campagne d'information publique sur les maladies vénériennes; 3) d'apporter une aide aux organisations déjà existantes; 4) de favoriser des réformes législatives sociales ou administratives visant la prévention de ces maladies; 5) de promouvoir l'étude des maladies vénériennes; 6) de transmettre les informations sur l'incidence de la maladie, ses modes de prévention et de traitement.
Source: Cassel (1987), 171.

1920 *Loi modifiant les Statuts refondus, 1909, relativement aux maladies vénériennes*[109]. Cet amendement permet au Conseil supérieur d'hygiène de recommander au lieutenant-gouverneur en conseil la nomination d'un comité de trois personnes chargées de la prévention des maladies vénériennes. Elle autorise le comité à établir des dispensaires et des laboratoires gratuits pour le traitement des vénériens, à distribuer gratuitement des médicaments appropriés, à traiter les vénériens détenus dans les prisons, les asiles, les écoles de réforme, les écoles d'industrie et les hôpitaux subventionnés par le gouver-

109. Selon Heagerty (1928a, 348), il y aurait eu en 1918 l'introduction d'une législation sur les maladies vénériennes et le développement d'un plan de contrôle de la maladie. Ne s'agit-il pas plutôt de la loi de 1920?

nement et à promouvoir une «propagande éducationnelle» dans le but de mettre le public en garde contre l'infection. La loi prévoit les modalités de rémunération du comité et des autres fonctionnaires impliqués et des pénalités «contre toute personne qui entrave ce comité dans l'exécution des mesures prises». C'est à la demande du secrétaire de la province que le gouvernement provincial vote cette loi spéciale qui crée, en outre, la Commission provinciale antivénérienne. Composée essentiellement de médecins, elle est dirigée par le docteur A. H. Desloges assisté du docteur J. A. Ranger.
Sources: SPQ (1920), chap. 56; UMC (1932), 235; Cassel (1987), 222.

Le gouvernement provincial établit au Western Hospital et à l'Hôpital Notre-Dame des centres de traitement des maladies vénériennes. Le dispensaire antivénérien de l'Hôpital Notre-Dame, qui est mis en activité à la fin d'octobre, accueille les patients entre 10 et 11 heures du lundi au samedi.
Sources: MacDermot (1950), 103; GRHHND.

Des brochures sont publiées par le gouvernement fédéral sur les maladies vénériennes: *Information for Men — Syphilis and Gonorrhœa; Information for Young Women about Sex Hygiene; Informations for Parents — Teaching of Sexual Hygiene to Children*. Une traduction française de ces brochures est destinée à la population francophone du Québec.
Source: Cassel (1987), 270.

Épidémie d'influenza qui affecte la ville de Montréal durant le mois de février. L'Hôpital Notre-Dame porte secours à la municipalité. Le nombre de cas est moins élevé qu'en 1918, mais les malades sont gravement atteints.
Source: GRHHND.

1921 *Loi établissant le service de l'assistance publique de Québec.* Cette loi autorise le lieutenant-gouverneur à nommer un

comité chargé de l'exécution des dispositions de la loi. Ce service a pour but d'assister les malades indigents hospitalisés ou détenus dans des institutions d'assistance publique. Il est chargé, entre autres choses, d'examiner les demandes et l'emploi des subventions accordées par le lieutenant-gouverneur à ces institutions et de voir au développement de toute œuvre d'assistance publique. La loi établit les modalités d'accréditation des maisons d'assistance publique et celles de l'utilisation des fonds qui ne doivent pas excéder le tiers du coût total des soins aux indigents dans chaque institution. Le lieutenant-gouverneur en conseil peut fixer le coût d'hospitalisation et faire des règlements en rapport avec l'application de la loi. Elle fixe les conditions et les formalités d'admission (certificats) des indigents malades et non malades. Elle prévoit une pénalité pour toute personne qui se débarrasse indûment d'une personne indigente dépendante et établit l'autorité du service d'assistance publique sur la gérance administrative des institutions d'assistance publique. La loi prévoit la tenue d'un registre des indigents. Elle partage en trois tiers entre le gouvernement, la municipalité concernée et l'institution les frais d'hospitalisation engagés et prévoit les modalités de prélèvement et de recouvrement par le gouvernement et les municipalités des sommes impliquées pour l'entretien des indigents. La loi autorise les municipalités, moyennant un permis, à mettre sur pied leurs propres maisons de santé, crèches ou hospices et prévoit leur mode de gestion. Elle définit les règles régissant les fonds de l'assistance municipale et le fonds de l'assistance publique.
Source: SPQ (1921), chap. 79.

Directeur de la commission provinciale antivénérienne, le docteur A.H. Desloges forme un comité spécial sur les maladies vénériennes pour diriger une campagne d'information à l'échelle provinciale. Ce comité est responsable de la coordination entre les activités du programme provincial de lutte contre les maladies vénériennes et celles de la section québécoise de la Canadian

National Council for Combatting Veneral Disease. Durant les deux premières années, plus de 245 000 brochures seront distribuées à la population. Le comité organisera plus de 100 conférences qui attireront autour de 90 000 personnes. Quelques films muets seront aussi projetés pour sensibiliser la population aux maladies vénériennes: *Diagnostic et traitement de la syphilis; Blennorragie chez l'homme; Hygiène sociale de la femme.*
Source: Cassel (1987), 222-223.

Fondation le 6 mai de l'École maternelle de Thetford Mines. Il s'agit d'une œuvre d'hygiène sociale encouragée par la compagnie d'assurances Métropolitaine. Le but de l'école est d'assurer aux familles la plus grande protection possible contre les maladies et de réduire la mortalité infantile. L'école installée dans un local du centre-ville, s'occupe des mères et des bébés avant et après l'accouchement.
Source: BMQ (1922), 243.

De nouvelles brochures françaises et anglaises sur les maladies vénériennes sont publiées par le gouvernement fédéral: *Instructions for Preventing the Transmission of Gonorrhœa* et *Instructions for Preventing the Transmission of Syphilis.*
Source: Cassel (1987), 270.

1922 *Loi créant le service provincial d'hygiène et amendant en conséquence les Statuts refondus, 1909 chapitre 29, volume 1.* Cette loi qui est une refonte des lois antérieures sur l'hygiène publique crée le Service provincial d'hygiène et permet la nomination d'un conseil composé de huit membres, le Conseil provincial d'hygiène de la province de Québec. La loi reprend, avec de nombreux amendements, la structure et le contenu de la loi de 1901. On y trouve la liste détaillée des maladies infectieuses dont la déclaration est obligatoire. Dans le cas des épidémies, les droits et devoirs du lieutenant-gouverneur et des municipalités sont nettement élargis. La loi précise que «quiconque, sciemment ou par négligence, communique à une autre personne une maladie syphilitique ou véné-

rienne devient passible d'une amende n'excédant pas 200 $ ou d'un emprisonnement n'excédant pas trois mois». Elle stipule en outre que «toute personne appréhendée pour un délit sexuel ou comme prostituée, souteneur ou pourvoyeur de prostituée doit être examinée sans délai par le médecin de la prison ou autre lieu de détention; ce médecin doit, sans délai, communiquer confidentiellement au juge, avant que la sentence soit rendue, le résultat de son examen». La loi définit les conditions d'exemption du secret professionnel. Elle définit aussi de façon plus stricte les mesures d'hygiène obligatoires dans le secteur industriel. Elle rend plus rigoureuses les mesures visant à la fiabilité des statistiques vitales. Elle intègre la loi de 1920 sur les maladies vénériennes et comprend également une section réservée aux amendements mineurs. Cette loi prévoit également des pénalités pour l'inoculation du virus vario-lique et stipule que tout conseil municipal peut rendre la vaccination et la revaccination obligatoires dans les limites de sa localité.
Source: SPQ (1922), chap. 61.

Le 1er juin, avec l'adoption de la loi créant le Service provincial d'hygiène, le Conseil provincial d'hygiène succède au Conseil supérieur d'hygiène. Le directeur du Conseil, le docteur A. Lessard, qui est *ex officio* président du Service provincial d'hygiène, relève directement dans ses fonctions du Secrétaire de la province.
Sources: SPQ (1922), chap. 61; Heagerty (1928a), 349; Anctil/Bluteau (1986), 61.

Dans le cadre de la lutte antituberculeuse, le docteur O. E. Desjardins organise une «semaine de santé» à Trois-Rivières du 8 au 15 octobre. L'association des dentistes fait alors l'inspection dentaire des 4858 écoliers répartis dans les diverses écoles de la ville. La compagnie d'assurances Metropolitan Life fournit le matériel d'un kiosque de santé et utilise son personnel infirmier pour renseigner le public. Durant cette exposition, plus de 300 femmes rendent visite aux infirmières.
Source: LN (1950), 21.

En raison du décès du docteur H. Larouche, bactériologiste du laboratoire municipal de la ville de Montréal, la ville se retrouvera pendant plus de quatre ans sans bactériologiste à son laboratoire. Le 16 novembre 1926, la Société médicale de Montréal adoptera une résolution demandant la nomination d'un bactériologiste.

Épidémie de grippe aiguë à Québec.
Source: BMQ (1922), 207.

1923 Organisation du Centre de démonstration antituberculeux de Trois-Rivières. Les docteurs Wyatt et Tourigny assistés d'une infimière en forment le personnel. Modelé sur une expérience américaine, ce centre, qui est en fait un dispensaire, expérimente un programme d'hygiène et de médecine préventives pour diminuer le taux de mortalité et pour améliorer l'état de santé de la population. Le docteur H. Beaudoin en deviendra le principal clinicien en novembre 1924. Le 9 juillet 1925, une colonie de vacances située en banlieu de Trois-Rivières, le camp David, sera organisée par le Centre. Une centaine d'enfants s'y rendront chaque jour durant l'été grâce à la compagnie de tramway Three Rivers Traction.
Source: LN (1950), 21-23.

Organisation d'une exposition à Trois-Rivières par l'Association canadienne de la tuberculose et le bureau de santé de Québec. Outre les conférences publiques, des rencontres cliniques sont tenues et regroupent les médecins de la municipalité. Un chèque au montant de 10 500 $ est offert au bureau de santé de Québec de la part du gouvernement fédéral et de la Sun Life Assurance Company. Dès l'année suivante, 2064 trifluviens subiront un examen clinique parmi lesquels on décèlera 422 cas de tuberculose.
Source: Wherrett (1970), 213.

Une fête de santé est organisée aux théâtres Gaieté et Impérial de Trois-Rivières de même qu'une exposition antituberculeuse sous les soins du docteur O.E. Desjardins.
Source: LN (1950), 21.

Formation, le 19 mars, d'un comité d'hygiène à Trois-Rivières sous la présidence du juge A. Désy.
Source: LN (1950), 21

1924 *Loi modifiant la loi de l'hygiène publique.* Cette loi amende les dispositions existantes concernant l'établissement et la gestion des statistiques vitales, l'exécution, par les municipalités, de travaux d'hygiène conjoints et les pouvoirs du directeur du service provincial d'hygiène.
Source: SPQ (1924), chap. 20.

Loi relative à la tuberculose et à la mortalité infantile dans la province. Cette loi autorise le directeur du service provincial d'hygiène à promouvoir et à maintenir l'établissement de dispensaires antituberculeux et de puériculture. Le gouvernement s'engage à verser un montant de 100 000 $ annuellement, et ce pour une période de cinq ans.
Source: SPQ (1924), chap. 21.

Création, le 24 mars, de la Ligue antituberculeuse et de santé publique de Montréal (Montreal Anti-Tuberculosis and General Health League). Cette ligue est présidée par sir A. Currie et est surtout composée d'hommes d'affaires. Le fondateur de la ligue, Lord Atholstan, propriétaire du *Montreal Star,* fait, au nom de la ligue, un don de 100 000 $ au Royal Edward Institute et à l'Institut Bruchési pour ouvrir deux dispensaires dans les quartiers Hochelaga et Saint-Henri. La ligue s'occupera de promouvoir l'hygiène publique, la lutte contre la tuberculose et la vaccination contre la diphtérie. Elle cessera ses activités le 13 janvier 1930[110].
Sources: Abbott (1931), 89; Copp (1978), 110, 112; Cassel (1987), 234; Desrosiers *et al.* (1987), 93.

Ouverture du dispensaire antivénérien de l'Hôtel-Dieu de Montréal. Ce dispensaire est subventionné par le gouvernement provincial.
Source: Desjardins *et al.* (1973), 64.

---

110. Cassel (1987, 234) mentionne que la ligue disparaît en 1928.

1925 Fondation de l'École d'Hygiène Sociale Appliquée de l'Université de Montréal.
Sources: Desrosiers *et al.* (1987), 19, 24 et (1989), 9-10.

L'Institut Bruchési ouvre une succursale dans le quartier Hochelaga.
Source: ACCTMR (1968), 126.

La pasteurisation du lait devient obligatoire.
Sources: Linteau *et al.* (1979), 38; Pépin (1986), 159.

Épidémie de fièvre typhoïde à Montréal.
Source: Wherrett (1977), 214.

Première publication de *Tuberculosa* en février. Il s'agit de feuillets rédigés par le docteur E. Grenier portant sur les causes et le traitement de la tuberculose. Le dernier numéro paraîtra en février 1926.
Source: UMC (1937), 524.

1926 *Loi modifiant la loi de l'hygiène publique de Québec.* Cette loi permet l'organisation de comtés ou de groupes de municipalités en districts sanitaires. Elle autorise la provision de fonds à cet effet. La création des districts sanitaires signifie, à toutes fins utiles, un transfert de responsabilité du niveau municipal au niveau provincial dans le domaine de la santé publique. Notons aussi qu'il s'agit d'une loi qui pose les premiers jalons d'une politique de prévention systématique. Des unités sanitaires, sous la direction du docteur A. Lessard, sont en effet mises en place dans différents comtés ruraux de la province par le Bureau provincial de santé du Québec en coopération avec la fondation Rockefeller qui fournit un tiers des fonds nécessaires[111]. Il s'agit en quelque sorte de cliniques «ambulantes» destinées surtout à dépister et à prévenir les maladies contagieuses. Elles s'efforceront de promouvoir la vaccination et de sensibiliser la population à la prévention de la mortalité infantile. Trois unités

111. Abbott (1931, 90) mentionne 1925 comme date de création.

sanitaires dans les régions rurales ouvrent leurs portes en 1926: celles de la Beauce, de Saint-Jean-d'Iberville et du Lac-Saint-Jean. Lors d'un congrès tenu l'année suivante, l'Union des municipalités reconnaîtra les services rendus par ces unités et adoptera une motion pour recommander leur multiplication. En 1930, il y aura 23 unités sanitaires établies dans la province.
Sources: SPQ (1926), chap. 54; Abbott (1931), 90; Pelletier (1940), 21; Anctil/Bluteau (1986), 61.

Loi modifiant la loi de l'assistance publique de Québec. La loi amende les dispositions existantes concernant la taxation des repas dans les hôtels et restaurants en vue d'augmenter le fonds de l'assistance publique. Cet amendement autorise en outre les municipalités à prélever une taxe additionnelle pour subventionner les hôpitaux qui y sont établis.
Source: SPQ (1926), chap. 55.

Première utilisation dans la province de Québec du vaccin B.C.G. contre la tuberculose[112]. Le docteur Beaudoin entreprend, avec l'assistance d'un groupe de médecins et d'infirmières, la vaccination par le B.C.G. Les premières cliniques de vaccination contre la tuberculose sont aussi ouvertes à Montréal.
Sources: ACCTMR (1968), 39 et 117; AMM (800.10).

Pour contrer la propagation des maladies vénériennes, E. O'Brien organise une branche montréalaise de la Canadian Social Hygiene Council en s'associant avec la Montreal Anti-Tuberculosis and General Health League. Cette dernière accepte de diffuser l'information sur les maladies vénériennes. Elle lance aussi une grande campagne de vaccination antidiphtérique parmi les enfants.
Sources: Copp (1978), 112; Cassel (1987), 234.

112. CPHA (1982, 56) prétend que c'est en 1925 que le B.C.G. est employé pour la première fois au Québec sur des enfants.

La Sun Life Assurance Company est l'instigatrice de l'organisation des conférences de perfectionnement professionnel et d'hygiène générale. Un comité est formé regroupant entre autres les doyens des trois facultés de médecine. En font aussi partie les docteurs A. Vallée, P. Normand et O. Ledoux. La présidence du comité est confiée au président du Collège des médecins, R. Boulet. La fonction de ce comité est d'organiser des groupes de conférenciers médicaux qui «accompagnés de planches, projections et pièces pathologiques iront de par la province donner des causeries médicales à la demande des sociétés médicales régionales».
Source: BMQ (1926), 93-94.

Première campagne, dans la ville de Québec, du timbre de Noël contre la tuberculose[113]. Mise en œuvre par la Ligue antituberculeuse de Québec, la campagne rapporte 2000 $.
Sources: BMQ (1927), 322; ACCTMR (1968), 58.

Un médecin et deux infirmières effectuent un séjour de deux mois aux États-Unis sous le patronage de la fondation Rockefeller pour étudier, principalement en Ohio, l'organisation et le fonctionnement de centres sanitaires américains.
Source: Desrosiers *et al.* (1987), 111.

1927 *Loi modifiant la loi de l'assistance publique de Québec.* Cette loi amende l'article 49 des statuts refondus de 1925, chap. 189, concernant le fonds d'assistance publique. Elle stipule que la perception dudit fonds se fait par le secrétaire de la province de Québec.
Source: SPQ (1927), chap. 54.

La tuberculinisation des vaches est rendue obligatoire au Québec.
Source: Tétrault (1979), 124.

113. BMQ (1927, 322) mentionne que la première campagne du timbre de Noël à Montréal eut lieu en 1924 ou 1925. Elle fut patronnée par l'Institut Bruchési.

Fondation du Montreal Health Survey Committee.
Source: Abbott (1931), 89.

Épidémie de fièvre typhoïde à Montréal. Près de 5000 personnes en sont atteintes[114]. La maladie fait quelque 500 morts. L'épidémie serait due au lait contaminé. Les médecins du service d'hygiène décident alors de faire pression sur le gouvernement pour qu'il oblige les agriculteurs à pasteuriser leur lait.
Sources: Pelletier (1940), 22; MacDermot (1950), 50; Sclater Lewis (1969), 173; Anctil/Bluteau (1986), 61-62; AMM (800.10).

La Ligue antituberculeuse et de santé publique de Montréal entreprend une étude sur l'état de l'hygiène publique à Montréal[115]. Cette enquête donnera lieu en 1928 à une publication rédigée par le Comité d'enquête sur l'hygiène à Montréal et intitulée: *Enquête sur les activités en hygiène publique*. On y décrit, entre autres, l'état des services antituberculeux de la ville et l'organisation des laboratoires. Un certain nombre de recommandations pour améliorer les services d'hygiène y sont présentées.
Source: Copp (1978), 109, 113.

L'Institut Bruchési ouvre une succursale dans le nord de la ville de Montréal.
Source: ACCTMR (1968), 126.

Mise sur pied de cliniques antituberculeuses itinérantes dans les régions rurales de la province de Québec.
Source: Wherrett (1977), 215.

---

114. Bilson (1980, 50) et MacDermot (1950, 50) font mention de plus de 2000 cas et de plusieurs centaines de morts; AMM mentionne 5000 cas et quelques 500 décès; Pelletier (1940, 22) et Anctil/Bluteau (1986, 61) mentionnent que 5353 personnes sont atteintes de la fièvre typhoïde.
115. Copp (1978, 110) semble se contredire en mentionnant qu'en 1928, la ligue «défrayait le coût d'une vaste enquête sur les services d'hygiène offerts par la ville de Montréal».

L'École d'hygiène sociale tente de mettre sur pied un «institut d'hygiène». Mais le service provincial d'hygiène refuse d'entériner un tel projet. Une autre vaine tentative sera faite en 1931.
Source: Desrosiers *et al.* (1987), 97.

1928 *Loi modifiant la loi de l'hygiène publique de Québec*[116]. Cette loi oblige les municipalités de 5000 âmes et plus et qui ne font pas partie d'une unité sanitaire à mettre sur pied un service d'hygiène sous les soins d'un médecin dont la candidature est sanctionnée par le lieutenant-gouverneur en conseil[117]. Le gouvernement s'engage à payer la moitié des dépenses. La loi stipule les conditions de l'appellation «lait pasteurisé» et contraint les producteurs à soumettre au directeur du Service provincial d'hygiène toute modification apportée à leurs usines. Elle contraint aussi les personnes impliquées dans le processus de pasteurisation à subir régulièrement un examen médical. Cette loi amende également les dispositions existantes sur plusieurs points mineurs.
Source: SPQ (1928), chap. 68.

Loi relative à la création et au maintien d'unités sanitaires provinciales. Cette loi accorde, à ceux qui en font la demande, la permission d'établir des «unités sanitaires de comtés», destinées à promouvoir et à protéger la santé publique. Ces unités sont mises sous la direction du directeur du service provincial d'hygiène. La loi permet aussi le prélèvement de taxes par les conseils de comtés où ces unités sont constituées. La nomination de l'offi-

116. Anctil/Bluteau (1986, 62) font mention d'un amendement à la loi d'hygiène publique datant de 1927 qui «confie au Service d'hygiène la responsabilité de voir à la pasteurisation du lait». Il s'agit vraisemblablement de la loi de 1928.
117. Selon Rumilly (1958, vol. 30, 42), le gouvernement assurait le contrôle des nominations des médecins «à la demande de la Société médicale de Québec (résolution du 3 novembre 1927), pour soustraire les médecins hygiénistes à des routines ou à des tyrannies échevinales».

cier médical affecté à chaque unité sanitaire doit être entérinée par le lieutenant-gouverneur en conseil.
Sources: SPQ (1928), chap. 69; Anctil/Bluteau (1986), 62; Desrosiers *et al.* (1989), 25.

Première publication de la revue *La Garde-Malade canadienne-française.* Cette revue mensuelle est consacrée aux infirmières, aux hôpitaux ainsi qu'aux services de santé et d'hygiène publique. Le docteur E. P. Benoit en est le directeur.

1929 *Loi modifiant la loi de l'hygiène publique de Québec.* Cette loi amende les dispositions existantes concernant l'installation ou la modification des renardières qui nécessitent désormais l'autorisation du Service provincial d'hygiène.
Source: SPQ (1929), chap. 59.

Loi modifiant la loi de l'assistance publique du Québec relativement à l'hospitalisation des indigents. La loi amende les dispositions existantes relativement au pouvoir du magistrat de district ou du greffier de certifier l'état d'indigence d'un malade dont le certificat est refusé. La loi statue également sur le paiement des frais engagés par l'hospitalisation des détenus.
Source: SPQ (1929), chap.61.

Loi modifiant la loi de l'assistance publique. La loi amende les dispositions existantes concernant l'hospitalisation des détenus indigents. Ces nouveaux amendements autorisent le secrétaire de la province à confier un détenu à une institution d'assistance publique et prévoit que les frais seront répartis de façon égale entre le gouvernement, l'institution d'assistance et la municipalité où a eu lieu l'arrestation, si la dernière localité de résidence du détenu pendant six mois n'a pu être désignée.
Source: SPQ (1929), chap. 62.

Loi modifiant la loi des unités sanitaires. La loi précise les pouvoirs, devoirs et prérogatives de l'officier médical de chaque unité sanitaire de comté.
Source: SPQ (1929), chap. 60.

Loi permettant l'emploi annuellement d'une somme de un million de dollars provenant de la vente des liqueurs alcooliques, pour aider au maintien des institutions d'assistance publique. Cette loi autorise le trésorier de la province à verser annuellement au fonds de l'assistance publique un million de dollars provenant des revenus nets des opérations de la Commission des liqueurs de Québec.
Source: SPQ (1929), chap. 63.

Fondation du dispensaire antituberculeux de l'Hôtel-Dieu de Montréal. La formation de cet organisme fait suite à un projet d'entente entre l'Institut Bruchési, l'Hôpital Notre-Dame, l'Hôtel-Dieu de Montréal et l'Hôpital du Sacré-Cœur de Cartierville. Le 26 octobre, le docteur Robichaud, qui est aussi membre de l'Institut Bruchési, est nommé à sa direction.
Source: UMC (1970), 506.

1930 *Loi relativement à la préservation de l'enfance contre la tuberculose.* Cette loi permet d'établir sous la direction du service provincial d'hygiène un service désigné sous la dénomination l'Œuvre du placement familial. Ce système de prévention visait à enlever l'enfant d'un milieu familial contaminé par la tuberculose. L'enfant était placé de préférence dans une famille rurale choisie par le curé et le médecin local. La loi précise les pouvoirs du directeur de service et les modalités du financement gouvernemental. Ce service est dirigé par le Conseil provincial d'hygiène qui supporte les coûts des vêtements, des frais scolaires, des soins médicaux et verse une allocation mensuelle de 8 $ à la famille d'accueil.
Source: SPQ (1930), chap. 83; Pelletier (1940), 22.

Loi modifiant la loi des unités sanitaires. La loi fait de l'unité sanitaire de comté l'autorité sanitaire municipale en ce qui concerne la déclaration des maladies contagieuses. Elle permet aux conseils de comtés de prélever, dans certains cas, une taxe sur la propriété. Entre 1926 et 1930, le nombre d'unités sanitaires de comtés s'accroîtra de 3 à 30.

La province en comptera 49 en 1941, 67 en 1953 et 73 en 1959.
Source: SPQ (1930), chap. 82.

Création de l'Institut de bactériologie et d'hygiène de l'Université Laval. Cet institut a principalement pour but de favoriser la recherche scientifique.
Source: Boissonnault (1953), 369.

Ouverture du sanatorium Cooke à Trois-Rivières. Cette institution accueille les tuberculeux.
Sources: Wherrett (1977), 213; FCI.

Parution à Montréal d'une revue sur la tuberculose intitulée *La Santé*. Elle cessera de paraître en 1932.
Source: Lahaise, (1990), 160.

1931 *Loi modifiant la loi de l'hygiène publique de Québec*. Cette loi amende l'article 61 du chapitre 186 des statuts refondus de la province de Québec concernant l'amélioration ou l'installation de systèmes de drainage et d'alimentation en eau dans les municipalités. La loi indique les démarches à suivre pour toute requête auprès de la Commission des services publics de Québec et statue sur les pouvoirs de celle-ci quant aux travaux et à la répartition des frais engagés, particulièrement dans le cas de développements conjoints entre deux municipalités.
Source: SPQ (1931), chap. 78.

Loi modifiant la loi de l'assistance publique de Québec. La loi amende les dispositions existantes relativement au droit des municipalités de recouvrer, à même les biens immobiliers des patients ou de leurs obligés légaux, toute somme d'argent dépensée pour l'hospitalisation des patients dans une institution d'assistance publique.
Source: SPQ (1931), chap. 81.

Loi concernant la silicose. Cette loi ordonne l'émission d'un certificat d'aptitude pour toute personne engagée pour la taille, le polissage ou le finissage du granit. Ce certificat est valide pour un an. La loi prévoit l'utilisation

obligatoire de dispositifs respiratoires protecteurs contre la silicose pulmonaire et permet l'édiction de règlements pour l'examen médical et pour la protection des travailleurs du granit contre la silicose et contre toute maladie industrielle.
Source: SPQ (1931), chap. 47.

Loi modifiant la loi de la préservation de l'enfance contre la tuberculose. Cette loi amende les dispositions existantes concernant l'obligation des commissions scolaires d'admettre des pupilles tuberculeux d'âge scolaire au même titre que les autres enfants. La loi prévoit une compensation possible pour les commissions scolaires intéressées.
Source: SPQ (1931), chap. 80.

Loi modifiant la loi des mines de Québec relativement à certains examens médicaux. Cette loi amende les dispositions existantes du chapitre 80 des statuts refondus de 1925 concernant l'obligation pour tout ouvrier des mines travaillant au sous-sol ou dans le broyage de surface à sec de subir un examen médical annuel. Elle prévoit à cet effet l'émission d'un certificat valide pour une période de douze mois attestant l'absence de tuberculose des voies respiratoires. La loi prévoit toutefois des cas d'exemption. Des pénalités sont prévues pour les contrevenants.
Source: SPQ (1931), chap. 46.

Une section d'épidémiologie est créée par le Service provincial d'hygiène. Un épidémiologiste «expert» prend la responsabilité de cette section.
Source: Pelletier (1940), 23.

L'American Public Health Association tient son congrès au Québec.

Publication par le docteur J. A. Beaudouin de ses notes de cours intitulées *Cours d'hygiène professé à l'Université de Montréal,* Montréal, Éd. universitaire, 1931, 610 p.

1932 *Loi concernant les conserves alimentaires.* La loi amende les dispositions existantes du chapitre 68 des statuts refon-

dus de 1925 en y ajoutant des règlements quant au droit de produire des aliments en conserve.
Source: SPQ (1932), chap. 40.

Loi relativement au lait et aux produits laitiers. Après des amendements mineurs en 1920 et 1924, la loi de 1932 amende les dispositions existantes concernant l'obligation de toute fabrique de beurre ou de fromage de déclarer à l'inspecteur général tout refus d'un approvisionnement de lait ou de crème. La loi précise les pouvoirs de l'inspecteur général.
Sources: SPQ (1920), chap. 26; SPQ (1924), chap. 29; SPQ (1932), chap. 39.

1933 *Loi modifiant la loi de l'hygiène publique de Québec.* Cette loi amende les dispositions existantes concernant l'installation des systèmes d'aqueduc.
Source: SPQ (1933), chap. 73.

Loi modifiant la loi de l'assistance publique de Québec. La loi amende les dispositions existantes concernant les rapports administratifs des institutions d'assistance publique et le droit des municipalités de réclamer le remboursement des frais d'hospitalisation aux personnes dont l'indigence n'a été que temporaire.
Source: SPQ (1933), chap. 76.

Loi concernant les unités sanitaires. La loi amende les dispositions existantes du chapitre 186a des statuts refondus de 1925 concernant les unités sanitaires. Celles-ci deviennent désormais des organisations permanentes destinées à la surveillance et à la protection de la santé publique dans les comtés où elles sont établies. Cette loi autorise aussi le lieutenant-gouverneur en conseil à en établir de nouvelles. Elle en prévoit les modalités de subvention par les municipalités et permet aux municipalités de plus de 20 000 âmes dont les services d'hygiène sont jugés adéquats d'être exemptées d'établir de telles unités. La loi définit les pouvoirs et devoirs de l'officier médical de chaque unité comme équivalents à

ceux des inspecteurs du Service provincial d'hygiène et des autorités sanitaires municipales.
Source: SPQ (1933), chap. 74.

Loi abrogeant la loi de la silicose, 1931. Cette loi abroge le chapitre 47 des statuts de la province de Québec de 1931.
Source: SPQ (1933), chap. 32.

Loi modifiant la loi des mines de Québec relativement à certains examens médicaux. Cette loi abroge les articles 152a et152b de la loi des mines des statuts refondus de 1925 .
Source: SPQ (1933), chap. 30.

Loi modifiant la loi des accidents du travail, 1931. Cette loi amende les dispositions existantes concernant les conditions et les montants d'indemnisation, la désignation du médecin traitant ainsi que d'autres points mineurs.
Source: SPQ (1933), chap. 98.

Loi modifiant la loi 16 George V, chap. 55, imposant la «taxe d'hôpital». Amendements mineurs. Est inclus dans ces amendements le devoir de verser le produit de cette taxe au fonds de l'assistance publique.
Source: SPQ (1933), chap. 77.

Loi rel*ativement au lait et les produits laitiers.* La loi englobe l'ensemble des règlements auxquels sont soumis les producteurs de produits laitiers et définit les droits des inspecteurs de fabriques de produits laitiers comme équivalents à ceux définis aux articles 74 à 76 de la loi de l'hygiène publique. Elle entraîne, le 23 mai, la création par le ministère de l'Agriculture de la Commission de l'industrie laitière de la province de Québec. Cette Commission sera remplacée en 1934 par une autre commission du même nom mais dotée de pouvoirs très étendus.
Source: SPQ (1933), chap. 24.

1934 *Loi modifiant la loi de l'hygiène de Québec.* Cette loi amende les dispositions existantes relativement à la dénomination de «porteurs de germes». Cette expression désigne une personne qui, sans présenter les symptômes d'une

maladie contagieuse, porte et peut disséminer l'agent causal de la maladie. Elle interdit aux «porteurs de germes», sous peine d'amende, la manutention des produits laitiers et de tout autre aliment destiné à la consommation humaine. Ces porteurs sont assimilés aux personnes atteintes de maladies contagieuses et sont tenus à la déclaration, à l'isolement et à la désinfection. La loi autorise le lieutenant-gouverneur à ordonner la vaccination antityphoïdique ou l'immunisation antidiphtérique à toute population concernée. Elle tient aussi les municipalités responsables de la déclaration des cas de maladies contagieuses. La loi prévoit l'inspection sanitaire des chantiers de coupe de bois, des scieries et des campements de mineurs ou d'employés de voirie qui doivent désormais suivre les plans conçus par le Service provincial d'hygiène. Elle prévoit également des modalités de mise en demeure, de fermeture ainsi que des poursuites et des amendes contre les concessionnaires forestiers et les entrepreneurs fautifs.
Source: SPQ (1934), chap. 58.

Loi modifiant la loi des produits laitiers. La loi autorise le lieutenant-gouverneur en conseil à instituer une «Commission de l'industrie laitière» dotée de pouvoirs très larges et à faire des règlements pour assurer la bonne condition sanitaire et hygiénique du lait et de la crème. Cette commision a le pouvoir d'interdire les produits non satisfaisants et d'émettre ou de révoquer des permis. La loi apporte aussi de nombreux autres amendements.
Source: SPQ (1934), chap. 27.

Loi modifiant la loi de l'assistance publique de Québec. La loi amende les dispositions existantes relativement à la certification médicale des personnes indigentes sujettes, après examen, à l'hospitalisation «dans un hôpital général, un sanatorium ou une institution hospitalisant des incurables». Elle prévoit également quelques amendements mineurs.
Source: SPQ (1934), chap. 59.

Fondation de l'Association antituberculeuse de la province de Québec. Cette association vise à regrouper tous les spécialistes de la tuberculose de la province. La décision initiale de fonder cette association est prise lors du congrès de l'Association canadienne antituberculeuse tenu à l'hôtel Windsor, le 13 juin 1934. Le docteur J. A. Couillard, appuyé par le directeur du Service provincial d'hygiène, le docteur A. Lessard, propose alors la création d'une filiale de l'Association canadienne. La première rencontre officielle a lieu à Trois-Rivières sous la présidence du docteur J. A. Jarry. Cette société se donne comme tâche de réunir les praticiens qui travaillent sur la tuberculose et d'élaborer un programme de prophylaxie sociale pour les années suivantes.
Source: UMC (1935), 101.

Ouverture de l'Hôpital Pasteur. Le 7 août 1931, l'Hôpital Saint-Luc avait passé un contrat avec la cité de Montréal l'engageant à construire un pavillon de 300 lits en vue de l'hospitalisation des malades contagieux[118]. Ce nouvel hôpital réservé aux malades contagieux prend la relève de l'Hôpital Saint-Paul qui s'était vu refuser le renouvellement de son contrat avec la ville de Montréal en 1933.
Sources: SPQ (1931), chap. 133; AGMEPQ (1946), 59; GRHHND.

1935 *Loi pourvoyant au paiement des services des médecins et des frais d'entretien des accidentés dans les institutions d'assistance publique.* Cette loi prévoit l'indemnisation de personnes accidentées hospitalisées dans toute institution reconnue d'assistance publique mais non éligible en raison de son domicile. La loi précise les conditions liées à la réclamation en dommages, les modalités de paiement, le droit de poursuite des institutions d'assistance publique et le tarif applicable, ce dernier étant celui prévu par la loi des accidents du travail de 1931.
Source: SPQ (1935), chap. 85.

118. Tanghe (1936, 121) situe la fondation de l'hôpital en 1933.

Loi modifiant la loi des produits laitiers. La loi amende les dispositions existantes concernant l'entrave aux inspecteurs, la vente de lait falsifié et la nature des amendes. Elle comporte également un nombre appréciable d'amendements mineurs.
Source: SPQ (1935), chap. 29.

1936 *Loi pourvoyant à l'organisation d'un département de la santé.* Création du département de la Santé et du Bien-être social. Ce département remplace le Service provincial d'hygiène et regroupe dans une même structure administrative le Service provincial d'hygiène et le Service de l'assistance publique. Cette loi définit les pouvoirs du ministre de la Santé qui a la charge et la responsabilité du département. C'est du département de la Santé que relèvent désormais les affaires suivantes: l'hygiène et la santé publiques, l'assistance publique, les aliénés, l'ins-pection des hôpitaux et autres institutions charitables, les relations avec Ottawa relativement à la santé publique, les études et enquêtes sur la santé publique et les statistiques vitales. Le ministre a sous son autorité un sous-ministre, un secrétaire ainsi que des officiers, commis et messagers nommés par le lieutenant-gouverneur en conseil. La loi donne au personnel du département le droit de pénétrer dans toute propriété privée. Le docteur H. J. A. Paquette devient le premier ministre de la santé.
Source: SPQ (1936), chap. 29.

Loi modifiant la loi 23 George V, chapitre 98, ayant pour but de rétablir le droit qu'avait l'accidenté de choisir son médecin. Cette loi amende les dispositions existantes relativement au droit de tout ouvrier accidenté d'être soigné par le médecin de son choix. Elle oblige formellement l'employeur à lui fournir l'aide médicale nécessaire. Le coût des soins doit être selon le cas, soit payé par l'employeur lui-même, soit pris à même le fonds d'accident prélevé des employeurs.
Source: SPQ (1936), chap. 40.

Une section d'hygiène industrielle est mise sur pied par le service provincial d'hygiène (ministère de la Santé)[119] qui regroupe deux secteurs. Le premier est responsable du contrôle des conditions sanitaires dans les chantiers de coupe du bois, dans les mines et dans les autres chantiers industriels. Le second s'occupe de la prévention et du contrôle des maladies du travail. De septembre 1937 à septembre 1938, plus de 20 000 chantiers et 3000 établissements industriels seront l'objet d'inspection.
Source: Pelletier (1940), 25.

Le Montreal Group for the Security of the People's Health envoie des recommandations concernant le système de sécurité sociale et de santé aux différents groupes de professionnels de la santé.
Source: CPHA (1982), 9.

Parution du périodique *L'Étoile du San*, publié par le sanatorium du Lac Édouard. Il disparaîtra en 1963.
Source: Lahaise (1990), 160.

1937 *Loi protégeant les ouvriers atteints de silicose.* Cette loi amende les dispositions existantes concernant la définition de la silicose, les conditions nécessaires à la reconnaissance de la silicose infectieuse comme maladie industrielle. Elle interdit à tout employeur d'obliger un ouvrier employé dans les douze mois précédant le 29 mars 1938 «à subir un examen médical pour se rendre compte si cet ouvrier est ou non atteint de silicose infectieuse».
Source: SPQ (1937), chap. 89.

Loi modifiant la loi 22 George V, chapitre 53. Amendement mineur à la loi de l'hygiène publique.
Source: SPQ (1937), chap. 61.

Loi modifiant la loi des accidents de travail relativement à un bureau de révision médicale et au fonds d'accidents. Cette loi

119. Nous ne savons si c'est avant ou après la formation du ministère le 12 novembre 1936.

amende les dispositions existantes relativement au droit du lieutenant-gouverneur en conseil d'instituer «un bureau médical chargé de réviser la preuve médicale faite devant la commission dans les cas d'accidents soumis à cette dernière». La loi prévoit que ce bureau sera formé de trois médecins nommés par le lieutenant-gouverneur en conseil et que la décision de la majorité liera la commission en matière de preuve.
Source: SPQ (1937), chap. 88.

Loi modifiant la loi sur les produits laitiers. La loi amende les dispositions existantes concernant l'établissement de postes de réception de lait ou de crème et la délimitation des zones desservies par ces postes. Ces postes doivent avoir l'exclusivité de l'approvisionnement des marchands de lait, des propriétaires de fabriques ou d'usines de pasteurisation. Toute propriété de fabrique doit éviter d'empiéter sur les zones desservies par les autres propriétaires.
Source: SPQ (1937), chap. 36.

Fondation au Cercle universitaire de Montréal du Comité provincial pour la prévention de la tuberculose (Quebec Provincial Committee for the Prevention of Tuberculosis). Ce comité regroupe tous les organismes officiels et non officiels engagés dans la lutte contre la tuberculose. Il se donne comme tâche de venir en aide aux organismes locaux et s'affilie à la Canadian Tuberculosis Association. Le regroupement de données statistiques, la création de sous-comités spéciaux et l'éducation populaire font également partie de son mandat.
Source: Wherrett (1977), 215

1939 *Loi modifiant la loi de l'hygiène publique.* Cette loi amende les dispositions existantes concernant l'abrogation d'une série d'articles de la loi de l'hygiène publique des statuts refondus de 1925. La loi prévoit de nouvelles dispositions pour assurer la salubrité des plages, piscines, endroits de villégiature et camps de touristes et pour prévenir et contrôler les maladies vénériennes et les maladies contagieuses, particulièrement à l'état épidémique ou endémique.
Source: SPQ (1939), chap. 81.

III

Les associations, les sociétés, les revues, et les événements d'intérêt professionnel (1654-1938)

1654 La première sage-femme «officielle» de Québec est mentionnée dans un registre d'état civil de la paroisse Notre-Dame de Québec en date du 20 décembre.
Source: Laforce (1985), 21.

1658 La fonction de lieutenant du premier chirurgien du roi est créée au Canada. Cette fonction revient en premier lieu au maître barbier-chirurgien J. Madry, puis successivement à J. Demosny, M. Sarrazin et J. Lajus. La «surveillance des chirurgiens et des médecins, l'examen de leur titre, la vérification de leurs connaissances et de leur compétence relèvent du lieutenant du premier chirurgien du Roi[1]». Il s'agit de l'une des premières mesures, sinon la première, visant à réglementer la pratique de la médecine et de la chirurgie en Nouvelle-France. Elle sera abolie par la cour en 1745 parce que jugée de peu d'utilité.
Sources: Boissonnault (1953), 55; Lessard (1988), 424.

La Commission des officiers civils de justice, en avril, accorde à J. Madry, de la ville de Québec, la permission «d'exercer l'état de Maître-barbier-chirurgien».
Source: EO (1806), 337.

1697 Retour en Nouvelle-France de M. Sarrazin, diplômé de la faculté de médecine de Reims. Il est le premier à porter le titre de *médecin du Roy*. Il a dès lors la responsabilité des soins aux officiers du roi et doit s'occuper de la santé publique dans les cas d'épidémies dans la Colonie. Ses gages sont payés par le roi[2]. Sarrazin pratiquera de nombreuses dissections des principaux mammifères de

1. Boissonnault (1953, 55-56).
2. Selon DBC (2, 640), au début du XVIIIe siècle, c'est le médecin du roi à Québec qui exercera la surveillance des médecins et chirurgiens.

la Nouvelle-France et en fera rapport à l'académicien Réaumur. M. Sarrazin mourra en 1734 à l'âge de 75 ans d'une fièvre maligne à l'Hôtel-Dieu de Québec. Il sera remplacé en 1741 par J. F. Gaultier qui avait poursuivi des études de médecine à Paris. Gaultier décédera en 1756 et, en raison du conflit avec l'Angleterre et de la Conquête, il n'y aura plus de chirurgien du roi en territoire québécois.
Sources: MacDermot (1967), 17; Desjardins (1973), 247; PHMQ (1989), 1.4, 1.6, 1.7.

1703 Monseigneur de Saint-Vallier recommande que le choix des sages-femmes dans le diocèse de Québec se fasse parmi «les femmes les plus vertueuses et les plus honnêtes de la paroisse».
Source: Lessard (1988), 424.

1710 *Ordonnance de Raudot concernant l'exercice de la chirurgie au Canada.* Cette ordonnance, promulguée le 1er juillet, interdit aux chirurgiens de vaisseaux et à tous les chirurgiens étrangers «autres que ceux établis dans les villes de ce pays et dans les côtes, de panser et médicamenter les malades sous quelque prétexte que ce soit sous peine de 50 £ d'amende applicable aux sœurs de la congrégation et de confiscation des instruments et remèdes dont ils se trouvent saisis».
Source: EOR (1710), 105.

1722 Le chirurgien Lajus présente à l'intendant Bigot un projet pour réglementer la pratique médicale[3]. Il semble que ce projet n'aura pas de suite.
Source: Laforce (1985), 84, 89.

---

3. Cependant Laforce (1985, 84) se contredit en mentionnant que Lajus présente ce projet en 1720. Elle mentionne aussi que Bigot, à la demande du chirurgien Lajus, avait tenté sans grand succès en 1740 d'établir un contrôle de la pratique médicale. N'y a-t-il pas ici confusion avec l'ordonnance de 1750?

Arrivée en Nouvelle-France de Madeleine Bouchette, qui devient la première sage-femme officiellement rémunérée par le roi. Elle reçoit un traitement annuel de 400 £ pour lequel elle doit «demeurer au service des pauvres, instruire les autres sages-femmes et témoigner lors des procès[4]».
Sources: Laforce (1985), 21; Lessard (1988), 424.

1750 *Ordonnance de Bigot concernant l'exercice de la chirurgie au Canada.* Édictée le 12 juin, cette ordonnance statue que seuls les chirurgiens du pays ont le droit d'exercer la chirurgie et de soigner les malades. Les médecins immigrants qui désirent pratiquer dans la ville de Québec devront subir un examen devant le médecin du roi et en présence du lieutenant-général de la prévôté. Ceux qui voudront pratiquer à Montréal et à Trois-Rivières devront subir un examen devant le chirurgien du roi et en présence du lieutenant-général de la juridiction. Cette ordonnance, qui contrôlera la pratique médicale sous le régime français, deviendra inopérante après la Conquête. Cependant, aucune législation ne la remplacera avant 1788.
Sources: Abbott (1931), 31-32; Boissonnault (1953), 56-58; CMHMC (1967), 5; Leblond (1970), 29; Short (1981), 11; Lessard (1989b), 27.

L'État français entretient à ses frais, en Nouvelle-France, quatre sages-femmes.
Source: Laforce (1985), 180.

1760 Le général Haldimand convoque les sages-femmes à Trois-Rivières «pour y rendre compte de leur charge et pour y recevoir la récompense ordinaire qu'elles en ont pris et les engager à les continuer».
Source: Fecteau (1989), 66.

1786 Le 6 novembre, soit peu après l'arrivée de Lord Dorchester, un comité du Conseil législatif est formé pour étu-

4. Lessard (1988, 424).

dier la question de la compétence du corps médical dans la province du Canada. Le comité retiendra surtout les propositions des docteurs Fisher et Blake, soit la formation d'une société médicale permettant le contrôle et la coordination des pratiques médicales individuelles, la lutte contre le charlatanisme et la formation de bureaux des examinateurs à Québec et à Montréal. Le comité déposera son rapport le 20 janvier 1787.
Sources: Lessard (1989a), 82-84; DBC (5), 97.

1788 *Acte ou ordonnance qui défend à qui que ce soit de pratiquer la médecine et la chirurgie dans la province de Québec, ou la profession d'accoucheur dans les villes de Québec ou Montréal, sans une permission.* Le 30 avril 1788, après la recommandation du gouverneur et la formation d'un comité chargé de formuler des propositions fermes pour le contrôle de la pratique médicale, une ordonnance de Carleton (Lord Dorchester), qui prend effet le 1er novembre, statue sur les conditions de la pratique médicale dans la province. L'ordonnance défend, sous peine d'amende, de vendre ou de prescrire des médicaments, d'exercer la médecine et la chirurgie ou encore la profession d'accoucheur dans les villes et faubourgs de Québec et de Montréal sans avoir obtenu préalablement la permission du gouverneur ou du commandant en chef. Cette permission ne sera accordée et consignée au Greffe de la paix du district où réside le demandeur que moyennant la production d'un certificat obtenu après examen auprès des personnes (bureaux des examinateurs) que le gouverneur nommera à cet effet. L'ordonnance autorise en effet la création de bureaux des examinateurs à Québec et à Montréal dont les membres seront nommés par le gouverneur. Elle exempte toutefois de l'examen les détenteurs de diplômes des universités britanniques, les médecins et chirurgiens de la marine et de l'armée et les vendeurs de médicaments ayant obtenu une «patente royale». Dans les faits, cette ordonnance n'entrera en vigueur qu'à compter de 1794, date de la première réunion des membres des bureaux

des examinateurs. Jusqu'en 1831, les membres seront nommés par le gouverneur et choisis parmi les médecins et chirurgiens de l'armée. L'ordonnance de 1788 reprendra force le 1er mai 1837.
Sources: OPQ (1788), chap. 8; MMJ (1902), 572; Boissonnault (1953), 59; Bernier (1980), 226 et (1981), 307-308; Short (1981), 11; Lessard (1989), 84.

1789 Fondation à Québec, le 1er mai, de la Société bienveillante de Québec. Cette société d'entraide a pour objectif «d'accumuler des fonds pour la protection de ses membres en cas de maladie».
Source: Fecteau (1989), 55.

1791 Lors d'une pétition, P. de Sales Laterrière recommande que les sages-femmes soient soumises à un examen devant des médecins choisis par le gouverneur. Il recommande aussi la délivrance d'une licence de pratique.
Source: Fecteau (1989), 73.

1794 Les membres du bureau des examinateurs créés en 1788, se réunissent pour la première fois.
Source: UMC (1931), 888.

1814 La Chambre d'assemblée du Bas-Canada forme un comité chargé de préparer un projet de loi en vue d'amender l'ordonnance de 1788 qui réglemente la pratique de la médecine.
Source: Bernier (1980), 237.

1815 Fondation de la Montreal Ladies Benevolent Society[5]. Cette société organise, dès sa fondation, des soupes populaires et offrira à partir de 1818 un gîte aux immi-

5. Abbott (1931, 57) mentionne que la fondation de la Female Benevolent Society eut lieu en 1816. Il s'agit de la même société. Bilson (1980, 45) mentionne qu'une société bénévole est fondée en août 1832 sous le nom de Montreal Ladies Benevolent Society. Selon SPC (1849, chap. 52) une société du nom de Ladies Benevolent Society of Montreal sera incorporée en 1841.

grants malades et démunis dans la House of Recovery. Cette initiative entraînera la fondation du Montreal General Hospital.
Sources: MacDermot (1950), 2; BCRMCC (1978), 70.

1818 La première société médicale est fondée à Québec par un petit groupe de médecins et de chirurgiens sous la présidence du docteur F. Blanchet. Elle cessera ses activités un an à peine après sa fondation.
Sources: GQ (1818), 3; Bernier (1980), 233-234.

1823 Après avoir dissout le Bureau des examinateurs de Montréal, le gouverneur Dalhousie crée un nouveau bureau, dit Bureau d'examens, composé des cinq médecins enseignant à la Montreal Medical Institution. Cette mesure assure à l'école une position particulièrement confortable.
Sources: Shepherd (1919), 6; Tunis (1981), 139.

Les médecins de Québec demandent à l'Assemblée «d'interdire aux pharmaciens de visiter les malades et de prescrire des médicaments, car cela prive les médecins d'une clientèle qu'ils jugent relever de leur juridiction[6]».
Source: Bernier (1989), 35.

1826 Fondation, le 4 décembre, de la Société médicale de Québec. Ce sont les docteurs J. Morrin (président), C. N. Perrault (vice-président), X. Tessier (secrétaire), F. Blanchet et J. Painchaud qui sont les principaux promoteurs de la nouvelle société. La Société médicale de Québec a pour but «non pas la discussion d'objectifs professionnels, mais le développement et l'échange des connaissances en médecine[7]». La constitution de la Société est adoptée le 4 décembre. Chaque membre est tenu de présenter une communication sur un sujet médical.

6. Bernier (1989, 35).
7. Keating/Keel (1983, 112).

En 1829, la Société médicale de Québec s'affiliera à la London Vaccine Institution et se dotera d'une bibliothèque qui sera mise sous la direction d'un bibliothécaire. Les membres de la Société décideront aussi de se doter d'un code d'éthique intitulé *Laws of the Quebec Medical Society*, Québec, Thos. Carry & Co., 1830. Mais la survie de la Société n'en demeurera pas moins fragile. Entre les années 1826 et 1830, les membres assisteront peu nombreux aux réunions qui ne se tiendront qu'épisodiquement. Au début des années 1830, la Société tiendra des séances hebdomadaires régulières, mais finira par disparaître puisque, deux ans plus tard, on ne trouve plus trace de ses activités, et ce jusqu'en 1844. Cette année-là, la *Montreal Medical Gazette* annoncera que la Société médicale de Québec est sur le point de renaître. Il semble que cette société jouera un rôle actif dans la présentation du projet d'incorporation de 1847. Mais son existence sera encore une fois éphémère.

En 1865, le *Canada Medical Journal and Monthly Record of Medical and Surgical Science* annoncera à son tour l'organisation d'une société appelée Société médicale de Québec (Quebec Medical Society), présidée par le docteur F. A. H. Larue, avec le docteur Simard comme vice-président et les docteurs L. Catellier et J. B. Blanchet comme secrétaire et trésorier[8]. L'année suivante, c'est le docteur O. P. Tessier qui en sera le président. Formée en août 1865, cette société ne sera active que pendant deux ans, après quoi elle n'existera que nominalement, ne se réunissant qu'une fois par année pour l'élection des officiers. La Société médicale de Québec sortira momentané-

8. L'information se lit comme suit: «*A Society having been recently organised at the ancient Capital... Quebec Medical Society.*» Bernier (1989, 88) soutient cependant que la société avait bel et bien continué à exister entre 1844 et 1865: «Si la «flamme [de la Société médicale de Québec] s'était affaiblie durant les années 1850 , elle se ranimera dans les années 1860» [et en 1865] cette société regroupera la plupart des médecins de Québec et de Lévis et nombre de médecins de campagne. Elle en comptera même à Sorel.»

ment de sa léthargie en 1867, à l'occasion de la fondation de la Canadian Medical Association, puis en 1871 à l'occasion du cinquième congrès de la Canadian Medical Association. Le docteur M. J. Ahern tentera de la ressusciter, mais en vain, en 1877.

La véritable renaissance de la Société médicale de Québec aura lieu 3 décembre 1896 avec la formation d'un comité chargé de préparer une charte et des règlements. Elle sera officiellement relancée le 14 janvier 1897 avec, comme président honoraire, le docteur C. E. Lemieux et comme vice-président honoraire, le docteur Simard[9]. Le président actif sera le docteur Ahern, le docteur Dorion sera trésorier et les docteurs Paquin et Faucher, secrétaires.
Sources: CMJMR (1865), 141, 287; RMQ (1900), 621-624; Roy (1903), 107; Abbott (1931), 50; LM (1942), 335; Boissonnault (1953), 124, 127; MacDermot (1967), 152-153; Bernier (1979), 42; Pierre-Deschênes (1980), 14 et (1981), 357; Bilson (1981), 122; Keating/Keel (1983), 106, 112; Leblond (1986), 170; DICMR, no. 52841.

Première publication du *Journal de médecine de Québec.* Il s'agit de la première revue médicale au Canada. Fondée par X. Tessier avec la collaboration d'une quinzaine de médecins de Québec et de Montréal, cette revue paraîtra de janvier 1826 à octobre 1827.
Sources: Roland/Potter (1979), 52; Bernier (1980), 234; Keating/Keel (1983), 101.

1827 Fondation de la Société d'histoire naturelle de Montréal. Le docteur A. F. Holmes fait partie des membres fondateurs.
Source: DBC (8), 449.

1831 *Acte pour rappeler un certain Acte ou Ordonnance y mentionnée, et qui pourvoit d'une manière plus efficace à des rè-*

9. Selon UMC (1940, 239), la Société médicale de Québec ne reprendra ses activités qu'en 1901.

glements relativement à la pratique de la médecine, la chirurgie et la profession d'accoucheur. Cette loi abroge la loi de 1788. Elle oblige, sous peine d'amendes, les candidats médecins, en chirurgiens ou apothicaires à subir devant le Bureau des examinateurs de leur district un examen portant sur la maîtrise de leur langue maternelle, du latin et sur leur aptitude générale à entrer dans la profession postulée. Elle prévoit les conditions auxquelles doit se plier le candidat en médecine pour se présenter devant le Bureau des examinateurs ainsi que le paiement d'une certaine somme pour cet examen et pour toute représentation de la part d'un médecin, chirurgien ou apothicaire visant à faire examiner un diplôme ou une commission. Elle contraint les candidats en médecine à un apprentissage de cinq ans et stipule que tout médecin ayant obtenu une licence du gouverneur, après examen, doit avoir au moins 21 ans. Les exemptions à l'examen prévues par la loi de 1788 sont reconduites. Ceux qui veulent pratiquer comme apothicaires, chimistes, droguistes ou vendeurs de remèdes doivent avoir suivi un apprentissage d'au moins trois ans sans interruption et doivent également avoir obtenu une licence du gouverneur ou du lieutenant-gouverneur de la province, après examen par le Bureau des examinateurs du district où ils résident. Cette licence devra être enregistrée au Bureau des protonotaires du district de résidence du détenteur. Cette loi a également pour effet de remettre aux médecins le droit d'élire les membres des bureaux des examinateurs de Québec et de Montréal, sous réserve d'approbation du gouverneur. Les médecins élus membres de ces bureaux, au nombre de 12, seront en poste pour une période de 3 ans. Ils devront se réunir au moins quatre fois par année. La loi fixe les modalités de l'assemblée élective et du vote. Elle exclut du privilège de la licence les femmes qui pratiquent comme accoucheuses. La vente d'arsenic est soumise à l'obtention d'un certificat émanant d'un juge de paix et des pénalités sont prévues dans les cas de médicaments falsifiés ou

de contenants de poisons mal identifiés. Des enquêteurs peuvent vérifier si les clauses contenues dans la loi sont respectées. Cette loi expirera, comme le prévoit sa dernière clause, en 1837.
Source: SPBC (1831), chap. 27.

1832 Fondation de la Quebec Medical Students Society.
Source: DICMR , no. 61761.

1837 Expiration, le 1er mai, conformément à ses propres dispositions, de la loi médicale de 1831 qui rendait électifs les Bureaux des examinateurs. L'ordonnance de Lord Dorchester de 1788 reprend force[10]. Elle prévaudra à nouveau jusqu'à la loi d'incorporation de 1847.
Sources: Boissonnault (1953), 67; Tunis (1981), 158.

Révolte des Patriotes: plusieurs médecins de Montréal sont emprisonnés ou doivent s'exiler aux États-Unis. «Dans le district de Montréal, dix-neuf médecins sont arrêtés en 1837 pour avoir été impliqués dans la rébellion.»
Source: Bernier (1981), 316.

1841 *An act to enable persons authorized to practice physic or surgery in upper or lower Canada, to practice in the province of Canada.* Cette loi autorise les médecins détenteurs d'un permis à pratiquer la médecine dans l'une ou l'autre partie du Canada-Uni.
Source: SPC (1841), chap. 41.

Lors de leur réunion du 4 mai, les docteurs Crawford, Holmes et Arnoldi, membres du Bureau des examinateurs de Montréal, font parvenir une pétition à l'Assemblée dans le but de faire modifier la loi de 1831 qui

10. Bernier (1989, 48) avance cependant que l'équipe du Bureau des examinateurs de Montréal est démise de ses fonctions en mai 1837 parce qu'elle est jugée trop radicale et qu'elle sera remplacée d'autorité en 1839 par une équipe constituée en majorité de professeurs de McGill favorables aux politiques du gouverneur.

«avait subi certains changements à l'époque de l'Union des deux Canadas[11]».
Source: DBC (7), 29.

1843 Un projet de loi visant à uniformiser la pratique de la médecine dans l'ensemble du Canada-Uni est déposé à l'Assemblée législative par les membres du Bureau des examinateurs de Montréal. Ce projet n'aura pas de suite immédiate.
Source: Bernier (1989), 54.

Fondation, le 23 décembre, de la Montreal Medico-Chirurgical Society qui existera jusqu'en 1852. Le docteur Badgley serait l'initiateur de cette société. Le docteur A. F. Holmes en est l'un des cofondateurs et le premier président. La société sera dissoute en 1845 mais reprendra ses activités l'année suivante. Elle disparaîtra à nouveau en 1852. Une autre société naîtra sous un nom similaire en 1865.
Sources: CMR (1893), 267; SPQ (1902), chap. 99; UMC (1902), 405; MMJ (1904), 852; Heagerty (1928a), 286; Abbott (1931), 68; Boissonnault (1953), 130; MacDermot (1967), 152; Bernier (1979), 42; Pierre-Deschênes (1980), 14; DBC (8), 449; Paradis (1989), 73.

1844 Première publication de la *Montreal Medical Gazette.* Ce journal de médecine mensuel est fondé à Montréal par les docteurs Sutherland et Badgley. Le premier numéro est publié en avril. La revue cessera de paraître en 1845. La *Montreal Medical Gazette* sera relancée sous le même nom en 1852 par les docteurs R. L. MacDonnell et A. H. David.
Sources: SPC (1844), 141; Roland/Potter (1979), 45.

---

11. DBC (7, 29). L'auteur ne mentionne toutefois pas la nature des demandes contenues dans cette pétition. On sait que les bureaux des examinateurs avaient cessé d'être électifs en 1837 et que la loi de 1788 donnant pleine autorité au gouverneur sur la composition de ces bureaux avait alors repris force. L'Acte d'Union permettait une modification de la situation. Il est possible que cette pétition réclame le rétablissement de la loi de 1831, mais cette fois dans un tout nouveau contexte, comme le laisse entendre le projet de loi de 1843.

Proposition du docteur Painchaud visant à mettre sur pied une association destinée à porter secours aux médecins nécessiteux ou à leur famille. Cette proposition n'aura pas de suite[12].
Source: DBC (10), 619.

1845 *Acte ou ordonnance qui défend à qui que ce soit de pratiquer la médecine et la chirurgie dans la province de Québec, ou la profession d'accoucheur dans les villes de Québec ou Montréal, sans une permission.* La loi prévoit une pénalité pour les médecins et chirurgiens qui pratiqueront sans détenir une licence.
Source: SRBC, (1845), chap. 8.

Réorganisation de la Montreal Medical Students Society. Les officiers de la société sont W. Wright (président), C. H. Keefer (vice-président), R. P. Howard (secrétaire) et S. Gauthier (trésorier). L. Genaud, A. E. MacDonald, A. C. MacDonnell et C. Johnson sont les autres membres du comité d'administration. Cette société existait déjà depuis quelques années mais elle n'était guère active.
Source: BAJMPS (1846), 225-226.

Première publication du *British American Journal of Medical and Physical Science.* Ce mensuel, fondé à Montréal, cessera de paraître en avril 1850. La revue aura également comme appellation *British American Journal of Medicine & Physical Science.*
Source: Roland/Potter (1979), 4.

---

12. Selon DBC (10, 619) , cette proposition «allait, quelques années plus tard, donner naissance à la Canadian Medical Association». L'auteur fait probablement allusion ici à la Société américaine britannique de bienveillance du Canada, fondée en 1854 ou encore au projet de Badgley de fonder une association canadienne en 1845. Une société du nom de British American Medical and Surgical Association sera d'ailleurs fondée en 1850 sur l'initiative du docteur Badgley. Son existence sera de courte durée. Quant à la Canadian Medical Association, elle ne verra le jour qu'en 1867.

La querelle entre médecins unionistes et nationalistes marque le prélude de la fondation du Collège des médecins et chirurgiens. Le 23 juillet, sur l'initiative du docteur Badgley, proposition est faite devant les membres de la Montreal Medico-Chirurgical Society de convoquer une réunion générale de délégués des sociétés médicales de Montréal, Québec, Trois-Rivières, Toronto et Niagara pour le 20 août. Cette réunion aurait pour but la formation d'une association des médecins du Canada-Uni (Provincial Medical Association). Le docteur F. C. T. Arnoldi s'oppose à cette proposition et suggère qu'ait d'abord lieu une réunion de *tous* les médecins des districts de Montréal et de Trois-Rivières pour la désignation de délégués susceptibles de les représenter à la réunion du 20 août. Cet amendement est cependant rejeté. Débouté, Arnoldi laisse alors entendre aux membres de la Montreal Medico-Chirurgical Society qu'il verra à ce qu'une réunion parallèle soit convoquée à laquelle tous les membres de la profession seront invités. Le 9 août, avec le soutien de 21 médecins majoritairement francophones, il adresse à son père, le docteur D. Arnoldi, doyen de la profession, une pétition sollicitant la convocation d'une assemblée générale de tous les praticiens des districts de Montréal et de Trois-Rivières. Cette convocation est envoyée à tous les médecins concernés le 11 août. Elle fixe la date de l'assemblée générale au 19 août à la cour de justice de Montréal. Entre-temps, la société médicale de Québec fait savoir qu'elle aussi enverra ses délégués à Montréal. Lors de la tenue de cette réunion du 19 août, le docteur F. C. T. Arnoldi propose que les médecins délégués de la Montreal Medico-Chirurgical Society soient disqualifiés à titre de représentants légitimes des médecins du district de Montréal et qu'ils soient empêchés de participer à la désignation des délégués. Cette résolution provoque quelques remous mais finit par être retirée. Le docteur Coderre propose alors que les docteurs Kimber, Nelson, Arnoldi, Grosbois et Valois soient élus délégués du district de Montréal. Cette motion est adoptée à 32 voix contre 26.

Le lendemain, le 20 août, les délégués des districts de Montréal (Nelson, Arnoldi, Valois, Kimber), de Trois-Rivières (Gilman, Marsden, Fortier), de Québec (Painchaud, Blanchet, Sewell, Morrin, Rousseau) et de Toronto (Hodder) se réunissent à l'École de Médecine et de Chirurgie de Montréal, les médecins des districts de Niagara et de Kingston s'étant abstenus d'envoyer leurs délégués. Assistent également à cette réunion les cinq délégués de la Montreal Medico-Chirurgical Society (Crawford, Badgley, Fraser, David, MacDonnell). Le docteur Badgley propose alors la formation d'une association médicale pour le Canada-Uni. La proposition est amendée par le docteur Rousseau qui propose plutôt que les délégués de districts «se forment en convention pour délibérer sur les intérêts de ladite profession». L'amendement est adopté par 9 voix contre 8. Les médecins opposés à l'amendement protestent avec véhémence, refusent d'entendre la lecture d'une autre proposition du docteur Rousseau et se retirent. Cette proposition vise la convocation d'une réunion, pour le lendemain seulement, avec comme point à l'ordre du jour la question de la fondation d'une association médicale canadienne. Le docteur Hodder de Toronto fait alors savoir qu'il n'est ni nécessaire ni souhaitable qu'une telle association soit formée et qu'il préfère pour sa part l'adoption d'une loi médicale indépendante régissant la partie ouest du Canada. Les délégués restants abordent alors la question du projet de loi introduit à la dernière session de la Législature, y compris la question du tarif médical, et chargent le secrétaire de la réunion d'élaborer un projet de loi sur la pratique de la médecine qui tiendrait compte de leurs suggestions.

C'est à la suite de cette réunion que les docteurs Arnoldi, Morrin, Painchaud, Frémont, Sewell, Kimber et Valois se rencontrent le 5 septembre pour étudier une proposition d'incorporation du corps médical du Canada-Est en Collège des médecins et chirurgiens. Cette proposition, initiée par W. Nelson, est adoptée après discussion sur toutes les clauses et une convocation est adressée à l'ensemble des membres de la profession en date du 14 octobre pour sa ratification. Après maintes critiques de la part du *British American Journal* à propos du caractère non libéral de la procédure adoptée et à propos du contenu irrespectueux et injuste de certaines clauses pour les diplômés britanniques, la réunion se tient comme prévu mais en présence de 35 médecins seulement, aucun médecin de Montréal n'y participant, hormis les cinq médecins anglophones «sympathisants» de l'École de Médecine et de Chirurgie. Déposée à la Législature le 17 juin 1847 et amendée en troisième lecture par le Conseil législatif qui demande que les diplômés des universités de Grande-Bretagne et du Canada n'aient pas à subir les examens du Collège, la proposition d'incorporation finira par être jugée acceptable et sera appuyée presque unanimement par les médecins anglophones et francophones. *Sources:* BAJMPS (1845), 138-140, 167-168; CMR (1882), 7; Abbott (1931), 71; Bernier (1989), 57.

1847 *Acte pour incorporer les membres de la profession médicale dans le Bas-Canada et régler l'étude et la pratique de la médecine et de la chirurgie en icelui.* Cette loi, dénommée aussi la grande Charte, reconnaît aux médecins et chirurgiens le droit de se constituer en corporation professionnelle sous le nom de Collège des médecins et chirurgiens de la province de Québec. La loi de 1847 stipule que le Collège sera administré par un Bureau des gouverneurs, dit Bureau médical provincial, regroupant 36 membres élus, dont 15 provenant des districts de Québec et de Gaspé, 15 du district de Montréal et 6 des districts de Saint-François et de Trois-Rivières. Cette répartition découle en partie des pressions exercées par la Frontier Medical Society de Clarenceville «pour obtenir que les futurs gouverneurs du Collège soient élus sur une base de représentation proportionnelle au nombre de médecins dans chaque région et non désignés par les sociétés médicales[13]». Selon les termes de la loi, la corporation peut réglementer la pratique

13. DBC (9, 18). V oir aussi à ce propos BAJMPS (1848, 341).

de la médecine, de la chirurgie, de l'obstétrique et de la pharmacie. Elle peut également émettre des certificats de qualification sur la foi desquels le gouverneur pourra accorder une licence de pratique. Les porteurs de diplômes universitaires sont toutefois exemptés de tout examen de qualification par le Collège. Le Collège est habilité à procéder à l'analyse des pièces pouvant conduire à l'obtention d'une licence de pratique, à obliger tout médecin exerçant à s'enregistrer, à soumettre à une période de probation d'au moins quatre ans les médecins non immédiatement éligibles au titre de membre du Collège et à élaborer des statuts et règlements pour le bon fonctionnement de la corporation. Ces statuts et règlements n'auront toutefois d'effet qu'une fois approuvés par le gouverneur. La loi stipule enfin que les femmes, dûment qualifiées par le Collège, ne peuvent être exclues de la pratique de l'obstétrique, le certificat de compétence n'étant requis pour elles que dans les villes de Montréal, Québec et Trois-Rivières. Le 10 août, le gouverneur désignera le docteur D. Arnoldi comme président du Collège des médecins et chirurgiens. Le Collège tiendra sa première réunion le 15 septembre et procédera alors à l'élection de ses admini-strateurs.
Source: SPC (1847), chap. 26.

Création de la Société d'émulation du Bas-Canada dirigée par des médecins francophones. Le premier président en est le docteur B. H. Charlebois. Cette société est fondée pour lutter contre la première formule du Collège des médecins.
Source: Desjardins (1971), 1189.

Fondation, le 28 septembre, de la Frontier Medical Society à Clarenceville dans les Cantons-de-l'Est, sous la présidence de H. N. May de Philipsburg, avec H. T. Lord comme secrétaire. Cette société entend jouer un rôle important dans la suppression des pratiques illégales de la médecine, la régulation des tarifs, la réglementation du Collège des médecins et chirurgiens et la promotion de rapports amicaux entre médecins.
Source: BAJMPS (1848), 341.

Le docteur G. Bibaud organise, à son domicile de Montréal, une assemblée de médecins en vue de la fondation d'une société médicale.
Source: LLC (1847), 7.

Première publication de *La Lancette canadienne*. Ce journal médico-chirurgical bimensuel est fondé en janvier à Montréal sur l'initiative du docteur J. L. Leprohon. Il cessera de paraître au mois de juin de la même année.
Source: Roland/Potter (1979), 39.

1848 Formation de la Repeal Association[14]. La fondation de cette association fait suite aux vives protestations d'un groupe de médecins, selon lesquelles depuis la loi d'incorporation du Collège des médecins et chirurgiens, il n'y a plus de protection pour les médecins qui n'appartiennent pas à la corporation (ces derniers ne pouvant en devenir membres qu'après quatre ans de probation). Le 24 janvier 1849, ce regroupement adressera une pétition de 120 signatures à la Législature requérant que soit rappelée la loi incorporant la Collège des médecins et chirurgiens[15]. La Repeal Association, dont le docteur J. E. Coderre est l'un des membres les plus actifs, demandera en outre que soit réactualisé le système des deux bureaux des examinateurs en vigueur avant la création du Collège. Deux contrepétitions, l'une des médecins de la ville de Québec, l'autre de ceux des districts de Montréal, Trois-Rivières et Saint-François, seront alors adressées, en guise de riposte, à la Chambre. La Repeal Association reviendra à la charge le 26 mai 1849, avec

14. Nous n'avons pu déterminer s'il s'agit d'une société entièrement indépendante de la Société d'émulation du Bas-Canada formée l'année précédente.
15 Selon des griefs de la Repeal Association, la liste du registre des médecins du Collège aurait été dénaturée lors de la séance d'adoption des statuts et règlements, ce qui aurait indûment favorisé certains médecins, parmi lesquels deux gouverneurs auraient été choisis; et enfin seule une minorité des médecins inscrits au registre du Collège, soit 46 sur 148, auraient été présents lors de ladite séance. BAJMPS (1848, 106-107)

autre pétition adressée à la Législature, exigeant que tout amendement apporté à la loi d'incorporation soit rejeté.
Sources: BAJMPJ (1848), 105-109; BAJMPS (1849), 80, 332-333.

1849 *Acte pour amender l'«Acte pour incorporer les membres de la profession médicale dans le Bas-Canada et régler l'étude et la pratique de la médecine et de la chirurgie en icelui».* Cette loi stipule que toutes les personnes résidant au Bas-Canada, possédant une licence de pratique et exerçant effectivement la médecine, la chirurgie et l'obstétrique sont déclarées membres de la corporation du Collège des médecins et chirurgiens. Le nombre de gouverneurs élus du Bureau médical provincial du Collège des médecins et chirurgiens est réparti de la façon suivante: huit pour la région de Montréal, huit pour la région de Québec, trois pour la région de Saint-François et trois pour la région de Trois-Rivières. Désormais, les licences seront accordées par le Bureau provincial de médecine et non par le gouverneur. Une disposition de cette loi exempte les diplômés des universités américaines de tout examen pourvu qu'ils aient pratiqué au Bas-Canada pendant une période d'au moins dix ans.
Source: SPC (1849), chap. 52.

Fondation de la Pathological Society of Montreal. En 1849, le président de la société est le docteur Scott. En 1851, lors de son assemblée annuelle, les officiers élus de la société seront les docteurs Gibb (président), Boyer (vice-président) et Fenwick (secrétaire).
Sources: BAJMPS (1850), 233; BAMPJ (1851), 319; Heagerty (1928a), 286.

1850 Fondation de la British American Medical and Surgical Association. Le 26 janvier, la Montreal Medico-Chirurgical Society crée un comité composé des docteurs Badgley, David et Sutherland, dont le but est de faire rapport sur l'opportunité de réunir la profession en une

association médicale et chirurgicale anglo-américaine. Par suite de ce rapport déposé le 27 février, une assemblée préliminaire est tenue le 10 juillet à Trois-Rivières où l'on élabore une constitution et des règlements. Le docteur Morrin de Québec est élu président, le docteur Sampson de Kingston, vice-président, le docteur Hall de Montréal, secrétaire et le docteur Badgley, trésorier. On décide que la première réunion générale aura lieu à Kingston, le deuxième jeudi de mai 1851. Cette réunion n'aura toutefois pas lieu, l'association disparaissant peu après sa création.
Sources: BAMPJ (1850), 40, 171, 304-306; UMC (1885), 537.

Première publication du *British American Medical and Physical Journal.* Ce périodique mensuel, édité par A. Hall, prend la relève du *British American Journal of Medical and Physical Science* et se veut l'organe, pendant sa brève existence, de la British American Medical and Surgical Association. Il paraîtra de mai 1850 à janvier 1852. Il cessera de paraître en raison de difficultés financières causées par des arrérages de cotisations.
Source: BAMPJ (1850), 178, 302.

Le docteur Painchaud proteste contre l'entrée des professeurs de l'université McGill au Bureau de régie du Collège des médecins et chirurgiens, soutenant que l'université McGill et le Collège «ne peuvent, en justice, avoir les mêmes gouverneurs[16]».
Sources: BAMPJ (1850), 179-182; UMC (1885), 537.

Certains médecins des Cantons-de-l'Est protestent contre la composition essentiellement francophone du premier exécutif du Collège des médecins et chirurgiens et vont même jusqu'à demander une réélection.
Source: BAMPJ (1850), 179-180.

1851 *Acte pour amender l'acte d'incorporation des membres de la profession médicale dans le Bas-Canada et pour régler l'étude*

16. UMC (1885, 537).

et la pratique de la médecine et de la chirurgie en icelle, de manière à venir en aide à certaines personnes qui pratiquaient comme médecin et chirurgien dans cette province à l'époque où ledit acte est devenu loi. Cette loi exempte de toute poursuite et de toute pénalité un certain nombre de médecins des comtés de Stanstead et de Sherbrooke dont les noms avaient été omis de la liste du Collège des médecins et chirurgiens lors de l'adoption de la loi d'incorporation de 1847. Elle les reconnaît aptes à devenir membres du Collège pourvu qu'ils passent avec succès leur examen devant le Bureau provincial de médecine.
Source: SPC (1851), chap. 105.

1852 Première publication du *Canada Medical Journal and Monthly Record of Medical and Surgical Science.* Ses fondateurs veulent en faire le représentant scientifique de la profession sans référence aux collèges et aux écoles. Ce mensuel montréalais paraîtra de mars 1852 à février 1853.
Sources: CMJMR (1872), 571; Roland/Potter (1979), 13-14.

Première publication du *Medical Chronicle or Montreal Monthly Journal of Medicine and Surgery.* Ce mensuel montréalais paraîtra jusqu'en 1859. Ce sera, durant cette période, le seul journal médical distribué sur l'ensemble du territoire canadien.
Source: Roland/Potter(1979), 43.

1854 Incorporation de la Société américaine britannique de bienveillance du Canada. Le but de cette société est de recueillir par souscription ou par des contributions volontaires des membres, des fonds pour le soutien des membres de la société en cas de maladie ou d'incapacité causée par un accident. Le docteur W. Nelson en est l'un des membres éminents.
Source: SPC (1854), chap. 64.

Création de l'Association des pharmaciens montréalais.
Source: Bernier (1979), 42.

1855 *Acte pour venir en aide à certaines personnes pratiquant la médecine et la chirurgie dans le Bas-Canada.* Cette loi étend à d'autres médecins les termes de la loi de 1851. Elle leur reconnaît en outre le droit de poursuivre pour récupérer les honoraires qui leur sont dus.
Source: SPC (1855), chap. 244.

Organisation de la Botanical Society of Montreal par le docteur J. Barnston. En 1857, Barnston deviendra le premier professeur de botanique de l'université McGill.
Source: DBC (8), 69.

1857 Fondation de l'Institut médical de Montréal. Il a pour objectifs, outre celui de favoriser l'union entre les médecins, de cultiver les sciences et les lettres et surtout de favoriser le perfectionnement des connaissances dans le domaine de la médecine et de la chirurgie. Il compte parmi ses membres de nombreux étudiants de l'École de Médecine et de Chirurgie de Montréal. Il est présidé par le docteur S. Gauthier. Il sera incorporé en 1870. La loi d'incorporation prévoit la formation d'un bureau de directeurs et d'un comité de régie. Cette société existera apparemment jusqu'en 1881.
Sources: GMM (1866), 17; SPQ (1870), chap. 51; UMC (1874), 186; UMC (1916), 52.

Le congrès de l'American Association for the Advancement of Science se tient à Montréal.
Source: DBC (10), 720.

1858 L'Association of Medical Superintendants of American Institutions for the Insane (qui deviendra l'American Medico-Psychological Association à compter de 1892) tient son congrès annuel à Québec.
Source: UMC (1902), 301.

Première publication de *L'Almanach vétérinaire et d'économie rurale* sous la direction de Félix Vogeli.
Source: Pépin (1986), 57.

1859 *Acte concernant la pratique de la médecine et de la chirurgie, et l'étude de l'anatomie.* Cette loi autorise les médecins et chirurgiens licenciés à pratiquer la médecine et la chirurgie dans le Canada-Est et le Canada-Ouest, chacun restant soumis aux lois médicales en vigueur dans ces parties du Canada-Uni.
Source: SRC (1859), chap. 76.

Acte concernant l'homéopathie. Cette loi légalise la pratique de l'homéopathie. La loi précise «que la doctrine médicale appelée Homœopathie est grandement approuvée et pratiquée sur une grande échelle dans grand nombre de pays d'Europe, aux États-Unis ainsi qu'en Canada».
Source: SPC (1859), chap. 47.

1860 Première publication du *British American Journal.* Ce mensuel montréalais paraîtra jusqu'en décembre 1862. Il a pour objectif l'avancement des sciences médicales dans les provinces britanniques.
Source: Roland/Potter (1979), 3.

1862 Le docteur von Iffland tente de mettre sur pied la Medical Benevolent Society[17].
Source: Bernier (1989), 88.

1863 Première publication du *Canada Lancet.* Ce mensuel montréalais paraîtra jusqu'en décembre 1864.
Source: Roland/Potter (1979), 10.

1864 Renaissance du *Canada Medical Journal and Monthly Record of Medical and Surgical Science*[18]. Dirigé par G. E. Fenwick et F. W. Campbell, ce périodique paraîtra

17. Cette société a peut-être vu le jour mais nous n'avons trouvé aucune trace de son incorporation.
18. Bernier (1989, 42) fait allusion à la fondation du *Canadian Medical Journal of Medicine and Surgery of Montreal.* Il s'agit probablement du même journal.

de juillet 1864 à juin 1872. Il disparaîtra en raison d'un différend entre les éditeurs. Un périodique du même nom avait été publié de 1852 à 1853.
Sources: CMJMR (1872), 571; Roland/Potter (1979), 14.

Le contrôle de certains médicaments passe sous la responsabilité du Collège des médecins.
Source: Anctil/Bluteau (1986), 32.

1865 Fondation de la Medico-Chirurgical Society of Montreal[19]. Convoqués le 28 juillet par les docteurs Howard, Peltier, Sutherland et Hingston, 31 membres de la profession médicale de Montréal se réunissent dans les Board of Arts Rooms et décident de former cette société médicale. Un comité d'organisation est nommé pour rédiger les statuts et règlements de la société. Font partie de ce comité les docteurs Peltier, Reddy, Leprohon, Hingston, Craik et Squire. Le 8 août, le comité d'organisation fera rapport. La première assemblée régulière aura lieu le 25 août mais les statuts, imprimés en français et en anglais, ne seront

19. UMC (1940, 235-236) affirme que la fondation de cette société eut lieu en 1863 et qu'elle disparaîtra en 1865. Il ajoute que celle-ci réapparaîtra en 1868. UMC (1902, 406) et MMJ (1904, 852) mentionnent par ailleurs que la renaissance de la Medico-Chirurgical Society of Montreal a plutôt lieu en 1870. Selon CMJMR (1870, 237), il y a bien effectivement une société du nom de Medico-Chirurgical Society of Montreal qui est mise sur pied le 29 octobre 1870 sous la présidence de G. W. Campbell. Cette société, qui se donne de nouveaux statuts et règlements, est toutefois, selon nous, la même que celle fondée en 1865. On peut penser qu'un schisme entre médecins (peut-être à propos du fameux projet de loi mis de l'avant la même année par la Canadian Medical Association) dut rendre nécessaire la dissolution et la relance de l'association. Bernier (1983, 106), pour sa part, mentionne 1864 comme date de fondation de la Société médicale de Montréal. Il tire son information du journal *Le Courrier du Canada* , numéro du 13 octobre 1865. Il fait vraisemblablement référence à la Medico-Chirurgical Society of Montreal. Selon Bernier (1989, 88), une autre société médicale, la Société médico-chirurgicale de Québec, aurait vu le jour au milieu des années 1860 mais, dit-il, «ses activités sont moins bien connues». Fait-il allusion à la «Quebec Medical Society» dont CMJMR (1866, 141) dit qu'elle fut réorganisée en 1866 sous la présidence du docteur Larue?

officiellement adoptés que le 27 octobre. Le premier exécutif est formé des docteurs G. W. Campbell (président), E. H. Trudel et W. H. Hingston (vice-présidents), H. Peltier (trésorier), W. E. Scott, E. W. Lemire, W. W. Squire, J. L. Leprohon, R. Craik, J. E. Coderre et R. P. Howard (secrétaires). En 1866, lorsque le docteur Hingston en deviendra le président, la société comptera 40 membres, soit approximativement la moitié des médecins exerçant dans la ville de Montréal.

La société publiera, de 1882 à 1894, ses *Proceedings Medico-Chirurgical Society of Montreal.* En 1893, le docteur E. P. Lachapelle en deviendra le président. En 1902, la Medico-Chirurgical Society of Montreal sera incorporée. La loi d'incorporation mentionne, parmi les demandeurs, les docteurs J. G. Adami, E. Armstrong, A. T. Bazin, H. S. Birkett, W. Hingston, F. Buller, J. M. Craik, H. A. Lafleur, F. A. Lockhart, F. G. McCarthy, J. Perrigo, F. J. Shepherd, J. M. Jack et J. W. Sterling.
Sources: CMJMR (1865), 141; CMJMR (1866), 382-384; GMM (1866), 126; SPQ (1902), chap. 99; Roland/Potter (1979), 50.

Incorporation de l'Association homéopathique de Montréal (Montreal Homeopathic Association). La loi accorde à l'association «le droit d'établir un dispensaire et un hôpital homéopathique à Montréal, de fonder un collège homéopathique dans cette ville et de mettre sur pied un Bureau des examinateurs pour les candidats à la licence en homéopathie[20]». L'amendement de 1883 modifiera les dispositions existantes concernant l'octroi de la licence et les procédures à suivre pour se présenter à l'examen de l'association. Cette loi statuera sur la nomination du secrétaire, sur ses responsabilités et sur les sanctions prévues pour les contrevenants aux règlements de l'association, notamment en regard de la question de l'enregistrement et de l'autorisation de pratiquer selon les principes de l'homéopathie.

20. Bernier (1989, 100).

Sources: SPC (1865), chap. 59; SPQ (1883), chap. 31.

Première publication de La Gazette médicale. Il s'agit d'une revue médico-chirurgicale mensuelle. Elle disparaîtra en 1866.
Sources: Roland/Potter (1979), 33; Bernier (1983), 113.

1866 Les docteurs Foster et Brigham du district de Montréal participent à titre de délégués du Collège des médecins et chirurgiens du Bas-Canada au congrès de l'American Medical Association qui a lieu le 6 juin à Boston.
Source: CMJMR (1865), 122

1867 Fondation de la Canadian Medical Association. C'est à la demande de la Société médicale de Québec qu'une assemblée a lieu le 9 octobre, à l'Université Laval, dans le but d'établir une association médicale pour le *dominion* du Canada. C'est apparemment le docteur Marsden de Québec qui avait initialement eu l'idée d'une telle association. Un autre but visé est la mise sur pied de conditions uniformes dans toutes les provinces pour l'octroi de la licence en médecine. On y envisage en particulier la formation d'un *Central Board of Examiners* devant lequel les candidats de toutes les provinces devraient se présenter. On prévoit également la formation d'un comité de sept membres pour négocier avec les universités, les collèges et les écoles de médecine l'aménagement d'un tel bureau central. Le congrès de fondation a donc lieu à Québec en présence des 167 délégués du Haut et du Bas-Canada, de la Nouvelle-Écosse et du Nouveau-Brunswick. Le comité de direction de la nouvelle association est élu. Les membres de ce comité sont les docteurs Tupper (président), A. G. Belleau (secrétaire-général), R. H. Russell (trésorier), H. Peltier (vice-président Québec), W. H. Hingston (secrétaire Québec), R. S. Black (vice-président Nouvelle-Écosse), De Wolf (secrétaire Nouvelle-Écosse), Le Baron Botsford (vice-président Nouveau-Brunswick), Harding (secrétaire Nouveau-Brunswick), Hodder (vice-président Ontario)

et W. Canniff (secrétaire Ontario). La première réunion régulière de l'association aura lieu à Montréal en 1868. L'association sera incorporée en 1909 et s'affiliera en 1924 à la British Medical Association.
Sources: CMJMR (1867), 48, 171-182, 190; RC (1869), 478; UMC (1877), 332; UMC (1885), 537; Heagerty (1928a), 291-295; Abbott (1931), 71; MacDermot (1967), 54; Pierre-Deschênes (1980), 14 et (1981), 358; UMC (1885), 537.

Fondation, le 28 septembre, de la District of Bedford Medical Society. Cette société est sous la présidence du docteur Chamberlain. Les docteurs Battersby et Whitwell en sont respectivement vice-président et secrétaire-trésorier.
Source: CMJMR (1867), 167.

Fondation, à l'automne, de la Montreal Chemist Association[21]. Dès 1869, cette association comptera une centaine de membres. En 1870, elle sera incorporée sous la dénomination Association pharmaceutique de la province de Québec.
Source: CMJMR (1868), 239, 528

Fondation en mars de l'Association sanitaire de Montréal (Montreal Sanitary Association).
Sources: Farley *et al.* (1982), 39 et (1988), 96.

Participation du docteur W. H. Hingston au congrès de la British Medical Association et au congrès médical international de Paris.
Source: CMJMR (1867), 236.

Participation du docteur W. Marsden au congrès de l'American Medical Association qui se tient en mai à Cincinnati.
Source: CMJMR (1868), 529.

21. Warrington/Nicholls (1949, 282) mentionnent à tort 1869 comme date d'incorporation.

1868 Le premier congrès annuel de la Canadian Medical Association a lieu à Montréal dans les locaux de la Natural History Society du 2 au 4 septembre.
Source: CMJMR (1868), 168.

1869 *Acte pour incorporer l'Association des dentistes de la province de Québec.* Cette loi établit les compétences qui seront nécessaires aux candidats à la profession et leur accorde une certaine protection et certains privilèges. Elle prévoit la création d'un Bureau des examinateurs de 11 membres ayant mandat pour deux ans et qui remettront des certificats de pratique à toutes les personnes qui se seront conformées aux dispositions prévues à cet effet. La loi d'incorporation sera refondue ou amendée à de nombreuses reprises. Ainsi, en 1883, une loi de refonte redéfinira la composition du Bureau des examinateurs et les modalités d'élection de ses membres, la nature et la durée de leur mandat ainsi que leurs droits et responsabilités par rapport aux membres qui transgressent les règlements de la corporation. Elle prévoira des sanctions pour un certain nombre d'infractions. Des amendements mineurs seront apportés à cette refonte en 1884. En 1886, une autre loi précisera les modalités de recouvrement des cotisations des membres, les prérequis pour être admis à l'examen de l'association, les sanctions applicables aux praticiens non qualifiés, les modalités de la poursuite et de l'établissement des preuves d'infraction. La loi d'incorporation sera de nouveau amendée en 1889 puis en 1892. La loi de 1892 modifiera la composition du Bureau administratif et accordera au Bureau des examinateurs le droit d'affilier le Collège dentaire aux universités et de contraindre les étudiants à suivre les cours. Elle prévoira une cléricature de quatre ans et modifiera les formalités relatives à l'accès à l'examen final et à la pratique. En 1895, la Législature accordera au Collège dentaire et aux universités dispensant le diplôme de docteur en chirurgie dentaire le droit d'être représentés au Bureau administratif de l'association des dentistes. Elle amendera par le fait même la composition dudit bureau. Elle spécifiera les conditions qui permettront d'accéder à la pratique sans passer l'examen de l'association. La loi autorisera le Bureau administratif à nommer des assesseurs pour assister aux examens universitaires et statuera sur son pouvoir de refuser un candidat à la licence après rapport des assesseurs. Elle validera officiellement l'existence du Collège dentaire établi par le Bureau des examinateurs.

En 1897, les dispositions concernant l'admissibilité à la pratique des aides-dentistes et des «mécaniciens en l'art dental» seront amendées. La loi réglera les modalités de leur rémunération. En 1899, la composition du Bureau administratif de l'Association des dentistes sera de nouveau amendée. La Législature enlèvera au Collège dentaire le droit d'être représenté à ce bureau et exclura comme représentants les membres de l'association engagés dans des entreprises commerciales. La loi fixera à trois ans la durée du mandat des six membres élus du Bureau, précisera les modalités de leur remplacement, redéfinira les pouvoirs du Bureau des examinateurs et rendra obligatoire pour tous les candidats à la licence le cours de clinique du Collège dentaire. Elle statuera à nouveau sur les conditions d'admissibilité à la pratique et prévoira un recours pour les étudiants contre le refus éventuel de transfert de leur brevet par leur patron. Elle limitera à deux le nombre d'étudiants sous brevet pour un même praticien licencié et statuera sur l'éventualité de la destitution d'un membre de l'association et sur les pénalités pour infraction à ses règlements.

En 1902, une autre loi amendera la date de tombée des cotisations et les sanctions prévues à l'endroit des contrevenants. En 1904, un amendement changera officiellement le nom de l'Association des dentistes qui deviendra le Collège des chirurgiens-dentistes de la province de Québec. Cet amendement prévoira une meilleure représentativité au Bureau des gouverneurs. Il permettra en outre la création d'infirmeries dentaires par le Collège et les écoles dentaires, la surveillance des examens par des assesseurs non inclus dans les corps d'enseignants et l'exemption de l'examen d'admission aux bacheliers de toute université canadienne ou britannique. Il officialisera l'existence des écoles de chirurgie dentaire affiliées aux universités Laval et McGill.

En 1908, la Législature portera à 11 le nombre de gouverneurs. Elle prévoira qu'aucun membre du Collège engagé dans le commerce d'articles pour dentistes et aucun professeur d'art dentaire, sauf exception prévue par la loi, ne seront éligibles à la charge de gouverneur. Elle établira de nouveaux critères relativement à la représentativité du Collège par rapport aux différents districts. Enfin, en 1909, le Bureau sera composé de 11 membres élus. La loi définira en détail les modalités de l'élection. Elle spécifiera les actes dérogatoires à l'honneur professionnel et stipulera que les examens en vue de l'obtention du diplôme en chirurgie dentaire devront être tenus en présence des assesseurs. La loi stipule en outre que les assesseurs désignés de l'Université Laval doivent exercer leur profession dans la ville même qui accueille cette université. La loi détaillera les conditions pour recevoir une licence sans examen. Elle obligera les étudiants en cléricature chez un dentiste qualifié à se munir d'un brevet notarié et à le faire enregistrer par le secrétaire du Bureau des gouverneurs. L'apprentissage pratique de l'étudiant pourra aussi se faire sans brevet sous forme de cours et de cliniques prescrits par les écoles universitaires reconnues par le Bureau. La loi amendera le temps de la tenue des examens d'admission à l'étude et à la pratique. Elle prévoira un droit d'appel à l'assemblée générale pour tout membre qui se croira lésé par une décision du Bureau.

Sources: SPQ (1869), chap. 69; SPQ (1883), chap. 34; SPQ (1884), chap. 34; SPQ (1886), chap. 36; SPQ (1889), chap. 40; SPQ (1892), chap. 32; SPQ (1895), chap. 30; SPQ (1897), chap. 41; SPQ (1899), chap. 36; SPQ (1902), chap. 24; SPQ (1904), chap. 28; SPQ (1909) chap. 56; SPQ (1916), chap. 38.

Acte pour amender l'article 2260 du code civil, en ce qui concerne les honoraires dus aux médecins. Cette loi précise que le médecin ou chirurgien «en est cru à son serment quant à la nature et à la durée des soins».
Source: SPQ (1869), chap. 32.

Fondation de l'Association pharmaceutique de la province de Québec[22]. L'Association sera incorporée le 24 décembre 1870. L'Association pharmaceutique prend le relais de l'association des chimistes de Montréal. Elle regroupe entre autres B. Lyman, N. Mercer, H. R. Gray, J. Goulden, E. Muir, J. Kerry, J. B. Edwards, R. Bolton, H. R. Clare, T. Grathern, A. Manson et E. Giroux. La loi d'incorporation prévoit la formation d'un conseil formé de 12 membres chargés de l'entière direction et administration de l'association. En 1875, une loi d'amendement accordera de nouveaux pouvoirs à l'Association pharmaceutique pour régler et décider de la compétence des personnes qui désireraient devenir chimistes-pharma-ciens, chimistes et droguistes, et pour réglementer la vente des «poisons». Elle établira, en plus d'un examen préliminaire déjà existant, deux nouveaux examens: l'examen mineur et l'examen majeur pour les candidats aux titres de clerc et de licencié en pharmacie. Elle prévoira des dispositions pour juger de la compétence des apothicaires, des clercs et des étudiants déjà en place dans le commerce des médicaments et réglera les modalités d'exemption des examens. Cette loi prévoira aussi des sanctions pour les contrevenants à ses règlements et des normes pour l'identification des contenants recelant du poison et pour la consignation des acheteurs. En 1885, la loi de pharmacie de Québec prévoira la formation d'un conseil composé de 12 licenciés en pharmacie. Elle établira les droits de ce conseil, les conditions d'admission

22. Selon Bernier (1989, 101), c'est en 1871 qu'est fondée l'Association des pharmaciens de la province de Québec.

à la licence pour les personnes qui pratiquent déjà, les trois classes de praticiens en pharmacie (apprenti certifié, commis diplômé et licencié) et les procédures d'examen pour l'admission à chacune de ces trois classes. Elle prévoira également la formation d'un Bureau des examinateurs et définira ses pouvoirs. Les règles concernant les droits et devoirs des commerçants vis-à-vis l'association y seront définis de même que les sanctions applicables aux contrevenants. En 1899, un nouvel amendement sera apporté relativement à la liste des substances toxiques et dangereuses pour la santé. Cette loi protégera les médicaments brevetés et donnera au gouvernement le droit de procéder à leur analyse et à leur contestation. Elle fixera les modalités du recours. Enfin, en 1903, la Législature autorisera les chimistes et pharmaciens à vendre des médicaments alcoolisés uniquement à des fins médicales et des alcools rectifiés, en quantité limitée, à des fins médicales, industrielles ou scientifiques.
Sources: SPQ (1870), chap. 52; SPQ (1875), chap. 37; SPQ (1885), chap. 36; SPQ (1899), chap. 35; SPQ (1903), chap. 36; Warrington/Nicholls (1949), 282.

1870 Le docteur G. W. Campbell assiste à titre de représentant de la Canadian Medical Association au congrès de l'American Medical Association qui se tient à Washington le 3 mai.
Source: CMJMR (1870), 480.

1871 Fondation de la Société médicale de Montréal par un groupe de médecins de l'Hôtel-Dieu de Montréal[23]. La constitution de la société est votée le 20 octobre 1871 et la première séance officielle a lieu le 26 octobre[24]. Le

23. UMC (1902, 406) de même que MMJ (1904, 853) affirment quant à eux que la Société médicale de Montréal est fondée en 1872.
24. UMC (1916, 47-50) précise que la première assemblée régulière a lieu le 8 novembre sous la présidence du docteur J. E. Coderre, avec G. Grenier comme secrétaire.

docteur J. E. Coderre est alors élu président de la nouvelle société, J. W. Mount et A. B. Larocque, vice-présidents et G. Grenier, sécrétaire. Composée d'une majorité de médecins francophones, cette société a pour but de «cimenter l'union qui doit régner entre les membres de la profession médicale, de fournir aux médecins un motif de réunion et l'occasion de fraterniser et de se mieux connaître, de s'instruire mutuellement par des lectures, des discussions et des conférences scientifiques, d'engager tous ceux qui en feraient partie à pratiquer mutuellement tout ce que l'honneur et la fraternité prescrivent aux membres d'une même profession[25]». La Société médicale de Montréal sera dissoute en 1887. Treize ans plus tard, les membres du Comité d'études médicales, fondé à Montréal en 1896 par le chirurgien A. Marien, décideront de faire revivre la société. Lors de la séance du 16 octobre 1900, tenue à l'École de Médecine et de Chirurgie/Faculté de médecine de l'Université Laval, le Comité deviendra une société régulière qui prendra le nom de Société médicale de Montréal. Le docteur Hervieux, médecin-chef de l'Hôtel-Dieu de Montréal, en assurera la présidence.

Sources: SPQ (1870), chap. 51; UMC (1878), 256; UMC (1880), 13; UMC (1913), 84; UMC (1932), 82; UMC (1940), 236-238; UMC (1946), 1266; Lesage (1947), 74; Desjardins (1971), 1189-1193; Desjardins (1973), 61-62; Chartrand *et al.* (1987), 341; Paradis (1989), 73; AMM, 821.2.

Des différends à propos du *Dominion Medical Bill* opposent les médecins anglophones et francophones. À l'occasion du congrès de la Canadian Medical Association qui se tient en octobre à Québec, le *Committee on Registration* de l'association, présidé par le docteur W. Marsden, soumet aux membres un projet qui vise la standardisation et la centralisation du contrôle de l'enseignement et de la pratique médicale au Canada. Ce projet cherche à concrétiser l'un des principaux objectifs que

25. UMC (1971, 1190).

s'était fixés l'association lors de son premier congrès annuel en 1868. Déjà en 1870, une esquisse du projet avait été déposée au congrès d'Ottawa. On y prévoyait, entre autres choses, l'incorporation d'un Collège des médecins et chirurgiens du *dominion* du Canada, la formation d'un conseil général composé de 12 membres choisis par les universités canadiennes et de 12 membres élus choisis parmi les praticiens non enseignants, l'élection d'un exécutif du Collège de 4 membres et la formation, pour chacune des 4 provinces du Canada, d'un conseil provincial. Après discussion clause par clause, le projet de loi de 1870, largement amendé, avait finalement été remis à l'année suivante, pour être débattu au congrès de Québec. «Mais comme [en 1871] le nouveau bill de médecine n'avait pas été imprimé et distribué d'avance aux membres, tel qu'amendé, il fut résolu, vu son importance, d'en remettre [encore une fois] la discussion à l'assemblée du mois de septembre 1872[26]». À cette assemblée du 12 septembre 1872 qui se tiendra à Montréal, le projet sera reporté pour une période de deux années supplémentaires. Finalement, devant la résistance de la Société médicale de Montréal et des médecins francophones qui refuseront de mettre l'éducation classique et médicale sous le contrôle du gouvernement fédéral, et devant l'opposition de nombreux médecins de l'Ontario, le projet avortera[27]. On reparlera fréquemment de ce projet de loi sous le nom de *Dominion Medical Bill*. Après de vaines tentatives de réactualisation à partir de 1887, ce projet, appuyé par la Canadian Medical Association, sera repris par le docteur Roddick en 1898 et, après maintes résistances des médecins francophones, il sera adopté, non sans amendement, sous le nom de *Canada Medical Act* en 1902.

26. UMC (1872, 12).

27. L'idée d'une union entre la Canadian Medical Association et l'American Medical Association, fondée en 1847, sera également rejetée à ce moment par les médecins francophones.

Sources: CMJMR (1870), 110; UMC (1872), 12; CMSJ (1872),182; BMQ (1900), 613; Heagerty (1928a), 295; Pierre-Deschênes (1981), 358-359; Leblond (1986), 163.

Le recensement de 1871 montre qu'on ne compte plus officiellement qu'une quarantaine de sages-femmes au Québec.
Source: Bernier (1979), 48.

1872 Fondation du *Canada Medical and Surgical Journal*. Ce périodique montréalais paraîtra mensuellement jusqu'en juin 1888. Il prend le relais du *Canada Medical Journal and Monthly Record of Medical and Surgical Science* et représente les facultés de médecine de l'université McGill et du Bishop's College.
Source: Roland/Potter (1979), 13.

Fondation du *Canada Medical Record*. Ce mensuel montréalais paraîtra jusqu'en avril 1904.
Source: Roland/Potter (1979), 14.

Fondation de *L'Union médicale du Canada*[28]. Ce périodique constitue la revue médicale de langue française la plus importante que le Québec ait connue au XIXe siècle; la plus durable aussi puisqu'elle a célébré son centenaire et paraît encore en 1991. Jusqu'à son décès, en 1876, le docteur G. Grenier sera le directeur de la revue. Le docteur E. P. Lachapelle lui succédera à ce poste, avec l'assistance du docteur J. B. A. Lamarche et avec celle du docteur S. Lachapelle à compter de 1877. En 1882, le docteur Lamarche en deviendra le directeur, avec l'aide du docteur H. E. Desrosiers.
Sources: UMC (1898), 302; Roland/Potter (1979),159.

La Canadian Medical Association tient son congrès annuel à Montréal. Les médecins francophones y rejettent l'idée d'une union avec l'American Medical Association.
Sources: UMC (1872), 12; Heagerty (1928a), 295; Pierre-Deschênes (1981), 358-359; Leblond (1986), 163.

---

28. MMJ (1904, 853) situe à tort la date de fondation en 1882.

1873 Fondation de l'Association sanitaire de Montréal. Il s'agit en fait de la renaissance de la Montreal Sanitary Association fondée initialement en 1867.
Sources: Pierre-Deschênes (1981), 363-364; Farley *et al.* (1987), 96.

1874 Première publication de *La Gazette médicale des hôpitaux et d'hygiène*. Ce périodique, fondé par J. G. Bibaud, «s'occupera plus spécialement de la médecine locale et d'actualité[29]». Il s'agit d'une revue mort-née puisqu'elle ne publie qu'un seul numéro.
Sources: UMC (1874), 472; UMC (1946), 1342; Roland/Potter (1979), 34; Bernier (1983), 113; AMM, 821.2.

Première publication du *Guide sanitaire* à Montréal. C'est un journal qui a pour but de populariser les notions élémentaires d'hygiène. Il disparaîtra peu après sa fondation.
Sources: Roland/Potter (1979), 34; Farley *et al.* (1982), 33.

1875 *Acte pour amender le chapitre 71 des statuts refondus pour le Bas-Canada, relativement à la profession médicale et la vente des médicaments.* Cette loi amende de façon mineure les dispositions prévues dans le chapitre 71 des statuts refondus du Bas-Canada.
Source: SPQ (1875), chap. 35.

Fondation, par D. M. McEachran, de la Montreal Veterinary Surgeons Association. Cette association vise le perfectionnement mutuel de ses membres et la diffusion de la science vétérinaire au moyen d'essais et de discussions sur des sujets s'y rapportant.
Source: Pépin (1986), 83.

Fondation, le 11 juin, de l'Association Sanitaire des Citoyens (Citizen's Public Health Association)[30]. La fondation de cette association fait suite à une rencontre

29. UMC (1874, 472).
30. Roland/Potter (1979, 51) proposent le 15 juin comme date de fondation.

publique présidée par le maire de Montréal, le docteur W. H. Hingston.
Sources: CMSJ (1874-75), 576; Heagerty (1928a), 341 et (1928b), 1; Roland/Potter (1979), 51; Pierre-Deschênes (1980), 32; Farley *et al.* (1982), 39.

Fondation de l'Association médicale de Sorel. Cette association est composée des médecins du district de Richelieu et des comtés environnants.
Source: UMC (1875), 96.

Fondation de la Société des médecins de Saint-Roch sous la présidence du docteur C. A. Verge.
Sources: BMQ (1900), 623; Bernier (1989), 93.

Première publication du *Public Health Magazine and Literary Review*. Cette revue mensuelle, dirigée par les docteurs G. A. Baynes et D. Baynes, cessera ses activités en 1877.
Sources: UMC (1875), 335; Roland/Potter (1979), 51.

1876 *Acte pour amender et refondre les actes relativement à la profession médicale et la chirurgie dans la province de Québec.* Cette loi abroge les lois antérieures régissant la pratique de la médecine. Il s'agit d'une refonte globale de la législation en ce domaine. La loi redéfinit en détail les statuts du Collège des médecins et chirurgiens, en particulier ceux qui se rapportent à la composition et aux pouvoirs du Bureau provincial de médecine (Bureau des gouverneurs), aux conditions d'éligibilité aux postes de gouverneurs, aux études en médecine, à l'émission des licences de pratique, aux pratiques illégales, à l'émission des certificats de santé ou de maladie, aux conditions d'admissilité des membres actifs du Collège, à la représentation des médecins par district, etc. Une représentation de deux délégués est accordée à chacune des quatre écoles de médecine au Bureau provincial. La loi rend en outre obligatoire l'enregistrement des médecins et interdit l'exercice de la médecine à ceux qui ne sont pas dûment inscrits au Collège. C'est à la suite des pressions du Col-

lège des médecins et chirurgiens et de *L'Union médicale du Canada* que cette loi est adoptée par la Chambre le 28 décembre.
Sources: SPQ (1876), chap. 26; JALQ (1877-1878), chap.23; Bernier (1989), 81, 98.

Le docteur A. H. David de Montréal est nommé secrétaire-honoraire du congrès international de médecine de Philadelphie qui se tient en septembre de la même année. Les docteurs Godfrey, Howard, Fenwick, Hingston, Trenholme, Ross et Bell participent également à ce *Centennial Congress*.
Source: UMC (1876), 191.

1877 Fondation de la McGill Medical Society par le docteur Osler[31]. Cette société s'adresse aux étudiants non diplômés de la faculté de médecine de l'université McGill. Le comité de direction de cette société est composé des docteurs Ross, Shepherd et Vineberg. La société est apparemment encore active en 1896.
Sources: Heagerty (1928a), 296-297; DICMR, n° 01673.

Le Collège des médecins et chirurgiens nomme, pour chaque district judiciaire, un médecin qu'il autorise «à poursuivre en son nom tous ceux qui lui sont désignés comme pratiquant illégalement la médecine[32]».
Source: Bernier (1989), 98.

1878 Le Bureau des administrateurs du Collège des médecins et chirurgiens forme, le 8 mai, un comité dont le mandat est de «préparer un code d'étiquette médicale[33]». Ce comité recommandera l'adoption du code de la Canadian Medical Association qui est aussi «celui qui régit la profession médicale des États-Unis[34]». C'est le 25 septembre

31. CMSJ (1877-1878, 570-575) semble proposer l'année 1878 comme date de fondation.
32. Bernier (1989, 98).
33. Bernier (1989, 84).
34. Bernier (1989, 84).

que le Bureau provincial de médecine se dotera officiellement de ce code d'éthique. Le Bureau provincial n'obtiendra pas cependant les pouvoirs qu'il demande quant à l'application du code, ce pouvoir ne devant lui être accordé qu'avec la loi de 1898.
Sources: UMC (1878), 514; UMC (1889), 440; Pierre-Deschênes (1980), 20; Bernier (1983), 101 et (1989), 84.

1879 *Acte pour amender et refondre de nouveau les actes relativement à la profession médicale et la chirurgie dans la province de Québec.* Cette loi est une refonte des lois antérieures concernant l'incorporation du Collège des médecins et chirurgiens de la province de Québec. Il y est statué, entre autres choses que le Bureau provincial de médecine a le pouvoir de faire des règles et règlements concernant l'admission des femmes à l'étude et à la pratique des accouchements dans la province et de fixer le degré, la nature et l'étendue des connaissances nécessaires.
Source: SPQ (1879), chap. 37.

Incorporation du Collège de pharmacie de Montréal.
Source: SPQ (1879), chap. 71.

Le 9 octobre, les étudiants de la nouvelle Succursale de l'Université Laval à Montréal décident de se réunir tous les quinze jours dans un but d'éducation scientifique et de former un cercle auquel ils donnent le nom d'Union Bichat.
Source: GRHHND.

Première publication de *L'Abeille médicale.* Ce journal mensuel de l'École de Médecine et de Chirurgie de Montréal, de l'Hôtel-Dieu de Montréal, de la Maternité Sainte-Pélagie et des dispensaires paraîtra de janvier 1879 à janvier 1882. Le docteur T. E. d'Odet d'Orsonnens en est le fondateur et le rédacteur principal.
Sources: UMC (1879), 139; Roland/Potter (1979), 1; DBC (12), 871.

1880 Fondation du Cercle médical de Québec.
Source: BMQ (1900), 624.

1881 Le Collège des médecins et chirurgiens nomme un enquêteur «dont le rôle est de repérer les «charlatans» et de les poursuivre en justice».
Source: Bernier (1979), 58.

1882 *Acte pour amender l'acte 42-43 Victoria, chap. 37, relativement à la profession médicale et la chirurgie.* Cette loi amende la loi de 1879. Elle abolit la tarification préparée par le Bureau provincial en mai 1881. Elle prévoit également des sanctions contre tout praticien actif qui omettrait de s'enregistrer ainsi que les modalités d'application de ces sanctions.
Source: SPQ (1882), chap. 32.

La première réunion mensuelle de la Junior Pharmacist's Society a lieu le 9 février dans les salles du Collège de Pharmacie de Montréal. Le but de cette société est de fournir aux étudiants en pharmacie un cours pratique qui se donnera une fois par semaine pendant la saison estivale.
Source: UMC (1882), 192.

1884 Fondation du Cercle médical de l'Université Laval. Le premier président du Cercle est le docteur M. J. Desjardins.
Source: UMC (1884), 95.

Fondation du *Journal d'hygiène populaire*. Le premier numéro paraît le 15 mai. La même année, le docteur J. I. Desroches devient propriétaire du journal qui sera publié jusqu'en 1895.
Sources: UMC (1884), 527; Roland/Potter (1979), 37.

Première publication du *Health and Home*. Ce journal, dirigé par F. N. Boxer, cessera de paraître la même année.
Sources: UMC, (1884), 144; Roland/Potter (1979), 34; Bernier (1983), 113.

Le septième congrès annuel de la Canadian Medical Association se tient à Montréal du 25 au 27 août, en même

temps que le congrès de la British Association for the Advancement of Science.
Sources: UMC (1884), 379, 430-431; Howell (1934), 128.

1885 Première publication de *L'Antivaccinateur canadien-français*. Ce journal mensuel consacré à la lutte contre «les méfaits» de la vaccination antivariolique paraîtra de décembre 1885 à février 1886.
Sources: Roland/Potter (1979), 2; Farley *et al.* (1982), 45; Farley *et al.* (1987), 110.

1886 Fondation, par V. T. Daubigny, de l'Association médicale vétérinaire française avec, comme membres honoraires, les docteurs E. P. Lachapelle, S. Duval et N. Fafard. Le premier président élu est le docteur A. R. Marsolais.
Source: Pépin (1986), 101.

La Canadian Medical Association tient son congrès annuel à Québec.
Source: Howell (1934), 135-136.

1887 Première publication de *La Gazette médicale de Montréal*. Cette revue est consacrée au développement de la gynécologie et de l'obstétrique. Elle disparaîtra en 1892 pour fusionner, en 1893, avec *L'Union médicale du Canada*.
Source: Roland/Potter (1979), 33.

Création par le gouvernement de Mercier de la Commission royale des asiles de la province de Québec[35]. Cette commission a pour mandat de surveiller l'application de la loi de 1885. La commission recommandera l'achat de l'Asile de Beauport par le gouvernement et insistera sur la responsabilité et le rôle primordial du gouvernement dans la gestion des asiles. Les principales recommandations du rapport n'auront cependant pas de suite. L'an-

35. Boudreau (1984, 34) semble situer la création de cette commission en 1888.

née suivante, les docteurs J. A. Duchesneau, J. P. Lavoie et L. B. Durocher, de même que le colonel Rhodes et M. N. Bourgoin, tous membres de la commission, iront visiter les principaux asiles des États-Unis et de la province d'Ontario.
Sources: UMC (1888), 220-221; Heagerty (1928b), 261; Abbott (1931), 79; Beaudet (1976), 17; Boudreau (1984), 37.

1888 Fondation de la Société de médecine pratique de Montréal sous la présidence du docteur W. H. Hingston. Font partie des officiers les docteurs A. T. Brosseau, A. A. Foucher, C. N. Barry, J. V. Cléroux et J. M. Beausoleil. Les docteurs E. P. Lachapelle et J. A. S. Brunelle agissent comme conseillers. Fondée avec le concours des professeurs en médecine de la succursale de l'Université Laval à Montréal et de l'École de Médecine et de Chirurgie de Montréal, cette société se propose de favoriser «l'avancement des sciences médicales et l'étude de la médecine au point de vue pratique[36]». La première réunion a lieu le 26 octobre[37]. À compter de 1889, les séances se feront de plus en plus rares. La société disparaîtra en 1892 après une dernière tentative pour la réorganiser.
Sources: UMC (1888), 613, 616; UMC (1916), 50; Desjardins (1971), 1191.

Le docteur E. P. Lachapelle, avec l'assentiment du Bureau des gouverneurs, propose l'adoption d'un projet de loi, intitulé «Acte médical de la province de Québec», dont le but est d'obtenir la reconnaissance par chacune des provinces de leurs licences respectives. Ce projet de loi sera renvoyé par la Législature dès son préambule. D'autres tentatives seront faites en ce sens en 1890 et 1893 mais n'aboutiront pas davantage, en raison de l'opposition successive de l'Ontario et des autorités de l'université McGill. Le projet sera repris et reformulé

---

36. UMC (1888, 613).
37. Desjardins (1971, 1191) affirme que la première réunion eut lieu le 24 novembre 1888.

systématiquement par le docteur Roddick en 1900 et sera connu dès lors sous le nom de *Canada Medical Act*.
Sources: UMC (1903), 173-181; UMC (1905), 309.

Première publication du *Montreal Medical Journal*. Ce mensuel montréalais, qui prend la relève du *Canada Medical and Surgical Journal*, disparaîtra en décembre 1910.
Sources: UMC (1888), 391; Roland/Potter (1979), 46.

Le Bureau des gouverneurs du Collège des médecins et chirurgiens de la province de Québec admet Madame Mary Denny comme sage-femme et lui accorde sa licence.
Source: UMC (1888), 556.

1889 *Acte amendant la loi concernant les médecins et chirurgiens.* Cette loi amende les dispositions existantes concernant les personnes inscrites au registre médical[38]. Elle leur accorde les mêmes privilèges que ceux accordés aux diplômés des universités et des collèges anglais.
Source: SPQ (1889), chap. 39.

Fondation de l'Association médico-chirurgicale du district de Joliette[39] dans un but de protection et d'instruction mutuelles ainsi que dans l'intérêt de la science et de la profession médicales. L'association entend également

38. Selon Bernier (1981, 310) et (1989, 44), l'amendement de la loi concernant les médecins et chirurgiens «permet au Collège des médecins de se donner des règlements disciplinaires et de mettre en place des règles déontologiques». La loi concernant les médecins et chirurgiens ne contient cependant aucun article à cet effet. Il est possible que Bernier ait confondu l'amendement concernant les médecins et chirurgiens avec l'amendement de la loi concernant les dentistes qui, elle, contient effectivement une clause permettant à l'Association des dentistes de la province de Québec de se doter de règlements disciplinaires. Selon Bernier (1989, 81), la loi (SPQ 1889, chap. 39) prévoit également la répartition des membres du Collège des médecins et chirurgiens par comté. Ce renvoi nous paraît également erroné.

39. Selon UMC (1906, 58), il semble que cette association soit relancée en 1906 sous le nom de Association médicale du district de Joliette.

favoriser l'union de tous les médecins du district de Joliette. La résolution de la fondation est adoptée le 31 juillet.
Source: UMC (1889), 457.

Fondation, le 5 novembre, de la Société médico-chirurgicale du district d'Iberville[40] et des comtés adjacents. L'assemblée de fondation se tient à Saint-Jean et est convoquée par le docteur A. Lacerte. Une quinzaine de médecins sont présents. La société a pour but l'amélioration de la compétence des praticiens par l'étude des sciences médicales et la discussion des cas pratiques. Elle entend favoriser également l'aide mutuelle de ses membres dans les cas d'interventions thérapeutiques difficiles ainsi qu'une protection vigilante et énergique des intérêts professionnels.
Sources: UMC (1889), 457, 506; UMC (1890), 13, 15.

Création de l'Association médicale du district de Saint-Hyacinthe[41].
Source: UMC (1890), 13.

Création, le 21 mars, de l'Association des internes de l'Hôpital Notre-Dame. Cette association, dont le but est «de continuer en dehors de l'hôpital les études et travaux cliniques faits au lit du malade», est dirigée par le docteur H. E. Desrosiers. Ses activités scientifiques sont inaugurées le 24 novembre. Des rencontres mensuelles auront lieu jusqu'en 1897.
Sources: UMC (1888), 616; UMC (1916), 51; Desjardins (1971), 1191; GRHHND.

Première publication de *La Mère et l'enfant*. Cette revue montréalaise de pédiatrie et de puériculture disparaîtra en octobre 1891.
Source: Roland/Potter (1979), 44.

40. Selon UMC (1906, 183, 295), cette société renaîtra apparemment en 1905 (sous le nom de Société médicale de Saint-Jean d'Iberville) sous la présidence du docteur H. Moreau, avec H. Phénix comme vice-président et J. C. Duval comme secrétaire-trésorier.
41. La date de fondation n'est ici qu'approximative.

1891 Fondation d'une section de la British Medical Association à Montréal présidée par le docteur W. H. Hingston. Le siège de la section de Montréal est situé au 2204 rue Sainte-Catherine. Cette section recrutera plus de 71 nouveaux membres durant la seule année 1896.
Source: MMJ (1891), 77-79; UMC (1897), 62.

Le congrès annuel de la Canadian Medical Association a lieu a Montréal les 16, 17 et 18 septembre.
Source: UMC (1891), 445.

Les sages-femmes n'apparaissent plus dans les recensements à partir de 1891.
Source: Bernier (1979), 48.

1892 Les docteurs T. G. Roddick, J. C. Cameron, A. D. Blackader, F. J. Shepherd, T. W. Mill, L. D. Mignault, J. W. Major, E. P. Lachapelle, F. Montizambert, M. J. Ahern, J. A. Hamel, E. Gervais, F. J. Austin et E. N. Chevalier participent à titre de présidents de section ou de membres du comité auxiliaire à l'organisation du congrès médical panaméricain qui doit avoir lieu à Washington du 5 au 8 septembre 1893 sous la présidence du docteur W. Pepper de Philadelphie.
Sources: UMC (1892), 608-609, 611; CMR (1893), 211-214.

Le docteur J. Stewart de Montréal est pressenti comme membre du sous-comité pour l'Amérique en vue de l'organisation du XIe congrès médical international de Rome qui doit se tenir du 24 septembre au 1er octobre 1893.
Source: UMC (1892), 613.

1893 Fondation de la Montreal Clinical Society[42].
Source: MMJ (1892), 935.

Fondation de l'Association of Superintendants of Training School For Nurses of the United States and Canada. Le but de cette association est de maintenir un standard universel de formation.
Source: Cohen/Dagenais (1987), 170.

McEachran suggère au gouvernement de passer une loi des chirurgiens vétérinaires visant le contrôle des charlatans et la protection des vétérinaires. Cette proposition restera sans suites.
Source: Pépin (1986), 137.

1894 Fondation de la Canadian Nurses Association of Montreal[43]. Cette association s'affiliera à la Provisional Organization of the Canadian National Association of Trained Nurses en 1907. La délégation québécoise sera composée exclusivement d'infirmières anglophones du Montreal General Hospital, du Jeffery Hale Hospital et du Royal Victoria Hospital.
Sources: MMJ (1895), 793-794; CNA, 3.

Première publication de *La Clinique*. Il s'agit d'une revue mensuelle montréalaise qui, au début, a pour objet l'étude des maladies du nez, de la gorge, des oreilles et des yeux. Cette revue deviendra toutefois progressivement une revue de médecine, de chirurgie, de thérapeutique et d'intérêt professionnel. Elle disparaîtra en 1900 mais, en 1910, un groupe de médecins, dont fera partie le docteur DeMartigny, réorganisera la revue qui continuera à être publiée jusqu'en 1923.
Sources: UMC (1936), 1043; Roland/Potter (1979), 29.

Le comité de la Medico-Chirurgical Society of Montreal formé pour étudier la loi des coroners dépose son rapport auprès de la société. Ce comité est formé des docteurs G. Girdwood, J. G. Adami, E. P. Lachapelle et J. Bell.
Source: CMR (1894), 200.

1895 Le docteur Wyatt Johnston adresse à l'avocat général de la province de Québec un rapport concernant la nouvelle loi sur le rôle et le droit d'enquête des coroners[44].
Source: CMR (1895), 122-127.

43. Desjardins *et al.* (1970, 198) mentionnent plutôt 1895.
44. MacDermot (1950, 74) mentionne que W. Johnston devient en 1895 le premier expert médico-légal à Montréal, sinon au Québec.

Fondation en novembre de l'Association médicale des étudiants de l'École de Médecine et de Chirurgie/ faculté de médecine de l'Université Laval. L'inauguration a lieu le 12 novembre sous la présidence du doyen de la facuté, le docteur Rottot.
Source: CMJMR (1896), 60.

Première publication, en novembre, du *Pharmacien canadien*. Le directeur de ce mensuel est le docteur E. Giroux.
Source: UMC (1896), 60.

Permière publication du *Montreal Homœopathic Record*. Ce mensuel, qui paraîtra jusqu'en décembre 1904, défend les intérêts des homéopathes et du Homœopathic Hospital Montreal.
Source: Roland/Potter (1979), 44.

1896 Fondation du Comité d'études médicales de Montréal grâce à l'initative du chirurgien A. Marien[45]. Ce dernier en sera l'âme dirigeante jusqu'en 1900, année ou le Comité deviendra la Société médicale de Montréal. Après des débuts modestes, le Comité regroupera une dizaine de médecins intéressés aux aspects scientifiques de la médecine, plus particulièrement à la bactériologie et au développement des sciences de laboratoire. En font alors partie les docteurs H. Hervieux, A. A. Foucher, T. Parizeau, O. Mercier, J. E. Dubé, A. Lesage, L. A. Demers, S. Boucher, J. V. Cléroux et L. E. Fortier. Ces médecins, dont la plupart reviennent d'un séjour d'études en France, se réuniront en séance privée jusqu'au 15 septembre 1898, date à laquelle les séances deviendront publiques. Le Comité d'études médicales deviendra la Société médicale de Montréal en 1900.
Sources: UMC (1907), 251; UMC (1916), 53-54; UMC (1917), 7; Desjardins (1971), 1191-1193.

45. Selon UMC (1940, 238) et UMC (1971, 1193), c'est en 1897 que Marien fonda «avec quelques amis un Comité d'études».

Fondation, le 23 décembre, d'une section de la British Medical Association à Québec sous la présidence du docteur Catellier. Les docteurs Sewell, Coote et Marois en sont respectivement les vice-président, trésorier et secrétaire. Le même mois, d'autres sections de la British Medical Association seront organisées, dont celle d'Ottawa, sous la présidence du docteur Roddick (15 décembre), et celle de Toronto, sous la présidence de J. H. Cameron.
Source: UMC (1897), 62.

Fondation de l'Association nationale des sanatoriums (National Sanatorium Association).
Source: CPHA (1982), 62, 64.

Fondation de l'Associated Alumni of the United States and Canada. Cette association regroupe les infirmières diplômées et réunit en un même corps les associations de diplômées.
Source: Cohen/Dagenais (1987), 170.

Le congrès de la Canadian Medical Association se tient à Montréal du 26 au 28 août.
Source: UMC (1896), 383.

Le congrès annuel de l'American Public Health Association se tient à Montréal.
Source: UMC (1896), 573.

Le VIIIe congrès de l'American Pediatric Society se tient à Montréal, du 25 au 27 mai. Y participent les docteurs Blackader, Adami, Cormier, Martin et Lafleur de Montréal ainsi que le docteur Osler qui pratique alors à Johns Hopkins.
Sources: MMJ (1896), 1008-1010; UMC (1896), 383, 506.

Le docteur E. P. Lachapelle est nommé vice-président du comité montréalais pour l'organisation du congrès médical panaméricain qui doit se tenir à Mexico en novembre. Il y est également délégué officiellement par le gouvernement fédéral.

Le docteur E. P. Lachapelle participe à la réunion des délégués des conseils d'hygiène de l'Amérique du Nord qui se tient à Chicago.
Source: UMC (1896), 508.

L'American Pharmaceutical Association se réunit à Montréal du 12 au 19 août.
Source: UMC (1896), 509.

Les docteurs Montizambert, E. P. Lachapelle, Beaudry et Johnston participent au congrès de l'American Medical Association à Buffalo.

1897 Fondation, le 14 janvier, de la Société médicale de Québec.
Source: BMQ (1900), 572.

Fondation de la Société médicale du comté de Témiscouata. La première réunion se tient le 22 mars à Rivière-du-Loup.
Source: BMQ (1929), 221.

Première publication de *La Revue médicale.* Ce périodique, fondé à Québec par le docteur P. P. Boulanger, est le premier périodique médical hebdomadaire spécialisé. Déménagé à Montréal en mai 1899, il cessera de paraître en 1904.
Sources: BMQ (1900), 624; UMC (1946), 1345; Roland/ Potter (1979), 55; Bernier (1983), 109.

La British Medical Association et la Canadian Medical Association tiennent leur congrès annuel à Montréal du 31 août au 3 septembre, sous la présidence des docteurs H. Barnes, T. G. Roddick et R. Saundby. Les docteurs Adami, Springle et Benoît en sont les secrétaires généraux. Il s'agit du premier congrès de la British Medical Association en territoire canadien. Lister y assiste et pose la pierre angulaire du Jubilee Nurses' Home, résidence destinée aux infirmières du Montreal General Hospital. Environ 1000 médecins, dont la moitié viennent d'Angleterre et des États-Unis, participent à ce

congrès. Sont représentés également les grands fabricants d'instruments médicaux et chirurgicaux de même que les grands producteurs de produits pharmaceutiques.
Sources: UMC (1896), 699; CMR (1897), 536, 539-553, 607, 613-632; MMJ (1897), 70; Shepherd (1919), 24.

1898 *Loi amendant la loi concernant les médecins et chirurgiens.* Cette loi amende les dispositions existantes relativement à la certification. Elle permet l'annulation de tout certificat par le Conseil de discipline. Elle institue le Conseil de discipline qui sera composé de quatre gouverneurs élus par le Bureau. Le président du Bureau sera lui-même membre *ex officio*. La loi définit le pouvoir du Conseil, la durée du mandat de ses membres, les procédures en cas de plainte, les modalités de la prise de décision et les sanctions possibles. Le droit d'appel au Bureau des gouverneurs est prévu ainsi que les modalités pour donner force à l'exécution de la décision[46].
Source: SPQ (1898), chap. 30.

Loi amendant la loi relative à l'admission à la pratique de la médecine, en certains cas. Pour donner suite à certaines dispositions de la loi Hall et les rendre effectives, cette loi régularise la situation des étudiants qui ont commencé leurs études en médecine avant d'avoir obtenu leur brevet d'admission. Elle permet de les admettre à la pratique pourvu qu'ils passent les examens requis.
Source: SPQ (1898), chap. 31.

Création, vers 1898, de l'Association médicale du district de Saint-François.
Source: UMC (1898), 218.

46. Selon Bernier (1989, 85) et (1981, 310), le Collège n'a plus dès lors à aller devant les tribunaux en cas de poursuite, mais peut régler ces cas *intra-muros* et les considérer selon son bon jugement.

Fondation de la Société médico-psychologique de Québec[47]. Cette société regroupe à ses débuts une vingtaine d'aliénistes provenant des asiles québécois. Son premier président est A. Vallée de l'Asile des aliénés de Québec. F. W. Burgess du Verdun Protestant Hospital for the Insane et E. Chagnon de l'asile d'aliénés Saint-Jean-de-Dieu en sont respectivement les vice-président et secrétaire.
Sources: UMC (1898), 301-302; Paradis (1978), 35.

Première publication, en mars, de la *Revue générale de pharmacie et d'hygiène*. La revue cessera de paraître en 1900.
Sources: UMC (1936), 1044; Roland/Potter (1979), 55.

1899 Première publication du *Bulletin médical de Québec*[48]. Ce mensuel, fondé par M. J. Ahern, est publié sous les auspices de la Société médicale de Québec. Il deviendra *Le Bulletin médical: Journal consacré aux intérêts de la Profession médicale dans le district de Québec* en 1914, et le *Bulletin de la société médicale des hôpitaux universitaires* en 1932.
Sources: Roland/Potter (1979), 6; Pierre-Deschênes (1980),155.

Première publication de la revue *Dosimétrie au Canada*. Il s'agit d'une revue de médecine et de thérapeutique dont le premier numéro paraît en juillet. Elle publie des chroniques médicales, des faits cliniques et des notes thérapeutiques. Le rédacteur principal est le docteur J. L. Lemieux. La revue publiera son dernier numéro en mai 1901[49].
Source: UMC (1937), 523.

---

47. MMJ (1900, 811) et BMQ (1899,108-109) situent la fondation de la Société médico-psychologique de Québec en 1899.
48. Abbott (1931, 70) de même que UMC (1942, 805) et UMC (1946, 1342) mentionnent toutefois par erreur 1889 comme date de fondation.
49. Lahaise (1990, 148) mentionne que la revue disparaît en 1900.

Les docteurs Stewart, Wilkins, Adami, Lafleur et Johnston assistent au congrès de l'American Association of Physicians à Washington.
Source: MMJ (1899), 466.

1900 *Loi amendant la loi concernant les médecins et chirurgiens.* Cette loi modifie la composition du Bureau des gouverneurs. Elle définit les conditions de l'éligibilité des candidats aux postes de représentants des universités et statue sur les modalités de leur élection. Elle prévoit que les autres gouverneurs seront élus selon une répartition en quatre districts et fixe le nombre de candidats et les modalités d'élection pour chaque district.
Source: SPQ (1900), chap. 26.

Création de l'Association des médecins de langue française de l'Amérique du Nord[50]. C'est à l'occasion du deuxième congrès de la Société médicale de Québec, les 25 et 26 juin, que deux comités d'études sont formés dans le but d'étudier le projet de création d'une association médicale francophone à l'échelle de l'Amérique du Nord. Le premier comité regroupe les membres de la Société médicale de Québec. Le second regroupe le président du Bureau de médecine de la province, les docteurs E. P. Benoit et J. E. Lesage ainsi que les membres du Comité d'études médicales de Montréal. C'est sur la proposition du docteur Brochu qu'est officiellement lancé le 6 mars 1902, à l'Université Laval, sous la présidence de A. A. Foucher, le projet d'une association médicale francophone à l'échelle continentale. Sont alors élus officiers de l'association les docteurs Brochu (président), E. P. Lachapelle, Coyteux-Prévost et Archambault (vice-présidents), Simard et Lesage (secrétaires généraux), Marois et Cléroux (trésoriers). L'association comptera

50. Chartrand *et al.* (1987, 341 et 343) de même que BMQ (1906, 494) mentionnent 1902 comme date de fondation. Cette date est en fait celle de la tenue du premier congrès de l'association à Québec.

également un bureau de direction de 33 médecins. Elle sera incorporée en 1924.
Sources: BMQ (1900), 172, 613; BMQ (1902), 449; UMC (1902), 167-168; BMQ (1924), 129; Pierre-Deschênes (1980), 22 et (1981), 361.

Fondation, le 16 décembre, de la Société médicale du comté de Portneuf sous la présidence du docteur A. Weilbrenner, avec C. Mayrand comme vice-président et S. G. Paquin comme secrétaire-trésorier.
Source: BMQ (1900), 230.

Fondation, le 11 novembre, de la Société médicale de Chicoutimi et Lac Saint-Jean. Le premier président est le docteur L. E. Beauchamp. Les docteurs Poliquin et Riverin sont respectivement vice-président et secrétaire.
Source: BMQ (1900), 163, 166.

Le docteur E. P. Lachapelle assiste au congrès universel d'hygiène à Paris à titre de représentant du Bureau d'hygiène de la province de Québec.
Source: BMQ (1900), 637.

1901 Fondation en mai de l'Association médicale du district des Trois-Rivières. L'association est présidée par le docteur L. Normand. Parmi les membres fondateurs se retrouvent les docteurs C. N. DeBlois, H. Marchand et J. H. Leduc. L'association regroupe alors une cinquantaine de médecins.
Sources: BMQ (1901), 617; UMC (1901), 495.

Fondation, en septembre, de la Société médicale du comté de Shefford.
Source: UMC (1903), 549.

Fondation de l'Association médicale du comté de Maskinongé.
Source: UMC (1901), 709.

Fondation, le 23 juillet, de la Société médicale de Montmagny sous la présidence du docteur Théberge.
Source: BMQ (1901), 618.

Fondation, le 25 mars, à Baie-Saint-Paul, de la Société médicale du comté de Charlevoix. Le premier exécutif est composé des docteurs A. Simard (président), L. H. Labrecque (vice-président) et E. V. Boulanger (secrétaire).
Source: BMQ (1901), 619.

Première publication du *Bulletin sanitaire*. Il s'agit d'une revue publiée par le Conseil d'hygiène de la province de Québec.
Source: Roland/Potter (1979), 9.

Première publication du*Montreal Medical*. Ce périodique, fondé par le docteur D. E. LeCavelier, prendra ultérieurement le nom de *Le Canada médical*. Il disparaîtra en 1922.
Sources: Heagerty (1928a), 281; UMC (1936), 1044; Roland/Potter (1979), 44; AMM, 821.2.

Première publication de *La revue scientifique*. Cette revue, dirigée par le docteur P. Bédard, ne paraîtra que de mai à août 1901.
Source: UMC (1946), 1343.

Première parution du *Canadian Association for the Prevention of Tuberculosis Annual Report With Transactions of the Annual Meeting*. Ces rapports paraîtront jusqu'en 1925.
Source: Roland/Potter (1979), 14.

1902 *Acte à l'effet d'établir un Conseil médical en Canada*[51]. La loi Roddick est promulguée. Cette loi est connue sous le nom de Canada Medical Act. Elle prône la création d'un Conseil médical du Canada (Dominion Medical Council) composé de 39 à 41 membres, dont 7 sont nommés par le gouvernement, 1 par chaque université, 3 par les homéopathes, les autres étant répartis proportionnellement au nombre de médecins dans chaque province selon une échelle définie. Cette loi a pour but de rendre possible l'attribution d'une licence interprovinciale à ceux qui vou-

51. MacDermot (1967, 57) mentionne que ce projet de loi est voté en 1901.

draient obtenir le droit de pratique en quelque région du territoire canadien ou encore à titre de médecins militaires au Canada. La loi vise la création d'un registre des praticiens canadiens, l'établissement et la fixation des connaissances requises et du curriculum des études de même que la création d'un Bureau des examinateurs pour les examens et l'octroi d'un certificat d'aptitude à la pratique. On entend également élever la profession médicale à un degré de compétence qui lui permette d'accéder aux privilèges reconnus aux médecins du Royaume-Uni en vertu des *Medical Acts*. Cette loi va donc à l'encontre de la souveraineté des provinces en matière d'éducation. Déjà déposé en 1900 par le docteur Roddick, ce projet de loi, fortement contesté par les médecins francophones, surtout par ceux de Québec, avait été ajourné coup sur coup en 1900 et en 1901. La Société médicale de Québec soumet au gouvernement fédéral un mémoire en guise de protestation en 1902 en même temps que le docteur Brochu s'oppose au projet au nom des médecins francophones. Ce dernier suggère plutôt un projet de réciprocité interprovinciale ayant pour base les programmes d'études. Amendé, le «bill Roddick» est finalement adopté en 1902 à la condition que cette mesure ne devienne loi que sur acceptation de son contenu par toutes les provinces. En 1903, le comité chargé par la Société médicale de Montréal d'étudier ce projet de loi se montrera défavorable à son adoption et suggérera plusieurs amendements majeurs[52]. En 1906 et en 1910, la loi sera encore amendée, à la satisfaction des médecins francophones de la province de Québec. Elle entrera en vigueur en 1911 lorsque toutes les provinces l'auront finalement adoptée. Le Conseil médical fédéral chargé de rendre opérationnelle la loi Roddick se réunira pour la première fois à Ottawa le 7 novembre 1912[53]. Le comité

52. En particulier celui d'obliger tout candidat à la licence interprovinciale à être *déjà* dûment diplômé et licencié en vertu des lois provinciales et celui d'exiger l'acceptation par toutes les provinces des amendements éventuels apportés à cette loi.
53. Du 7 au 13 juillet 1913 selon UMC (1913, 354).

d'examinateurs français siégera pour la première fois à Montréal le 7 octobre 1913. Cette loi est l'ultime rejeton du *Dominion Medical Bill* initié en 1871 par le docteur Marsden.
Sources: SPC (1902), chap. 20; BMQ (1902), 28, 31, 371-378; BMQ (1903), 528-529; UMC (1903), 173-181, 205; UMC (1910), 63-77; BMQ (1912), 131; BMQ (1913), 562; Abbott (1931), 73; Pierre-Deschênes (1980), 18.

Loi concernant les médecins vétérinaires. Cette loi est aussi dénommée «Loi des médecins vétérinaires de la province de Québec». Elle constitue en corporation le Bureau des médecins vétérinaires[54] de la province et fixe à 10 le nombre de membres élus de ce bureau. Elle prévoit une représentation respective de six et quatre médecins vétérinaires pour les régions de Montréal et de Québec. Ces deux régions regroupent tous les districts judiciaires de la province. La loi statue sur la durée des mandats, les modalités d'élection et les pouvoirs du Bureau d'accorder un brevet d'aptitude aux études et une licence *ad practicandum.* Elle prévoit la nominations d'examinateurs et d'assesseurs. Elle oblige enfin le Bureau à la tenue d'un registre des médecins vétérinaires et précise les conditions d'admissibilité à la pratique et au registre des praticiens diplômés et non diplômés. Des sanctions sont prévues pour les contrevenants à ses règlements. Cette loi sera amendée en 1906. L'amendement de 1906 stipule que les membres du Bureau seront à l'avenir désignés sous la dénomination Collège des médecins vétérinaires de la province de Québec. Selon les termes de l'amendement, le Bureau sera désormais composé de 9 personnes et éventuellement de 10 lorsqu'une école vétérinaire anglaise verra le jour à Montréal. L'amendement prévoit une représentativité égale pour les régions de Québec et de Montréal et introduit de nombreux

54. Pépin (1986, 138) mentionne que la présidence du Bureau sera d'abord assurée par J. Duschesne, vétérinaire de Québec. V. T. Daubigny en sera le deuxième président de 1904 à 1906.

ajouts et modifications, notamment à propos de la durée des mandats des gouverneurs, des modalités de leur remplacement, de l'attribution des licences, des conditions d'obtention d'un brevet d'admission, de la cotisation annuelle des membres etc. Il autorise le Bureau à poursuivre les contrevenants à ses règlements et définit ses pouvoirs en cas de plaintes contre un membre. Il précise les procédures de la plainte, les sanctions éventuelles et le droit d'appel. Seront exclues de l'application stricte de la loi les personnes soignant les animaux dans les localités dépourvues de médecins vétérinaires.
Sources: SPQ (1902), chap. 27; SPQ (1905), chap. 26.

Fondation, le 24 juillet, de la Société médicale de Fraserville qui regroupe les médecins du district de Kamouraska. Le président est le docteur J. F. Langlais avec les docteurs P. Picard et F. E. Gilbert comme vice-président et secrétaire. La société est également désignée sous le nom de Société médicale de Témiscouata. Une société portant un nom similaire avait été fondée en 1897.
Source: BMQ (1902), 95, 449.

Fondation de la Canadian Dental Association. Le docteur F. A. Stevenson en est le premier président.

Sur invitation de la Montreal Medico-Chirurgical Society, l'American Medico-Psychological Association tient pour la première fois son congrès annuel à Montréal, à l'hôtel Windsor, du 17 au 20 juin. C'est le docteur Wyatt Johnston, en tant que médecin non membre de l'association, qui est invité à faire le discours d'ouverture[55]. Le comité de réception du congrès est formé des docteurs T. J. W. Burgess, G. Villeneuve, J. V. Anglin, E. P. Chagnon, J. Perrigo et A. Vallée.
Source: UMC (1902), 300, 302.

55. Le docteur Johnston mourra toutefois tout juste avant de pouvoir s'acquitter de cette tâche.

Le congrès annuel de la Canadian Medical Association a lieu à Montréal du 16 au 18 septembre sous la présidence du chirurgien F. J. Shepherd.
Source: BMQ (1902), 521.

Le premier congrès de l'Association des médecins de langue française de l'Amérique du Nord a lieu à Québec[56] du 25 au 27 juin à l'occasion de la fête du cinquantenaire de l'Université Laval. On y accueille environ 450 médecins. Le programme compte une centaine de communications.
Sources: BMQ (1900), 173; BMQ (1902), 473; UMC (1902), 429.

1903 F. J. Shepherd participe à la première rencontre de la Société internationale des chirurgiens, fondée la même année.
Source: Howell (1934), 197.

Le docteur E. Lebel est délégué par la Société médicale de Québec au congrès médical des médecins militaires de l'Amérique du Nord à Boston.
Source: BMQ (1903), 428.

1904 Fondation, vers 1904, du Women's Auxiliary of the Homœopathic Hospital of Montreal.
Source: SPQ (1904), chap. 96.

Fondation de la Société médicale du district d'Arthabaska sous la présidence du docteur Sirois, avec comme autres officiers les docteurs Laurendeau et Belleau (vice-présidents), Triganne (trésorier) et Ricard (secrétaire).
Source: UMC (1904), 371-372.

Fondation de l'Association médicale du district d'Ottawa. Les officiers sont les docteurs J. Robillard (prési-

---

56. Les autres congrès de l'Association auront lieu successivement à Montréal (1904), Trois-Rivières (1906), Québec (1908), Sherbrooke (1910), Québec (1920), Montréal (1922) et Québec (1924).

dent), L. J. Barolet et E. Aubry (vice-présidents) et J. E. d'Amours (secrétaire-trésorier).
Source: UMC (1904), 444.

Fondation à Weedon, le 4 septembre, de la Société médicale du comté de Wolfe avec E. Chicoine (président), J. C. Lemieux et S. MacDonald (vice-présidents) et A. Pelletier (secrétaire-trésorier).
Sources: BMQ (1905), 43-44; UMC (1905), 560-561.

Fondation du McGill Journal Club[57]. Cette société, qui compte alors une soixantaine de membres, a pour but de payer l'abonnement à différents périodiques médicaux que ne reçoivent ni la bibliothèque ni les laboratoires de l'université.
Source: UMC (1904), 622.

Les docteurs Foucher et Lesage participent en juin au congrès des médecins de langue française à Lyon et reçoivent des décorations.
Source: UMC (1905), 752-753

1905 Formation du Livingston Club. Cette association est créée par les infirmières diplômées du Montreal General Hospital. À la fin de 1905, elle regroupera 73 membres. Ses activités portent surtout sur le secours mutuel de ses membres. L'association mettra sur pied «un registre pour les infirmières graduées en service privé en 1907[58]». Elle deviendra en 1907 la Montreal General Hospital Alumnae Association et, en 1909, la Alumnae Association of the Montreal General Hospital Training School for Nurses.
Source: Cohen/Dagenais (1987), 171.

57. Il est probable que ce club existait déjà bien avant 1901 puisque Howell (1934, 101-102) mentionne que le *Canada Medical and Surgical Journal*, qui parut entre 1872 et 1888, bénéficia des articles étrangers qui lui étaient fournis grâce au McGill Journal Club.
58. Cohen/Dagenais (1987, 171).

Fondation de l'Association médicale des comtés de Beauce et de Dorchester le 29 août à Beauceville sous la présidence du docteur Vaillancourt, avec les docteurs Fortier et Desrochers comme vice-présidents et le docteur Larue comme secrétaire.
Source: UMC (1905), 565.

Un souper d'adieu est donné en l'honneur du départ du docteur Osler pour Oxford à l'hôtel Waldorf-Astoria de New York. Plus de 500 médecins canadiens et américains participent à cette cérémonie.
Source: Howell (1934), 199.

1906 *Loi à l'effet d'établir un Conseil médical au Canada.* Il s'agit d'un amendement apporté au *Canada Medical Act.*
Sources: SRC (1906), chap. 137; Pierre-Deschênes (1981), 359.

Fondation et incorporation de l'Association des opticiens de la province de Québec. La loi d'incorporation, dénommée *Loi de l'Association des opticiens de la province de Québec,* sanctionne une demande adressée à la Législature par M. R. de Meslé, R. Carrière, N. Beaudry, V. Lévesque et G. Mount. Le but de l'association est de promouvoir l'avancement social et professionnel des membres de ladite association, l'avancement de la science de l'optique par la création de laboratoires, la poursuite de recherches scientifiques, la diffusion de cette science par la création de cours spéciaux et la régularisation de la profession d'opticien par la collation de diplômes et autres certificats d'aptitude et de compétence. La loi ne rend pas l'enregistrement obligatoire. Elle prévoit un conseil d'administration de neuf personnes et statue sur ses pouvoirs, les modalités de son élection et le remplacement de ses membres. Elle prévoit également l'élection de quatre officiers par le Conseil. L'association aura son siège à Montréal. L'amendement de 1909 modifiera les dispositions existantes relativement à la cotisation des membres et rendra l'enregistrement et la licence obligatoires pour toute personne voulant pratiquer l'op-

tométrie dans la province. Il permettra l'attribution de la licence sans examen pour les personnes déjà engagées dans la pratique de la profession avant l'adoption de la loi. Cet amendement définira l'optométrie comme l'emploi de tous moyens autres que l'usage des drogues pour le mesurage des erreurs de réfraction telles que l'hypermétropie, la myopie, la presbyopie, l'astigmatisme et l'asthénopie musculaire, et l'utilisation de lentilles pour y remédier. Il précisera que la loi ne s'applique pas aux médecins et aux marchands de lunettes. En 1926, un autre amendement modifiera les dispositions existantes relativement au paiement des cotisations, au champ de l'optométrie, à la régie des établissements d'optométrie et aux amendes imposées aux contrevenants[59].
Sources: SPQ (1906), chap. 89; SPQ (1909), chap. 130; SPQ (1926), chap. 87.

Fondation de la Société médicale du comté de Terrebonne. Cette société a pour but de «combattre l'alcoolisme et d'instruire le peuple sur les effets pernicieux de la tuberculose».
Source: UMC (1906), 108.

Fondation de l'Association médicale du comté de Champlain.
Source: UMC (1906), 295.

Première publication du *Journal de médecine et de chirurgie*. Cette revue paraîtra jusqu'en 1916.
Sources: Heagerty (1928a), 281; Abbott (1931), 70; UMC (1936), 1044; Roland/Potter (1979), 36.

59. Dans le libellé de l'amendement de 1926, il est cependant question de l'Association des optométristes et opticiens de la province de Québec.

1907 *Loi amendant la loi concernant les médecins et chirurgiens.* La loi amende les dispositions existantes relativement à la composition du Bureeu des gouverneurs, la durée de leurs mandats, leur mode de remplacement et redéfinit la représentation du district de Saint-François au Bureau. Elle amende les dispositions concernant les cotisations annuelles des membres du Collège et sanctionne le secret professionnel[60].
Source: SPQ (1907), chap. 43.

Fondation de l'Association médicale de l'ouest de Montréal[61], le 5 juin, sous la présidence du docteur A. A. Bernard. L'association compte 40 membres dès le mois de novembre.
Source: UMC (1907), 419, 733-734.

Fondation de la Canadian Medical Protection Association. Il s'agit d'une ligue de protection mutuelle qui gère une caisse de secours pour ses membres devenus invalides, nécessiteux ou encore pour leurs veuves laissées sans ressources.
Source: UMC (1907), 609.

Fondation, le 8 octobre, de la Provisional Organization of the Canadian National Association of Trained Nurses[62]. Il s'agit en fait «de la réunion de toutes les associa-

---

60. Selon Boissonnault (1953, 301), cette loi stipule que chaque faculté de médecine aura à l'avenir deux gouverneurs qui la représenteront au Collège des médecins et chirurgiens. Mais cette disposition remonte à la loi de 1900.
61. BMQ (1912, 488-490) mentionne que, hormis les sociétés médicales mentionées plus loin dans le présent ouvrage, d'autres sociétés médicales québécoises verront le jour vers 1912: la Société médicale de Rimouski, la Société médicale de Valleyfield, l'Association médicale du comté de Jacques-Cartier et la Société médicale du comté de Maskinongé. En 1914 existe également une société rurale du nom de Société médicale du comté de Québec. Quant à la Société médicale de Lévis, elle est apparemment réorganisée en 1914.
62. Desjardins *et al.* (1970, 198) et Cohen/Dagenais (1987, 171) affirment que la Canadian National Association of Trained Nurses est fondée en 1908.

tions d'infirmières diplômées canadiennes existantes et de la branche canadienne de l'Association des surintendants d'hôpitaux[63]». Cette association ne deviendra officiellement la Canadian National Association of Trained Nurses que lors de sa première assemblée générale tenue le 22 mai 1911. La résolution relative à cette nouvelle appellation sera adoptée officiellement le 25 mai 1911.
Sources: Cohen/Dagenais (1987), 171; CNA, 3.

1908 *Loi concernant les médicaments brevetés.* Cette loi ne sera mise en vigueur que le premier avril 1909.
Source: SPC (1908), chap. 56.

Le docteur Arthur Simard ainsi que le docteur Bourgeois, qui représente le conseil d'hygiène de la province de Québec, assistent au congrès de la tuberculose qui se tient à Washington au début d'octobre.
Source: BMQ (1908), 113-120, 186.

1909 *Loi amendant et refondant la loi relative aux médecins et chirurgiens de la province de Québec.* Cette loi est appelée aussi *Loi médicale de Québec.* Elle stipule que le Bureau provincial de médecine comptera 41 membres élus pour quatre ans dont 35 choisis par les membres du Collège et deux par chacune des trois écoles ou facultés de médecine de la province. Elle prévoit la formation d'un Bureau médical d'examinateurs dont les deux tiers sont composés de représentants des universités et l'autre de représentants du Collège. La loi précise que le conseil de discipline a tous les pouvoirs de la cour supérieure de la province de Québec et établit la liste des actes dérogatoires à l'honneur et à la dignité de la profession. Elle prévoit la division de la province en quatre districts. La loi prévoit une procédure d'enquête pour d'éventuelles irrégularités électorales au sein du Collège, les modalités d'exclusion de certains membres du Bureau provincial et définit le champ de juridiction de ce bureau. Elle pré-

63. Cohen/Dagenais (1987, 171).

voit la tenue d'un registre médical et celle d'un cahier pour toute femme qui s'est conformée aux règlements du Bureau relativement à la pratique des accouchements. Elle définit le rôle et les conditions d'éligibilité du registraire. Elle statue sur l'enregistrement obligatoire et autorise les médecins à tenir des médicaments, produits pharmaceutiques et appareils de physique, de chimie ou de mécanique dont ils peuvent avoir besoin dans l'exercice de leur profession. La loi défend aux sages-femmes d'employer des instruments. Elle oblige tout médecin à aviser le Collège de la cessation ou de la reprise de l'exercice de sa profession. Elle spécifie la nature des cotisations et les modalités de leur recouvrement. Désormais, un médecin ne peut être contraint de déclarer ce qui lui a été révélé par son patient lors d'une consultation. La loi prévoit que le conseil de discipline sera composé de trois membres choisis parmi les gouverneurs, définit ses pouvoirs et devoirs et précise les modalités d'élection et de remplacement de ses membres. Elle explicite les actes jugés dérogatoires à l'honneur professionnel, statue sur la destitution ou la suspension des membres du Collège condamnés pour délits criminels et prévoit les procédures en cas de plaintes. L'appel des décisions du Conseil de discipline devant le Bureau provincial des médecins y est prévu de même que les pénalités, poursuites et réclamations des amendes applicables aux membres contrevenants[64].
Source: SPQ (1909), chap. 55.

Tenue, à Trois-Rivières, du premier congrès annuel des Services sanitaires de la province de Québec[65].
Sources: BMQ (1913), 555; Voyer (1954), 136.

---

64. Selon UMC (1909, 333-336), cette loi facilite aussi la poursuite des charlatans et rabouteurs en ne rendant pas nécessaire la preuve qu'ils ont été payés. L'amende en cas de charlatanisme est portée de 50 $ à 200 $.

65. BMQ (1921, 291) semble situer ce premier congrès en 1908. Les autres congrès annuels auront lieu successivement à Sherbrooke (1910), Saint-Hyacinthe (1911), Québec (1912), Montréal (1913), Québec (1916), Fraserville (1918) et Hull (1919).

1910 Première publication de la revue *Les rayons X, l'électricité médicale et la physiothérapie*. Fondé par le docteur Lasnier, ce périodique est le premier périodique canadien consacré à la radiologie. Le fondateur exprime le désir de regrouper les électrothérapeutes des deux langues de la province, en faisant la promotion des bases scientifiques de leur spécialité et en leur apprenant à discerner leur cause de celle des empiriques et des charlatans. Cette revue disparaît huit mois après sa première publication et après avoir fait paraître sept numéros.
Sources: UMC (1946), 1343; Roland/Potter (1979), 54.

1911 Les docteurs E. P. Chagnon, P. C. Daigneault, N. A. Dussault, C. G. Geggie, S. Grondin, H. Hervieux, O. Leclerc, A. Lesage, A. Paquet, E. P. Lachapelle, A. Rousseau, A. Simard et A. Vallée comptent parmi les membres fondateurs de la nouvelle Association des médecins de langue française fondée à Lyon le 22 octobre lors de l'ouverture du douzième congrès français de médecine.
Source: BMQ (1912), 305, 307-308.

La Canadian Public Health Association tient sa première réunion annuelle à Montréal les 13, 14 et 15 décembre.

La Canadian Medical Association tient son congrès annuel à Montréal du 7 au 9 juin.

Première publication du *Canadian Medical Association Journal*. Publié à Montréal[66] sous la direction du docteur McPhail, ce périodique résulte d'une fusion entre le *Montreal Medical Journal* et le *Maritime Medical News*. L'idée de ce journal remonte à 1907, lors d'une réunion de la Canadian Medical Association à Montréal, la conjoncture étant alors particulièrement favorable au bill Roddick. Le projet fut concrètement mis de l'avant en octobre 1909.
Sources: UMC (1910), 44-45; UMC (1911), 335-336; Heagerty (1928a), 281; Roland/Potter (1979), 23.

66. Roland/Potter (1979, 23) mentionnent que cette revue est publiée à Toronto de 1911 à 1960.

Première publication du *Bulletin from the Royal Victoria Hospital*. Le dernier numéro paraîtra en août 1912.
Source: Roland/Potter (1979), 6.

1913 Fondation de l'Association des gardes-malades Ville-Marie. Cette association a pour but de donner des soins à domicile à des prix convenables. Il est prévu que, dans le cas des malades pauvres, les visites pourront être payées à l'association par les œuvres de charité paroissiales.
Source: UMC (1913), 462.

Fondation, le 19 décembre, du Cercle Pasteur par le docteur G. H. Baril. Il s'agit d'un regroupement des étudiants en médecine de la ville de Montréal. On y discutera de toutes sortes de questions concernant l'éthique médicale, dont l'hypnotisme, l'avortement, la fécondation artificielle, l'onanisme, l'alcoolisme, la pollution nocture, etc.
Source: UMC (1916), 114-116.

1915 Première publication, en octobre, de la *Revue dentaire canadienne*. Il s'agit de la première revue dentaire française en Amérique. Elle est éditée par le docteur Poitras et le principal rédacteur en est le docteur H. Thibeault. Le dernier numéro paraîtra en janvier 1935.
Source: LH (1937), 579.

1916 Le cinquième congrès annuel de la Canadian Public Health Association a lieu à Québec les 13 et 14 septembre.
Source: BMQ (1916), 462.

Un congrès français de médecine se tient à Montréal.
Source: BMQ (1913), 266.

1917 Le 9 juillet, les infirmières anglophones forment la Graduate Nurses Association of the Province of Quebec. La réunion de fondation est présidée par Mlle Phillips. Un comité provisoire est alors formé. Il est composé de

Mlles Fairley (présidente), Shaw (première vice-présidente), Craig (seconde vice-présidente), Greene (troisième vice-présidente) et DesBrisay (assistante secrétaire et trésorière). Mlles Phillips, Thompson, Dunlop et Snell agissent à titre de conseillères. La première assemblée générale annuelle aura lieu le 16 septembre 1918[67]. On y reconduira en totalité le comité de direction de l'association et le projet de loi concernant l'enregistrement sera longuement discuté. En 1919, l'association comptera 660 membres. L'année suivante, le 14 février 1920, elle changera de nom et deviendra l'Association des gardes-malades enregistrées de la province de Québec. Elle s'affiliera, la même année à l'Association canadienne des infirmières diplômées[68] et mettra de l'avant un projet qui aboutira plus tard à l'organisation de l'École pour infirmières de l'université McGill. L'exécutif de l'association approchera aussi le docteur Boucher, directeur du service de santé de Montréal, en vue de l'organisation d'un «programme qui assurerait à la population un service d'infirmières en cas d'épidémies».
Sources: AGMEPQ (1946), 3-9; Tunis (1966), 3; Desjardins *et al.* (1970), 198; Cohen/Dagenais (1987), 172.

L'anesthésiste-résident F. W. Nagle, du Royal Victoria Hospital, devient président de l'American Association of Anesthetists.
Source: Sclater Lewis (1969), 146.

1918 Fondation du Canadian National Committee on Mental Hygiene. Son organe de presse, qui paraît pour la première fois en avril 1919, est le *Canadian Journal of Mental Hygiene.* Le dernier numéro de ce périodique sera publié en janvier 1922.
Sources: Abbott (1931), 80; Roland/Potter (1979), 20.

---

67. Desjardins *et al.* (1970, 198) affirment que la première assemblée annuelle a lieu en 1917.
68. Desjardins *et al.* (1970, 198) affirment que l'affiliation a lieu en 1919.

1919 Première publication du *Courrier médical*[69]. Il s'agit d'un journal de vulgarisation médicale. Il disparaîtra peu après sa fondation.
Source: Roland/Potter (1979), 30.

Le congrès de la Canadian Medical Association a lieu à Québec du 25 au 27 juin.
Source: UMC (1919), 234.

Conférence du docteur Knopf le 27 mai, sur l'invitation de la Société médicale de Montréal. Le docteur Knopf est l'un des principaux promoteurs de la lutte contre la tuberculose dans la région de New York.

1920 Incorporation de l'Association des gardes-malades enregistrées de la province de Québec. Cette association prend le relais de la Graduate Nurses Association of the Province of Quebec fondée en 1917. Bien que reconnue dès 1920, elle ne portera officiellement son nouveau nom qu'à compter de 1924. Le premier comité provincial de l'association est formé de Mlles DeLany, Hersey, Young, Chagnon, Séguin, Guillemette et Phillips. En 1921, l'association, qui comptera 775 membres, tiendra sa première assemblée. La loi d'incorporation stipule que le but de l'association est de créer un corps de gardes-malades possédant une formation et une compétence complètes pour soigner les malades, de procurer à celles qui possèdent cette formation et cette compétence les moyens de se faire connaître du public, ainsi que de favoriser l'efficacité, l'utilité et le bien-être des gardes-malades en général.
Sources: SPQ (1920), chap. 141; AGMEPQ (1946), 3-9; Desjardins *et al.* (1970), 198; Cohen/Dagenais (1987), 171.

Fondation du Royal College of Physicians and Surgeons. Le Collège sera incorporé le 14 juin 1929. La loi d'incor-

69. UMC (1937, 524) affirme que ce journal paraît pour la première fois en 1918.

poration précise les fonctions du Collège, entérine les droits des provinces en matière médicale et reconnaît l'utilisation de l'anglais et du français aux examens.
Sources: Sclater Lewis (1962), 5, 28; MacDermot (1967), 131.

Fondation de l'Association des médecins de langue française du Canada. *L'Union médicale du Canada* servira de journal officiel à l'association.
Source: MacDermot (1967), 71.

Fondation par le docteur G. Byers de la Montreal Ophtalmological Society.
Source: Sclater Lewis (1969), 73.

Première publication de *L'Indépendance médicale.* Il s'agit d'un journal panaméricain des sciences médicales qui traite aussi de pharmacie, d'hygiène et d'intérêts professionnels. Il est rédigé «en collaboration avec le concours de médecins et de chirurgiens résidant dans toutes les parties des Amériques[70]». Il disparaîtra vers 1932.
Sources: Heagerty (1928a), 281; UMC (1936), 1045; Roland/Potter (1979), 36.

Le 16 février, la Société médicale de Montréal inaugure le «Dimanche du praticien». Cette activité regroupe des médecins intéressés à discuter d'affaires professionnelles.
Source: GRHHND.

L'American College of Surgeons tient son congrès annuel à Montréal au mois d'octobre.
Source: GRHHND.

1921 Fondation le 5 décembre au University Club de l'université McGill de l'Association médicale de la province de Québec. Le premier président de l'association est le docteur S. Grondin.
Source: BMQ (1922), 6.

Première parution de la revue mensuelle *La Médecine populaire.* Sont abordés dans cette revue des sujets tels que

70. UMC (1936, 1045).

l'hygiène, la tuberculose ou les maladies vénériennes.
Source: Roland/Potter (1979), 42.

Un congrès d'urologie regroupant 75 médecins américains a lieu en juin à l'Hôpital Notre-Dame de Montréal.
Source: GRHHND.

Fondation, à l'Hôtel-Dieu de Montréal, de l'Association Jeanne Mance pour les gardes-malades.

1922 Fondation de la Fédération des sociétés médicales de la province de Québec. Cet organisme regroupe plusieurs sociétés médicales régionales.
Sources: Heagerty (1928a), 302-303; UMC (1942), 806.

Fondation de la Société de biologie de Montréal[71]. Cette société, qui désire se consacrer à l'étude et à la vulgarisation des connaissances scientifiques et médicales, regroupe des professeurs de l'Université de Montréal parmi lesquels on retrouve plusieurs médecins.
Sources: UMC (1923), 209; Chartrand *et al.* (1987), 343.

Premier congrès de l'Association médicale de la province de Québec. Ce congès se tient les 11 et 12 mai à Montréal au Royal Victoria Hospital, à l'Hôtel-Dieu, à l'Hôpital Notre-Dame et au Montreal General Hospital[72]. Les congrès de l'association donneront lieu à des réunions pratiques dans différents hôpitaux où les membres exposeront des travaux et feront des démonstrations cliniques avec présentation de malades, de radiographies et de pièces anatomo-pathologiques. Ce premier congrès réunit 200 participants.
Sources: BMQ (1922), 7, 165; Heagerty (1928a), 301-302.

La Canadian Medical Association propose la création d'un Collège des médecins et chirurgiens canadiens.
Source: BMQ (1922), 87.

71. UMC (1923, 209) situe apparemment en 1921 la création de cette société.
72. Le congrès de 1923 aura également lieu à Montréal.

Le congrès de l'American Psychiatric Association se tient le 4 juin dans l'édifice du Parlement à Québec. Plus de 300 participants y assistent.
Source: BMQ (1922), 205.

Première publication du mensuel *Le Docteur* qui présente une série de biographies médicales de médecins québécois. Il disparaîtra en 1926.
Sources: UMC (1937), 524; Lahaise (1990), 148.

Le docteur René Fortier, professeur de pédiatrie à l'Université Laval, représente sa faculté à deux congrès de médecine qui ont lieu en juillet à Paris.
Source: BMQ (1922), 194.

1923 Fondation de l'Association canadienne pour l'avancement des sciences.
Source: Chartrand *et al.* (1987), 343.

L'American Veterinary Medical Association, fondée en 1863, tient son congrès à Montréal, du 27 au 31 août.
Source: Pépin (1986), 161.

Fondation, par le docteur J. H. Villeneuve, de l'Association nationale des vétérinaires canadiens. Le but de cette association est de voir à la promotion de la profession vétérinaire et de stimuler la recherche dans ce secteur de la médecine. Le président en est le docteur Torrance. L'association cessera d'exister en 1924.
Source: Pépin (1986), 161.

Le congrès de la Société canadienne des anesthésistes a lieu à Montréal en juin.
Source: BMQ (1923), 171.

Le congrès de la Société canadienne des radiologistes a lieu à Montréal en juin.
Source: BMQ (1923), 171.

Fondation de la Montreal Clinical Society[73] par les docteurs Nathan Freedman et Samuel Ortenberg. Cette so-

73. Une société du même nom avait déjà vu le jour en 1893. Voir supra.

ciété regroupe 30 des 50 médecins juifs de Montréal et a pour but d'aider au développement des connaissances médicales de ses membres.
Source: OTE (1984), 27.

1924 Une loi provinciale est adoptée pour l'enregistrement des infirmières.
Source: Sclater Lewis (1969), 231.

Première publication de *La Veilleuse.* Cette revue bimensuelle s'adresse surtout aux gardes-malades. Elle sera remplacée en 1928 par *La Garde-malade canadienne-française.*
Source: Desjardins *et al.* (1970), 199.

Première parution du périodique *The Canadian Hospital.* C'est l'organe de presse de la Canadian Medical Association. Il paraîtra jusqu'en décembre 1973.
Sources: Roland/Potter (1979), 17.

1925 Première publication de *Tuberculosa* en février. Il s'agit de feuillets rédigés par le docteur E. Grenier, qui traitent des causes et du traitement de la tuberculose. Le dernier numéro paraîtra en février 1926.
Source: UMC (1937), 524.

Première publication de *L'Action médicale.* Ce journal mensuel paraîtra jusqu'en 1966[74].
Source: Roland/Potter (1979), 1.

Participation des déléguées de l'Association des gardes-malades enregistrées de la province de Québec au congrès du Conseil international des infirmières à Helsinki.

1926 Fondation et incorporation de l'Association des chimistes professionnels de Québec. La loi d'incorporation,

74. Lahaise (1990, 148) mentionne que *L'Action médicale* disparaît en 1926. Il s'agit manifestement d'une erreur.

connue sous le nom de «Loi des chimistes professionnels», incorpore les docteurs G. Baril, W. R. Allen, W. C. Lodge, R. F. Ruttan, G. S. Whitby et l'abbé Alexandre Vachon. Elle prévoit un conseil exécutif de 11 membres et définit les modalités d'élection et de remplacement de chaque officier. Elle prévoit également la nomination par ce conseil d'un Bureau des examinateurs pour chaque branche de chimie, composé de pas plus de sept membres dont un représentant de chaque université (Laval, Montréal, McGill et École polytechnique). Elle définit les devoirs de ce bureau, les modalités et les conditions de l'examen et de l'enregistrement ainsi que des pénalités pour accrocs aux normes d'enregistrement et pour fausse représentation.
Source: SPQ (1926), chap. 88.

Fondation de l'Institut scientifique franco-canadien.
Sources: RUL (1950), 584; Chartrand *et al.* (1987), 343.

Première parution du périodique *Le Pharmacien.*
Source: Lahaise (1990), 148.

Un congrès des médecins américains a lieu au mois d'octobre à l'hôtel Windsor de Montréal.
Source: GRHHND.

1927 Publication du premier et seul numéro de *La Presse médicale canadienne.* Il s'agit de l'organe officiel de l'Association canadienne d'électrophysiothérapie publié à Montréal sous la direction du docteur J. N. Chaussé.
Source: UMC (1937), 524.

1928 Fondation par L. Pariseau de la Société canadienne-française d'électrologie et de radiologie médicale.
Sources: UMC (1959), 49; Segall (1988), 253.

Fondation de la Société de chirurgie de Montréal. Le premier président de cette société est le surintendant de l'Hôpital Notre-Dame, O. F. Mercier.
Source: UMC (1928), 325.

Fondation de la Société médicale des comtés de Montmagny, Bellechasse et L'Islet. C'est l'Association médicale de la province de Québec, par l'intermédiaire de son Comité des cours de perfectionnement, qui a rendu possible la fondation de cette société.
Source: BMQ (1928), 197.

Les sœurs de la Charité fondent l'Association des gardes-malades catholiques licenciées de la province de Québec[75].
Source: Petitat (1989), 67.

Fondation de l'Association des infirmières graduées de l'Hôpital Saint-Joseph de Trois-Rivières.
Source: Gamelin (1987), 58.

Première publication de la revue *La Garde-malade canadienne-française*. Cette revue mensuelle est consacrée à la profession de garde-malade, aux hôpitaux, aux services de santé et d'hygiène publiques. Le docteur E. P. Benoit en est le directeur. Elle paraîtra jusqu'en 1956.
Source: Lahaise (1990), 149.

Un congrès des chirurgiens de la province de Québec a lieu au mois de juin à Montréal.
Source: GRHHND.

1929 Le sixième congrès international des infirmières catholiques a lieu au mois de juillet à Montréal. On y accueille plus de 7000 participantes, laïques et religieuses.
Sources: Sclater Lewis (1969), 231; GRHHND.

Première publication du journal *Canadian Public Health Association*. Il s'agit de l'organe de presse de la Canadian Public Health Association. Ce journal paraîtra jusqu'en 1942.
Source: Roland/Potter (1979), 27.

75. Gamelin (1987, 58) semble suggérer que l'Association des gardes-malades catholiques de la province de Québec existe déjà en 1921. Il s'agirait plutôt de l'Association des gardes-malades enregistrées de la province de Québec.

1930 Fondation, le 11 septembre, du Comité d'hygiène mentale de la cité de Québec. Les objectifs de cette société sont, d'une part, de «combattre activement l'aliénation mentale et la criminalité juvénile par le dépistage précoce des anormaux et, d'autre part, de procurer à ceux-ci «les méthodes de traitement et d'éducation» nécessaires.
Source: BMQ (1930), 396.

Première publication des *Annales médico-chirurgicales de l'Hôpital Sainte-Justine* consacrées à la pédiatrie et à la chirurgie infantile. Elles paraîtront jusqu'en 1960.
Sources: UMC (1936), 1045; Lahaise (1990), 149.

Première publication de *La Revue des cliniques*. Ce journal de médecine est géré par les étudiants en médecine de l'Université de Montréal. Il paraîtra jusqu'en 1935.
Sources: UMC (1937), 524; Roland/Potter (1979), 54.

Parution à Montréal d'une revue sur la tuberculose intitulée *La Santé*. Elle disparaîtra en 1932.
Source: Lahaise, (1990), 160.

1931 Parution à Hull d'une revue trimestrielle d'hygiène intitulée *Bien-être mental et physique*. Il semble qu'un seul numéro de cette revue sera publié.
Source: Roland/Potter (1979), 3.

L'American Public Health Association tient son congrès au Québec.

1932 Fondation le 8 juin de la Conférence des hôpitaux catholiques de la province de Québec. La première assemblée a lieu le 1er février 1933 sous les auspices des archevêques de Montréal et de Québec. Cette association vise à réunir les «membres pour l'étude des questions concernant l'hôpital et l'École des gardes-malades; la protection de ces mêmes institutions contre les influences adverses; l'avancement et le perfectionnement du soin des malades».
Source: RCHCPQ (1933).

Fondation de la Société médicale des hôpitaux de la ville de Québec.
Source: Pierre-Deschênes (1980), 160.

Première publication du *Bulletin de la société médicale des hôpitaux universitaires de Québec.* Ce bulletin prend le relais du périodique *Bulletin médical de Québec* et sera remplacé en 1936 par le *Laval médical.*
Sources: RUL (1950), 581; Roland/Potter (1979), 6.

Première publication du *Journal de l'Hôtel-Dieu de Montréal.* Ce périodique est fondé par O. Mercier, L. E. Pariseau, E. Prud'homme et E. Trottier[76]. Il paraîtra jusqu'en 1947.
Sources: UMC (1942), 806; Roland/Potter (1979), 36.

1933 Participation de déléguées de l'Association des gardes-malades enregistrées de la province de Québec au congrès du Conseil international des infirmières à Paris et à Bruxelles.

1934 Le docteur J. E. Dubé fonde la Société de gastro-entérologie qui regroupe des médecins, des chirurgiens et des radiologistes.
Source: UMC (1939), 1281.

Première publication du *Bulletin des gardes-malades catholiques.*

1935 Fondation de l'Association des médecins des hôpitaux de Montréal. Cette fondation est décidée lors d'une réunion tenue le 23 mai au Cercle universitaire de Montréal. Plus de 300 médecins des hôpitaux canadiens-français y sont alors présents et votent à l'unanimité la création d'une association visant à regrouper tous les médecins des hôpitaux francophones et anglophones. Le docteur A. Lesage en devient le président. Cette association a

76. Chartrand *et al.* (1987, 344) mentionnent que le fondateur du *Journal de l'Hôtel-Dieu* est le neurologue A. Barbeau.

pour buts «de supprimer les causes d'animosité, de rivalité ou de friction entre les différents hôpitaux», d'accroître le pouvoir de revendication face aux autorités publiques, notamment en ce qui a trait à la rémunération des médecins pour les soins donnés aux indigents. Elle se donne aussi pour objectifs de «standardiser les relations entre les hôpitaux et le public» et de fixer la nature des services que devront offrir les hôpitaux.
Source: UMC (1935), 608-610.

Première publication de la revue *The Canadian Doctor*. Édité à Montréal, ce périodique paraît encore en 1991.
Source: Roland/Potter (1979), 16.

Une grève des médecins désorganise les services des dispensaires dans les hôpitaux.
Source: GRHHND.

1936 Création de l'Association des infirmières catholiques du Canada.
Source: Petitat (1989), 68.

Première publication du périodique *L'Étoile du San*, publié par le Sanatorium du Lac Edouard. Il cessera de paraître en 1963.
Source: Lahaise (1990), 160.

Première publication du *Laval médical*. Ce périodique prend le relais du *Bulletin de la société médicale des hôpitaux universitaires de Québec*.
Source: RUL (1950), 581.

Première publication, en décembre, de la revue *L'Hôpital*. Cette revue cessera de paraître en septembre 1938.
Source: UMC (1942), 806.

1937 Première publication, en janvier, du *Bulletin de l'Association des médecins de langue française de l'Amérique du Nord*. Cette revue fusionnera en 1939 avec *L'Union médicale du Canada*.
Source: UMC (1942), 806.

Participation de déléguées de l'Association des gardes-malades enregistrées de la province de Québec au congrès du Conseil international des infirmières à Londres.

1938 Fondation de la Canadian Society for the Control of Cancer.
Source: Fournier (1987), 174.

IV

L'enseignement médical (1658-1939)

1658 La commission des officiers civils de justice accorde, en avril, au maître barbier-chirurgien J. Madry, de la ville de Québec, la permission d'établir la maîtrise et le chef-d'œuvre dans toute la Nouvelle-France «afin que les passants, allants et séjournants puissent mieux et sûrement être servis, pansés et médicamentés en cas de besoin et nécessité». Mais il semble que Madry n'utilisera jamais ce privilège.
Source: EO (1806), 337-338.

1674 J. Martinet de Fonblanche ouvre une école de chirurgie. Elle sera en activité jusqu'en 1691.
Source: DBC (2), 486.

1755 La sage-femme Bracquemare adresse au ministère des Colonies un mémoire demandant l'établissement d'une école de sages-femmes en Nouvelle-France[1].
Source: Laforce (1985), 21.

1787 Le chirurgien A. Serres annonce dans la *Gazette de Montréal* du 27 septembre l'ouverture d'un cours «d'accouchements, suivant tous les principes anatomiques». Ces cours s'adressent aux chirurgiens de la ville de Montréal et de la campagne ainsi qu'aux sages-femmes. Ces dernières doivent se procurer un certificat de bonne mœurs auprès de leur curé. Les cours débutent le 26 novembre et offrent deux séances hebdomadaires entre 14 et 15 heures, les lundi et jeudi.
Source: Laforce (1985), 93.

---

1. Selon Laforce (1985, 21), cette requête aurait reçu l'assentiment du «ministère français».

1791 Le docteur Laterrière présente un projet au Conseil législatif visant à instituer des cours d'accouchements pour les «femmes des campagnes» dans chaque district sous l'autorité de praticiens licenciés. Ceux-ci leur prodigueront des cours à l'aide «d'un catéchisme simple et succinct» et des démonstrations pratiques pourront être faites sur un «*apparatus sec* ou sujet convenable».
Source: Laforce (1985), 93-94.

1798 Première tentative de création d'une école de médecine à Québec. La tentative échoue. Cet échec serait en partie attribuable aux réticences des autorités face à la dissection.
Sources: Bernier (1980), 238 et (1989), 36.

1804 Le docteur F. Blanchet donne un cours privé de chimie sur les différents gaz et sur les composantes des matières animales ou végétales.
Sources: Boissonnault (1953), 85-86; DBC (6), 74.

1818 Fondation en décembre du Dispensaire de Québec. L'ouverture aura lieu le 18 janvier 1819. C'est dans ce dispensaire qu'est établie la première école de médecine en territoire québécois. Elle compte alors quatre professeurs: C. N. Perrault, A. von Iffland, A. Mercier et P. de Sales Laterrière qui y enseignent respectivement la pratique médicale, l'anatomie, l'obstétrique et la chirurgie. On y enseigne aussi la chimie et la physiologie. Les cours ont lieu le soir du lundi au vendredi. Après la fermeture du dispensaire en 1820, von Iffland continuera à donner des cours de médecine. Il donnera des conférences publiques sur l'anatomie. Poursuivi pour avoir pratiqué la dissection, il devra quitter la ville[2].
Sources: BAJMPS (1848), 25; MMJ, (1908), 432; Boissonnault (1953), 88; Keating/Keel (1983), 109.

---

2. Von Iffland écrit: «*Not only were my private apartments ransacked, myself held in durance for some days, but nearly the whole of my anatomical preparations were ordered to be enterred, under the surveillance of a military (27th regiment) and civil escort!*» MMJ (1908, 432).

1823 Les docteurs Caldwell, Holmes, Lœdel, Stephenson et Robertson du Montreal General Hospital fondent la Montreal Medical Institution[3]. Cette école médicale, située au 20 Little Saint James, deviendra en 1829 la faculté de médecine de l'université McGill. La Montreal Medical Institution présente son programme dans les journaux le 4 février 1823 et accueille ses premiers étudiants en novembre de la même année. Les premières démarches relativement à la fondation avaient commencé le 20 octobre 1822, les docteurs Holmes et Stephenson formant alors un comité chargé d'élaborer les propositions qui devaient être soumises au gouverneur Dalhousie. Ces propositions, mises sur papier dès le 27 octobre, avaient été sanctionnées par Dalhousie le 30 novembre 1822. Le bureau des gouverneurs du Montreal General Hospital, favorable à la fondation d'une école médicale dans la ville de Montréal, donne son aval en janvier 1823 à la mise sur pied de différents cours de médecine: *anatomy and physiology, chemistry and pharmacy, practice of physic, midewifery and diseases of women and chil-*

3. Shepherd (1919, 6) parle plutôt du Montreal Medical Institute. Bensley (1990, 3) ne mentionne pas Lœdel comme l'un des membres fondateurs. Le 19 août 1822, une réclame paraît dans la *Gazette* annonçant que des cours seront donnés par le docteur Stephenson au Montreal General Hospital sur l'anatomie, la chirurgie et la physiologie. Ces cours débuteront le 7 octobre 1822. Mais il ne faut pas tenir pour acquis que l'annonce de ces cours est en relation étroite avec la fondation de la Montreal Medical Institution. Il s'agit plutôt ici de cours privés, le docteur A. F. Holmes dispensant lui-même un cours de chimie à la demeure de Skakel. Par contre, certains auteurs mentionnent que la Montreal Medical Institution fut organisée en 1824. Voir à ce propos MMJ (1908, 430); UMC (1947, 249); MacDermot (1967, 95); Bernier (1980, 239 et MMJ (1902, 561-562). Cependant Boissonnault (1953, 135) précise bien que c'est «le 4 février 1823 [que] le Montreal General Hospital [...] est doté d'une école de médecine dont, ce jour-là, on annonce le programme». Il affirme, tout comme MacDermot (1950, 19), que c'est à l'automne de la même année que l'institution accueille ses étudiants. Charlton dans MMJ (1908, 430) confirme en disant que «*the first organised lectures were given in 1823*». Il ajoute que la première session régulière eut lieu en 1824-1825, ce que soutient également Abbott dans MMJ (1902, 562).

dren, materia medica, surgery. Quelques cours débutent à la deuxième semaine de novembre, mais la première session régulière de cours sera donnée à partir de l'automne 1824. L'école compte alors 25 étudiants[4]. Dès son entrée en fonction, l'école, modelée sur la Medical School of Edimburgh, donnera aussi des cours de clinique médicale. En 1828, le docteur Lœdel sera remplacé par le docteur Lyons, praticien au Montreal General Hospital depuis les débuts de cette institution. La Montreal Medical Institution procédera à la demande d'une charte royale. Mais la demande sera finalement rejetée en 1828 par le ministère des Colonies sous prétexte que l'établissement n'est affilié à aucune maison d'enseignement.
Sources: CMJMR (1866), 291, 295; UMC (1885), 533; MMJ (1902), 582; Howell (1933), 63; Shepherd (1919), 6; MacDermot (1950), 19-20; Boissonnault (1953), 135; Tunis (1979), 104; Bilson (1981), 119, 122; Bernier (1983), 53; Keating/Keel (1983), 123; Weisz (1987), 131; Bensley (1990), 3; DBC (8), 448.

L'Hôpital des Émigrés accorde la permission aux médecins d'y recevoir leurs étudiants pour des cours de clinique. J. Blanchet y enseigne l'anatomie. Les médecins de l'hôpital avaient pour objectif d'y établir une école de médecine.
Sources: Fecteau (1989), 218; DBC (8), 107.

4. A. Hall dans CMJMR (1866, 294, 298) mentionne l'existence d'une école de médecine francophone à Montréal qui aurait voulu faire compétition à la faculté de McGill entre 1823 et 1830. Elle aurait existé plusieurs années: «*I have already alluded to the French School of medicine established simultaneously with the foundation of this school (Montreal Medical Institution).*» Nous n'avons pas trouvé d'autres sources qui confirmeraient l'existence de cette école. Selon l'auteur, c'est cette école qui aurait été relancée en 1843 (vraisemblablement donc l'École de médecine et de chirurgie).

1827 Le docteur J. Painchaud met à la disposition du docteur J. Douglas une pièce de sa maison pour lui permettre de pratiquer la dissection et d'enseigner l'anatomie. Un musée anatomique est aussi mis à la disposition de tous les étudiants en médecine. L'année précédente, Douglas avait donné quelques cours d'anatomie dans une maison qu'il avait louée.
Source: Abbott (1931), 55.

1829 La Montreal Medical Institution devient la faculté de médecine de l'université McGill. L'université McGill, qui n'existe encore que sur papier bien qu'elle ait obtenu une charte royale en 1821, demande à la Montreal Medical Institution de se joindre à elle pour pouvoir entrer en possession du legs de Peter McGill. Il était en effet spécifié, depuis 1819, que le Burnside Estate[5], ne pourrait être cédé à une institution d'enseignement que si celle-ci dispensait ses premiers cours en deçà d'une période de dix ans. Les dirigeants de la Montreal Medical Institution, qui s'étaient vu refuser l'octroi d'une charte en 1828, acceptent donc d'engager des pourparlers avec l'université McGill. Après entente entre les parties, la première session de cours de la faculté de médecine de l'université McGill débute la même année, toujours sur la rue Saint James. La faculté de médecine de McGill compte alors quatre chaires d'enseignement: *practice of medicine; midwifery; chemistry-materia medica* et enfin *anatomy-surgery.* En 1845, les chaires de la faculté seront les suivantes: *theory and practice of medicine, principles and practice of surgery, chemistry and pharmacy, midwifery and diseases of women and children, anatomy and physiology, materia medica and therapeutics, clinical medicine and surgery, institutes of*

5. CMJMR (1866, 290) précise que le Burnside Estate avait été constitué en 1801 en même temps que la Royal Institution for the Advancement of Learning, cette dernière société ne devant toutefois voir effectivement le jour qu'en 1819. Le legs, d'une valeur totale de 15 000 £, était destiné à payer les dépenses engagées pour l'enseignement dans une éventuelle université portant le nom du légateur.

medicine[6] et *forensic medicine*[7]. S'ajoutera ultérieurement la chaire de *medical jurisprudence* tandis que la *clinical medicine and surgery* deviendra la *botany, clinical medicine and surgery*. La faculté déménagera, vraisemblablement en 1840, sur la rue Saint-Georges près de la rue Craig où elle demeurera jusqu'en 1845.
Sources: BAJMPS (1845), 112; CMSJ (1872),196-197; UMC (1885), 533; MMJ (1902), 563, 585; Abbott (1931), 60; Shepherd (1919), 6; MacDermot (1967), 96; Bernier, (1980), 239; Tunis (1981), 141; Short (1981), 8; Bernier (1983), 53; DBC (8), 449.

1831 *Acte pour rappeler un certain Acte ou Ordonnance y mentionnée, et qui pourvoit d'une manière plus efficace à des règlements relativement à la pratique de la médecine, la chirurgie et la profession d'accoucheur.* Il est statué dans cette loi que toute personne qui veut étudier la médecine doit se présenter devant le Bureau des examinateurs et subir un examen sur sa langue maternelle et sur la langue latine. Aucun étudiant ne peut recevoir une licence s'il n'a pas atteint l'âge de 21 ans et s'il n'a pas fait un apprentissage régulier et sans interruption de cinq ans chez un médecin, un chirurgien ou un accoucheur licencié ou dans une école médicale. De même, nul ne peut devenir apothicaire-chimiste, droguiste ou «vendeur de médecines» s'il n'a pas atteint l'âge de 21 ans et s'il n'a pas fait un apprentissage régulier et sans interruption pendant trois ans.
Source: SPBC (1831), chap. 27.

1832 Le 23 juillet, la faculté de médecine de l'université McGill obtient le droit de décerner des diplômes en médecine.
Sources: VMCF (1974), 1210; DBC (7), 893.

6. Les *institute of medicine* comprenaient des cours de pathologie, d'histologie et de physiologie.
7. Il s'agit d'une chaire de médecine légale.

Fondation de la Quebec Medical Student's Society.
Source: DICMR, n° 61761.

1833 Le premier diplôme de médecine au Canada est décerné le 24 mai par l'université McGill à W. Leslie Logie. La remise du diplôme a lieu au musée de la Société d'histoire naturelle.
Sources: CMJMR (1866), 297; MMJ (1902), 578; Heagerty (1928b), 64; Abbott (1931), 60; MacDermot (1967), 96; Tunis (1981), 137; Weisz (1987), 131.

1834 Les docteurs J. Douglas, J. Painchaud, J. Morrin et A. von Iffland décident d'organiser à l'Hôpital de la Marine un enseignement médical[8]. Il semble que la médecine y sera enseignée jusqu'en 1839. Les cours de Painchaud s'intitulent «Sur l'art des accouchements» et «Sur la théorie et la pratique de la médecine». Celui de Douglas est dénommé «*The principles and practices of surgery*». À la suite de ces cours, les étudiants de l'Hôpital de la Marine feront parvenir en 1835 une pétition au gouvernement réclamant une école de médecine à Québec.
Sources: Boissonnault (1953), 98; Voyer (1954), 21; VMCF (1974), 1210; Keating/Keel (1983), 123.

Publication par le docteur E. Moreau d'une brochure intitulée *Instructions sur l'art des accouchements pour les sages-femmes de la campagne*, Montréal, Fabre, 1834, 44 p.
Source: Lahaise, (1990), 147.

1837 En raison de la rébellion de 1837-1838, les cours de la faculté de médecine de l'université McGill sont suspendus jusqu'en 1839.
Source: MacDermot (1967), 97.

8. Boissonnault (1953, 98) cite J. Douglas qui affirme que les premiers cours de médecine à Québec sont donnés à l'Hôpital de la Marine en 1836.

1843 *Acte pour régler et faciliter l'étude de l'anatomie*[9]. La loi spécifie que les cadavres des personnes trouvées mortes sur la voie publique et les cadavres des individus décédés dans une institution recevant des octrois du gouvernement devront être remis soit aux professeurs publics d'anatomie ou de chirurgie, soit aux médecins ayant trois étudiants et plus, à moins qu'ils ne soient réclamés par des amis ou des parents ou que le défunt en ait prévu autrement avant sa mort. La loi permet la nomination d'inspecteurs d'anatomie qui seront choisis parmi les officiers municipaux n'ayant rien en commun avec les écoles de médecine. L'inspecteur tiendra un registre du nom, de l'âge, du sexe et du lieu de naissance des cadavres non réclamés ainsi qu'un registre de tous les médecins ayant le droit de recevoir des cadavres. Soulignons qu'avant cet acte, les seules dissections autorisées par la loi étaient celles pratiquées sur les corps de prisonniers.
Source: SPC (1843), chap. 5.

Fondation de l'École de Médecine et de Chirurgie de Montréal également dénommée à l'époque Montreal School of Medecine and Surgery[10]. Cette école bilingue, créée en riposte au monopole de la faculté de médecine de l'université McGill, est mise sur pied par cinq médecins anglophones de Montréal: les docteurs Arnoldi, Badgley, Munro, Sutherland et MacNider[11]. L'école est située sur la rue Saint-Urbain, près de la Place d'Armes. Le 29 mars 1845, l'École de Médecine et de Chirurgie de Montréal sera incorporée à la demande des fondateurs et du docteur H. Nelson sous la dénomination Le Collège de Médecine et de Chirurgie de Montréal. La loi d'incorporation précise que l'École «fera donner annuel-

---

9. MMG (1844-1845, 22) situe à tort en 1844 la promulgation du *Anatomical Bill*.
10. MMJ (1904, 852) mentionne 1842.
11. CMR (1882-1883, 6) mentionne que le docteur Bibaud fait partie des membres fondateurs.

lement au moins cent-vingt lectures publiques en langue anglaise et autant en langue française, d'au moins une heure chaque, sur les branches suivantes de la science médicale, savoir: l'anatomie et la physiologie, la chimie et la pharmacie, la *materia medica*, la théorie et la pratique de la médecine, les principes et la pratique de la chirurgie et de l'art obstétrique, et les maladies des femmes et des enfants et ce, entre le premier jour d'octobre et le dernier jour d'avril». Il est également mentionné dans la loi d'incorporation que l'École a déjà commencé à mettre sur pied une bibliothèque et un musée d'anatomie. En 1850, l'École deviendra à toutes fins utiles une école de médecine canadienne-française puisque ses médecins fondateurs, sollicités par l'université McGill, la quitteront et seront remplacés par les docteurs Beaubien, Trudel, Leprohon et Trestler. Elle déménagera en 1856 sur la rue de la Gauchetière dans des locaux plus vastes, puis, en 1869, sur la rue Craig et en 1873, sur l'avenue des Pins, près de l'Hôtel-Dieu, dans un édifice pouvant accueillir 250 étudiants. Après de vaines demandes d'affiliation aux universités Laval et d'Ottawa en 1862, 1864 et 1866, cette école, à laquelle on ne reconnaît pas un statut universitaire, s'affiliera en 1866 à l'université Victoria de Cobourg, en Ontario. Elle sera parfois dénommée «École de médecine Victoria».
Sources: SPC (1845), chap. 81; CMR (1873), 95; CMR (1900), 240; Abbott (1931), 64; Howell (1933), 64-65; MacDermot (1967), 98; Sclater Lewis (1969), 267; Lavallée (1974), 14, 37-38; Bernier (1979), 42; Tétrault (1979), 9; Kett (1981), 198; Tunis (1981), 160; Bois, (1984), 92; Weisz (1987), 131.

Le bureau des examinateurs de Montréal crée un comité d'étude chargé de rédiger un projet de loi pour réglementer d'une façon plus rigide l'enseignement et la pratique de la médecine.
Source: DBC (7), 29.

Le docteur Sewell obtient la permission d'utiliser la chambre des médecins de l'Hôtel-Dieu de Québec pour

donner un cours de six semaines à l'intention de ses étudiants. L'expérience se renouvellera en 1844 et 1845.
Source: Rousseau (1989), 266.

1845 Incorporation de l'École de médecine de Québec[12]. Cette école est incorporée à la suite d'une pétition signée par les docteurs J. Painchaud, J. Rowlaey, J. Parent, C. Frémont, J. A. Sewell, P. M. Bardy, J. Morrin, J. Blanchet, J. Douglas, J. Racey, A. Jackson et J. Z. Nault. Il est statué dans la loi d'incorporation que l'École donnera annuellement «au moins 125 lectures publiques en langue anglaise et autant en langue française, d'au moins une heure chaque, sur les branches suivantes de la science médicale, savoir: l'anatomie et la physiologie, la chimie et la pharmacie, *materia medica,* la théorie et la pratique de la médecine, les principes et la pratique de la chirurgie et de l'art obstétrique, et les maladies des femmes et des enfants et ce entre le premier jour d'Octobre et le dernier jour d'Avril». C'est à la suite d'une recommandation de sir John Doratt, inspecteur des hôpitaux et ex-collaborateur de Durham, que l'École de Médecine de Québec est incorporée. Doratt proposait qu'une telle école s'associe à l'Hôtel-Dieu de Québec et à l'Hôpital de la Marine. Cette recommandation découle vraisemblablement de l'enquête ordonnée par le gouvernement britannique sur l'état de l'enseignement de la médecine et des conditions d'hospitalisation. C'est le docteur J. Morrin qui sera le premier président de l'École. Le 15 mai 1848 aura lieu l'inauguration officielle de l'École de Médecine de Québec, également appelée l'Institut médical de Québec. Les cours débuteront le même jour et se donneront pendant un certain temps au second étage de l'hôtel de ville. L'École organisera des cours de chirurgie pratique et de médecine clinique à l'Hôpital de

12. Plusieurs auteurs mentionnent à tort 1847 comme date d'incorporation de l'École. MMJ (1906, 852) mentionne 1848 comme date de fondation, confondant ainsi la fondation avec l'ouverture.

la Marine. Précédemment, le docteur J. E. Landry, en sa qualité de professeur d'anatomie de l'École de Médecine de Québec, avait obtenu l'autorisation d'ouvrir à cet hôpital une salle de dissection.
Sources: SPC (1845), chap. 80; Heagerty (1928b), 115; UMC (1931), 885; Abbott (1931), 64; RUL (1950), 580; Boissonnault (1953), 136-141; Bernier (1980), 239; Bois, (1984), 92; Leblond (1986), 151, 172, 235; DBC (11), 534.

La faculté de médecine de l'université McGill se transporte dans le Arts Building érigé, en 1842, sur le campus de l'université.
Sources: MMJ (1902), 563, 586; Howell (1933), 64.

1847 *Acte pour incorporer les membres de la profession médicale dans le Bas-Canada et régler l'étude et la pratique de la médecine et de la chirurgie en icelui.* En vertu de cette loi, c'est le Collège des médecins et chirurgiens qui déterminera désormais, pour l'ensemble des écoles de médecine de la province, les normes d'admission aux facultés, la durée des études et les programmes d'enseignement. Elle autorise le Collège à fixer le curriculum et la durée des études dans les écoles et les facultés de médecine, à tenir, au moins deux fois l'an, des séances d'examen préalables pour les candidats aux études et à émettre des certificats de qualification en leur faveur. La loi d'incorporation définit les conditions minimales auxquelles doivent répondre les candidats aux études en médecine pour être reconnus admissibles. Tout praticien licencié devra avoir au moins 21 ans. Il devra avoir étudié durant une période ininterrompue d'au moins quatre ans auprès d'un ou plusieurs praticiens dûment licenciés et avoir étudié dans une université ou une école de médecine diverses matières fondamentales (anatomie, physiologie, anatomie pratique, chirurgie, pratique de la médecine, obstétrique, chimie, *materia medica,* physiologie, jurisprudence médicale et botanique) pendant des périodes variant entre trois mois et un an. Toute école de médecine est tenue par la loi de dispenser au moins 120

leçons par année. Tout praticien licencié devra par ailleurs avoir pratiqué au moins un an dans un hôpital d'au moins 50 lits et tenu par au moins deux médecins ou chirurgiens. Des cours de clinique médicale et chirurgicale sont également requis pour les candidats à la licence. Il est également stipulé que la formation des sages-femmes est soumise au contrôle du Collège des médecins et chirurgiens. Dans les villes, elles doivent désormais prouver leur capacité devant deux membres du Collège.
Source: SPC (1847), chap. 26.

Entre 1847 et 1849, les étudiants de l'École de Médecine et de Chirurgie passeront leur dernière année d'étude à la faculté de médecine de l'université McGill. L'École s'affilie donc en 1847 à l'université McGill pour jouir de ce droit. L'entente avec McGill se terminera cependant sur un différend en 1849, les professeurs francophones de l'École cherchant vainement à obtenir de la législature l'autorisation de décerner des permis de pratique. Le 26 août 1850, la rupture est officialisée par McGill en raison de nouvelles tentatives faites par l'École pour modifier son acte d'incorporation. En octobre de la même année, le secrétaire de l'École de Médecine et de Chirurgie, le docteur Sutherland, décidera que désormais tous les cours se donneront en français.
Sources: BAMPJ (1850), 284; CMJMR (1866), 300; Heagerty (1928b), 91, 96; Kett (1981), 198.

Le docteur Painchaud ouvre à Québec un cours de conférences cliniques sur la médecine pratique et les accouchements pour les finissants en médecine[13].
Source: LLC (1847), 30.

1849 Le curriculum des études de la faculté de médecine de l'université McGill passe de trois à quatre ans à compter de mai. Les années scolaires de la faculté de médecine

13. Il semble que le docteur Painchaud offrait déjà depuis quelques années cette forme d'enseignement.

de l'université McGill ne s'échelonnant que sur une période de six mois, cette décision, loin de satisfaire les milieux francophones, ne manquera pas de soulever de vives critiques, en particulier de la part du docteur Painchaud.
Sources: BAJMPS (1849), 137; BAMPJ (1850), 180.

1850 Un projet pour amender la loi d'incorporation de l'École de Médecine et de Chirurgie est présenté à la Législature par les professeurs de l'École en vue de l'obtention du droit d'émettre des permis de pratique. Ce projet est adopté en deuxième lecture et renvoyé à un comité composé des docteurs Badgley, Laterrière, Taché, Bouthillier et Davignon. Il sera finalement rejeté.
Source: BAMPJ (1850), 137-138.

L'École de Médecine et de Chirurgie s'affilie à l'Hôtel-Dieu de Montréal, ce qui lui donne le privilège de dispenser un enseignement clinique dans cet hôpital. Ce sont les docteurs H. Peltier et L. Bayer qui, en 1849, avaient été chargés de présenter un projet d'entente pour l'organisation des cours cliniques aux élèves de l'École. Après de laborieuses tractations, les sœurs de l'Hôtel-Dieu de Montréal finissent par accorder aux professeurs de l'École de Médecine et de Chirurgie le droit de se faire accompagner par leurs étudiants lors de leurs visites à l'hôpital. Cependant, les sœurs se réservent le droit d'exclure de leur hôpital l'un ou l'autre des médecins de l'École.
Sources: Heagerty (1928b), 99; Howell (1933), 65; Daigle (1990), 8; DBC (10), 643.

1851 Incorporation et ouverture de la Saint Lawrence School of Medicine of Montreal. Cette école avait été fondée en 1850 par les docteurs R. L. MacDonnell, A. H. David et G. D. Gibb[14]. Lors de son ouverture, elle compte 17 étu-

14. Kett, (1981, 202) et Bernier (1983, 53) proposent 1852 comme date de fondation.

diants. Le corps professoral est alors composé des docteurs R. L. MacDonnell (théorie et pratique de la chirurgie), A. H. David (théorie et pratique de la médecine), G. D. Gibb (physiologie, pathologie et thérapeutique), F.C.T. Arnoldi (obstétrique et gynécologie), T. W. Jones (anatomie), G. E. Fenwick (matières médicales et pharmacie), H. Howard (ophtalmologie et otologie) et R. Palmer (chimie). Selon l'acte d'incorporation, au moins 120 cours d'une durée d'une heure doivent être donnés annuellement. Il semble que ce soit l'Hospice Saint-Jérôme-Émilien qui servira d'hôpital clinique aux étudiants de la Saint Lawrence School of Medicine jusqu'à son incendie en 1852. Le Saint Patrick's Hospital prendra le relais de l'hospice le 16 août de la même année au moment où une partie de ses patients, momentanément hébergés à l'Hôtel-Dieu, y sont transférés. Les avis sont partagés quant à la date de fermeture de l'école[15]. Mais il paraît probable que l'école n'existera que le temps de quelques sessions et qu'elle cessera ses activités dès 1852[16]. Cette fermeture sera en partie attribuable au fait que l'école, placée dans la même situation que l'École de Médecine et de Chirurgie de Montréal, c'est-à-dire dépourvue de statut universitaire, ne pourra accorder de licence et que ses étudiants devront, pour accéder à la pratique, repasser des examens dans toutes les matières requises devant un comité du Collège des médecins et chirurgiens auquel siègent plusieurs membres de la faculté «rivale» de l'université McGill.

---

15. Weisz (1987, 131) mentionne que «la Saint Lawrence Medical School de Montréal a connu une existence éphémère, disparaissant peu après sa formation en 1857». Heagerty (1928b, 119) soutient que cette école exercera ses activités pendant quatre ou cinq ans.

16. Abbott (1932, 67) affirme que «*the St. Lawrence School closed its doors in a couple of years after its establishment, apparently having held only one actual session, that of 1851-52*». Elle ajoute que sa fermeture serait en partie attribuable au déménagement de la faculté de médecine de McGill sur la rue Côté qui constitue «*an efficacious counter-move*». BAMPJ (1852, 407) semble attester qu'en janvier 1852, il y a 24 étudiants inscrits à la Saint Lawrence School. Bensley (1990, 23-24) affirme lui aussi que la Saint Lawrence School fondée en 1851 «*survived only one session*».

Sources: SPC (1851), chap. 154; BAMPJ (1851), 41; CMR (1878), 152; CMR (1882), 7; CMR (1900), 240-243; MMJ (1902), 586; Heagerty (1928b), 55, 119; Abbott (1931), 67; UMC (1931), 822; MacDermot (1967), 109; Kerr (1973), 306; DBC (10), 517; DBC (11) 468.

Le docteur Laterrière, appuyé par 71 médecins du district de Québec, dépose à l'Assemblée législative, le 18 mai, un projet d'amendement ayant pour but de reconnaître comme habilitant directement à la pratique de la médecine uniquement les diplômes des universités du Royaume-Uni. Cette disposition invalide par le fait même les diplômes des universités du Canada-Uni. Ce projet de loi, qui vise en l'occurrence à annuler les privilèges de la faculté de médecine de l'université McGill, avait déjà été déposé devant l'Assemblée en 1850. Le 31 juillet 1851, lors de la seconde lecture, le docteur Holmes présentera à l'encontre de ce projet de loi une pétition signée par les professeurs de McGill. Le 29 août, le projet, après avoir été reformulé en comité, sera renvoyé en troisième lecture. Après un débat houleux, le projet sera reporté à une date ultérieure. Il sera finalement rejeté.
Sources: BAMPJ (1850), 170; BAMPJ (1851), 135-136, 180-182, 188, 232, 271, 275-276.

Le 23 mai, les professeurs de l'École de Médecine et de Chirurgie de Montréal adressent de nouveau une requête et une pétition de 57 supporteurs à l'Assemblée demandant le droit d'émettre des licences *ad practicandum*. Le projet de loi qui en découle est retiré en deuxième lecture. Ce retrait serait dû à une contrepétition dirigée par le docteur A. F. Holmes, doyen de la faculté de médecine de l'université McGill, et signée par 26 médecins de Montréal. Cette contrepétition mentionne qu'il n'y a aucun besoin d'établir une seconde école à Montréal et qu'en fait l'Université Laval à Québec peut répondre à elle seule aux aspirations médicales de la population canadienne-française. La contrepétition précise «que ce se-

rait abaisser le niveau de la profession que d'accorder à des institutions non universitaires l'autorisation d'émettre des permis de pratiquer[17]». Il semble que l'Université Laval appuiera la contrepétition dirigée par le doyen de McGill.
Sources: BAMPJ (1851), 228-229; Roy (1903), 20-21; Abbott (1931), 65; Frost (1980), 143; DBC (10), 643.

Fondation de l'École de Médecine de Berthier. L'enseignement comporte les matières suivantes: l'obstétrique (L. H. Ferland), la médecine (L. H. Turcotte), la chirurgie (L. G. Moll) et l'anatomie, la physiologie, l'anatomie pratique et la chirurgie pratique (J. G. Bethune).
Source: BAMPJ (1851), 270.

Création à Montréal d'une école et d'une clinique vétérinaires par les docteurs Turner et Mason. Les cours commencent le 1er novembre de la même année.
Source: BAMPJ (1851), 317.

La faculté de médecine de l'université McGill retourne dans le Vieux-Montréal, dans un nouveau bâtiment aménagé sur la rue Côté. Cette manœuvre est faite dans le but de mieux compétitionner avec la Saint Lawrence School of Medicine qui, située au centre-ville, est beaucoup plus facilement accessible pour les étudiants.
Sources: MMJ (1902), 586-587; Abbott (1932), 67; Howell (1933), 64.

1854 Le 30 avril, l'École de Médecine de Québec ferme ses portes et cède la place à la faculté de Médecine de l'Université Laval. Située sur la rue Hébert, la faculté est logée dans le premier bâtiment achevé de la nouvelle université en construction[18]. La création de l'Univer-

17. DB (10, 643).
18. Roy (1903, 49) ajoute que «c'est pendant l'année 1854 que l'on commença à élever les nouvelles constructions de l'Université Laval» et que c'est l'École de Médecine, située sur la rue Hébert, qui la première «surgit du sol».

sité Laval remonte à 1852 alors que, par la charte royale du 8 décembre, le Séminaire de Québec se voyait octroyer le pouvoir de conférer des diplômes et de jouir de «tous les autres privilèges généralement consacrés aux universités». Ce n'est cependant que le 21 septembre 1854 qu'a lieu l'inauguration officielle de l'Université Laval par Lord Elgin, avec la pose de la pierre angulaire de la nouvelle institution. L'École de Médecine de Québec avait été invitée dès 1852 à joindre les rangs de l'Université et à former une faculté de Médecine. Le 19 décembre 1853, le journal *Le Canadien* annonçait la fondation de la faculté de Médecine à l'Université Laval. C'est au cours de cette même année que débute l'organisation de la faculté. Le 25 septembre 1854, le docteur J. Blanchet en inaugurera les cours. L'enseignement comportera alors un volet théorique sur les matières fondamentales et un volet clinique où les élèves devront, d'une part, accompagner les médecins dans leurs visites à domicile et dans les hôpitaux et, d'autre part, assister aux autopsies.
Sources: Roy (1903), 37, 49, 51; Heagerty (1928b), 55, 113; UMC (1931), 888; Abbott (1931), 64; Boissonnault (1953), 141, 158, 162; MacDermot (1967), 99; VMCF (1974), 1210; Bernier (1979), 42 et (1983), 53; Bois (1984), 92; Leblond (1986), 239; Weisz (1987), 131; DBC (8), 108.

1855 La permission d'utiliser les salles de l'Hôtel-Dieu de Québec à des fins d'enseignement clinique est accordée aux professeurs de la faculté de Médecine de l'Université Laval. La décision est cependant acceptée avec réticence par les religieuses.
Sources: Heagerty (1928b), 116; Howell (1933), 60; Guay (1984), 75; Rousseau (1989), 263.

1857 L'Université Laval reconnaît l'Hôpital de la Marine en tant que centre d'enseignement clinique. Deux professeurs y donnent des cours de mai à octobre, pendant la saison de navigation. L'année précédente, l'hôpital avait accordé aux professeurs de la faculté de Médecine de

l'Université Laval la permission d'utiliser ses salles à des fins d'enseignement clinique.
Sources: Heagerty (1928b), 116; Boissonnault (1953), 205; Leblond (1986), 159.

1859 *Acte concernant la pratique de la médecine et de la chirurgie, et l'étude de l'anatomie.* Cette loi reprend en substance les dispositions de la loi d'anatomie de 1843 concernant la remise aux professeurs d'anatomie ou de chirurgie des cadavres non réclamés dans les institutions publiques. Elle contraint les surintendants de ces établissements à déclarer chaque décès et à tenir un registre des personnes décédées. Elle oblige les médecins qui veulent profiter des dispositions de la loi à déposer préalablement une somme d'argent pour garantir l'inhumation décente des cadavres disséqués et pour obtenir le droit d'ouvrir une chambre de dissection.
Source: SRC (1859), chap. 76.

1860 Les religieuses hospitalières de Saint-Joseph, en charge de l'Hôtel-Dieu de Montréal, signent une entente avec l'École de Médecine pour favoriser la formation pratique des médecins et pour faire appel à leurs services auprès des malades de l'institution.
Source: Daigle (1990), 10.

Le 3 novembre, l'École de Médecine et de Chirurgie de Montréal fait, par l'intermédiaire du docteur P. Beaubien, une demande d'affiliation à l'Université Laval. Mais l'université invoquant l'incompatibilité des exigences académiques des deux facultés oppose un refus. L'École décide alors d'adresser une demande d'affiliation à l'université de Toronto. Cette demande est vaine. Le 8 décembre 1862, l'École de Médecine et de Chirurgie de Montréal renouvellera sa demande d'affiliation à la faculté de Médecine de l'Université Laval, demande qui restera elle aussi sans effet.
Sources: Boissonnault (1953), 214, 218; Lavallée (1974), 38.

L'histologie fait pour la première fois l'objet d'un cours à la faculté de Médecine de l'Université Laval sous la direction du docteur Lorne. Un cours d'anatomie microscopique dispensé par le docteur Frémont est aussi créé le 19 décembre[19].
Sources: Heagerty (1928b), 116; Boissonnault (1953), 182; Bernier (1989), 136.

1862 Le docteur L. Têtu donne un enseignement officiciel de l'art vétérinaire à l'École d'agriculture de la Pocatière, fondée en 1859.
Source: Pépin (1986), 60.

1863 La faculté de Médecine de l'Université Laval met sur pied une clinique de maternité à l'Hôpital de la Marine.
Sources: Heagerty (1928b), 116; Abbott (1931), 64.

Le 5 février, la faculté de Médecine de l'Université Laval est officiellement reconnue par l'université d'Édimbourg[20].
Source: Boissonnault (1953), 234.

L'École de Médecine et de Chirurgie se distingue de la faculté de Médecine de l'université McGill sur quatre points: 1) la scolarité y est alors de quatre années complètes et obligatoires comparativement à trois années et demie et parfois moins[21] à McGill; 2) les cours suivis à l'École ne sont reconnus que si l'étudiant réussit son examen devant le Collège des médecins et chirurgiens de la province de Québec; 3) l'École ne peut décerner de

19. Selon DBC (9, 315), c'est plutôt en 1862 que la faculté décide d'offrir à ses étudiants un cours d'anatomie microscopique sous les soins du docteur Larue.
20. Boissonnault (1953, 234), ajoute que l'Université Laval sera aussi reconnue par le Collège des chirurgiens de Londres mais n'indique pas la date.
21. CL (1863, 52) mentionne qu'outre le fait que les périodes d'enseignement sont plus courtes à McGill, la scolarité peut être réduite à deux années et demie sur preuve certifiée d'une année de pratique comme apprenti auprès d'un médecin qualifié.

diplôme universitaire; 4) la faculté de Médecine de McGill possède ses propres examinateurs habilités à octroyer le droit de pratique.
Source: CL (1863), 52-53.

1865 L'enseignement de l'anatomie pathologique devient partie intégrante du curriculum des étudiants en médecine de l'Université Laval.
Sources: Heagerty (1928b), 116; Abbott (1931), 64.

Création de la médaille Holmes par la faculté de Médecine de McGill. Cette médaille sera décernée annuellement au diplômé qui obtient les meilleures notes dans l'ensemble des matières au programme de Médecine.
Source: DBC (8), 449.

1866 Affiliation de l'École de Médecine et de Chirurgie de Montréal à l'université Victoria de Cobourg en Ontario[22]. L'École sera par la suite parfois dénommée École de Médecine de l'université Victoria (Medical Faculty of Victoria University). L'université Victoria est méthodiste et possède une faculté de théologie et d'arts à Cobourg et une faculté de droit à Toronto. L'École de Médecine et de Chirurgie de l'université Victoria aura désormais le pouvoir légal de décerner des diplômes. Cette affiliation durera jusqu'en 1890.
Sources: UMC (1931), 824; Lavallée (1974), 38; LN (1980), 18; Bernier (1983), 60; DBC (10), 644.

Les étudiants en médecine de l'Université Laval obtiennent la permission d'assister aux investigations anatomiques qui se font à la morgue de Québec. Ils obtiennent aussi l'autorisation de faire des examens microscopiques sur les spécimens prélevés.
Source: Boissonnault (1953), 232, 234.

22. Heagerty (1928b, 91, 103), MacDermot (1967, 98), Kett (1981, 198) et Bois (1984, 93) proposent cependant 1867.

Fondation du Montreal Veterinary College. Fondée par D. M. McEachran, membre du Royal College of Veterinary Surgeons, avec l'appui du député du comté de Richelieu, l'agronome J. X. Perreault, l'école est située sur la rue Craig, à l'angle de la rue Bleury à Montréal. Elle ouvre ses portes le 26 septembre. En 1869, McEachran obtient que ses étudiants puissent suivre des cours dans les matières fondamentales telles que la chimie, la physiologie et la botanique à la faculté de Médecine de l'université McGill. Les deux premiers diplômés de l'école, W. Patterson et C. D. Alloway, recevront en 1869 un certificat de qualification en médecine vétérinaire de l'université McGill. En 1875, avec l'aide du gouvernement, McEachran installera son école dans un nouvel édifice érigé sur l'avenue Union, près de la rue Dorchester. Un très grand nombre d'étudiants américains fréquenteront l'institution. En 1877, McEachran créera une section française au Montreal Veterinary College et la confiera à O. Bruneau et J. A. Couture, qui comptent parmi les premiers diplômés francophones de l'institution. La même année, la section française conclura un accord avec l'université Victoria pour que ses étudiants puissent assister à certains cours dispensés par l'École de Médecine et de Chirurgie de Montréal, en particulier aux cours de botanique, de zoologie, de chimie et de physiologie-histologie. Rappelons qu'à compter de 1876, Osler dispensera aux étudiants de l'école vétérinaire un enseignement en pathologie et en anatomie. En 1879, V. T. Daubigny sera nommé directeur de la section française du Montreal Veterinary College par McEachran. La section française cessera ses activités en 1885. En 1889, l'école deviendra une faculté de l'université McGill et se dénommera désormais Faculty of Comparative Medicine and Veterinary Science. L'école fermera ses portes en 1902 en raison de problèmes de financement.
Source: Pépin (1986), 71-73, 77, 79, 83-84, 86, 88.

1867 Dès sa fondation, la Montreal Chemist Association dispense des cours de chimie et de matière médicale à l'université McGill.
Source: Warrington/Nicholls (1949), 282.

1871 Le comité d'enregistrement de la Canadian Medical Association, présidé par le docteur W. Marsden, propose au congrès de Québec, tenu en octobre, la formation du General Council of Medical Education. Cette proposition préconise l'unité d'éducation, d'enseignement et de promotion médicale dans l'ensemble du Canada. Il s'agit en fait d'un projet de loi fédéral visant à mettre en place un système uniforme d'éducation médicale ainsi qu'une réglementation sur l'enregistrement des praticiens et l'octroi des licences par un bureau des examinateurs, de façon à enrayer l'action des charlatans et des sages-femmes. Un tel projet avait pris naissance l'année précédente lors d'une réunion de la Canadian Medical Association. Le projet initial prévoyait la nomination par le conseil général d'un Bureau central d'examinateurs et l'adoption de règlements pour l'admission et l'examen préliminaire des étudiants en médecine, pour la détermination du curriculum des études professionnelles, pour la sanction des nouvelles écoles de Médecine et pour l'enregistrement obligatoire des médecins. Mais une forte résistance de la Société médicale de Montréal, des médecins francophones et de nombreux médecins de l'Ontario qui refuseront de mettre l'éducation médicale sous le contrôle du gouvernement fédéral fera avorter le projet.
Sources: CMJMR (1870), 110; UMC (1872), 12; CMSJ (1872), 182; Heagerty (1928), 295; Pierre-Deschênes (1981), 358-359; Leblond (1986), 163.

Le Bishop's College de Lennoxville se dote en janvier d'une faculté de Médecine, dénommée The Medical Faculty of the University of Bishop's College[23]. La faculté

23. UMC (1885, 534) mentionne 1870.

du Bishop's College devient la troisième faculté de Médecine à Montréal. Les fondateurs et professeurs de la faculté sont les docteurs Smallwood (obstétrique), Hingston (chirurgie), David (théorie et pratique de la médecine), Trenholme *(materia medica)* et Campbell (physiologie, pathologie). Smallwood est élu doyen mais, en raison de son départ précipité pour les États-Unis, il sera remplacé par Hingston. Ce dernier devra toutefois, à son tour, se démettre de ses fonctions à la faculté pour ne pas perdre son poste à l'Hôtel-Dieu de Montréal. L'un des membres fondateurs, Campbell, signale que cette faculté, qui prétendait se démarquer de celle de l'université McGill, fut créée pour au moins trois raisons: mettre en œuvre une école d'avant-garde; contrebalancer le pouvoir de McGill qui contrôlait les postes hospitaliers et les autres lieux de pratique et, enfin, contribuer à améliorer les conditions de pratique de la profession médicale[24]. Le premier étudiant inscrit sur les registres sera Wolfred D. E. Nelson, petit-fils du patriote Wolfred Nelson et fils d'Horace Nelson, qui figure parmi les initiateurs de l'École de Médecine et de Chirurgie. Le *Canada Medical Record* deviendra l'organe de cette faculté dès sa fondation en 1872. La faculté de Médecine du Bishop's College sera finalement absorbée par celle de l'université McGill en 1905.

Sources: CMR (1900), 243-248; Heagerty (1928b), 56; Abbott (1931), 67; Howell (1934), 91; MacDermot (1967), 108; VMCF (1974), 1210; Bernier (1979), 42; Short (1981), 8; Bernier (1983), 53; Leblond (1986), 108.

---

24. «*A desire to have an up-to-date School [...] A feeling that the members of the profession, outside of this school, had no chance to secure Hospital and other appointments — for when vacancies for these occurred, candidates from the outside profession were met with the united opposition of this School [...] This same opposition was evident in private practice and gave rise to numerous heart burnings. It was felt that the formation of a new Medical School would afford an opportunity of at least attempting to rectify some of these grievances and, if successful, place the profession generally in a more satisfactory condition.*» CMR (1900, 243).

Le recensement de 1871 permet d'établir l'existence de 780 médecins et de 152 étudiants en médecine dans la province de Québec. Le recensement montre également qu'il n'y a plus officiellement qu'une quarantaine de sages-femmes.
Sources: Bernier (1979), 48; Pierre-Deschênes (1981), 360.

Fondation de la première chaire d'hygiène et de santé publique *(chair of hygiene and public health)* par la faculté de Médecine de l'université McGill. Les premiers titulaires de la chaire seront les docteurs G. Ross (1871), T. G. Roddick (1873), R. T. Godfrey (1875), W. Gardner (1879), R. L. McDonnell (1886), R. Craik (1889), W. Johnston (1897) et T. A. Starkey (1902). Cette chaire ne sera toutefois subventionnée qu'à partir de 1893. En 1898, cette partie de l'enseignement médical sera dénommée *Department of Health and Social Medicine.*
Source: Desrosiers *et al.* (1989), 21.

Osler vient terminer ses études de Médecine à l'université McGill. Il était antérieurement étudiant à Toronto.
Source: Howell (1933), 63.

1872 *Acte pour amender le chapitre 76 des statuts refondus du Canada, relativement à la pratique de la médecine et de la chirurgie et l'étude de l'anatomie*[25]. Cette loi amende les dispositions existantes relativement à la disposition des cadavres non réclamés de personnes mortes dans les

25. Parlant du *Anatomy Act* dans la conjoncture des années 1870, W. B. Howell affirme que: «*The Anatomy Act of the province of Quebec ordained that the unclaimed bodies of people who died in jails and other public institutions receiving financial aid from the provincial government were to be handed over to the inspector of anatomy. Unfortunately there was no penalty for a breach of the Act, and the managers of many of the hospitals, lunatic asylums, and poorhouses made a point of burying the pauper dead. The only charitable institution in Montreal which carried out the letter of the law was the Montreal General Hospital.*» Les vols de cadavres, encore fréquents au cimetière catholique de la Côte-des-Neiges, devaient alors provisoirement pallier la carence de bons sujets pour la dissection. Chaque cadavre pouvait alors valoir entre 30 $ et 50 $. Howell (1934, 74-75).

institutions publiques recevant une subvention du gouvernement provincial à moins qu'ils ne soient réclamés dans le temps prescrit pour l'inhumation par des parents pas plus éloignés qu'au troisième degré de parenté. Elle rend nulles et sans effet toutes les autres clauses non compatibles avec cette loi.
Source: SPQ (1872), chap. 29.

La faculté de Médecine de l'université McGill quitte la rue Côté pour être relocalisée sur le campus de la rue Sherbrooke. Le nouveau bâtiment, le Medical Building a été construit au coût de 27 000 $ selon les plans et devis des architectes Hopkins et Wily. On y installe un laboratoire de chimie. Il sera agrandi et rénové en 1885, en 1895, puis en 1901, grâce à un don de 100 000 $ de Lord Strathcona accordé en 1899. Son emplacement sera ultérieurement occupé par le Biological Building.
Sources: CMSJ (1872), 193-194; MMJ (1902), 563.

1873 Des chaires d'ophtalmologie sont créées à la faculté de Médecine de l'Université Laval et à l'École de Médecine et de Chirurgie de Montréal. Elles sont respectivement occupées par les docteurs Simard et Desjardins. La faculté de Médecine de l'université McGill met en aussi en place un département d'ophtalmologie et d'otologie.
Sources: UMC (1874), 281; Frost (1980), 285.

1874 P. Redpath et G. W. Campbell, membres du bureau médical du Montreal General Hospital, sollicitent F. Nightingale en vue de l'établissement d'une école d'infirmières à leur hôpital. Mlle Nightingale enverra en 1875 quatre infirmières diplômées du Saint Thomas Hospital avec, à leur tête, une canadienne, Mlle Machin. Quatre autres infirmières les rejoindront l'année suivante. En raison d'un différend entre infirmières et médecins, cette tentative se terminera par un échec en 1878, et Mlle Rimmer prendra alors la relève de Mlle Machin. Le projet d'une école d'infirmières au Montreal General Hospital ne se réalisera finalement qu'en 1890.

Sources: Abbott (1931), 84; Shepherd, (1934), 22; Howell (1934), 72, 89.

Par suite de la démission du docteur Drake, W. Osler, de retour d'un stage d'études à Berlin, Vienne et Londres, est nommé *lecturer of institutes of medicine* à la faculté de Médecine de l'université McGill. Cette branche de l'enseignement médical comprend la pathologie, l'histologie et la physiologie. Osler deviendra titulaire de cette chaire en 1875.
Source: Cushing (1925), 123.

1875 *Acte pour amender le chapitre 76 des statuts refondus du Canada, relativement à la pratique de la médecine et de la chirurgie et l'étude de l'anatomie, en ce qui a rapport à la nomination d'un inspecteur d'anatomie.* Amendement de la section 4 du chapitre 76 concernant la formation et les aptitudes de l'inspecteur d'anatomie.
Source: SPQ (1875), chap. 36.

1876 *Acte pour amender et refondre les actes relativement à la profession médicale et la chirurgie dans la province de Québec.* Cette loi prévoit la formation par le nouveau Collège des médecins et chirurgiens de la province de Québec d'un Bureau provincial de Médecine, dénommé Bureau des médecins ou Bureau des gouverneurs. C'est de ce bureau que relèvent désormais la licence et le certificat autorisant quiconque le désire à «étudier la médecine, la chirurgie ou l'art obstétrique». Ce bureau a le pouvoir d'établir des règlements quant à la qualification préliminaire, la durée des études, le cours à suivre et l'âge de l'aspirant pour l'obention d'une licence. La loi prévoit que, désormais, les admissions dans les écoles et les facultés de Médecine sont sanctionnées par un comité formé de quatre personnes nommées par le Collège. Elle oblige également les universités à admettre des assesseurs aux examens terminaux, lesquels en surveillent le déroulement et doivent en rendre compte au Bureau des médecins. Elle rend obligatoire l'enregistrement des mé-

decins et interdit l'exercice de la médecine à ceux qui ne sont pas dûment inscrits au Collège. Une représentation de deux délégués est accordée à chacune des quatre écoles de Médecine. C'est à la suite des pressions du Collège des médecins et chirurgiens et de *L'Union médicale du Canada* que cette loi est adoptée par la Chambre, le 28 décembre. Elle fixe le temps de scolarité à quatre ans et fait disparaître l'apprenti-maître. Un paragraphe prévoit que les diplômés des universités québécoises auront droit à la licence sans examen. En ce qui regarde les sages-femmes, deux bureaux, à Montréal et à Québec, seront mis sur pied pour «conduire l'examen des sages-femmes». La candidate devra présenter un certificat prouvant qu'elle a assisté aux 50 leçons requises données par un médecin attaché à un service de maternité, qu'elle a assisté à 12 cas d'accouchement et enfin qu'elle est reconnue de bonne mœurs tout en sachant écrire et lire. L'obtention de la licence autorise la candidate à pratiquer «l'art obstétrique».
Sources: SPQ (1876), chap. 26; Bernier (1989), 81, 89.

1877 Fondation de la Succursale de l'Université Laval à Montréal. Le 1er février 1876, un décret du pape Pie IX ordonnait l'établissement à Montréal d'une succursale de l'Université Laval. La fondation de cette succursale, où sera officiellement établie une nouvelle faculté de droit en 1878, coïncide avec la fondation d'une nouvelle faculté de Médecine à Montréal. Cette fondation visait en fait l'absorption de l'École de Médecine et de Chirurgie qui se voyait ainsi proposer le statut de faculté, laquelle sera placée sous l'autorité de l'Université Laval. Les pourparlers débutent à l'automne 1877. Les professeurs de l'école demandent le respect de leur autonomie et de leur statut au sein de la nouvelle école. Le 15 décembre, un accord est signé entre les professeurs de l'École et le recteur de l'Université Laval, sous la patronage de Monseigneur Fabre, évêque de Montréal et du délégué apostolique, qui garantissent aux professeurs le maintien de l'organisation interne de l'École. Le 22 décembre,

Monseigneur Fabre annonce la fondation de la Succursale. C'est cependant le 6 janvier 1878 que la Succursale de Laval à Montréal verra officiellement le jour. L'inauguration officielle des cours aura lieu le mercredi 1er octobre 1878 dans la salle du Cabinet de lecture paroissial. Mais les relations entre la nouvelle succursale et l'École se détérioreront en raison des prérogatives accordées à celle-ci et des problèmes causés par la délimitation plutôt vague de l'autorité de Laval sur la nouvelle succursale. Les tensions atteindront leur point culminant lorsque le recteur de Laval prétendra avoir juridiction sur les horaires des cours, les modes d'examens, etc., autorité que les professeurs ne lui reconnaîtront pas. L'École de Médecine et de Chirurgie, devant l'intransigeance des autorités de Laval, décidera de se retirer[26]. Ce n'est toutefois qu'en juin 1879 que la rupture deviendra officielle. Le recteur Hamel écrira aux professeurs de la Succursale de Montréal de ne plus se considérer comme faisant partie de l'université. L'intégration de l'École de Médecine à l'Université Laval à Montréal n'a jamais été vraiment effective puisque les diplômes décernés par l'École de Médecine et de Chirurgie lors de l'année de 1878-1879 porteront encore le sceau de l'université Victoria de Cobourg[27].

À la suite à la rupture en 1879, la Succursale se verra contrainte d'ouvrir à Montréal une nouvelle faculté provisoire, distincte de l'École de Médecine et de Chi-

---

26. Selon DBC (11, 333), l'Université Laval cherchera à s'affilier à l'École de Médecine et de Chirurgie, mais les membres de l'École opposeront un refus catégorique. Cette version nous paraît courte et inexacte. Soulignons par ailleurs que si la rupture entre l'École et les autorités de Laval ne peut être précisément datée, elle se produit sûrement avant 1879 puisque l'annuaire de l'année 1878-1879 de l'École mentionne encore son affiliation avec Victoria.

27. Contrairement à ce que certains auteurs affirment, l'École de Médecine et de Chirurgie durant les négociations avec les autorités de Laval a toujours conservé son affiliation avec l'université Victoria. Les annuaires de l'École de Médecine et de Chirurgie pour les années 1877-1878, 1878-1879, 1879-1880 en font foi.

rurgie. Le docteur Rottot en sera nommé doyen. L'inauguration de la Succursale de l'Université Laval aura lieu le 1er octobre dans la salle du Cabinet de lecture paroissial à l'occasion de l'ouverture de la faculté de droit. La nouvelle faculté de Médecine, qui ne comptera alors que 30 étudiants, donnera ses cours dans les locaux du château de Ramezay. L'École de Médecine et de Chirurgie de Montréal comptera de son côté 130 étudiants. Ce sera le début d'une forte rivalité entre les deux écoles, d'autant plus que les religieuses de l'Hôtel-Dieu réserveront l'accès de leurs salles aux seuls professeurs et étudiants de l'École de Médecine. Il faut dire que ceux-ci leur assuraient depuis longtemps des soins gratuits. La faculté de l'Université Laval à Montréal se verra donc obligée de placer ses étudiants au Montreal General Hospital, situation particulièrement inconfortable si on considère qu'elle reprochait justement à l'École son affiliation à une université protestante.

Le besoin urgent d'un établissement hospitalier disposé à accueillir les étudiants de la Succursale de l'Université Laval à Montréal mènera à la création de l'Hôpital Notre-Dame en 1880. Mais la situation entre les deux écoles de Médecine demeurera tendue. La Succursale fera tout en son pouvoir, tout au long de la décennie 1880-1890, pour absorber l'École de Médecine. La même année, celle-ci, par l'intermédiaire de l'avocat J. L. Archambault, tentera de démontrer l'illégalité de la nouvelle faculté de Médecine de l'Université Laval. L'année suivante, l'École de Médecine et de Chirurgie sommera l'Université Laval de fermer sa succursale montréalaise sous menace d'un procès civil. Elle aura de nombreux appuis: Monseigneur Bourget, Monseigneur Laflèche, Monseigneur Fabre (pour un temps seulement) et le maire de Montréal «qui ne cache[ra] pas l'impatience avec laquelle Montréal supporte l'établissement de la succursale d'une université québécoise[28]». L'École inten-

28. Rumilly (1972, 107).

tera son procès le 14 avril 1881. Pendant ce temps, Laval essayera de faire adopter un projet de loi provincial lui donnant le droit d'ouvrir des facultés «dans les limites de la province de Québec[29]». La résistance sera vive mais le projet sera adopté le 13 juin 1883. Un décret de la Sacrée Congrégation de la Propagande, daté du 27 février 1883, obligera en outre l'École de Médecine et de Chirurgie de Montréal à se joindre à la succursale montréalaise de Laval. Monseigneur Fabre et Monseigneur Taschereau exigeront la rupture de l'École avec l'université protestante de Cobourg. Ils «condamne[ro]nt formellement les directeurs de l'École pour insoumission et enjoi[ndront] aux sœurs de l'Hôtel-Dieu de ne plus recevoir ni les professeurs de l'École, ni leurs étudiants[30]». L'École ira en appel et revendiquera son droit d'enseignement à l'Hôtel-Dieu. Les médecins de l'École demanderont comme condition d'affiliation avec Laval la reconnaissance de «son existence comme corporation civile, avec les droits et privilèges qui en découlent suivant la loi du pays [et de] ses droits et privilèges à l'Hôtel-Dieu, à la Maternité des sœurs de la Miséricorde, aux dispensaires de la Providence et des sœurs grises[31]». Ils refuseront de rompre avec l'université Victoria de Cobourg avant d'avoir reçu de Laval le droit de conférer ou de faire conférer des diplômes universitaires. Rompre avec Victoria sans cette garantie aurait été, «de la part de l'École, renoncer à la collation des diplômes, c'est-à-dire se suicider[32]». En juillet 1883, Monseigneur Fabre prononcera un anathème contre l'École de Médecine. Mais, à la suite des représentations de Monseigneur Laflèche et du docteur Desjardins à Rome, la décision sera renversée. À partir de ce moment, le Saint-

29. Heagerty (1928b, 108).
30. Lavallée (1974, 153).
31. Rumilly (1972, 141).
32. *Ibid.*

Siège tolérera l'existence de l'École de Médecine. À la rentrée d'octobre 1884, la faculté de Médecine de Laval à Montréal n'accueillera que 50 étudiants alors que l'École de Médecine et de Chirurgie en comptera 150. Le conflit connaîtra son dénouement lors de la fusion définitive de 1890.
Sources: UMC, (1878), 476; MMJ (1904), 853; Heagerty (1928b), 91, 108; Howell (1933), 65; Boissonnault (1953), 223; Rumilly (1972), 84, 98, 99, 102-103, 107, 141, 157-159; Lavallée (1973), 280-281 et (1974), 183; Bois (1984), 94; DBC (11), 333.

L'École de Médecine et de Chirurgie de Montréal décide de créer une chaire d'histologie et de microscopie.
Source: DBC (11), 239.

1878 *Acte pour amender l'acte 40 Victoria, chap. 26, touchant la profession médicale et la chirurgie dans la province de Québec.* Cette loi habilite les porteurs de diplômes universitaires autres que ceux spécifiquement prévus à la section IV de la loi de 1876 (facultés de médecine des universités Laval et McGill, Bishop's College, École de Médecine et de Chirurgie affiliée à l'université Cobourg et les universités britanniques) à obtenir la licence et l'enregistrement au Collège des médecins et chirurgiens, pourvu qu'ils passent leur examen à la satisfaction du Bureau provincial de Médecine.
Source: SPQ (1878), chap. 26.

1879 *Acte pour amender et refondre de nouveau les actes relativement à la profession médicale et la chirurgie dans la province de Québec.* Cette loi décrète que le bureau provincial de Médecine a le pouvoir d'établir des règles et règlements concernant l'admission des femmes à l'étude et à la pratique des accouchements dans la province. Elle permet de plus au bureau de fixer le degré, la nature et l'étendue des connaissances nécessaires à une telle pratique.
Source: SPQ (1879), chap. 37.

Acte pour amender de nouveau le chapitre 76 des statuts refondus du Canada, relativement à la pratique de la médecine et de la chirurgie et l'étude de l'anatomie. Il s'agit d'un amendement mineur.
Source: SPQ (1879), chap. 38.

Les étudiants de la nouvelle Succursale de l'Université Laval à Montréal décident, le 9 octobre, de se réunir tous les quinze jours «dans un but d'instruction mutuelle et de former un cercle» auquels ils donnent la dénomination Union Bichat.
Source: GRHHND.

1882 Ouverture d'un département de laryngologie à la faculté de Médecine de l'université McGill.
Source: Frost (1980), 285.

1883 *Acte pour amender et refondre les divers actes concernant l'étude de l'anatomie.* Cette loi ordonne à toutes les institutions de remettre les corps non-réclamés aux salles de dissection des universités et des écoles de Médecine. La province de Québec est alors divisée en deux grandes sections: la section de Québec et celle de Montréal. La section de Québec comprend les régions suivantes: Arthabaska, Beauce, Chicoutimi, Gaspé, Kamouraska, Montmagny, Québec, Rimouski, Saguenay et Trois-Rivières; celle de Montréal: Beauharnois, Bedford, Iberville, Joliette, Montréal, Ottawa, Richelieu, Saint-François, Saint-Hyacinthe et Terrebonne. La loi prévoit la nomination d'un inspecteur et d'un sous-inspecteur d'anatomie pour ces deux sections. Elle précise les devoirs quant aux déclarations à déposer pour les surintendants des institutions publiques et les coroners, les responsabilités de l'inspecteur d'anatomie de même que les sanctions applicables aux contrevenants.
Sources: SPQ (1883), chap. 30; VMCF (1974),1210.

Ouverture, le 3 octobre, de l'École de Pharmacie de Montréal.
Source: CMR (1883), 23.

Création d'une chaire de gynécologie à la faculté de Médecine de l'université McGill. La même année, le docteur W. Gardner est nommé premier gynécologue du Montreal General Hospital et le docteur G. Major premier laryngologiste de cette institution.
Sources: Abbott (1931), 82; Shepherd, (1934), 24; Frost (1980), 285.

1885 *Acte pour amender et refondre les lois relatives à l'Association pharmaceutique de la province de Québec et la vente des drogues et des poisons.* La «Loi de pharmacie de Québec» établit les conditions d'admission à la licence pour les personnes qui pratiquent déjà. Elle définit de plus les trois classes de praticiens en pharmacie (apprenti certifié, commis diplômé et licencié) et les procédures d'examen pour l'admission à chacune de celles-ci.
Source: SPQ (1885), chap. 36.

Ouverture «à la demande et avec le concours du Gouvernement provincial» de l'École Vétérinaire de Québec. Elle est placée sous la surintendance du médecin-vétérinaire J.A. Couture. L'école, dotée d'un petit hôpital pour les chevaux, ouvre se portes le 24 août. En décembre 1886, elle s'affiliera à l'Université Laval. Le cursus comporte les matières suivantes: pathologie générale, pathologie médicale et chirurgicale vétérinaire, matière médicale vétérinaire, chimie, histologie, botanique, anatomie pratique, anatomie comparée des animaux domestiques, notions sur les entozoaires, physiologie et clinique vétérinaire. Le premier diplôme de médecin vétérinaire y sera décerné en 1887.
Sources: AUL (1885-1886), 73, 99; Pépin (1986), 110.

1886 Fondation de l'École de Médecine Vétérinaire de Montréal. Cette institution est fondée grâce aux démarches d'O. Bruneau et de V. T. Daubigny avec lesquels ont collaboré les docteurs E. P. Lachapelle, N. Fafard, H. Desrosiers et S. Duval. L'École est incorporée peu après, à la requête des docteurs O. Bruneau, G. O. Beaudry,

A. Beaugrand-Champagne, J. M. Beausoleil et E. A. Poitevin. La loi d'incorporation établit que l'École inclura *ex officio* les médecins de l'École de Médecine et de Chirurgie occupant les chaires de physiologie, de chimie, d'histologie et de botanique. Le but de l'école est de donner des cours comprenant toutes les matières de la médecine et de l'art vétérinaire, lesquels devront être enseignés par des médecins vétérinaires. Le programme comporte les matières suivantes: médecine et chirurgie, pathologie générale, matière médicale, chimie, histologie, anatomie descriptive, obstétrique, hygiène, anatomie pratique et anatomie des entozoaires, physiologie comparée et botanique. La loi prévoit aussi la formation d'un Comité d'examinateurs comprenant au moins quatre diplômés vétérinaires et celle d'un comité d'officiers. Le nombre de membres de la corporation est fixé à un maximum de dix. En juin, l'École s'affilie à l'Université Laval. L'inauguration officielle a lieu le 30 septembre et, à l'ouverture des cours le 4 octobre, l'École compte 28 étudiants. Elle utilisera pendant quatre ans des locaux de l'École de Médecine et de Chirurgie sur l'avenue des Pins et de l'hôpital privé du docteur O. Bruneau situé au 695 rue Craig. En 1890, elle déménagera sur la rue Hermine, près de la rue Craig. Le docteur E. P. Lachapelle assurera la présidence de cette école durant 33 ans, soit de 1886 à 1919.
Sources: AUL (1885-1886), 73, 79, 100; UMC (1886) 384, 478; Pépin (1986), 95-96, 99-100, 151.

Fondation de l'École d'infirmières du Women's Hospital à Montréal. Il s'agit de la première école d'infirmières au Québec. Elle fermera ses portes en 1954.
Sources: AGMEPQ (1946), 57; Desjardins *et al.* (1970), 111; Petitat (1989), 380.

Un comité composé des docteurs Shepherd, Gardner et Browne est désigné par la faculté de Médecine de McGill pour faire enquête sur l'administration du University Maternity Hospital.
Source: Howell (1934), 134.

1888 Le docteur J. Guérin devient président de l'École de Médecine et de Chirurgie. Il introduit le système des internes logeant à l'hôpital et recevant leurs repas comme salaire.
Source: UMC (1888), 234.

L'archevêque de Québec adresse une invitation aux hôpitaux de la ville afin qu'ils confient les cadavres non réclamés à la faculté de Médecine de l'Université Laval[33].
Source: Boissonnault (1953), 257.

1890 *Acte reconnaissant le diplôme de bachelier ès arts comme suffisant pour l'admission à l'étude des professions légale, médicale et notariale.* Cette loi modifie la loi de 1876 et donne plus de pouvoirs aux universités au détriment du Collège des médecins. Les bacheliers ès arts, ès sciences et ès lettres peuvent désormais être admis dans la profession médicale sans avoir à se présenter devant le Collège.
Sources: SPQ (1890), chap. 45; Bernier (1983), 57.

Acte pour amender l'acte constituant en corporation l'École de Médecine et de Chirurgie de Montréal, 8 Vict., chap. 81, et pour ratifier certaines conventions intervenues entre ladite École et l'archevêque et les évêques catholiques romains de la province ecclésiastique de Montréal. Cette loi officialise la naissance de l'École de Médecine et de Chirurgie de Montréal/faculté de Médecine de l'Université Laval à Montréal. Il s'agit en fait de la fusion de l'École de Médecine et de Chirurgie et de la faculté de Médecine de la Succursale de l'Université Laval à Montréal, adoptée le 29 novembre à l'unanimité par la Chambre et le Conseil législatif et sanctionnée le 4 décembre. Cette loi amende les dispositons existantes quant à la composition de la corporation, au nombre de ses membres fixé entre 5 et 23, aux conditions de leur admissibilité et à la gestion des biens de l'établissement. Elle déclare aussi que

33. Citant le journal du Séminaire de Québec, Boissonnault (1953, 257) ajoute: «Cette lettre a produit un merveilleux effet. Les sujets abondent maintenant.»

«ladite école de Médecine et de chirurgie de Montréal constituera, à partir du premier juillet prochain, la faculté médicale de Laval à Montréal, et ladite Université Laval ne pourra plus, dès lors, établir d'autres chaires d'enseignement médical à Montréal, nonobstant l'acte 44 Victoria, chapitre XLVI». Cette fusion fait suite au décret *Jam Dudum* de Rome qui accordait à la Succursale de la faculté de Médecine de l'Université Laval à Montréal une relative indépendance face aux autorités de Laval. En effet, ce décret permettait aux seuls évêques de Montréal de nommer le vice-doyen de la faculté. Cette modification allait dans le sens des revendications de l'École de Médecine et de Chirurgie qui demandait depuis plus d'une décennie une relative autonomie vis-à-vis les autorités de l'Université Laval. Dès lors, un des obstacles majeurs de la fusion de deux écoles était éliminé[34]. À l'automne 1889, une première entente de collaboration était intervenue entre les deux parties et «les membres de l'École de Médecine consentirent à devenir professeurs titulaires de la faculté de Médecine de l'Université Laval à Montréal, et à fonctionner comme tel suivant les règlements universitaires, à la condition que d'ici deux ans, ils aur[aient] à se décider d'une manière définitive s'ils d[evaient] rester avec Laval, ou s'en dégager[35]». Cette entente avait été signée le 20 septembre 1889 et acceptée par le Conseil universitaire le 30 du même mois. L'arrangement final de la fusion entrera en vigueur le 1er juillet 1891[36]. La faculté déménagera à l'automne de 1895 dans de nouveaux locaux situés sur la rue Saint-Denis.
Sources: SPQ, (1890), chap. 90; Heagerty (1928b), 91; UMC (1931), 818; Rumilly (1972), 213, 225; Lavallée (1974), 224, 229, 231; DBC (12), 871.

34. Rumilly (1972, 213).
35. Lavallée (1974, 229).
36. MMJ (1904, 852) mentionne à tort 1893.

Incorporation de l'École vétérinaire française de Montréal. Le médecin vétérinaire V. T. Daubigny et les médecins E. P. Lachapelle, N. Fafard, H. E. Desrosiers et A. R. Marsolais font partie des membres fondateurs. L'École «a pour objet l'enseignement théorique et pratique de l'art vétérinaire et aussi l'enseignement de l'agronomie et de l'agriculture». La loi limite à 12 le nombre maximal de membres de la corporation et fixe les modalités de leur nomination. Elle prévoit les modalités d'expulsion et la formation d'un bureau d'administration de quatre personnes élues en assemblée générale.
Sources: SPQ (1840), chap. 80.

La faculté de Médecine du Bishop's College autorise l'admission de femmes à l'étude de la médecine. Il s'agit vraisemblablement d'une première au Québec. Le Bishop's College restera d'ailleurs la seule université à accueillir une clientèle féminine jusqu'à la fermeture de la faculté en 1905. La faculté de Médecine de McGill ne leur ouvrira ses portes qu'en 1919. Grace Ritchie sera la première femme diplômée de la faculté en 1891.
Sources: Abbott (1931), 67; Bernier (1979), 56; Hearn Milner (1985), 206.

Fondation par N. Livingston, infirmière diplômée du New York Hospital, de l'École d'infirmières du Montreal General Hospital. Elle ouvre officiellement le 1er avril.
Sources: AGMEPQ (1946), 57; MacDermot (1950), 86; Desjardins *et al.* (1970), 111; Cohen/Dagenais (1987), 159.

Les docteurs M. Abbott et R. Victoria sont les deux premières étudiantes admises aux leçons cliniques du Montreal General Hospital.
Source: Tunis (1966), 1.

1892 *Loi modifiant la loi concernant les dentistes.* Cette loi modifie les dispositions existantes relativement à la composition du bureau administratif et au pouvoir du Bureau

des examinateurs d'affilier le Collège dentaire aux universités et de contraindre les étudiants à suivre les cours. Elle définit l'examen que doivent passer les candidats aux études et prévoit une cléricature de quatre ans. La loi amende en outre certaines formalités relatives à l'accès à l'examen final et à la pratique. Elle limite enfin l'exercice du droit de pratique.
Source: SPQ (1892), chap. 32.

À l'automne 1892, le Bureau des gouverneurs de l'Association des dentistes décide d'ouvrir une école d'art dentaire bilingue dans une bâtisse située au carré Phillips à Montréal. En 1895, cette école s'affiliera au Bishop's College, ce qui lui donnera la possibilité de décerner un diplôme de doctorat en science dentaire. En 1898, elle déménagera dans un édifice situé à l'angle nord-ouest des rues Saint-Laurent et Sainte-Catherine. Elle y demeurera jusqu'en 1902, année où elle se dissociera du Bishop's College et se scindera en deux écoles, l'une francophone et l'autre anglophone, la première affiliée à l'Université Laval à Montréal et la seconde, à l'université McGill.
Source: L'Hôpital (1937), 578.

Création d'une chaire de pathologie à la faculté de Médecine de l'université McGill grâce à un don de 50 000 $ de Lord Strathcona[37]. Cette somme servira également à l'établissement d'un fonds au profit du département des sciences de la santé. Cette chaire est confiée au docteur J. G. Adami, diplômé du Jesus College de Cambridge.
Sources: MMJ (1902), 599; Howell (1934), 162; Sclater Lewis (1969), 117; Segall (1988), 40.

Début de la rénovation du Medical Building de l'université McGill. De 1892 à 1895, une aile est ajoutée pour l'installation des départements de physiologie, de pathologie, d'histologie, de pharmacologie et des sciences de

37. Frost (1980, 285) mentionne par erreur 1872.

la santé. Chacun de ces départements obtient une salle de recherche et un laboratoire de démonstration. Le département de pharmacologie comprend un laboratoire de chimie entièrement équipé de même que de nombreux instruments pour la recherche en histologie, en bactériologie, en physiologie et même en optique. Le département de physiologie possède un appareil de régulation du courant électrique, un galvanomètre, un kymographe de Hurthle, des manomètres à membrane et au mercure et d'autres appareils destinés à l'expérimentation en chimie physiologique. On installe aussi dans le nouveau Medical Building un amphithéâtre pouvant contenir 250 étudiants. Durant cette période, l'enseignement tend à devenir nettement plus pratique. Conformément à une décision de la faculté en 1893, on réduira le nombre de cours théoriques et on fera appel à plus de démonstrateurs.
Sources: MMJ (1902), 595, 598-601; Howell (1934), 163.

Fondation de l'École d'infirmières de l'Hôtel-Dieu de Lévis. L'École ne deviendra accessible aux candidates laïques qu'en 1944.
Sources: AGMEPQ (1946), 57; Desjardins *et al.* (1970), 111.

1893 Fondation de l'École d'infirmières du Royal Victoria Hospital. Elle ouvrira ses portes en octobre 1894. Les premiers diplômes seront décernés en 1896.
Sources: AGMEPQ (1946), 57; Abbott (1931), 86; Sclater Lewis (1969), 276; Desjardins *et al.* (1970), 111; Kenneally (1983), 88.

Dix femmes obtiennent leur diplôme de la faculté de Médecine du Bishop's College.
Source: Abbott (1931), 67.

1894 *Loi amendant la loi concernant les dentistes.* Cette loi modifie les dispositions existantes concernant l'examen préliminaire des candidats aux études qui ne détiennent pas de diplômes universitaires, la périodicité de cet examen,

la nomination des examinateurs et le transfert du brevet de tout étudiant qui change de maître.
Source: SPQ (1894), chap. 37.

Fondation de l'École d'infirmières de l'Hôtel-Dieu de Saint-Vallier de Chicoutimi. L'École ne deviendra accessible aux candidates laïques qu'en 1944.
Sources: AGMEPQ (1946), 57; Desjardins *et al.* (1970), 111.

W. Johnston est nommé maître de conférences en bactériologie à l'université McGill[38].
Source: DBC (W. Johnston).

1895 *Loi constituant en corporation l'École de Médecine Comparée et de Science Vétérinaire de Montréal, et abrogeant les lois constituant en corporation l'École Vétérinaire de Montréal et l'École Vétérinaire Française de Montréal.* La loi autorise la fusion de l'École Vétérinaire de Montréal et de l'École Vétérinaire française de Montréal, qui portera désormais la dénomination École de Médecine Comparée et de Science Vétérinaire de Montréal. Cette école est installée dans le nouvel édifice de l'Université Laval sur la rue Saint-Denis à Montréal. Elle demeure affiliée à l'Université Laval et est placée sous le contrôle du ministère de l'Agriculture. La décision de fusionner les deux écoles remonte au 24 janvier 1893, alors que la décision avait été prise de nommer à la présidence le docteur Daubigny. Font partie de l'École de Médecine Comparée et de Science Vétérinaire de Montréal, le docteur E. P. Lachapelle et les médecins vétérinaires V. T. Daubigny, O. Bruneau et J. A. Couture. La loi définit les droits et privilèges de la corporation, précise les modalités d'élection des membres, professeurs, adjoints et directeur de la corporation. Elle précise que l'École continuera d'être affiliée à l'Université Laval à Montréal, que son vice-recteur pourra assister à toutes ses assemblées et qu'elle

38. Il s'agit probablement d'une première au Canada.

pourra décerner des diplômes *ad practicandum*. L'École disposera aussi du droit de s'affilier à une université et de conclure des conventions à cet effet. En 1914, elle sera relocalisée dans un édifice moderne au carrefour des rues Saint-Hubert et Demontigny.
Sources: SPQ (1895), chap. 79; Pépin (1986), 105-106, 114, 131, 144.

Loi modifiant de nouveau la loi concernant les dentistes. Cette loi amende les dispositions existantes et accorde au Collège dentaire et aux universités dispensant le diplôme de docteur en chirurgie dentaire le droit d'être représentés au bureau de l'Association des dentistes. Elle amende par le fait même la composition dudit bureau. Elle spécifie les conditions qui permettent de pratiquer sans passer l'examen de l'Association. La loi autorise le bureau de l'Association des dentistes à nommer des assesseurs pour assister aux examens universitaires et statue sur son pouvoir de refuser un candidat à la licence après rapport des assesseurs. Elle valide officiellement l'existence du Collège dentaire établi par le Bureau des examinateurs.
Source: SPQ (1895), chap. 30.

Fondation de la Phillips School. Il s'agit de l'École d'infirmières du Homœopathic Hospital of Montreal.
Sources: AGMEPQ (1946), 57; Desjardins *et al.* (1970), 111.

Fondation de l'École d'infirmières du Montreal Foundling and Baby Hospital.
Source: Abbott (1931), 84.

1896 Fondation de l'École d'infirmières de l'hôpital de Sherbrooke.
Sources: AGMEPQ (1946), 57; Desjardins *et al.* (1970), 111.

1897 Fondation de l'École d'infirmières de l'Hôpital Notre-Dame[39]. À l'automne, la supérieure générale des sœurs grises rappelle sœur Élodie Mailloux, diplômée de

39. Petitat (1989, 187) affirme que l'École est fondée en 1898. Il s'agit en fait de l'année de son ouverture.

l'École d'infirmières Saint-Vincent à Toledo, en Ohio, pour organiser une École d'infirmières à l'Hôpital Notre-Dame. Les premiers cours seront donnés en 1898. L'École ouvrira ses portes aux candidates laïques en 1899.
Sources: Ferland-Angers (1948), 28; Desjardins *et al.* (1970), 111; GRHHND.

Fondation de l'École d'infirmières de l'Hôtel-Dieu de Montréal[40]. Ouverte d'abord aux religieuses, l'École deviendra accessible aux candidates laïques en 1901.
Sources: AGMEPQ (1946), 57; Desjardins *et al.* (1970), 111.

1898 *Loi amendant la loi relative à l'admission à la pratique de la médecine, en certains cas.* Conformément à la loi de 1890, cette loi régularise la situation d'étudiants qui ont commencé leurs études en médecine avant d'avoir obtenu leur brevet d'admission. Elle permet de les admettre à la pratique pourvu qu'ils passent les examens requis.
Source: SPQ (1898), chap. 31.

1899 *Loi amendant la loi relative aux dentistes.* Cette loi rend obligatoire pour tous les candidats à la licence le cours de clinique du Collège dentaire. La loi statue à nouveau sur les conditions d'admissibilité à la pratique et prévoit un recours pour les étudiants contre le refus éventuel de transfert de leur brevet par leur patron. Elle limite à deux le nombre d'étudiants sous brevet pour un même praticien licencié.
Source: SPQ (1899), chap. 36.

La faculté de Médecine de l'université McGill institue un enseignement post-doctoral conduisant à un diplôme en santé publique et en science sanitaire[41].
Sources: Desrosiers *et al.* (1987), 9 et. (1989), 6-7.

40. UMC (1946, 1329) et Petitat (1989, 188) mentionnent 1901 comme date de fondation. Ils confondent la fondation avec l'ouverture de l'École aux étudiantes laïques.
41. Voir *infra* II-1899.

1900 *Loi amendant la loi concernant les médecins et chirurgiens.* Cette loi modifie la composition du Bureau des gouverneurs. Elle permet l'élection de deux représentants à ce bureau pour chacune des quatre universités québécoises dispensant un diplôme de docteur en médecine.
Source: SPQ (1900), chap. 26.

Loi amendant la loi relative à l'admission de la pratique de la médecine, en certains cas. Le Collège des médecins obtient le droit d'exempter exceptionnellement de l'examen d'admission un candidat aux études.
Source: SPQ (1900), chap. 27.

Des cours «polycliniques» sont mis en place par des médecins de l'Hôpital Notre-Dame. Ces cours, qui abordent différents aspects de la bactériologie et des sciences médicales, sont offerts aux médecins qui désirent se perfectionner.
Source: GRHHND.

Le 20 octobre, l'Hôtel-Dieu de Québec achète un appareil à rayons X. L'hôpital engagera, trois ans plus tard, le docteur C. Verge à titre d'électrothérapeute.
Source: Boissonnault. (1953), 285.

1901 Fondation de l'École d'infirmières du Jeffery Hale Hospital de Québec.
Sources: AGMEPQ (1946), 57; Desjardins *et al.* (1970), 111.

Le docteur Valin donne des cours d'hygiène, cours offerts au grand public au Monument national à Montréal. Ces cours sont organisés par la Société Saint-Jean-Baptiste.
Source: UMC (1901), 729.

1902 *Loi concernant les médecins vétérinaires.* Cette loi accorde au Bureau de médecins vétérinaires le droit de délivrer un brevet d'aptitude aux études et une licence *ad practicandum.* Elle prévoit la nomination d'examinateurs et d'assesseurs. La loi précise les conditions d'admissibilité à la pratique.
Source: SPQ (1902), chap. 27.

Fondation de l'École d'infirmières de l'Hôtel-Dieu de Québec[42].
Sources: AGMEPQ (1946), 57; Desjardins *et al.* (1970), 111.

1903 Le Bureau de Médecine de la province de Québec oblige tous les candidats en médecine à présenter, en vue de leur examen d'admission, un certificat attestant un cours d'études «complet» et «classique». Sur ce point, lors de la session de septembre, les médecins anglophones feront voter un amendement d'exception pour leurs élèves, mais cet amendement sera rejeté par le gouverneur en conseil.
Sources: BMQ, (1903), 520-522 et (1905), 361.

Fondation de l'École d'infirmières du Children's Memorial Hospital de Montréal.
Source: AGMEPQ (1946), 59.

1904 *Loi relativement à la corporation du Collège des chirurgiens-dentistes de la province de Québec.* Cette loi permet la création d'infirmeries dentaires par le Collège et les écoles dentaires, la surveillance des examens par des asesseurs non inclus dans les corps d'enseignants et l'exemption de l'examen d'admission aux bacheliers de toute université canadienne ou britannique. Elle officialise l'existence des écoles de chirurgie dentaire affiliées à Laval et à McGill.
Source: SPQ (1904), chap. 27.

Loi amendant la loi relative aux médecins et chirurgiens de la province de Québec. Conformément à la loi de 1890, cette loi régularise la situation d'étudiants suivant des cours en médecine sans avoir obtenu préalablement du Collège un brevet d'admission.
Source: SPQ (1904), chap. 27.

42. LM (1951, 948) situe en 1904 la fondation de cette école.

La faculté de Médecine de Laval ajoute l'électrothérapie à ses matières d'enseignement.
Sources: Heagerty (1928b), 117; Abbott (1931), 67.

1905 Le premier département universitaire en art dentaire est créé au Bishop's College.
Source: Bernier (1979), 45.

La faculté de médecine du Bishop's College est absorbée par la faculté de médecine de l'université McGill.
Source: Sclater Lewis (1969), 55.

1906 Incorporation de l'École de Pharmacie Laval à Montréal. La loi permet à l'École de s'affilier à l'Université Laval. Elle précise les droits et privilèges de la nouvelle corporation et prévoit l'élection d'un président et de professeurs élus à la majorité des voix. Cette élection doit être ratifiée par l'archevêque de Montréal. La loi prévoit aussi les modalités d'exclusion des membres et le droit du vice-recteur de Laval d'assister à toutes les assemblées.
Source: SPQ (1906), chap. 88.

1907 *Loi amendant la loi concernant les médecins et chirurgiens.* Des dispositions permettant l'accès à la licence pour les non diplômés sont prévues par cette loi. Les qualités requises pour son obtention, y compris le détail des cours à suivre, sont précisées. La loi prévoit également un stage en clinique hospitalière d'au moins deux ans dans un hôpital et rend obligatoire la pratique d'au moins douze accouchements. Une expérience en clinique de maternité et en laboratoire de pharmacie est également requise pour tous les candidats à la licence. La loi spécifie aussi le temps de scolarité.
Source: SPQ (1907), chap. 43.

Fondation de l'École d'infirmières de l'Hôpital Saint-Joseph de Trois-Rivières. L'École est administrée par les sœurs de la Providence. Les premiers diplômes seront décernés en 1909. L'École s'affiliera à l'Université Laval

en 1923, après avoir adhéré à l'Association des gardes-malades catholiques de la province de Québec en 1921.
Sources: Abbott (1931), 82; AGMEPQ (1946), 57; Desjardins *et al.* (1970), 111; Gamelin (1987), 58.

Le Bureau de médecine de la province de Québec décide de rendre obligatoire pour les étudiants en médecine un cours de bactériologie de trois mois.
Source: Goulet/Keel (1988), 826.

Incendie au Medical Building de l'université McGill. Le département d'anatomie, avec son musée, est complètement détruit.
Sources: UMC (1907), 303; Howell (1934), 203.

1908 *Loi amendant la loi relative aux médecins et chirurgiens de la province de Québec.* Conformément à la loi de 1890, cette loi régularise la situation d'étudiants suivant des cours en médecine sans avoir obtenu préalablement du Collège un brevet d'admission.
Source: SPQ (1908), chap. 59.

Fondation de l'École d'infirmières de l'Hôpital Sainte-Justine[43]. C'est le bureau médical de l'hôpital qui décide, le 12 février, de créer une école pour les gardes-malades. L'École ouvrira officiellement le 1er septembre 1909. Ses débuts seront difficiles; elle ne comptera que six gardes-malades en 1911 et quinze en 1914.
Sources: UMC (1932), 184; Cohen/Dagenais (1987), 165; Des Rivières (1987), 166, 168.

Fondation de l'École d'infirmières de l'Hôpital de la Miséricorde de Montréal.
Source: AGMEPQ (1946), 58.

La faculté de médecine de McGill introduit une cinquième année d'études médicales.
Source: MacDermot (1967), 113.

---

43. AGMEPQ (1946, 58) et Desjardins *et al.* (1970, 111) mentionnent plutôt 1907.

Un service spécial en pédiatrie est créé à l'Hôtel-Dieu de Québec à des fins d'enseignement clinique. Il est mis sous la direction du docteur R. Fortier.
Source: BMQ (1908), 93

1909 *Loi amendant et refondant la loi relative aux médecins et chirurgiens de la province de Québec.* Cette loi stipule que le curriculum comptera désormais cinq années d'études[44]. La loi médicale de Québec réaffirme l'enseignement obligatoire de la bactériologie théorique et pratique. Elle définit le rôle et les conditions d'éligibilité du registraire, précise les conditions d'admission à l'étude de la médecine, les modalités de nomination des examinateurs, les matières des examens, les modalités de ces examens, les prérequis pour l'obtention de la licence et donne en détail la liste des cours obligatoires de médecine, y compris les cours de clinique.
Source: SPQ (1909), chap. 55.

Loi amendant la loi relativement au Collège des chirurgiens-dentistes de la province de Québec. Cette loi stipule que les examens de diplôme en chirurgie dentaire doivent être tenus en présence des assesseurs. La loi définit les conditions pour recevoir une licence sans examen. Elle oblige les étudiants en cléricature chez un dentiste qualifié à se munir d'un brevet notarié et à le faire enregistrer par le secrétaire du Bureau des gouverneurs. Elle prévoit que l'apprentissage pratique de l'étudiant peut aussi se faire sans brevet sous forme de cours et de cliniques prescrits par les écoles universitaires reconnues par le Bureau. La loi amende la période de la tenue des examens d'admission à l'étude et à la pratique de la chirurgie dentaire.
Source: SPQ (1909), chap. 55.

---

44. Selon BMQ (1903, 520-522), le curriculum des études en médecine avait été prolongé à cinq années en 1903 par le Bureau de médecine de la province de Québec.

1910 *Loi amendant les Statuts refondus, 1909, relativement aux cadavres qui peuvent servir à l'étude de l'anatomie.* Amendement mineur à l'article 4884 des statuts refondus de 1909.
Source: SPQ (1910), chap. 30.

A. Bernier devient le premier titulaire de la chaire de bactériologie à l'École de Médecine et de Chirurgie/ Succursale de l'Université Laval à Montréal.
Source: Goulet/Keel (1988), 826.

A. Flexner publie son rapport sur l'enseignement médical aux États-Unis et au Canada, intitulé *Medical Education in the United States and Canada.* L'enseignement médical de la faculté de médecine de l'Université Laval et de sa Succursale à Montréal, notamment en ce qui a trait aux sciences de base, aux laboratoires et au personnel enseignant, fait l'objet d'une sévère critique. L'enseignement dispensé à la faculté de médecine de l'université McGill est jugé excellent. Ce rapport est parrainé par la fondation Carnegie et les recommandations seront en partie appliquées grâce à l'aide financière fournie par la fondation Rockefeller. Le rapport Flexner sera, on s'en doute, vivement critiqué par les médecins francophones, en particulier par le docteur A. Lesage.
Sources: UMC (1910), 683-686; UMC (1911), 98-99.

1911 *Loi amendant les Statuts refondus, 1909, relativement à la loi médicale de Québec.* Conformément à la loi de 1890, cette loi régularise la situation d'étudiants qui ont commencé leurs études en médecine avant d'avoir obtenu leur brevet d'admission. Elle permet de les admettre à la pratique pourvu qu'ils passent les examens requis. Elle précise que «sur rapport que cet examen a été subi avec succès et sur présentation d'un diplôme universitaire de docteur en médecine, lesdits étudiants auront droit à leur licence et à son enregistrement».
Source: SPQ (1911), chap. 37.

L'École de Médecine et de Chirurgie/Succursale de l'Université Laval à Montréal et la faculté de médecine de l'Université Laval à Québec créent un cours d'hygiène publique appliquée. Ces cours, qui s'adressent aux médecins, conduisent à l'obtention du diplôme d'«hygiéniste expert». L'instauration de ces cours fait apparemment suite aux pressions exercées par le Conseil d'hygiène de la province de Québec qui, depuis 1907, désirait former des officiers et des inspecteurs sanitaires compétents. Or, la division du territoire québécois en dix districts sanitaires ajoute alors aux besoins de former des spécialistes dans le domaine. Une requête demandant l'instauration de ces cours d'hygiène est adressée au printemps par le Conseil d'hygiène au conseil universitaire de l'Université Laval. Les cours de la faculté de médecine de Québec débuteront le 6 février 1912 et permettront l'obtention du diplôme après une session d'étude[45]. Les cours d'hygiène pratique de l'École de Médecine et de Chirurgie/Succursale de l'Université Laval à Montréal, qui deviendra la faculté de médecine de l'Université de Montréal, cesseront en 1939, après avoir permis de décerner 27 diplômes.
Sources: BMQ (1911), 102; AUL (1912-1913), 154; Boissonnault (1953), 320; ACCTMR (1968), 116; Desrosiers *et al.* (1987), 20-22, 91-92.

1912 Fondation de l'École d'infirmières de l'Asile Saint-Jean-de-Dieu. La première cérémonie de remise des diplômes aura lieu en 1915 et regroupera alors 35 religieuses infirmières. L'école accueillera des étudiantes laïques en 1917 et fermera ses portes en 1962.
Sources: UMC (1932), 182; AGMEPQ (1946), 58; Desjardins *et al.* (1970), 111; Courteau (1989), 80-81, 83.

---

45. À la séance de clôture de la session 1911-1912, le 18 juin 1912, il est mentionné que les cours d'hygiène publique ont été «inaugurés cet hiver» et que «cinq [candidats] ont obtenu leur diplôme d'hygiéniste expert». Voir AUL (1911-12), 154. Nous ne savons pas quand ont été inaugurés les cours de l'École de Médecine et de Chirurgie/faculté de médecine de l'Université Laval à Montréal.

Publication par le docteur J. D. Duchêne du *Manuel de médecine vétérinaire à l'usage des cultivateurs*, Québec, La Cie Vigie, 1912, 135 p.
Source: Lahaise (1990), 147.

1913 Fondation de l'École d'infirmières de l'Hôpital Saint-Vincent de Paul de Sherbrooke.
Sources: AGMEPQ (1946), 58; Desjardins *et al.* (1970), 111.

Fondation, le 5 mai, de la chaire de phtisiologie et de phtisiothérapie à l'École de Médecine et de Chirurgie/ Succursale de l'Université Laval à Montréal. C'est le docteur Dubé qui en est le premier titulaire. La création de cette chaire fait suite au don de 10 000 $ d'A. Richard. L'inauguration du cours aura lieu l'année suivante.
Sources: UMC (1913), 311; Boissonnault (1953), 333; ACCTMR (1968), 107.

Un enseignement clinique sur les maladies contagieuses est offert aux étudiants de l'Université Laval et est dispensé à l'Hôpital Civique de Québec. Vers 1916, cet enseignement sera dispensé dans «un nouvel hôpital plus spacieux, érigé en dehors de la ville sur le chemin de Beauport».
Source: Boissonnault (1953), 310, 319.

1914 Création d'une chaire de chirurgie opératoire et d'anatomie topographique à la Succursale de l'Université Laval à Montréal avec, comme titulaire, le docteur Z. Rhéaume. Cette chaire sera inaugurée officiellement le 15 avril 1915.
Sources: UMC (1914), 262; UMC (1915), 141-147.

Création d'une chaire de radiologie et d'électrologie à l'École de Médecine et de Chirurgie Succursale de l'Université Laval à Montréal. Le titulaire est le docteur J. E. Panneton, radiographe et électrothérapeute à l'Hôpital Notre-Dame.
Source: UMC (1914), 173-174.

Fondation de l'École d'infirmières de l'Hôpital Saint-Joseph de Lachine. Elle fermera ses portes en 1960.
Sources: AGMEPQ (1946), 58; Desjardins *et al.* (1970), 111.

Fondation de l'École d'infirmières de l'Hôpital Saint-François d'Assise de Québec. L'École sera ouverte aux candidates laïques en 1915. Elle s'affiliera à l'Université Laval vers 1924.
Sources: AGMEPQ (1946), 58; Boissonnault (1953), 340-341; Desjardins *et al.* (1970), 111.

1915 Fondation de l'École d'infirmières de l'Hôpital du Sacré-Cœur de Hull.
Sources: AGMEPQ (1946), 58; Desjardins *et al.* (1970), 111.

Fondation de l'École d'infirmières de l'Hôtel-Dieu d'Arthabaska. L'enseignement s'adresse exclusivement aux religieuses jusqu'en 1934, année où l'on admet les premières étudiantes laïques.
Sources: AGMEPQ (1946), 58; Desjardins *et al.* (1970), 112.

Création de la chaire d'anatomie topographique et de chirurgie opératoire à l'École de Médecine et de Chirurgie/succursale de l'Université Laval à Montréal. La chaire est attribuée au docteur P. Z. Rhéaume de l'Hôtel-Dieu de Montréal.
Source: Desjardins (1976), 1407.

1916 *Loi modifiant la loi de pharmacie de Québec.* Cette loi définit les trois classes de praticiens en pharmacie et les conditions d'admission à ces trois classes. La loi stipule que, pour l'examen final menant à l'obtention de la licence, il est exigé «une connaissance plus développée des sciences médico-pharmacologiques, physico-chimiques, des travaux pratiques de pharmacie et de chimie analytique ainsi que la connaissance de la botanique et des sciences naturelles». Tout étudiant en pharmacie est tenu de s'abstenir de prescrire des poisons.
Source: SPQ (1916), chap. 29.

Loi rendant applicable la loi 5 George V, chapitre 60, aux aspirants à l'étude du droit, aux aspirants à l'étude du notariat, aux aspirants à l'étude et à l'exercice de la médecine et aux aspirants à l'étude et à la pratique de l'art dentaire en service actif dans les troupes de sa Majesté. Cette loi autorise le Collège à émettre sans examen la licence pour les «diplômés en chirurgie dentaire de McGill et de Laval dont la cléricature est irrégulière [...] et qui sont ou seront en service actif en Europe dans les troupes de sa Majesté».
Source: SPQ (1916), chap. 38.

1917 La faculté de médecine et le conseil universitaire de l'Université Laval déposent en mai, en opposition aux décisions prises par les universités McGill et Toronto, un mémoire contre le projet qui veut prolonger à six ans l'étude de la médecine.
Source: BMQ (1917), 352-357.

La durée des cours de médecine vétérinaire nécessaire à l'obtention du diplôme est portée à quatre ans à l'École de Médecine Comparée et de Science Vétérinaire de Montréal.
Source: Pépin (1986), 149.

1918 L'Hôtel-Dieu du Sacré-Cœur, l'Hôpital Général de Québec et l'Hôpital Laval ouvrent leurs portes aux médecins et aux étudiants en médecine de l'Université Laval. L'Hôpital Laval, fondé en 1918 et spécialisé dans le traitement des tuberculeux, offre aux étudiants de cinquième année un cours de phtisiothérapie.
Source: Boissonnault (1953), 336.

Fondation de l'École d'infirmières de l'Hôpital Alexandra de Montréal. Il s'agit d'une école spécialisée dans le soin des maladies contagieuses.
Source: AGMEPQ (1946), 59.

1919 Fondation de l'École d'infirmières de l'Hôpital Sainte-Jeanne d'Arc de Montréal.
Sources: AGMEPQ (1946), 58; Desjardins *et al.* (1970), 112.

Fondation de l'École d'infirmières du Sanatorium Prévost de Cartierville. L'École fermera ses portes en 1946.
Sources: AGMEPQ (1946), 58; Desjardins *et al.* (1970), 112.

La supérieure de la Maternité Sainte-Pélagie à Montréal demande au registraire du Collège des médecins, le docteur J. Gauvreau, de prolonger les cours donnés aux sages-femmes à un an pour l'année 1919 et à trois ans pour l'année suivante.
Source: Laforce (1985), 114.

Incendie de l'École de Médecine et de Chirurgie/ succursale de l'Université Laval à Montréal située sur la rue Saint-Denis.
Source: UMC (1966), 976.

1920 *Loi amendant les Statuts refondus, 1909, relativement aux cadavres qui peuvent servir à l'étude de l'anatomie.* Amendements mineurs aux dispositions déjà existantes.
Source: SPQ (1920), chap. 62.

L'École de Médecine Comparée et de Science Vétérinaire de Montréal devient, en février, l'École de médecine Vétérinaire de l'Université de Montréal.
Source: Pépin (1986), 151.

Création de la School for Graduate Nurses. Cette école qui est affiliée à la faculté de médecine de l'université McGill ouvre ses portes à l'automne.
Sources: Desjardins *et al.* (1970), 198; Desrosiers *et al.* (1987), 12 et (1989), 9; Petitat (1989), 188.

Après l'incorporation de l'Université de Montréal, la filiale montréalaise de l'Université Laval obtient son autonomie. L'École de Médecine portera désormais le nom de faculté de médecine de l'Université de Montréal.
Sources: Boissonnault (1953), 336; MacDermot (1967), 98; Chartrand *et al.* (1987), 342.

Les bourses d'Europe sont créées par le doyen Louis de Lotbinière-Harwood, de l'Université de Montréal. Grâce

à ces bourses, de jeunes médecins pourront aller parfaire leurs études en Europe.
Source: Chartrand *et al.* (1987), 342.

1921 Fondation de l'École d'infirmières de l'Hôpital Saint-Eusèbe de Joliette.
Sources: AGMEPQ (1946), 58; Desjardins *et al.* (1970), 112.

Fondation de l'École d'infirmières de l'Hôpital Saint-Joseph du Précieux-Sang de Rivière-du-Loup. L'École s'affiliera à l'Université Laval vers 1924. Elle fermera en 1968.
Sources: AGMEPQ (1946), 58; Boissonnault (1953), 340-341; Desjardins *et al.* (1970), 112.

Fondation de l'École d'infirmières de l'Hôtel-Dieu de Sherbrooke.
Source: Desjardins *et al.* (1970), 112.

La faculté de médecine de l'Université de Montréal réforme son enseignement et instaure une année préparatoire à l'étude de la médecine[46]. Des cours de chimie, de physique et de sciences naturelles y sont dispensés. Elle rend de plus obligatoire l'internat d'un an dans un hôpital affilié.
Source: Chartrand *et al.* (1987), 342.

1922 *Loi modifiant la loi de pharmacie de Québec.* Cette loi ordonne l'attribution de la licence en pharmacie aux diplômés ayant fait du service militaire avant le 11 novembre 1918.
Source: SPQ (1922), chap. 64.

Loi amendant les Statuts refondus, 1909, relativement au Collège des chirurgiens-dentistes de la province de Québec. Cette loi amende les dispositions existantes concernant l'exa-

46. UMC (1966), 976-977, prétend que c'est en 1920 que l'année préparatoire est instaurée.

men final de certains étudiants, la date des examens ainsi que l'époque de l'octroi de la licence.
Source: SPQ (1922), chap. 78.

Fondation de l'École d'infirmières de l'Hôpital Saint-Michel-Archange de Québec. L'école s'affiliera l'année suivante à l'Université Laval.
Sources: AGMEPQ (1946), 58; Boissonnault (1953), 340-341; Desjardins *et al.* (1970), 112.

Fondation de l'École d'infirmières de l'Hôpital Notre-Dame de l'Espérance de Ville Saint-Laurent. Elle sera ouverte aux candidates laïques en 1943.
Sources: AGMEPQ (1946), 58; Desjardins *et al.* (1970), 112.

Fondation de l'École d'infirmières de l'Hôpital Saint-Jean à Saint-Jean.
Sources: AGMEPQ (1946), 58; Desjardins *et al.* (1970), 112.

1923 Fondation de l'École d'infirmières de l'Hôpital de l'Enfant Jésus à Québec.
Sources: AGMEPQ (1946), 58; Desjardins *et al.* (1970), 112.

Fondation de l'École d'infirmières de l'Hôpital Saint-Luc. L'école fermera ses portes en 1955.
Sources: AGMEPQ (1946), 59; Desjardins *et al.* (1970), 112.

Fondation d'une école anglophone pour les auxiliaires en soins infirmiers dénommée The School for Trained Attendants. Elle fermera ses portes en 1948.
Source: Petitat (1989), 190.

Publication du *Cours de perfectionnement en dermato-vénéréologie et urologie* sous le patronage de l'Honorable Athanase David et du docteur A. H. Desloges, directeur de la division des maladies vénériennes du service provincial d'hygiène. Il s'agit d'un collectif regroupant, entre autres, les docteurs Derome, Pautner, Lesage, Foucher, Archambault, Fournier et Prévost.

La faculté de médecine de Laval propose, à des fins de formation clinique, d'inclure le Sanatorium du Lac Edouard dans la liste des maisons d'enseignement universitaire.
Source: Boissonnault (1953), 357.

1924 *Loi modifiant les Statuts refondus, 1909, concernant les dentistes*. Cette loi constitue, à toutes fins utiles une refonte de la loi concernant le Collège des chirurgiens-dentistes de la province de Québec. La loi fixe, entre autres, les conditions d'admission à l'étude et à la pratique de la chirurgie dentaire.
Source: SPQ (1924), chap. 54.

1925 Fondation de l'École d'hygiène sociale appliquée de l'Université de Montréal. Cette école a pour but de «pourvoir à la formation technique des infirmières visiteuses canadiennes-françaises». Participent à sa fondation le gouvernement du Québec, la ville de Montréal, la ligue antituberculeuse et de santé publique de Montréal et la compagnie d'assurance-vie Métropolitaine.
Sources: Desrosiers *et al.* (1987), 19, 24 et (1989), 9-10.

Fondation de l'École d'infirmières du Saint Mary's Hospital à Montréal.
Sources: AGMEPQ (1946), 59; Desjardins *et al.* (1970), 112.

Fondation de l'École d'infirmières de l'Hôpital Saint-Charles à Saint-Hyacinthe.
Sources: AGMEPQ (1946), 59; Desjardins *et al.* (1970), 112.

Inauguration, en septembre, du nouveau pavillon de médecine de l'Université Laval.
Source: Boissonnault (1953), 345.

Création de la clinique universitaire du Royal Victoria Hospital. La création de cette clinique est rendue possible grâce au financement de la Fondation Rockefeller.
Source: Chartrand *et al.* (1987), 350.

1926 *Loi modifiant la charte de l'Association des optométristes et opticiens de la province de Québec.* Cette loi amende les dispositions existantes relativement à la reconnaissance des diplômes universitaires, au paiement des cotisations, au champ de l'optométrie, à la régie des établissements d'optométrie et aux amendes imposées aux contrevenants. Elle stipule que les candidats admis dans l'Association devront avoir préalablement suivi les cours donnés par le collège de l'Association des optométristes ou les avoir suivis dans toute université à laquelle le collège est ou sera affilié.
Source: SPQ (1926), chap. 87.

Le Collège des médecins et chirurgiens institue l'internat obligatoire pour les étudiants de cinquième année comme condition d'obtention de la licence en médecine.
Source: GRHHND.

Fondation de l'École d'infirmières de l'Hôpital du Sacré-Cœur de Cartierville.
Sources: UMC (1932), 187; AGMEPQ (1946), 59; Desjardins *et al.* (1970), 112.

Fondation de l'École d'infirmières de la Montreal Maternity affiliée au Royal Victoria Hospital.
Source: AGMEPQ (1946), 59.

Fondation de l'École d'infirmières du Schriner's Hospital.
Source: AGMEPQ (1946), 59.

Mademoiselle Laura Sénécal obtient son diplôme de sage-femme.
Source: GRHHND.

1927 *Loi modifiant la loi de l'étude de l'anatomie.* Cette loi modifie les dispositions existantes concernant les cadavres non réclamés. Elle permet la réquisition aux fins de dissection des cadavres conduits à un cimetière mais qui n'ont pas encore été inhumés.
Source: SPQ (1927), chap. 59.

Fondation de l'École d'infirmières de l'Hôpital du Saint-Sacrement à Québec.
Sources: AGMEPQ (1946), 59; Desjardins *et al.* (1970), 112.

Fondation de l'École d'infirmières de l'Hôpital de Montréal-Est.
Source: UMC (1932), 213.

Fondation de l'École d'infirmières de l'Hôpital Youville à Noranda.
Source: Desjardins *et al.* (1970), 112.

Fondation de l'École des infirmières affiliées à l'Université Laval. Six écoles d'infirmières — Saint-Joseph de Trois-Rivières[47], Saint-Michel-Archange, Mastaï, Saint-Joseph de Rivière-du-Loup, Normand et Cross de Trois-Rivières et Saint-François d'Assise — s'affilient à la faculté de médecine de l'Université Laval. La faculté aura pour mandat de surveiller le programme d'enseignement, de préparer les questions d'examen et de corriger les épreuves des candidates au diplôme.
Source: BMQ (1927), 279.

L'Université Laval obtient pour une période de vingt-cinq ans l'autorisation de tenir ses cliniques épidémiologiques à l'Hôpital Civique de Québec.
Source: Boissonnault (1953), 378.

Création à la faculté de médecine de l'Université de Montréal d'un poste de vice-doyen et directeur des études médicales. Le premier titulaire en est le docteur T. Parizeau.
Source: GRHHND.

1928 L'École de médecine Vétérinaire de l'Université de Montréal déménage à Oka et passe sous la direction des pères trappistes. Elle devient l'École de médecine

47. Cette école était déjà affiliée à l'Université Laval depuis 1823. Voir *supra* 1907.

Vétérinaire d'Oka le 27 septembre, mais demeure affiliée à l'Université de Montréal. L'École disposera d'un hôpital en 1935.
Source: Pépin (1928), 175,183 .

1930 Création d'un cours de sage-femme et d'infirmière à l'École technique de Québec pour les jeunes chômeuses.
Source: Laforce (1985), 120.

1934 Création de l'Institut Marguerite d'Youville par les sœurs grises. Cet institut qui est fondé sur l'initiative de sœur M. V. Allaire donne le baccalauréat en soins infirmiers et forme des cadres et des enseignantes dans ce domaine.
Source: Petitat (1989), 188.

Fondation de l'École des Sciences hospitalières de l'Université Laval à Québec.
Source: Desjardins *et al.* (1970), 199.

1937 *Loi refondant la charte de l'Association des optométristes et opticiens de la province de Québec.* Cette loi amende les dispositions existantes en accordant des pouvoirs additionnels à la corporation dont celui de «créer, fonder et maintenir, en tout lieu de cette province, des collèges, des écoles, des chaires et des cours spéciaux». La corporation peut aussi définir les conditions d'admission à l'étude, les programmes d'études et les sujets d'examens et «accorder des diplômes et des certificats d'aptitude et de compétence à ceux qui désirent se livrer à l'étude de l'optométrie». La loi définit le champ de la pratique de l'optométrie et rend obligatoires le certificat d'enregistrement et la licence pour pratiquer l'optométrie dans la province.
Source: SPQ (1937), chap. 122.

1939 Ouverture d'une chaire de neurologie à l'Université de Montréal. Le neurologue A. Barbeau devient titulaire de cette chaire.
Source: Chartrand *et al.* (1987), 344.

Fondation par sœur Camille de Jésus à l'Hôpital Saint-Jean-de-Dieu de la première école de technologie médicale au Québec. Cette école sera affiliée à l'Université de Montréal en 1946, sept ans avant qu'elle n'y soit transférée.
Source: Courteau (1989), 101.

L'École d'hygiène sociale appliquée est rattachée directement à la faculté de médecine de l'Université de Montréal.
Source: Desrosiers *et al.* (1989), 10.

V
Le développement de la science médicale au Québec (1700-1939)

1700 Le médecin M. Sarrazin effectue une opération chirurgicale pour un cas avancé de cancer du sein. L'opération est réussie.
Source: MacDermot (1967), 17.

1709 M. Sarrazin rédige un traité sur la pleurésie dont le gouverneur de la Galissonnière fera l'éloge.
Source: DBC (2), 621.

1786 Publication par R. Jones d'une brochure intitulée *Remarks on the Distemper generally known by the name of Molbay disease including a description of its symptoms and method of cure chiefly intended for the use of the clerical and other gentlemen residing in the country,* Montréal, Fleury Mesplet, 1786, 19 p. L'ouvrage traite de la syphilis également appelée « mal de Baie Saint-Paul».
*Source:*Lessard (1989a), 95.

1789 Publication par le docteur P. de Sales Laterrière d'une brochure intitulée *A Dissertation on the Puerperal Fever Dissertation,* Boston, Samuel Hall, 1789.
Source: Ruelland (1989), 134.

1800 Wadsworth et Lyman établissent à Montréal le premier centre d'approvisionnement en pharmacie. La compagnie sera incorporée sous diverses appellations par la suite.
Source: Warrington/Nicholls (1949), 281.

F. Blanchet publie en français à New York sa thèse intitulée *Recherches sur la médecine ou l'application de la chimie à la médecine.*
Sources: Boissonnault (1953), 80, 89; DBC (6), 74.

1801 Fondation de l'Institut royal pour l'avancement des sciences *(Royal Institution for the Advancement of Learning)* situé à Montréal au 845 rue Sherbrooke Ouest. Cet institut ne sera incorporé qu'en 1818.
Sources: SRBC (1888), chap. 17; MMJ (1902), 576-577.

1825 Le docteur Beaumont débute ses célèbres observations sur le phénomène de la digestion à partir du cas d'Alexis Bidagan «dit Saint-Martin», un voyageur de Québec qui avait une large plaie ouverte à l'abdomen. Ce cas exceptionnel permettra au docteur Beaumont d'observer les phénomènes gastriques pendant plus de dix ans.
Source: MacDermot (1967), 168.

De retour de Paris, le docteur P. Beaubien introduit le stéthoscope au Canada. L'art de l'auscultation sera aussi vraisemblablement pratiqué et diffusé par le docteur Badgley à son retour des îles britanniques et de Paris en 1842. Les docteurs R. L. McDonnell, A. F. Holmes et R. P. Howard en seront aussi les promoteurs.
Sources: BAJMPS (1845), 130-133; BAMPJ (1850), 38; Segall (1988), 24-25, 28, 31.

1827 Fondation de la Société d'histoire naturelle de Montréal. Le docteur A. F. Holmes fait partie des membres fondateurs de cette société.
Source: DBC (8), 449.

1829 X. Tessier publie la traduction anglaise de *Thérapeutiques*, de Louis-Jacques Bégin, intitulée *The French Practice of Medicine: Being a Translation of L. J. Bégin's Treatise on Therapeutics With Occasional Notes and Observations Illustrative of the Treatment of Diseases in the Climate of North America*, vol. I et II, New York, E. Bliss, 1829. Tessier annonce aussi dans *La Minerve* la parution prochaine du *Journal des sciences naturelles de l'Amérique du Nord* qui traitera de botanique, d'histoire naturelle, de médecine, de chirurgie, d'anatomie, de

physiologie, de minéralogie, etc. Mais ce projet ambitieux ne verra jamais le jour.
Source: Chartrand *et al.* (1987), 93; DBC (6), 841-842.

1831 J. F. Perrault, vétérinaire, fait paraître son *Traité de médecine vétérinaire ou enseignement des moyens de préserver la santé des animaux domestiques et de guérir les maladies auxquelles ils sont sujets.*
Source: Pépin (1986), 59.

1833 Le docteur J. B. Meilleur, membre du Bureau médical des examinateurs, publie un manuel de chimie intitulé *Cours abrégés de leçons de chymie,* Montréal, Imprimerie de la Minerve, 1833.
Source: Chartrand *et al.* (1987), 90.

1846 Ouverture d'une salle de dissection à l'Hôpital de la Marine et des Émigrés.
Source: DBC (11), 534.

1847 Le docteur E. D. Worthington, ancien élève du docteur J. Douglas, effectue la première intervention chirurgicale majeure à l'aide de l'éther sulfurique, le 14 mars à Sherbrooke. Il s'agit d'une amputation du genou. Le patient subira consciemment l'opération mais sans ressentir aucune douleur. Le docteur H. Nelson publie de son côté un article dans le numéro de juin 1847 du *British American Journal of Medical and Physical Science* où il rapporte les résultats d'expériences effectuées sur les propriétés de l'éther. Diverses expériences avaient été faites auparavant sur des animaux, sur certains de ses amis et sur lui-même. Sans pouvoir expliquer en détail le mode d'action de cet anesthésique, il constate cependant que celui-ci affecte, en premier lieu, les innervations sensorielles et, en second, lieu celles de la motricité. Peu de temps après avoir effectué ces expériences, il aide son père W. Nelson à extraire une tumeur chez une femme rendue inconsciente par l'éther. H. Nelson effectue aussi plusieurs extractions de dents à l'aide de cet anesthésique.
Source: BAJMPS (1847), 10, 34-36.

1848 Le chloroforme aurait été utilisé pour la première fois au Canada par le docteur A. F. Holmes, professeur de médecine théorique et pratique à l'université McGill. Dans un article écrit en janvier 1848, mais publié dans le numéro de février du *British American Journal of Medical and Physical Science,* Holmes prétend lui-même être le premier à utiliser le chloroforme dans la province et probablement au Canada. Il s'agit de légères anesthésies pour des cas d'obstétrique. Il aurait obtenu le chloroforme de la S. J. Lyman & Co. de Montréal. De son côté, le docteur E. D. Worthington rapporte, dans un article publié dans ce même numéro, trois anesthésies effectuées à l'aide du chloroforme. Soulignons que c'est toujours dans le même numéro du *British American Journal* qu'est rapportée la fameuse communication de Simpson présentée à Édimbourg le 22 novembre 1847 et intitulée «Discovery of a New Anesthesic Agent More Effective than Sulfuric Ether». Le 3 février 1848 est effectuée à l'Hôpital de la Marine une intervention chirurgicale sous anesthésie au chloroforme. Les docteurs Douglas et Sewell amputent les deux jambes d'un matelot français du Havre. Selon *Le Canadien* du 4 février 1848 qui rend compte de l'événement, «le chloroforme fut répandu sur un paquet de coton non filé et placé au fond d'un cornet de papier dont on appliqua l'ouverture sur le visage du patient».
Sources: BAJMPS (1848), 263, 326; LC (1848); Abbott (1931), 73-74; Howell (1933), 71; Warrington/Nicholls (1949), 235; LM (1951), 1091; Shields (1955), 301-307; Leblond (1986), 235.

1850 Le docteur Samuel Brookes de Sherbrooke remporte le premier prix d'un examen portant sur la science de l'auscultation et de la percussion et sur son application aux «maladies thoraciques». Cet examen vient couronner le cours de médecine clinique donné par le docteur McDonnell à la faculté de médecine de l'université McGill.
Source: BAMPJ (1850), 38.

Le docteur Henry Howard publie un recueil de textes intitulé *The Anatomy, Physiology and Pathology of the Eye*, Londres, Montréal, 1850.
Sources: Howell (1934), 125; DBC (11), 468.

Le docteur R. P. Howard publie une dissertation intitulée *Observations upon Diagnosis of Cardiac Disease.*
Source: Segall (1988), 30.

1854 Le docteur R. Craik présente une thèse intitulée *Microbic Origin of Disease.*
Source: Shepherd (1919), 44.

1855 Organisation de la Botanical Society of Montreal par le docteur J. Barnston. En 1857, le docteur Barnston devient le premier professeur de botanique de l'université McGill.
Source: DBC (8), 69.

1862 Une première excision de l'articulation du genou *(knee-joint)* est effectuée par Hingston à l'Hôtel-Dieu de Montréal.
Source: CMJMR (1867), 3.

1863 Le docteur Godfrey est l'un des premiers, sinon le premier au Bas-Canada, à expliquer le rôle de l'eau dans la transmission de la fièvre typhoïde.
Source: UMC (1940), 1197.

Présentation par W. E. Bowman d'un spiromètre dans le *Canada Lancet*. L'appareil, fabriqué par la York Glass Company of England, sert à mesurer la capacité respiratoire des poumons.
Source: CL (1863), 27-28.

1864 L'Hôtel-Dieu de Québec fait l'acquisition de son premier microscope.
Source: Bernier (1989), 136.

Présentation du laryngoscope par le docteur H. G. Wright dans le *Canada Medical Journal and Monthly Record.*
Source: CMJMR (1864), 90-91.

Présentation, dans le *Canada Medical Journal and Monthly Record* et dans le *Canada Lancet*, d'un nouvel ophtalmoscope pour la photographie de la rétine, par le docteur A. M. Rosebrugh de la Toronto School of Medicine.
Sources: CL (1864), 89-91; CMJMR (1864), 163-169.

1865 Présentation de l'endoscope de Cruise par l'inventeur lui-même dans le *Canada Medical Journal and Monthly Record*.
Source: CMJMR (1865), 154-158.

1866 Le docteur R. Nelson publie à New York un ouvrage intitulé *Asiatic cholera: its origin and spread in Asia, Africa and Europe, introduced into America through Canada; remote and proximate causes, symptoms and pathology, and the various modes of treatment analysed.*
Source: DBC (10), 599.

Le docteur J. A. Crevier publie une brochure intitulée *Le choléra, son historique, son origine, sa nature, les causes qui le produisent,* où il fait état de ses observations au microscope sur les déjections de quelques victimes. L'auteur y présente aussi des planches «représentant les principaux microzoaires et microphytes produisant le choléra et les principales maladies épidémiques, dessinées d'après nature».
Sources: Crevier (1866), IV; DBC (11), 238.

Présentation, dans le *Canada Medical Journal and Monthly Record,* du nouvel ophtalmoscope de Liebreich par le docteur Rosebrugh de la Toronto School of Medicine.
Source: CMJMR (1866), 536-554.

1867 Le docteur W. Canniff publie, dans le *Canada Medical Journal and Monthly Record of Medical and Surgical Science,* un article intitulé «Some Remarks upon Carbolic Acid as a Remedial Agent in the Treatment of Wounds». Cet article fait état de la méthode antiseptique nouvellement implantée par Lister. Peu après, le 12 février 1868, dans la même revue, D. S. E. Bain, chirurgien major à Québec,

publiera une lettre où il fera allusion aux articles de Lister parus dans *The Lancet* et relatera son utilisation de l'acide phénique pour le traitement chirurgical des furoncles et des ulcères syphilitiques.
Source: CMJMR (1867), 307-311.

1868 Le docteur Hingston pratique pour la première fois au pays une néphrectomie[1], à l'Hôtel-Dieu de Montréal[2]. L'opération s'avère toutefois un échec et la patiente décède le lendemain. Hingston pratiquera cependant avec succès la même opération quelques mois plus tard.
Source: Meunier (1989), 73.

Les vétérinaires D. M. McEachran et A. Smith publient conjointement à Toronto un traité intitulé *The Canadian Horse and his diseases*.
Source: CMJMR (1868), 388.

1869 Une amputation du pied est effectuée à l'Hôpital de la Marine par le docteur Landry sous une anesthésie au protoxyde de nitrogène. Il s'agit du premier usage au Canada de cet anesthésique.
Source: CMJMR (1869), 47.

Publication du *Traité élémentaire de matière médicale et guide pratique des sœurs de l'asile de la Providence.* Cet ouvrage qui connaîtra deux éditions ultérieures, soit en 1870 et en 1890, sera pendant longtemps en milieu hospitalier francophone un ouvrage de référence pour les hospitalières.
Source: Goulet, (1987), 26.

---

1. Il s'agit d'une ablation du rein.
2. UMC (1946, 1268) mentionne 1863 alors que Desjardins (1976, 1400) affirment que c'est en 1853. Selon Meunier (1989, 74), la première néphrectomie qui aurait été pratiquée à l'extérieur du Québec aurait eu lieu à Heidelberg en 1869. R. Ruillière dans son *Abrégé d'histoire de la médecine* confirme cette date. Si l'information est exacte, l'opération de Hingston a été une première mondiale. Howell (1934, 87, 115) mentionne par erreur que la première néphrectomie est pratiquée avec succès au Canada en 1885 par le docteur F. J. Shepherd. Il ajoute que le docteur Hingston en avait pratiqué une très peu de temps avant, la même année, mais sans succès sur le plan clinique.

1871 Le 17 janvier, le docteur R. P. Howard pratique une greffe de peau dans le but de faciliter la cicatrisation d'un ulcère sur la jambe d'un de ses patients. Le docteur Hingston en pratiquera une à son tour, le 7 février de la même année.
Source: CMJMR (1871), 498-502.

1872 L'Hôtel-Dieu de Montréal installe sa première salle d'opération au deuxième étage de l'hôpital.
Source: Desjardins *et al.* (1973), 61.

Installation d'un laboratoire de chimie au Medical Building de l'université McGill.
Source: CMSJ (1872), 193.

1873 Ablation réussie d'un kyste ovarien d'une trentaine de livres par le docteur E. H. Trenholme.
Source: Howell (1934), 122.

Le 27 septembre, le chirurgien Hingston pratique avec succès, à l'Hôtel-Dieu de Montréal, l'ablation de la langue et du maxillaire inférieur d'un patient atteint d'une grave tumeur. Hingston prétendra qu'il s'agissait là d'une première mondiale.
Source: Meunier (1989), 123.

De juin à octobre, le docteur W. Osler poursuit des études, au laboratoire du docteur B. Sanderson à Londres, sur la composition du sang humain et animal. Il reconnaît alors un nouvel élément sanguin qui sera ultérieurement dénommé «plaquettes sanguines». Il s'agit là de sa première et vraisemblablement de sa plus importante contribution au savoir médical. Les résultats seront présentés par le docteur Sanderson devant la Royal Society of London le 18 juin 1874. Ils seront publiés dans les comptes rendus de la Société sous le titre «An Account of Certain Organisms Occuring in the Liquor Sanguinis». Comme le souligne Cushing, le titre est particulièrement mal choisi puisqu'il ne s'agit pas véritablement d'organismes vivants.
Source: Cushing (1925), 104-105.

Le docteur A. T. Brosseau donne une conférence à la Société médicale de Montréal pour mieux faire connaître l'ophtalmoscope.
Source: Bernier (1989), 136.

1874 Mise sur pied d'un laboratoire de physiologie pratique à la faculté de médecine du Bishop's College. Il s'agit du premier laboratoire du genre au Canada.
Source: Hearn Milner (1985), 450.

Trenholme au Montreal General Hospital et Rottot à l'Hôtel-Dieu de Montréal — ce dernier reçoit l'assistance de Hingston et de Brosseau — pratiquent avec succès les premières hystérectomies au Québec.
Sources: Howell (1934), 122; Meunier (1989), 144.

Le premier article canadien-français paru dans *L'Union médicale du Canada* sur la méthode antiseptique de Lister est intitulé «Emploi de l'acide carbolique dans un cas de fracture avec suppuration». L'article est signé par le docteur J. G. Lussier.
Source: UMC (1874), 152-153.

1875 Un article de Lister intitulé «The Antiseptic Method of Dressing Open Wounds» est publié dans le *Canada Medical Record* .
Source: CMR (1875), 27-29.

Le docteur Wolfred Nelson utilise l'acide prénique comme antiseptique au cours de l'opération d'un bronchocèle fibro-kystique.
Source: CMR (1875), 81.

1876 Nomination du docteur W. Osler comme pathologiste du Montreal General Hospital. De retour, en 1874, d'un stage d'études à Berlin, Londres et Vienne, le docteur Osler s'était engagé bénévolement à pratiquer des autopsies au Montreal General Hospital[3]. Le 1er mai 1876,

3. Abbott (1931, 82) et Chartrand *et al.* (1987, 124) situent en 1874 la nomination du docteur Osler comme pathologiste du Montreal General Hospital.

le Montreal General Hospital décide de créer un poste de pathologiste et engage le docteur Osler. Celui-ci met alors sur pied le premier service au Canada où sont effectuées de façon systématique des autopsies. Il pratiquera près de 800 autopsies qui seront consignées jusqu'en 1884 dans une série de publications annuelles intitulées *Montreal General Hospital Pathological Report*. Osler deviendra médecin du Montreal General Hospital en 1878.
Source: Cushing (1925), 146.

Le docteur F. Buller, du Morfield Ophtalmic Hospital, devient le premier ophtalmologiste et otologiste du Montreal General Hospital. Le département d'ophtalmo-otologie *(Eye and Ear)* est mis sur pied l'année suivante. Diplômé du Victoria College de Cobourg en 1868, élève de von Graefe, Helmholtz et Virchow en Allemagne et praticien pendant quatre ans au Royal London Ophtalmic Hospital, à Londres (Moorfields Eye Hospital), Buller devient le premier spécialiste à joindre les rangs de la Montreal Medico-Chirurgical Society. Il deviendra en 1895 directeur du service d'ophtalmo-otologie du Royal Victoria Hospital.
Sources: Shepherd (1919), 24; Abbott (1931), 82; Howell (1934), 120; MacDermot (1950), 92; Sclater Lewis (1969), 39.

1877 Le docteur Roddick, de retour d'un séjour à Édimbourg où il a travaillé avec Lister, introduit pour la première fois au Québec le rituel antiseptique de Lister au Montreal General Hospital. La première opération chirurgicale où il observe rigoureusement cette méthodologie est une amputation du pied effectuée le 10 septembre.
Source: Goulet/Keel (1990), 398.

Première publication du *Montreal General Hospital Pathological Report*. Les autopsies y seront consignées annuellement de 1877 à 1884.
Source: Chartrand *et al.* (1987), 447.

1878 Le docteur F. W. Campbell fait paraître dans le *Canada Medical Record* un article sur l'endoscope du docteur Cruise de Dublin.
Source: CMR (1878), 293-295.

1880 Le docteur Wilkins présente un nouveau kymographe dans le *Canada Medical Record.*
Source: CMR (1880), 174-179.

Publication par W. Osler des rapports cliniques regroupant les années 1877-1880 intitulés *Montreal General Hospital: Reports Clinical and Pathological,* Montréal, Dawson Bros., 1880, 369 p. Il s'agit d'une première publication de ce genre au Canada.
Source: Cushing (1925), 179.

1882 Première néphrotomie pratiquée au Montreal General Hospital par le docteur Roddick.
Source: Howell (1934), 114.

Fondation du Microscopic Club. Ce club est mis sous la présidence de W. Osler. Les secrétaire et trésorier sont respectivement le docteur J. Baker Edwards et W. Muir.
Source: UMC (1882), 606.

Publication par W. Osler d'un manuel de laboratoire intitulé *Students' Notes: Normal Histology for Laboratory and Class Use,* Montréal, Dawson Bros., 1882. Cet ouvrage est destiné aux étudiants et conçu pour les familiariser à l'utilisation du microscope.
Source: Cushing (1925), 193.

Le docteur H. Howard publie un ouvrage intituté *A Rational Materialistic Definition of Insanity and Imbecility with the Medical Jurisprudence of Legal Criminality, Fonded upon Physiological, Psychological and Clinical Observations,* Montréal, 1882.
Sources: Fugère (1978), 27; DBC (11), 470.

Durant les années 1882 et 1883, les augustines de l'Hôtel-Dieu de Québec mettent sur pied un petit labora-

toire composé d'un microscope, de quelques tubes, de flacons de réactifs et d'une lampe à alcool.
Sources: Rousseau (1989), 285.

1883 G. E. Fenwick publie à Montréal un petit ouvrage intitulé *Excision of the Knee Joint with Report of Twenty-eight Cases*. Il s'agit d'une attaque vigoureuse «contre les champions de l'amputation pré-listérienne».
Source: DBC (12), 342.

1884 Première herniotomie pratiquée au Montreal General hospital.
Source: Howell (1934), 111.

1885 W. Gardner est le premier médecin à abandonner la pratique de la médecine générale pour s'adonner entièrement à la gynécologie[4]. Avec E. H. Trenholme, T. J. Alloway, M. T. Brennan et A. Lapthorn Smith, il compte parmi les premiers promoteurs de la gynécologie comme pratique spécialisée.
Source: Howell (1934), 121-122, 132.

Le docteur J. Ahern introduit les méthodes antiseptiques à l'Hôtel-Dieu de Québec.
Source: BMQ (1903), 85.

Le docteur J. B. McConnell publie une brochure intitulée *Cholera, its nature, symptoms, history, cause and prevention with an outline review of the germ theory of disease*, Montréal, Robert Miller Son & Co., 40 p.

Dans le cadre des conférences du Cercle Ville-Marie, T. Couture présente un texte intitulé «La circulation du sang».
Source: Lajeunesse (1982), 238.

4. MacDermot (1950, 94) affirme que le docteur Gardner est engagé comme gynécologue au Montreal General Hospital en 1883.

1886 Le gynécologue Brennan effectue les premiers aménagements des laboratoires de microscopie, de pathologie, de chimie et de bactériologie «dans les greniers de l'Hôpital Notre-Dame au-dessus de l'écurie des chevaux de l'ambulance».
Source: Goulet/Keel (1988), 826.

Le docteur H. S. Birkett introduit l'inhalateur de Clover pour l'anesthésie au Montreal General Hospital.
Source: Howell (1934), 180.

Le docteur J. B. McConnell, particulièrement versé dans le domaine de la bactériologie, fait une visite au laboratoire de Pasteur à Paris.
Source: CMR (1886), 611-613.

Conséquemment à la construction d'une annexe à l'Hôtel-Dieu de Montréal, une nouvelle salle d'opération et un nouveau laboratoire y sont aménagés.
Source: Desjardins *et al.* (1973), 61.

1887 Inauguration à l'Hôtel-Dieu de Montréal, le 13 décembre, d'une nouvelle salle d'opération appelée «salle d'ovariotomie».
Source: Meunier (1989), 190.

1888 De retour d'une visite à Paris en 1887, le gynécologue A. Lapthorn Smith adopte la méthode d'Apostoli dans le traitement électrothérapeutique de certaines maladies gynécologiques.
Source: CMR (1889), 241-248.

Le docteur G. Ross publie, dans le *Montreal Medical Journal,* un texte sur le traitement chirurgical de l'appendicite intitulé «Appendicitis».
Source: MMJ (1888), 473.

1889 Publication d'un ouvrage collectif intitulé *A Reference Handbook of the Medical Sciences embracing the entire range of scientific and practicalk medicine and allied sciences by various writers,* New York, Ed. A.H. Buck, 1889. Collabo-

rent à cet ouvrage plusieurs médecins québécois anglophones dont les docteur Hingston, Johnston, MacDonnell, Wesley, Ruttan, Shepherd et Stewart.
Source: UMC (1889), 277.

De retour d'un voyage à Berlin en 1887, A. Lapthorn Smith introduit le cathéter utérin de Fritz Bozeman.
Source: CMR (1889), 146-147.

J. Bell publie dans le *Montreal Medical Journal*, un article sur un cas d'appendicite intitulé «A case of perforing appendicitis».
Source: MMJ (1889), 224.

1890 Première appendicectomie officiellement attestée dans les rapports annuels du Montreal General Hospital.
Source: Howell (1934), 111.

C'est vers 1890 que le docteur F. G. Finley introduit le manomètre à ressort de von Basch pour la mesure de la pression systolique.
Source: Segall (1988), 57.

Lors d'une séance de la Société médicale du district d'Iberville, le docteur N. A. Hébert introduit un irrigateur de son invention pour le lavage de l'utérus dans les cas de septicémie.
Source: UMC (1890), 570.

La faculté de médecine du Bishop's College met sur pied des laboratoires d'histologie et de bactériologie.
Source: Hearn Milner (1985), 453.

Dans le cadre des conférences du Cercle Ville-Marie, le docteur A. Charette présente un texte intitulé «Étude sur l'anesthésie».
Source: Lajeunesse (1982), 241.

1891 Présentation de l'inhalateur de Junker et du respirateur de Yeo dans le *Canada Medical Record*.
Source: CMR (1891), 203.

1892 Introduction au Québec, par le docteur W. Johnston, d'une centrifugeuse destinée à l'analyse des urines. Les centrifugeuses d'urine feront par la suite l'objet de quelques articles dans le *Canada Medical Record,* notamment en 1893 et en 1898.
Sources: MMJ (1892), 212-213; CMR (1893), 161; CMR (1898), 328-337.

Un anesthésiste résident, H. B. Carmichael, est intégré pour la première fois au personnel médical du Montreal General Hospital. Jusqu'alors, l'anesthésie était effectuée par chacun des membres du service chirurgical.
Sources: Howell (1934), 180; MacDermot (1950), 94.

Publication par W. Osler de son fameux traité intitulé *The Principles and Practice of Medicine.*

Publication par le docteur H. E. Desrosiers du *Traité pratique de matière médicale de thérapeutique et de toxicologie,* Montréal, J. M. Valois, 1892, 798 p. Cet ouvrage sera réédité en 1895.

1893 Création du Molson Pathological Laboratory de l'université McGill.
Source: MMJ (1902), 597.

Le docteur W. Osler participe à la rédaction du *Treatise on the Theory and Practice of Medicine* du docteur W. Pepper de Philadelphie. Sa contribution porte sur les maladies musculaires et mentales.

Installation, peu avant l'ouverture officielle de l'hôpital, d'un laboratoire clinique au Royal Victoria Hospital. Ce laboratoire, qui réserve une petite place à la biochimie, est mis sous la direction du docteur A. A. Bruère qui travaille depuis 1890 pour le bureau de santé de Montréal comme bactériologiste. Bruère est membre de l'American Society of Pathologist and Bacteriologist.
Source: Sclater Lewis (1969), 119 et 139.

Présentation du sphygmographe dans le *Canada Medical Record.* Cet appareil est destiné à l'enregistrement du

pouls et à la mesure, sur un graphique, de sa vitesse et de sa force.
Source: CMR (1893), 220.

Première opération d'un ulcère typhoïdique perforé au Montreal General Hospital.
Source: Howell (1934), 111.

1894 Création du laboratoire provincial de bactériologie sous la direction de W. Johnston. Ce dernier y travaille comme bactériologiste, et le docteur Ruttan y effectue les analyses cliniques. C'est en 1896 que le Conseil d'hygiène met au service de la profession médicale son laboratoire de bactériologie.
Sources: CMR (1897), 275-276; Heagerty (1928a), 346; Copp (1978), 100; Farley *et al.* (1982), 99; Anctil/Bluteau (1986), 44.

Ouverture en octobre d'une section de pathologie dans l'une des ailes du Royal Victoria Hospital. Un laboratoire y est aménagé sous la direction du docteur J. G. Adami. De nombreuses recherches cliniques y seront effectuées. Le service de pathologie prendra aussi une part active aux réunions scientifiques de la Montreal Medico-Chirurgical Society.
Source: Sclater Lewis (1969), 117.

W. Johnston entreprend des études sur le procédé d'agglutination (réaction de Widal) avec du sang séché de façon à rendre plus accessible le test diagnostique de la fièvre typhoïde. Au congrès annuel de l'American Public Health Association en septembre 1896, il présentera les résultats de ses recherches qui seront bien accueillies. Devancé par des études similaires entreprises à l'Institut Pasteur, il ne pourra cependant revendiquer la paternité de ce nouveau procédé. Néanmoins, ses travaux permettront au Conseil d'hygiène de la province de Québec de mettre le séro-diagnostic de la fièvre typhoïde au service de la profession médicale. Johnston publiera en 1897 dans *L'Union médicale du Canada* les résultats de ses re-

cherches dans un article intitulé «De l'emploi des cultures atténuées comme moyen d'éviter les pseudo-réactions dans le séro-diagnostic de la fièvre typhoïde par la méthode du sang desséché». L'un des rares Canadiens à joindre à ses débuts la Society of American Bacteriologists, Johnston ne tardera pas à être reconnu par ses pairs comme l'un des spécialistes des analyses bactériologiques de l'eau sur le continent nord-américain.
Sources: UMC (1897), 143; Goulet/Keel (1988), 827; DBC (W. Johnston).

Mise en circulation au Québec de l'antitoxine diphtérique.
Source: Farley *et al.* (1982), 99.

À Montréal, la cautérisation galvanique s'adapte à l'alimentation en courant alternatif grâce à la mise au point d'une bobine de transformation.
Source: CMR (1894), 172-174.

Le docteur A. Lapthorn Smith de l'université McGill illustre les avantages de l'utilisation du bouton de Murphy dans les cas d'anastomose intestinale.
Source: CMR (1894), 212.

Utilisation d'un nouvel inhalateur pour l'anesthésie à l'éther par le docteur J. Bell du Montreal General Hospital. Cet inhalateur est décrit comme suit: «*This inhaler consists of an aluminium cone of suitable size without seam of roughness, covered with stockinette, within which, on the inner surface of the cone, is placed some gauze or absorbent cotton. The advantages claimed for it are first that it is perfectly clean and may be sterilized as a whole by dry heat.*»
Source: MMJ (1895), 833-835.

Publication, par le docteur A. A. Foucher, du *Traité pratique des maladies des yeux, des oreilles, du nez et du pharynx.*

Publication, par le docteur L. E. Fortier d'un opuscule intitulé *De la durée physiologique du travail physique chez l'homme,* Montréal, Imprimerie W.F. Daniel, 1894.

Publication, par le docteur J. E. Laberge, d'une brochure intitulée *Des inoculations préventives des maladies contagieuses*, Montréal, Imprimerie W. F. Daniel, 1894.

Dans le cadre des conférences du Cercle Ville-Marie de Montréal, le docteur E. Saint-Jacques présente un texte intitulé «Le cerveau et l'intelligence».
Sources: Lajeunesse (1982), 243.

1895 Ouverture du Pathological Building du Montreal General Hospital. Ce bâtiment situé sur la rue Dorchester à proximité du pavillon Richardson comprend une chapelle, un amphithéâtre pour les autopsies et un laboratoire de pathologie. On y pratiquera au moins une centaine d'examens *post-mortem* par année.
Sources: Shepherd (1919), 21; Howell (1934), 161.

Une ferme expérimentale du ministère fédéral de l'Agriculture fournit gratuitement aux fermiers qui en font la demande des flacons de tuberculine. Des inspecteurs chargés de tester les animaux sont aussi mis à leur disposition.
Source: Pierre-Deschênes (1980), 92.

Le docteur Osler démontre l'inefficacité de la méthode de Brand (bains froids) dans le traitement de la fièvre typhoïde. Mais le traitement sera encore en vigueur en 1904 à l'Hôpital Notre-Dame, au Royal Victoria Hospital et au Montreal General Hospital.
Sources: CMR (1895), 56-60; UMC (1904), 76-87.

Publication par W. Johnston du troisième volume des rapports cliniques intitulés *Montreal General Hospital: Reports Clinical and Pathological*. Les deux premiers volumes avaient été publiés par W. Osler.
Source: Cushing (1925), 180.

1896 Première utilisation médicale des rayons X à Montréal. Le 7 février, lors d'une séance de la Montreal Medico-Chirurgical Society, le professeur John Cox, de l'université McGill, produit la radiographie d'une balle logée

dans la jambe d'un patient. Cette radiographie servira au diagnostic du docteur R. C. Kirkpatrick, surintendant médical du Montreal General Hospital, qui procédera par la suite à l'opération. Il s'agit d'une première au Canada. Cox et Kirkpatrick publient peu après les résultats de l'intervention dans un numéro du *Montreal Medical Journal*. L'article s'intitule «The new photography with report of a case in which a bullet was photograph in the leg». C'est cependant W. Yale qui aurait réussi le premier examen aux rayons X en Amérique, le 27 janvier. En 1897, dix patients seront envoyés au laboratoire de chimie de l'université McGill pour être radiographiés à l'aide d'un nouvel appareil, assez élémentaire, construit en 1896 par le docteur Girdwood. En mars, *L'Union médicale du Canada* consacre un court article à la découverte de Rœntgen.
Sources: UMC (1896), 213-215, 244-246; MMJ (1896), 661; UMC (1959), 40, 43; MacDermot (1967), 169; Sclater Lewis (1969), 155; Gingras (1988), 72; Segall (1988), 251.

Création du laboratoire d'anatomie pathologique de l'Hôtel-Dieu de Montréal et nomination en octobre du docteur A. Marien au poste de pathologiste par l'École de Médecine et de Chirurgie/faculté de Médecine de l'Université Laval à Montréal.
Source: Meunier (1989), 235.

Une première appendicectomie est pratiquée à l'Hôtel-Dieu de Montréal sur une religieuse. Mais la patiente décède peu après l'intervention.
Source: Meunier (1989), 230.

Présentation par J. B. McConnell des avantages du gyromèle de Turck pour faciliter le diagnostic des maladies de l'estomac.
Source: CMR (1896), 484-485.

Présentation du topomètre aux membres de la Montreal Medico-Chirurgical Association par l'ophtalmologiste F. Buller.
Source: CMR (1896), 499.

Monseigneur J. C. K. Laflamme, professeur de sciences naturelles à l'Université Laval, assemble en février un appareil à rayons X et réussit, le 2 avril, à produire une radiographie satisfaisante de la main et du pied d'un bébé.
Source: Segall (1988), 252.

Monseigneur Choquette de Saint-Hyacinthe, professeur de physique au séminaire, utilise pour la première fois les rayons X dans son enseignement.
Source: Segall (1988), 252.

Présentation du pléthysmographe dans le *Canada Medical Record*. Cet appareil est destiné à l'enregistrement des variations de volume d'un organe.
Source: CMR (1897), 458-467.

1897 Création d'un laboratoire de chimie médicale à l'Université Laval sous la direction de l'abbé Fillion et du docteur A. Rousseau.
Sources: RM (1897-1898), 153; Boissonnault (1953), 255.

Création du laboratoire de bactériologie du bureau de santé de la ville de Montréal[5].
Source: Tétrault (1979), 137.

Les docteurs E.P. Benoit et T. Parizeau entreprennent des recherches au laboratoire de l'Hôpital Notre-Dame pour déterminer la nature d'une maladie contagieuse qui sévit chez les chevaux, l'angioleucyte aiguë.
Source: Goulet/Keel (1988), 826-827.

Le docteur Boulanger de Québec fait quelques expériences sur l'influence microbicide des rayons ultraviolets sur le microbe de l'anthrax. Les résultats de ses travaux sont publiés dans *La Revue médicale* sous le titre «Influence de la lumière sur les microbes».
Source: Goulet/Keel (1988), 827.

5. Anctil/Bluteau (1986, 44) mentionnent que le laboratoire du docteur Ruttan est fondé en 1897. Mais le docteur Ruttan était au service du bureau de santé de la ville. Il s'agit vraisemblablement du laboratoire de la ville de Montréal.

Le docteur E. Perron décrit dans *L'Union médicale du Canada* un cas de brûlure par les rayons X. Il s'agirait d'un patient souffrant d'un calcul rénal qui aurait été trop longtemps exposé aux rayons X par Monseigneur Choquette.
Source: Segall (1988), 252.

Présentation dans le *Canada Medical Record* de l'appareil à flux d'air chaud de Tallerman Sheffield par le docteur J. Stewart. Cet appareil est destiné au traitement du rhumatisme chronique et de l'arthrite.
Source: CMR (1897), 206-212.

1898 Installation des premières salles d'opération aseptiques à l'Hôtel-Dieu de Montréal par le docteur A. Marien. Désormais, les compresses et les instruments sònt stérilisés à l'autoclave. Le docteur O. F. Mercier applique, à la même époque, les mesures d'asepsie opératoire à l'Hôpital Notre-Dame et les docteurs Catellier et Ahern font de même à Québec.
Sources: UMC (1942), 804; Desjardins *et al.* (1973), 62; Chartrand *et al.* (1987), 340; Goulet/Keel (1988), 825.

Mise sur pied d'un laboratoire de pathologie au Verdun Protestant Hospital for the Insane.
Source: Heagerty (1928b), 266.

Ouverture, en septembre, d'un département de radiologie au Montreal General Hospital.
Sources: Shepherd (1919), 27; Heagerty (1928b), 186; MacDermot (1950), 127.

Création d'un laboratoire de bactériologie à la faculté de médecine de l'Université Laval. Ce laboratoire est mis à la disposition des étudiants.
Source: Roy (1903), 106.

Le laboratoire de l'hôtel-de-ville de Québec, à la demande des médecins de l'Hôtel-Dieu, procède à différentes analyses en bactériologie, en anatomie pathologique, en urologie et en hématologie.
Source: Gaumond (n.d.), 29.

L'Hôtel-Dieu de Québec stérilise désormais ses instruments chirurgicaux à l'aide d'une «poissonnière» contenant de l'eau et du bicarbonate de soude et les compresses, éponges et pansements dans un stérilisateur en cuivre.
Source: Rousseau (1989), 286.

Publication par le docteur P. J. Bédard d'une brochure intitulée *Les Maladies infectieuses: diagnostic bactériologique, sérothérapie,* Montréal, Imprimerie de la Revue médicale, 1898.

1899 L'Hôpital Notre-Dame acquiert un appareil à rayons X et installe une chambre de radiologie.
Source: GRHHND.

Une gastro-entérostomie est pratiquée par le chirurgien A. Marien à l'Hôtel-Dieu de Montréal.
Source: Meunier (1989), 249.

Dans le cadre des conférences du Cercle Ville-Marie de Montréal, le docteur A. Bourdon présente un texte intitulé «Pasteur».
Source: Lajeunesse (1982), 245.

1900 La direction du Royal Victoria Hospital autorise la publication des études cliniques menées par son personnel médical. Ces études avaient cours depuis l'ouverture de l'hôpital en 1894. Elles paraîtront en six volumes, entre 1900 et 1916, sous les titres successifs de *Studies of the Royal Victoria Hospital* de 1900 à 1910, *Bulletins of the Royal Victoria Hospital* en 1911 et 1912 et *Hospital Scientific Reports* en 1915 et 1916.

Installation des laboratoires de la faculté de médecine de l'Université Laval, dirigés par A. Rousseau.
Source: UMC (1900), 454.

Le 20 octobre, l'Hôtel-Dieu de Québec achète un appareil à rayons X.
Source: Boissonnault (1953), 285.

1901 Ouverture, en décembre, du département de radiologie et d'électrologie *(Medical Electric Departement)* au Royal Victoria Hospital par le docteur Girdwood. Durant l'été, il avait acheté un appareil à rayons X en Angleterre. Des appareils à rayons ultra violets, à haute fréquence et à électricité statique sont aussi employés.
Source: Sclater Lewis (1969), 155, 156.

Création du Pathological Museum, situé dans le tout nouveau bâtiment de l'université McGill.
Source: MMJ (1902), 597.

1904 L'Hôtel-Dieu de Chicoutimi ouvre son département d'électrothérapie en 1904. Un service de radiologie sera créé en 1922.
Source: Perron (1984), 130.

Publication par le docteur E. P. Benoit du *Manuel de matière médicale à l'usage des gardes-malades*, Montréal, Compagnie d'assurance Guertin, 1904, 286 p.

Le docteur F. de Martigny publie un ouvrage intitulé *L'Appendicite, son traitement*, Montréal, s.éd., 1904, 104 p.

Le docteur D. A. Shirres devient le premier neurologue du Montreal General Hospital.
Source: MacDermot (1950), 96.

1905 Ouverture d'un département d'électrologie à l'Hôtel-Dieu de Montréal. L'hôpital instaure aussi un régime de diètes pré et post-opératoires.
Source: Desjardins *et al.* (1973), 63.

Le docteur W. S. Morrow introduit, vers 1905, la poche pneumatique de Riva-Rocci pour la mesure de la pression artérielle.
Source: Segall (1988), 57.

Selon le témoignage du docteur J. A. Leduc, directeur de l'hôpital Saint-Paul, l'Hôpital Notre-Dame a été le premier hôpital à employer les méthodes de tubage et de sérothérapie dans les cas de diphtérie.
Source: GRHHND.

Une première œsophagoscopie est mentionnée dans les rapports annuels du Royal Victoria Hospital.
Source: Sclater Lewis (1969), 207.

L'*Union Médicale du Canada* annonce dans son numéro de septembre la découverte par Schaudinn et Hoffmann du *Treponema Pallidum.*
Source: UMC (1905), 497.

1906 Le docteur Lasnier installe un laboratoire de rayons X à son bureau sur la rue Saint-Denis. Il invite les médecins à lui confier certains malades dont l'état nécessite l'utilisation des rayons X à des fins de diagnostic.
Source: UMC (1906), 546.

Nomination du premier anesthésiste à l'Hôtel-Dieu de Montréal.
Source: Desjardins *et al.* (1973), 63.

Le père L. A. Plessis publie un ouvrage intitulé *Louis Pasteur,* Montréal, Granger, 1906.

1907 Le Royal Victoria Hospital annexe un nouveau sous-département d'orthopédie à son département de chirurgie en clinique externe.
Source: Sclater Lewis (1969), 143.

Le test de Wassermann est introduit au Royal Victoria Hospital et le docteur Bruère est nommé «serologist» de l'hôpital.
Source: Sclater Lewis (1969), 119.

Premier examen bronchoscopique au Royal Victoria Hospital.
Source: Sclater Lewis (1969), 207.

1908 Création à l'Université Laval d'un laboratoire de recherches et d'anatomie pathologique. Ce laboratoire est pris en charge par le docteur A. Vallée. Malgré la mise sur pied d'un laboratoire rudimentaire de bactériologie en 1898, il était devenu impérieux pour la faculté d'organiser un laboratoire satisfaisant aux exigences de la nou-

velle discipline. La mise sur pied du nouveau laboratoire fait suite à une résolution des autorités de la faculté, datée du 3 janvier 1907, qui visait à répondre au décret imposé par le Bureau des gouverneurs qui exigeait l'introduction de la bactériologie au sein du curriculum universitaire. Le docteur Vallée, de retour d'un séjour à l'Institut Pasteur, avait renouvelé au recteur de l'université la recommandation d'un tel laboratoire.
Sources: BMQ (1908), 93; Boissonnault (1953), 255, 275, 307, 309-310.

Le docteur W. Wilkins devient le premier véritable radiologiste du Montreal General Hospital. Il effectuera 578 radiographies durant sa première année de service.
Source: MacDermot (1950), 96.

Le Royal Victoria Hospital acquiert un appareil à rayons X de type Snook.
Source: Sclater Lewis (1969), 211.

1909 Publication par le docteur E. Archibald d'un article intitulé «A report on Gas-Air Anaesthesia» dans le *Montreal Medical Journal.* L'auteur traite d'une nouvelle méthode d'anesthésie qui sera importée par l'anesthésiste Nagle du Royal Victoria Hospital en 1912.
Source: MMJ (1909), 518.

1910 Création du laboratoire municipal de chimie et de bactériologie à Montréal.
Source: Pierre-Deschênes (1980),133 .

Première utilisation au Québec du salvarsan «606» de Erhlich pour le traitement de la syphilis.
Sources: MacDermot (1967), 169.

1911 Ouverture, au Montreal General Hospital, du département de chirurgie génito-urinaire, dirigé par le docteur R. P. Campbell, et du service de chirurgie orthopédique, dirigé par le docteur A. Mackenzie Forbes.
Source: MacDermot (1950), 97.

Les laboratoires de l'Hôtel-Dieu de Montréal sont réaménagés sous la direction des docteurs Bernier et Baril.
Source: Desjardins *et al.* (1973), 63.

1912 Installation d'un service de radiologie au Royal Victoria Hospital. Le nombre de plaques radiographiques, qui s'élève à 3740 pour la première année, dépassera les 19 000 en 1924.
Source: Sclater Lewis (1969), 64.

Le docteur F. W. Nagle devient le premier anesthésiste résident du Royal Victoria Hospital. Considéré à juste titre comme le premier spécialiste en anesthésie, il introduit la même année deux nouvelles méthodes mises au point en Europe: l'anesthésie intratrachéale et l'anesthésie mixte au gaz et à l'oxygène. Il aura le docteur W. Bourne comme anesthésiste assistant.
Source: Sclater Lewis (1969), 145.

E. Archibald, pionnier de la chirurgie thoracique, est le premier chirurgien en Amérique à traiter la tuberculose pulmonaire par la thoracoplastie.
Source: Pelletier (1940), 629; MacDermot (1967), 33.

Le docteur L. F. Dubé obtient le premier prix du concours de la Société internationale de la tuberculose pour sa contribution intitulée: «Accélération des battements du cœur et de la respiration: signes révélateurs précoces de la tuberculose».
Source: BMQ (1912), 49-54; 484.

1913 Réorganisation du laboratoire de bactériologie et d'anatomie pathologique à la faculté de médecine de l'Université Laval à Québec. Les travaux seront terminés pour la session d'automne. Le musée anatomique est aussi réorganisé et placé sous la direction du docteur A. Vallée.
Source: BMQ (1913), 27.

La ville de Maisonneuve se dote d'un laboratoire de bactériologie placé sous la direction du docteur Lussier.
Source: UMC (1913), 332-333.

L'anesthésiste Nagle du Royal Victoria Hospital rapporte dans le *British Medical Journal* l'administration de quelques 300 anesthésies endotrachéales.
Source: BMJ (1913), 393.

Le docteur L. F. Dubé de la municipalité de Notre-Dame du-Lac, remporte pour la seconde fois un prix de la Société internationale de la tuberculose de Paris grâce à un travail intitulé «Le traitement scientifique complet de la tuberculose par la combinaison du traitement rationnel, du traitement chimiothérapique et du traitement physiothérapique».
Source: BMQ (1913), 561.

1914 Création du laboratoire provincial de recherches médico-légales à la morgue de Montréal. Il se dénommera par la suite Institut de médecine légale. C'est le docteur W. Derome qui en assure la direction. Il s'agit du premier laboratoire médico-légal sur le continent. Il demeurera le seul laboratoire du genre au Canada au moins jusqu'en 1928.
Sources: UMC (1914), 178; Abbott (1931), 87-88; UMC (1970), 511.

Inauguration d'une salle d'autopsie à l'Hôtel-Dieu de Québec. L'installation de cette salle fait suite à la décision des autorités de l'Université Laval, avec l'accord des sœurs hospitalières, d'initier les étudiants à la pratique de la dissection anatomique.
Sources: BMQ (1913), 27; Desjardins *et al.* (1973), 63.

Création d'une chaire de radiologie et d'électrologie à l'École de Médecine et de Chirurgie/Succursale de l'Université Laval à Montréal. Le titulaire en est le docteur Panneton, radiologiste à l'Hôpital Notre-Dame.
Source: UMC (1914), 172.

Installation d'un appareil d'électrocardiographie de type Cambridge au Montreal General Hospital sous la direction du docteur T. Cotton[6] assisté du docteur C. C. Bir-

6. MacDermot (1950, 97) mentionne toutefois que le premier médecin de l'hôpital à s'intéresser à l'électrocardiologie est le docteur C. C. Birchard. Il deviendra directeur du service d'électrocardiographie en 1919.

chard. Il s'agit du premier appareil de ce type installé au Québec. Peu après, le Royal Victoria Hospital fait aussi l'acquisition d'un électrocardiographe qui est mis sous la direction du docteur Meakins. Ce dernier est le premier médecin canadien véritablement spécialisé en cardiologie. Le premier électrocardiogramme du Royal Victoria est effectué au mois de juillet. Entre 1910 et 1914, le docteur C.F. Moffatt, praticien au même hôpital, utilisait le polygraphe de Mackenzie pour calculer la fréquence cardiaque.
Sources: MacDermot (1950), 97; Sclater Lewis (1969), 64, 144; Segall (1988), 71, 76-79.

Le service d'électrothérapie de l'Hôtel-Dieu de Québec, qui était sous l'autorité des hospitalières de l'institution, est pris en charge par l'Université Laval. Celui-ci devient un service d'électroradiologie. La faculté de médecine de l'Université Laval à Québec achète les instruments photographiques et radiographiques nécessaires. L'implication de l'université fait suite à la décision d'offrir des cours d'électrothérapie à sa faculté de médecine de Québec.

Le Sherbrooke Hospital invite le docteur Henning à constituer le premier service de radiologie de l'hôpital. Il fournira son propre appareil à rayons X jusqu'en 1922. L'année suivante, l'hôpital se dotera d'un nouvel appareil.
Source: CHS (1988), 79.

Création et annexion d'un sous-département d'urologie au département de chirurgie du Royal Victoria Hospital, sous la direction du docteur J. W. Hutchinson.
Source: Sclater Lewis (1969), 152.

Un laboratoire de physiologie est mis sur pied par la faculté de médecine de l'Université Laval.
Source: Boissonnault (1953), 319.

L'Hôtel-Dieu de Chicoutimi se dote de son premier laboratoire médical.
Source: Perron (1984), 130.

1915 Le docteur E. Grenier fait paraître, dans L'*Union médicale du Canada*, un article intitulé: «Le traitement de la tuberculose pulmonaire par la méthode de Forlanini» (méthode du pneumothorax artificiel).
Source: UMC (1915), 316.

1917 Le docteur Jarry inaugure des cliniques de pneumothorax thérapeutique. Il introduit également l'épreuve tuberculinique pour le dépistage des tuberculeux.
Source: ACCTMR (1968), 126.

1919 Ouverture du département d'électroradiologie de l'Hôtel-Dieu de Montréal sous la direction de L. Pariseau.
Source: Segall (1988), 253.

Publication par le docteur W. Derome de son *Précis de médecine légale*, Montréal, Compagnie d'imprimerie des marchands limitée, 1920, 389 p.

1920 Publication par le gouvernement fédéral de trois brochures sur le diagnostic des maladies vénériennes, intitulées *Les maladies vénériennes. Le test de Wassermann/Veneral Diseases. The Wassemann Test; Les maladies vénériennes. Les examens microscopiques/Veneral Diseases. The Microscopic Examination*, et *Les maladies vénériennes. Diagnostic et traitement/Veneral Diseases. Diagnosis and Treatment.*
Source: Cassel (1987), 272.

1921 Un service de radiologie pulmonaire est créé à l'Institut Bruchési sous la responsabilité du docteur Lorrain[7].
Sources: UMC (1932), 194; ACCTMR (1968), 126.

Le docteur F. G. Finley identifie le syndrome clinique de la maladie kyphoscoliotique *(kyphoscoliotic heart disease).*
Source: Segall (1988), 56-57.

Le docteur Gross innove en procédant à une artérioscopie coronaire à l'aide d'un colorant radio opaque.
Source: Segall (1988) 59.

---

7. UMC (1932, 194) mentionne toutefois 1920.

1922 Fondation de l'Institut du radium de Montréal[8] à la suite des démarches entreprises par le docteur E. Gendreau. Inauguré en 1923 par le premier ministre Taschereau, l'Institut, dirigé par Gendreau, est alors logé au sous-sol de l'Université de Montréal, sur la rue Saint-Denis. L'administration financière est confiée à des délégués de l'Université de Montréal alors que la régie interne est laissée aux sœurs grises. Doté du premier appareil à rayons X de 200 000 volts en Amérique, l'Institut se consacrera principalement au traitement du cancer et à la recherche clinique. Il sera relocalisé en 1926 dans l'ancien hôtel de ville de Maisonneuve sur la rue Ontario Est où 23 lits accueilleront les cancéreux. Les travaux scientifiques effectués à l'Institut seront publiés dans des revues médicales telles que *L'Union médicale du Canada*. sous la plume de Gendreau et de son principal collaborateur, le docteur O. Dufresne. L'Institut fermera ses portes en 1967.
Sources: UMC (1932), 213; Tanghe (1936), 121; Chartrand *et al.* (1987), 369-371.

Fondation de la Société de biologie de Montréal. Cette société, qui regroupe des professeurs de l'Université de Montréal, désire se consacrer à la diffusion des connaissances scientifiques et médicales. Elle est fondée à la demande du docteur Bernier lors d'une réunion de la Société médicale de Montréal. C'est à lui qu'en reviendra la présidence.
Source: Chartrand *et al.* (1987), 343.

Les docteurs J. A. Vidal, J. A. Jarry, G. Migneault et L. Verschelden forment à l'Institut Bruchési la première équipe de spécialistes de la tuberculose. Initiée par Jarry, cette équipe utilisera largement le pneumothorax issu des travaux de l'Italien Forlanini, comme méthode de traitement.
Source: ACCTMR (1968), 121, 133.

8. UMC (1959, 51) mentionne 1923 comme date de fondation. Il s'agit en fait de la date d'inauguration. Fournier (1987, 173) affirme que l'Institut du radium est créé en 1926.

Installation d'un appareil de radiologie au dispensaire de la Ligue antituberculeuse de Québec.
Source: ACCTMR (1968), 89.

L'utilisation de l'insuline, mise au point par Banting, Best et Collip au laboratoire du docteur Macleod[9], se généralise au Québec, notamment au Royal Victoria Hospital. Mais une telle utilisation provoque à ses débuts de nombreux cas de coma hypoglycémique.
Source: Sclater Lewis (1969), 151.

1923 Installation du premier appareil de radiologie à l'Hôpital Laval de Québec.
Source: ACCTMR (1968), 89.

1924 Ouverture, au printemps, de l'Institut d'anatomie pathologique (Pathological Institute) de l'université McGill. Le gouvernement du Québec avait donné un million de dollars pour cet institut. L'inauguration officielle a lieu le 9 octobre sous la présidence du lieutenant-gouverneur N. Pérodeau.
Source: Sclater Lewis (1969), 163.

Création d'un laboratoire de bactériologie à l'École de Médecine Vétérinaire de l'Université de Montréal.
Source: Pépin (1986), 145.

Ouverture du laboratoire de métabolisme au Western Division du Montreal General Hospital. Ce laboratoire est dirigé par le docteur Rabinowitch.
Source: MacDermot (1950), 102.

Le service de cardiologie de l'Hôpital Notre-Dame se dote d'un électrocardiographe et d'un orthodiagraphe.
Source: GRHHND.

La faculté de médecine de l'Université Laval fait l'acquisition d'un électrocardiographe par suite des démarches des docteurs Lessard et Lacroix.
Source: Lessard (1970), 16.

9. Les docteurs F. G. Banting et J. J. R. Macleod recevront en 1923 le prix Nobel pour leurs travaux sur l'insuline.

Le docteur Brousseau donne l'une des premières conférences sur la psychanalyse à l'Hôpital Saint-Michel-Archange.
Source: BMQ (1924), 127.

1925 Fondation de la clinique neuro-psychiatrique Roy-Rousseau à Québec[10].
Source: Boissonnault (1953), 390.

Installation par le docteur Wilkins d'un appareil de radiologie au Medical Arts Building de l'université McGill.
Source: Segall (1988), 251.

Introduction, par le docteur D. Ballon, du lipiodol au département de radiologie. Il s'agit d'un nouveau procédé diagnostic de la *bronchiectasis* et de la tuberculose pulmonaire.
Source: Sclater Lewis (1969), 210.

L'Hôtel-Dieu de Montréal fait l'acquisition d'un électrocardiographe à la demande du radiologue L. Pariseau.

1926 Fondation de l'Institut scientifique franco-canadien. L'Institut, fondé sous l'instigation de son premier directeur, L. J. Dalbis, a pour but de resserrer les liens unissant la France et le Canada dans le domaine scientifique, en offrant des cours ou des conférences qui seront donnés par les maîtres français réputés dans leur discipline. Inauguré le 22 janvier 1927 à la bibliothèque Saint-Sulpice, l'Institut offrira, selon les conférenciers invités, des cours de géologie, de bactériologie, d'obstétrique, de physique, d'ingénierie, etc.
Sources: RUL (1950), 584; Chartrand *et al.* (1987), 253-254, 343.

10. Selon Gosselin (1989) cette clinique est fondée en 1926.

Le test de Graham pour les maladies de la vésicule biliaire est introduit au département de radiologie du Royal Victoria Hospital.
Source: Sclater Lewis (1969), 210-211.

1927 Fondation de l'Institut d'anatomie pathologique de Montréal par le docteur P. Masson. Titulaire de la chaire d'anatomie pathologique de la faculté de médecine de l'Université de Montréal, le docteur Masson décide de regrouper les laboratoires de la faculté, de l'Hôpital Notre-Dame et de l'Hôtel-Dieu. L'Institut ainsi créé devient un centre d'enseignement et de recherche.
Sources: Chartrand *et al.* (1987), 343-344; GRHHND.

Acquisition, par le docteur H. N. Segall, du premier appareil électrocardiographique portatif à Montréal. Il est contenu dans deux boîtes pesant chacune une cinquantaine de livres.
Source: Segall (1988), 125.

1928 Création de l'Institut d'anatomie pathologique de l'Université Laval à Québec. Il prend la relève du département d'anatomie pathologique de l'Université Laval. Cet institut réunira tout le matériel des laboratoires d'anatomie pathologique des hôpitaux affiliés à la faculté de médecine de l'université. Dirigé par les docteurs Vallée et Berger, l'Institut sera prêt à fonctionner en janvier 1929. Il aura pour tâche de répondre aux demandes faites par les hôpitaux et les médecins d'examens anatomo-pathologiques des pièces histologiques prélevées sur des malades indigents. Cet institut sera affilié en 1930 à l'Institut du cancer de l'Université Laval.
Sources: BMQ (1928), 29; Boissonnault (1953), 367.

Le docteur W. Penfield de New York devient responsable du nouveau département de neurochirurgie au Royal Victoria Hospital et chirurgien en chef de cette spécialité. Le projet de fondation d'un tel département avait été formulé par les docteurs Archibald et Kenan en 1927.
Source: Sclater Lewis (1969), 298, 300.

1929 Le docteur E. Archibald, chirurgien en chef du Royal Victoria Hospital depuis 1928, met sur pied une clinique de chirurgie médico-pulmonaire. Il choisit comme premier assistant N. Bethune avec lequel il donnera en 1931 un cours intitulé «Le diagnostic et le traitement chirurgical des maladies du poumon et de la plèvre».
Source: Stewart (1976), 56, 59.

En janvier, les gouverneurs du Royal Victoria Hospital accordent, conséquemment aux représentations du docteur Archibald, un montant de 25 000 $ pour établir un département de radium. Celui-ci débute ses activités au mois de novembre.
Source: Sclater Lewis (1969), 215.

1930 Fondation de l'Institut du cancer de l'Université Laval à Québec. La faculté de médecine de l'Université Laval, sous l'égide du docteur A. Rousseau, fonde un centre anticancéreux qui comprend un service de consultation et un service de diagnostic histo-pathologique. Il est intégré à l'Institut d'anatomie pathologique fondé en 1928. Le centre ouvrira ses portes en 1931.
Source: Boissonnault (1953), 366-367, 372.

Fondation de l'Institut de bactériologie et d'hygiène de l'Université Laval.
Source: Boissonnault (1953), 369.

E. Langlois publie son *Manuel de neuro-psychiatrie,* Montréal, Éd. Edouard Garand, 1930, 214 p.

1931 Le docteur P. Z. Rhéaume publie un ouvrage intitulé *Technique chirurgicale — estomac et duodénum,* Paris, Masson, 1931.
Source: Desjardins *et al.* (1976), 1408.

Une clinique d'hématologie est mise sur pied sous la direction du docteur J. Kaufmann au département de clinique externe du Royal Victoria Hospital.
Source: Sclater Lewis (1969), 181.

Au cours de sa collaboration avec le docteur Archibald, le premier chirurgien à pratiquer la thoracoplastie dans le traitement de la tuberculose, le docteur N. Bethune, invente, entre autres instruments chirurgicaux, un cosmotome et un appareil à pneumothorax qui porteront son nom.
Sources: Sclater Lewis (1969), 189; ACCTMR (1968), 122; Gordon Allan (1973), 53-54.

1932 Le laboratoire du B.C.G. de l'Université de Montréal est mis sous la direction du professeur A. Frappier qui revient de stages d'études à Rochester, à New York et à Paris. Ce laboratoire, qui sert aux travaux d'inoculation du B.C.G. menés par le docteur Beaudoin, semble exister depuis quelques années. Il est à l'origine de ce qui deviendra, en 1938, l'Institut de microbiologie et d'hygiène de l'Université de Montréal.
Source: ACCTMR (1968), 40, 138.

Mise sur pied d'un service d'anesthésie à l'Hôtel-Dieu de Québec. Le service est dirigé par le docteur C. Vézina.
Source: LM (1957), 254.

Le Royal Victoria Hospital engage ses deux premiers biophysiciens, les docteurs A. J. Cipriani et K. Evelyn.
Source: Sclater Lewis (1969), 176.

Le docteur Archibald du Royal Victoria Hospital procède à l'ablation complète d'un lobe pulmonaire.
Source: Sclater Lewis (1969), 189.

La Pilling & Company accepte de fabriquer et de distribuer les nouveaux instruments chirurgicaux de N. Bethune. En 1931, au cours de sa collaboration avec le docteur Archibald au Royal Victoria Hospital, le premier chirurgien à pratiquer la thoracoplastie dans le traitement de la tuberculose, le docteur N. Bethune, avait inventé, entre autres instruments chirurgicaux, un costotome ou «Bethune rib-shear» qui deviendra un instrument standard de la chirurgie thoracique ainsi qu'un appareil à pneumothorax qui portera son nom.
Sources: Sclater Lewis (1969), 189; CPHA (1982), 9.

Le neurochirurgien W. Penfield publie le premier volume de son ouvrage intitulé *Cytology and Pathology of the Nervous System*.
Sources: Sclater Lewis (1969), 205.

1933 L'Hôtel-Dieu de Québec fait l'acquisition d'un électrocardiographe qui est confié au docteur R. Lessard[11].
Source: Segall (1975), 1687.

1934 Ouverture du Montreal Neurological Institute subventionné par le Rockefeller Institute. Le neurochirurgien W. Penfield du Royal Victoria Hospital est nommé directeur de l'institut. Il y poursuivra des recherches sur l'épilepsie et sur les mécanismes de la pensée.
Sources: Sclater Lewis (1969), 176; EC (1987), 1213; PHMQ (1989), 7.1.

Ouverture d'un laboratoire d'endocrinologie sous la direction du docteur J. S. L. Browne au Royal Victoria Hospital.
Source: Sclater Lewis (1969), 176.

Mise en place à l'Hôtel-Dieu de Montréal du procédé d'anesthésie générale à circuit fermé.
Source: Desjardins *et al.* (1973), 65.

1936 M. Abbott publie son *Atlas of Congenital Cardiac Disease,* New York, American Heart Association, 1936.

1938 Création de l'Institut de microbiologie et d'hygiène de l'Université de Montréal par le docteur A. Frappier. Cet institut prendra le nom d'Institut Armand Frappier. Le docteur Frappier revient alors d'un deuxième stage d'études à l'Institut Pasteur de Paris, où il a travaillé au laboratoire des vaccins et des anatoxines du professeur Ramon. L'Institut est calqué sur le modèle

---

11. Les premiers électrocardiogrammes furent effectués à l'Hôtel-Dieu de Québec en 1932 avec l'appareil du docteur Blanchet du laboratoire de physiologie de l'Université Laval. *Voir Lessard (1970, 16).*

de l'Institut Pasteur de Paris et de l'Institut Connaught de Toronto.
Sources: ACCTMR (1968), 40, 139; Desrosiers *et al.* (1989), 17.

Fondation de l'Institut de diététique et de nutrition de l'Université de Montréal.
Source: Desjardins *et al.* (1973), 63.

L'Hôtel-Dieu de Montréal réorganise son service de radiologie et procède à l'achat de nouveaux équipements radiologiques plus efficaces et assurant une meilleure protection contre les électrocutions et les radiations.
Source: Desjardins *et al.* (1973), 65-66.

1939 En raison d'un nouveau règlement du Collège des médecins et chirurgiens, les anesthésies doivent désormais être administrées par un médecin.
Source: Sclater Lewis (1969), 103.

Sources documentaires et bibliographie

Sources imprimées

Archives municipales de Montréal

AMM , 800. A

AMM , 800.10 (santé-causerie)

AMM , 821.2 (santé-médecine)

AMM , 800. A (santé-administration)

AMM , 806.1 (hygiène-enfance-vaccins)

AMM , Rapport annuel sur l'état sanitaire de Montréal, 1879.

Autres

Document de l'Institut canadien de microreproductions, n° 52841

Document de l'Institut canadien de microreproductions, n° 61761

Document de l'Institut canadien de microreproductions, n° 01673

Périodiques et journaux

Bulletin de recherche historique

Canada Lancet

Canada Medical Journal and Monthly Record of Medical and Surgical Science

L'Hôpital

L'Union médicale du Canada

La Gazette de Québec/The Quebec Gazette

La Gazette médicale

La Lancette canadienne

La Revue canadienne
La Revue de l'Université Laval
La Revue médicale
La Vie médicale au Canada français
Laval médical
Le Bulletin d'hygiène
Le Bulletin médical de Québec
Le Canadien
Le Foyer domestique
Le Journal d'hygiène populaire
Le Monde illustré
Le Nouvelliste
The British American Journal of Medical & Physical Science
The British American Medical and Physical Journal
The Canada Medical and Surgical Journal
The Canada Medical Record
The Medical Chronicle
The Montreal Medical Gazette
The Montreal Medical Journal

Documents gouvernementaux

Édits et ordonnances 1627-1753, vol. I et vol. II, 1806.

Édits et ordonnances royaux, déclarations et arrêts du Conseil d'État du Roi concernant le Canada, Québec, 1854-1856.

Journaux de l'Assemblée législative du Québec.

Ordonnances édictées pour la Province de Québec par le Gouverneur et le conseil de celle-ci, de 1768 à 1791.

Statuts de la Province du Bas-Canada.

Statuts de la Province du Canada.

Statuts du Canada.

Statuts de la Province de Québec.

Table des actes et ordonnances du gouvernement et du conseil législatif de la Province de Québec, 1843.

Brochures, opuscules, autres

A Guide for the Exhibitions at the Hôtel-Dieu, Montréal, The Saint-Sulpice Library, 1929.

Actes du premier congrès de l'Association des Médecins de Langue Française de l'Amérique du Nord, Québec, J. C. K. Laflamme, 1903.

American and Canadian Hospitals, Minneapolis, Midwest Publishers Company, 1933.

Annuaires de l'École de Médecine et de Chirurgie.

Annuaires de la Succursale de l'Université Laval à Montréal

Annuaires de l'Université Laval.

Association canadienne contre la tuberculose et les maladies respiratoires, *Tuberculose: visages d'hier et d'aujourd'hui,* s.l., s.éd., 1968.

Association des gardes-malades enregistrées de la province de Québec, *Vingt-cinq années de collaboration,* s.l., s.éd, 1946.

Brochure du Collège royal des médecins et chirurgiens du Canada, 1978.

Canadian Nurses Association, *A Brief History of the Canadian Nurses Association Founded 1908,* Winnipeg, s. éd., n.d.

Centre hospitalier de Sherbrooke, *Sherbrooke Hospital. Centenary — Souvenir Album 1888-1988,* Sherbrooke, 1988.

Colloque médical sur l'histoire de la médecine au Canada, s.l., Schering, 1967.

Communauté des sœurs grises de Montréal, *Deux cents ans,* Montréal, 1938.

Drapeau, *Histoire des institutions de charité, de bienfaisance et d'éducation du Canada depuis leur fondation jusqu'à nos jours,* vol. 1, Ottawa, Imprimerie du Foyer Domestique, 1877.

Fondation Cooke Inc., pamphlet, s.l., n.d.

Histoire de la congrégation de Notre-Dame de Montréal, Montréal, Maison mère de la congrégation de Notre-Dame de Montréal, 1969.

L'Hôpital Général des Sœurs de la charité, Tome 1, Montréal, s.éd., 1916.

Lachapelle, E.-P. *et al., Rapport de la Commission Royale de la Tuberculose,* Province de Québec, 1909-1910.

Laviolette, C., *Montagne tremblante, Laurentides, Canada (3000 pieds): sanatorium d'altitude pour la tuberculose: cures d'hiver et d'été,* Montréal, Sénécal, 1894.

LeCavelier, D.-E., *Trente ans après. Vingt ans après,* XIIIe Congrès de l'association des médecins de langue française de l'Amérique du Nord et XXIIIe session de l'Association des médecins de langue française d'Europe, Québec, 27-30 août 1934.

Lesage, A., *Le Collège des médecins et chirurgiens de la province de Québec 1847-1947,* Montréal, s.éd., 1947.

Les Hôpitaux du Montreal Hospital Council, Montréal, s.éd., s.d.

McConnell, J. B., *Cholera, its Nature, Symptoms, History, Cause and Prevention,* Montréal, Ed. Robert Miller, Son & Co., 1885.

Mère Marie de Jésus, *Les Ursulines des Trois-Rivières depuis leur établissement jusqu'à nos jours,* Québec, L'Action sociale, 1911.

Mgr de Saint-Vallier et l'Hôpital Général de Québec, Québec, C. Darveau, 1882.

Moreau, O., *L'Hôtel-Dieu, premier hôpital de Montréal,* Montréal, s.éd., 1942.

Nelson, W., *Practical Views on Cholera,* Montréal, s.éd., 1854.

Our Tribute Everlasting 50th Anniversary, Sir Mortimer B. Davis, Jewish General Hospital 1934-1984, Montréal, 1984.

Petite histoire de la médecine au Québec, Montréal, Société Radio-Canada (Les transcriptions Radio), 1989.

Proclamation de quarantaine, 1836.

Rapport de la première réunion de la Conférence des hôpitaux catholiques de la province de Québec, document dactylographié, 1933.

Rapport du sous-comité du Conseil d'hygiène de Montréal, 1886.

Rapports annuels du Homœopathic Hospital.

Roy, abbé C., *L'Université Laval et les fêtes du cinquantenaire,* Québec, Typ. Dussault & Proulx, 1903.

Saint-Luc, 75 ans d'hospitalité, Les Relations Publiques de l'Hôpital Saint-Luc, 1985 (recherchiste: H. Lucie Lord).

Saint-Pierre, A., *L'Œuvre des congrégations religieuses de charité dans la province de Québec,* Montréal, Bibliothèque canadienne, 1930.

Shepherd, F. J., *Origin and History of the Montreal General Hospital,* Montréal, The Gazette Printing, 1919.

The Grosse Isle Tragedy and The Monument to the Irish Fever Victims, 1847, Québec, The Telegraph Printing Company, 1909.

Taché, J.- C., *Mémoire sur le choléra,* bureau de l'agriculture et des statistiques, 1866.

Un Héritage de courage et d'amour ou La petite histoire de l'Hôpital Saint-Jean-de-Dieu à Longue-Pointe 1873-1973, Thérien Frères Limitée, 1975.

Vallée, Arthur, *La médecine canadienne-française,* Québec, s.éd., 1924.

Documents de référence

Dictionnaire biographique du Canada, Québec, Toronto, Presses de l'Université Laval/Toronto University Press, vol. I à XIII:

Audet, L. P., «H. Peltier», vol. X, 643-645.

Bensley, E. H., « A. F. Holmes», vol. VIII, 447-450.

Bensley, E. H., «G. E. Fenwick», vol. XII, 341-343.

Bernier, J., «F. Blanchet», vol. VI, 74-76.

Bernier, J., «J. Blanchet», vol. VIII, 107-108.

Bernier, J., «P. L. F. Badelard», vol. V, 51-52.

Boissonnault, C. M., « J. Martinet de Fonblanche», vol. II, 485-486.

Boissonnault, C. M., «J. Painchaud», vol. X, 618-619.

Boissonnault, C. M., «M. Bertier», vol. II, 62-63.

Chabot, R., S. Monet et Y. Roby, «R. Nelson«, vol. X, 597-600.

Chalifoux, J. P., «R. L. McDonnell», vol. X, 516-517.

Desjardins, E., «F. Badgley«, vol. IX, 17-18.

Desjardins, E., «J. Bowman», vol. IV, 89-90.

Desjardins, E., «J. Emery-Coderre», vol. XI, 332-333.

Lorimier, M. de, «T. Kimber», vol. VIII, 522-523.
Ferland-Angers, A., «F. Charon de la Barre», vol. II, 139-141.
Goulet, D. et O. Keel, «A. B. Larocque de Rochbrune», vol. XII, 576-577.
Goulet, D. et O. Keel, «W. H. Hingston», vol. XIII, à paraître.
Goulet, D. et O. Keel, «W. Johnston», vol. XIII, à paraître.
Hertzman, L., «A. F. von Iffland», vol. X, 411-413.
Janson, G., «C. Blake», vol. V, 97-98.
Janson, G., «D. Arnoldi», vol. III, 27-29.
Janson, G., «F. X. Tessier», vol. VI, 841-843.
Leblond, S., «G. M. S. Douglas», vol. IX, 238-239.
Leblond, S., «J. Douglas», vol. XI, 298-300.
Leclerc-Larochelle, M., «T. E. d'Odet d'Orsonnens», vol. XII, 870-872.
Lessard, R., «C. N. Perrault», vol. VI, 635-637.
Lessard, R., «F. M. Suzor», vol. V, 867-868.
Lortie, L., «J. A. Crevier», vol. XI, 238-239.
Marshall, J. S., «C. S. Smallwood», vol. X, 719-721.
Moogk, P. N., «J. Lajus», vol. III, 371-372.
Murray Greenwood, E., «F. G. Oliva», vol. IV, 638-639.
Pelletier, S. F. et J. H. Noble, «J. Barnston», vol. VIII, 69-70.
Roland, C. G., «J. Stephenson», vol. III, 892-893.
Rousseau, J., «M. Sarrazin», vol. II, 620-627.
Samuel, R., «H. Howard», vol. XI, 468-470.
Sylvain, P., «J. E. Landry», vol. XI, 533-536.
Tunis, B. R., «G. Longmore», vol. V, 551-553.
Tunis, B. R., «W. Holmes», vol. VI, 358-360.
Furetière, L., *Dictionnaire universel*, Paris, 1690.
L'Encyclopédie du Canada, Montréal, Tome 1, Les Éditions internationales Stanké, 1987.
L'Encyclopédie du XIXe siècle, Paris, 1872.
Paradis, A. et H. Naubert (D. Goulet, collaboration), *Recension bibliographique: les maladies infectieuses dans les périodiques médicaux québécois du XIXe siècle*, Collection «Matériaux pour l'histoire de la médecine québécoise», Trois-Rivières, Centre de recherche en études québécoises, 1988.

Rapports de recherche, mémoires et thèses

Bernier, J., *L'Hôpital de Jeanne Mance,* thèse, s. l., s.éd., 1957.

Boisclair, G, *La perception de la folie au Québec au* XVIIIe *siècle,* Mémoire de maîtrise (histoire), Département des sciences humaines, Université de Sherbrooke, 1989.

Daigle, J., *Devenir infirmière: le système d'apprentissage et la formation professionnelle à l'Hôtel-Dieu, 1920-1970,* Thèse de doctorat, Département d'histoire, Université du Québec à Montréal, 1990.

Desrosiers, G., B. Gaumer et O. Keel, *Étude de l'évolution des structures et du contenu de l'enseignement universitaire spécialisé de santé publique au Québec et de ses déterminants de la fin du* XIXe *siècle à 1970,* Rapport de recherche, Groupe de recherche interdisciplinaire en santé, Université de Montréal, 1987.

Gaumond, M. L. (Mère Sainte-Cécile, o.s.a.), *Coup d'œil sur le mouvement progressif du service de chirurgie à l'Hôtel-Dieu de Québec,* notes et mémoires des anciennes mères, texte dactylographié (archives du monastère de l'Hôtel-Dieu de Québec), n. d.

Germain, A., *Les mouvements de réforme urbaine à Montréal au tournant du siècle: modes de développement, modes d'urbanisation et transformations de la scène politique,* Thèse de doctorat, Département de sociologie, Université de Montréal, 1980.

Goulet, D., *Des miasmes aux germes: l'introduction de la bactériologie au Québec (1870-1920).* Thèse de doctorat (en rédaction), Département d'histoire, Université de Montréal.

Gosselin, C., «L'année et les raisons de fondation des hôpitaux de la région de Québec», circulaire distribuée lors du Congrès des sociétés savantes tenu à l'Université Laval, Québec, Société canadienne d'histoire de la médecine, 1989.

Groupe de recherche sur l'histoire de l'Hôpital Notre-Dame, *Histoire de l'Hôpital Notre-Dame 1880-1980,* dirigé par O. Keel, assisté de D. Goulet et F. Hudon, Département d'histoire, Université de Montréal.

Hearn Milner, E., *Bishop's Medical Faculty Montreal 1871-1905*, Sherbrooke, R. Prince Imp. Inc., 1985.

Héroux, H., *Historique de l'Hôpital Cooke*, document ronéotypé, bibliothèque de l'Hôpital Cooke, Trois-Rivières, 1973.

Jacques, A., *Les 325 ans de l'Hôtel-Dieu, journée médicale de l'Hôtel-Dieu*, samedi le 26 septembre, texte dactylographié, 1964 (archives du monastère de l'Hôtel-Dieu de Québec).

Janson G., «L'Hôpital», texte présenté à l'émission *Présence du passé* de Radio-Canada FM, 1979.

Keating, P., *L'Institutionnalisation de la psychiatrie au Québec*, Thèse de doctorat, Département d'histoire, Université de Montréal, 1986.

Kenneally, R., *The Montreal Maternity Hospital, 1843-1926: Evolution of a Hospital* , Mémoire de maîtrise, Département d'histoire, université McGill, 1983.

Lessard, R., *La médecine à l'Hôtel-Dieu de Québec il y a quarante ans*, Conférence du 15 sept. 1970, texte dactylographié (archives du monastère de l'Hôtel-Dieu de Québec).

Mathieu, Lise, *Étude de la législation sociale du Bas-Canada 1760-1840*, Mémoire de maîtrise, Service social, Université Laval, 1953.

Pierre-Deschênes, C., *La Tuberculose au Québec au début du XXe siècle: problème social et réponse réformiste*, Mémoire de maîtrise, Département d'histoire, Université de Montréal, 1980.

Rioux, Denise, *La Grippe espagnole à Sherbrooke en 1918*, Mémoire de maîtrise, Département d'histoire, Université de Sherbrooke, 1985.

Saucier, R., *L'Hygiène à Québec sous le régime français*, Thèse de licence ès lettres (histoire), Université Laval, 1958.

Tétrault, M., *L'État de santé des Montréalais de 1880 à 1914*, Mémoire de maîtrise, Département d'histoire, Université de Montréal, 1979.

Thornton, P., S. Olson *et al.*, «Dimensions sociales de la mortalité infantile à Montréal au milieu du XXe siècle», texte ronéotypé, Département de géographie, université McGill, 1988.

Tunis, B., *The Medical Profession in Lower Canada: its Evolution as a Social Group, 1788-1838*, Mémoire de maîtrise, Département d'histoire, université de Carleton, 1979.

Voyer, Christiane, *Étude de la législation sociale du Bas-Canada 1841-1867*, Mémoire de maîtrise, Service social, Université Laval, 1954.

Articles, brochures, ouvrages, thèses et autres

Abbott, M., *History of the Medicine in the Province of Quebec*, Montréal, McGill University Press, 1931.

Anctil, H. et M. A. Bluteau, «La santé et l'assistance publique au Québec, 1886-1986», *Santé Société (édition spéciale)*, Québec, ministère de la Santé et des Services sociaux, 1986.

Beaudet, C., *Évolution de la psychiatrie anglophone au Québec: 1880-1963. Le cas de l'Hôpital de Verdun*, Québec, Institut supérieur des sciences humaines, Université Laval, 1976.

Beaudet, L., *Québec, ses monuments anciens et modernes*, Québec, La Société historique de Québec, 1973.

Bensley, E. H., *McGill Medical Luminaries*, Montréal, Coll. Osler Library, McGill University, 1990.

Bernier, J., «Les praticiens de la santé au Québec 1871-1921. Quelques données statistiques», *Recherches sociographiques*, vol. 20, n° 1, janvier-avril 1979, p.41-58.

«François Blanchet et le mouvement réformiste en médecine au début du XIXe siècle», *Revue d'histoire de l'Amérique française*, vol. 34, n° 2, septembre 1980, p.223-244.

«Vers un nouvel ordre médical: les origines de la corporation des médecins et chirurgiens du Québec», *Recherches sociographiques*, vol. XXII, n° 3, septembre-décembre 1981, p. 307-330.

«L'intégration du corps médical québécois à la fin du XIXe siècle, *Réflexions historiques*, vol. 10, 1983, p. 91-113.

«La standardisation des études médicales et la consolidation de la profession dans la deuxième moitié du XIXe siècle», *Revue d'histoire de l'Amérique française,* vol. 37, n° 1, juin 1983, p. 51-65.

La médecine au Québec, naissance et évolution d'une profession, Québec, Les Presses de l'Université Laval, 1989.

Bilson, G., *A Darkened House. Cholera in Nineteenth-Century Canada,* Toronto, University of Toronto Press, 1980.

«Canadian Doctors and the Cholera», dans *Medecine in Canada Society,* Montréal-Toronto, McGill Queen's University Press, 1981, p.115-136.

Bois, F., «Les débuts de l'enseignement de la médecine en français à Montréal: l'école de médecine de Victoria», *Bulletin canadien d'histoire de la médecine,* vol. 1, n° 1, 1984, p.91-96.

Boissonnault, C.-M., *Histoire de la faculté de médecine de Laval,* Québec, Les Presses de l'Université Laval, 1953.

Boudreau, F., *De l'asile à la santé mentale. Les soins psychiatriques: histoire et institutions,* Montréal, Éditions Saint-Martin, 1984.

Brown, C. (sous la direction de), *Histoire générale du Canada,* Montréal, Boréal, 1988.

Cassel, J., *The Secret Plague. Veneral Disease in Canada 1838-1939,* Toronto, University of Toronto Press, 1987.

Cellard, André, *Histoire de la folie au Québec de 1600 à 1850,* Montréal, Boréal, 1991.

Cellard, A. et D. Nadon, «Ordre et désordre: le Montreal Lunatic Asylum et la naissance de l'asile au Québec», *Revue d'histoire de l'Amérique française,* vol. 39, n° 3, 1986, p.345-367.

Chartrand, L., R. Duchesne et Y. Gingras, *Histoire des sciences au Québec,* Montréal, Boréal, 1987.

Cohen, Y. et M. Dagenais, «Le métier d'infirmière: savoirs féminins et reconnaissance professionnelle», revue d'Histoire de l'Amérique Française, vol. XLI, n° 2, 1987, p.155-177.

Copp, T. *Classe ouvrière et pauvreté. Les conditions de vie des travailleurs montréalais 1897-1929,* Montréal, Boréal Express, 1978.

Courteau, Bernard, *De Saint-Jean-de-Dieu à Louis-H.-Lafon-taine, évolution historique de l'hôpital psychiatrique de Montréal,* Montréal, éditions du Méridien, 1989.

Cushing, H., *The Life of Sir William Osler,* vol. 1, Oxford, Clarendon Press, 1925.

D'allaire, M., *L'Hôpital Général de Québec 1692-1764,* Montréal, Fides, 1971.

Darmon, P., *La Longue traque de la variole,* Paris, Perrin, 1986.

Desjardins, E., «Le centenaire de la Société Médicale de Montréal», *L'Union médicale du Canada,* 1971, p. 1188-1194.

«Les épidémies de fièvre maligne ou grippe vécues à l'Hôtel-Dieu en 1734 et en 1918», *L'Hôtel-Dieu de Montréal 1642-1973,* Ville de LaSalle, HMH, 1973.

«Les épidémies de fièvre pestilentielle survenues en Nouvelle-France», *L'Union médicale du Canada,* 1973a, p. 2254-2263.

«L'évolution de la chirurgie à Montréal (1843-1949)», *L'Union médicale du Canada,* 1976, p. 1398-1410.

Desjardins, E., J. Ducharme et J.-Y. Rousseau, *L'Hôtel-Dieu de Montréal 1642-1973,* Ville de LaSalle, HMH, 1973.

Desjardins, E., E. C. Flanagan et S. Giroux, *Histoire de la profession infirmière au Québec,* Montréal, L'Association des infirmières et infirmiers de la province de Québec, 1970.

Desrosiers, G., B. Gaumer, et O. Keel, «L'évolution des structures de l'enseignement universitaire spécialisé de santé publique au Québec: 1899-1970», *Bulletin canadien d'his-toire de la médecine,* vol. 6, n° 1, été 1989, p. 3-26.

Drolet, A., La Ville de Québec. *Histoire municipale III. De l'incorporation à la Confédération (1833-1867),* Québec, La Société historique de Québec, 1967.

«L'épidémie de grippe espagnole à Québec en 1918», dans *Trois siècles de médecine québécoise,* (en collaboration), Québec, La Société historique de Québec, 1970, p. 98-109.

Farley, M., P. Keating et O. Keel, «La vaccination à Montréal dans la seconde moitié du 19e siècle: pratiques, obstacles et résistances», *Sciences et médecine au Québec. Perspectives sociohistoriques,* Québec, Institut québécois de recherche sur la culture, 1987, p. 87-127.

Farley, M., O. Keel et C. Limoges, «Les commencements de l'administration montréalaise de la santé publique (1865-1885)», *Revue d'histoire des sciences, des techniques et de la médecine au Canada,* vol. VI, n° 1-2, janvier et mai 1982, p. 24-46 et 85-109.

Fecteau, J. M., *Un nouvel ordre des choses: la pauvreté, le crime, l'État au Québec, de la fin du XVIIIe siècle à 1840,* Outremont, VLB Éditeur, Collection «Études québécoises», 1989.

Ferland-Angers, A., *L'École d'infirmières de l'hôpital Notre-Dame (1898-1948),* Montréal, Les Éditions Contrecœur, 1948.

Fournier, M., «Entre l'hôpital et l'université: l'Institut du cancer de Montréal», *Sciences et médecine au Québec. Perspectives sociohistoriques,* Québec, Institut québécois de recherche sur la culture, 1987, p. 171-199.

Fournier, M., Y. Gingras et O. Keel (sous la direction de), *Sciences et médecine au Québec. Perspectives sociohistoriques, Québec,* Institut québécois de recherche sur la culture, 1987.

Fournier, R., *Lieux et monuments historiques des Trois-Rivières et des environs,* Trois-Rivières, Éditions du Bien public, 1978.

Frost, S. B., *McGill University for the Advancement of Learning, volume 1 (1801-1895),* Montréal-Toronto, McGill-Queen's University Press, 1980.

Fugère, A., «La stratégie matérialiste d'Henry Howard, médecin aliéniste québécois (1815-1887), *Santé mentale au Québec,* vol. III, n° 2, p. 27-45.

Gamelin, A., *Le Centre hospitalier Saint-Joseph de Trois-Rivières, Un siècle de dévouement 1886-1986,* Trois-Rivières, Comité des fêtes du centenaire du Centre Hospitalier Saint-Joseph de Trois-Rivières, 1987.

Gamelin, A., R. Hardy, J. Roy, N. Séguin, et G. Toupin, *Trois-Rivières illustrée,* Trois-Rivières, La Corporation des fêtes du 350e anniversaire de Trois-Rivières, 1984.

Gingras, Y., «La réception des rayons X au Québec: radiographie des pratiques scientifiques», *Sciences et médecine au Québec. Perspectives sociohistoriques,* Québec, Institut québécois de recherche sur la culture, 1987, p. 69-86.

Gordon, S. et T. Allan, *Docteur Bethune,* Montréal, Éditions l'Étincelle, 1973.

Goulet, D., *Le Commerce des maladies,* Québec, Institut québécois de recherche sur la culture, Collection Edmond de Nevers, 1987.

Goulet, D. et O. Keel, «L'introduction de la médecine pasteurienne au Québec», *Actes du XXXIe Congrès international d'histoire de la médecine,* Bologne, Monduzzi Editore, 1988, pp. 823-828.

«L'introduction du listérisme au Québec: entre les miasmes et les germes», *Actes du XXXIIe Congrès international de médecine,* Bruxelles, Fierens Éd. 1990.

«Santé publique, histoire des travailleurs et histoire hospitalière: sources et méthodologie», *Bulletin du regroupement des chercheurs-chercheures en histoire des travailleurs et travailleuses du Québec,* vol. 16, nos 2-3, 1990, p. 67-80.

Goulet, D. et G. Rousseau, «L'émergence de l'électrothérapie au Québec, 1890-1910», *Bulletin d'histoire de l'électricité,* Paris, juin 1987, p. 155-172.

Guay, M., «Les médecins dans un monde clérical: l'Hôtel-Dieu de Québec au XIXe siècle», *Bulletin canadien d'histoire de la médecine,* vol. 1, n° 2, 1984, p. 71-79.

Hamelin, J. et Y. Roby, *Histoire économique du Québec 1851-1896,* Montréal, Fides, 1971.

Hare, J., M. Lafrance et D.-T. Trudel, *Histoire de la ville de Québec 1608-1871,* Montréal, Boréal, 1987.

Heagerty, J. J., *Four Centuries of Medical History in Canada*, vol. 1, Toronto, The MacMillan Company of Canada Limited, 1928a.

Four Centuries of Medical History in Canada, vol. 2, Toronto, The MacMillan Company of Canada Limited, Toronto, 1928b.

Howell, W. B., *Medicine in Canada, Clio Medica Series*, Paul B. Hœber Inc., New York, 1933.

F. J. Shepherd — Surgeon, his Life and Times, Toronto-Vancouver, J. M. Dent and Sons Ltd., 1934.

Janson, G., «Inventaire des sources d'archives concernant la médecine sur l'Île de Montréal des débuts à 1900», *Archives*, vol. 12, n° 3, déc. 1980.

Keating, P. et O. Keel, «Autour du Journal de Médecine de Québec / Quebec Medical Journal (1826-1827)», *Problèmes cruciaux de l'histoire de la science, de la technologie et de la médecine au Canada*, Thornhill, HSTC Publications, 1983, p. 101-134.

Kett, J. F., «American and Canadian Institutions 1800-1870», *Medecine in Canadian Society, Historical Perspectives*, Montréal-Toronto, McGill-Queen's University Press, 1981, p. 189-205.

Kerr, C., «Notes sur les relations entre les hospitalières de Montréal et les Irlandais», *L'Hôtel-Dieu de Montréal 1642-1973*, Ville de LaSalle, HMH, 1973.

L'Association canadienne d'hygiène publique/The Canadian Public Health Association, *Norman Bethune, his Time and his Legacy, son époque et son message*, Ottawa, Éd. Fondation Bethune, 1982.

Laforce, H., *Histoire de la sage-femme dans la région de Québec*, Québec, Institut québécois de recherche sur la culture, 1985.

Lahaise, R., «L'Hôtel-Dieu du Vieux-Montréal (1642-1861)», dans *L'Hôtel-Dieu de Montréal 1642-1973*, Ville de LaSalle, HMH, 1973.

Guy Delahaye et la modernité littéraire, Ville de LaSalle, Hurtubise — HMH, 1987.

Le Québec 1830-1939, Ville de LaSalle, Hurtubise — HMH, 1990.

Lajeunesse, M., *Les Sulpiciens et la vie culturelle à Montréal au XIXe siècle*, Montréal, Fides, 1982.

Lapointe-Roy, H., *Charité bien ordonnée. Le premier réseau de lutte contre la pauvreté à Montréal au 19e siècle*, Montréal, Boréal, 1987.

Lavallée, A., «Les Religieuses hospitalières de Saint-Joseph et l'École de médecine et de chirurgie dans la querelle universitaire (1843-1891)», *L'Hôtel-Dieu de Montréal 1642-1973*, Ville de LaSalle, HMH — Hurtubise, 1973.

Québec contre Montréal. La querelle universitaire 1876-1891, Montréal, Les Presses de l'Université de Montréal, 1974.

Leblond, S., «Le Choléra à Québec en 1849», *Canada Medical Association Journal*, vol. 71, 1954, p. 292-296.

«Le docteur George Douglas [1804-1864]», *Le cahier des dix*, n° 34, 1969, p. 145-164.

«La Législation médicale à la période française» et «Le Docteur Jos. Painchaud et sa famille», *Trois siècles de médecine québécoise*, (en collaboration), Québec, La Société historique de Québec, 1970, p. 24-29 et 47-55.

Médecine et médecins d'autrefois, Québec, Les Presses de l'Université Laval, 1986.

Lemoine, R., «La santé publique: de l'inertie municipale à l'offensive hygiéniste», *La Ville de Québec, histoire municipale, tome IV, de la Confédération à la charte de 1929*, Québec, La Société historique de Québec, 1983, p. 153-180.

Le Priol, J. et J. Ruelland, «Montréal, l'eau et le feu», *Cahier de la Société historique de Montréal*, 1988, vol. 6, n° 1, p. 298-308.

Lessard, R., «De France à Nouvelle-France: la pratique médicale canadienne aux XVIIe et XVIIIe siècles», *Les dynamismes culturels en France et au Québec*, Annales de Bretagne et des pays de l'Ouest, tome 95, 1988, n° 4, p. 421-433.

Le Mal de la Baie Saint-Paul, Québec, CELAT, Université Laval, 1989a.

Se soigner autrefois aux XVIIe et XVIIIe siècles, Ottawa, Musée canadien des civilisations, 1989b.

Linteau, P.-A., R. Durocher et J.-C. Robert, *Histoire du Québec contemporain*, Montréal, Boréal Express, 1979.

MacDermot, H. E., *A History of The Montreal General Hospital*, Montréal, Montreal General Hospital, 1950.

One Hundred Years of Medicine in Canada, Toronto-Montréal, McClelland & Stewart Limited, 1967.

Meunier, P., *La Chirurgie à l'Hôtel-Dieu de Montréal au XIXe siècle*, Montréal, Les Presses de l'Université de Montréal, 1989.

Noël, G., «Les travaux publics», *La Ville de Québec, histoire municipale, tome IV, de la confédération à la charte de 1929*, Québec, La Société historique de Québec, 1983, p. 98-115.

Noppen, L., C. Paulette et M. Tremblay, *Québec, trois siècles d'architecture*, Montréal, Éditions Libre Expression, 1979.

O'Gallagher, M., *Grosse-Île, porte d'entrée du Canada 1832-1937*, Québec, Carraig Books, 1987.

Panneton, A., *La Vie médicale au Vieux-Trois-Rivières*, Trois-Rivières, Éditions du Bien public, 1965.

Paradis, A., «L'asile temporaire de Toronto (1841-1850) ou l'impossibilité provisoire de l'utopie asilaire», *Santé mentale au Québec*, vol. III, n° 1, juin 1978, p. 18-35.

«Un bilan de l'évolution de l'intérêt des médecins québécois pour les maladies infectieuses dans les périodiques médicaux (1826-1899), *Revue d'histoire de l'Amérique française*, vol. 43, n° 1, 1989, pp. 63-91.

Paradis, A. (sous la direction de), V. Dubé, A. Ferretti, A. Fugère et J. Lafrance, «Essais pour une préhistoire de la psychiatrie au Canada (1800-1885)», *Recherches et Théories*, n° 15, Département de philosophie, Université du Québec à Montréal et à Trois-Rivières, 1977.

Paradis A., A. Ferretti et J. Lafrance, «L'émergence de l'asile québécois au XIXe siècle», *Santé mentale au Québec*, vol. II, n° 2, 1977b, p. 1-44.

Pelletier, E., «Public Health in Quebec», dans R. D. Defries, *The Development of Public Health in Canada*, Canadian Public Health Association, 1940, p. 11-26.

Pépin, M., *Histoire et petites histoires des vétérinaires du Québec*, Montréal, Éditions François Lubrina, 1986.

Perrault, C., *Les Cent ans de l'Hôtel-Dieu d'Arthabaska*, Arthabaska, Éditions Pourquoi Pas, 1983.

Perron, N., *Un siècle de vie hospitalière au Québec*, Québec, Presses de l'Université du Québec, 1984.

Petitat, A., *Les Infirmières. De la vocation à la profession*, Montréal, Boréal, 1989.

Pierre-Deschênes, C., «Santé publique et organisation de la profession médicale au Québec 1870-1918», dans *Revue d'histoire de l'Amérique française* , vol. 1, n° 3, 1981, p. 355-375.

Rémillard, F. et B. Merrett, *L'Architecture de Montréal, Guide des styles et des bâtiments*, Éditions du Méridien, Montréal, 1990.

Roland, C. G. et P. Potter, *An Annotated Bibliography of Canadian Medical Periodicals 1826-1975*, Toronto, The Hannah Institute for the History of Medicine, 1979.

Rousseau, F., *La Croix et le scalpel. Histoire des Augustines et de l'Hôtel-Dieu de Québec*, Québec, Septentrion, 1989.

L'Œuvre de chaire en Nouvelle-France. Le régime des malades à l'Hôtel-Dieu de Québec, Québec, Les Presses de l'Université Laval, 1983.

Ruelland, J., *Figures de la philosophie québécoise à l'époque de la Révolution française*, vol. 1, «Pierre de Sales Laterrière», Montréal, Université du Québec à Montréal, 1989.

Rumilly, R., *Histoire de Montréal*, tome 3, Montréal, Fides, 1972.

Segall, H. N., *Pioneers of Cardiology in Canada (1820-1970)*, Willowdale, Hounslow Press, 1988.

Sclater Lewis, D., *The Royal College of Physicians and Surgeons of Canada*, Montréal, McGill University Press, 1962.

Royal Victoria Hospital 1887-1947, Montréal, McGill University Press, 1969.

Shields, H. J., «The History of Anaesthesia in Canada», *Canadian Anaesthetics' Society Journal*, vol. 2, n° 4, octobre 1955, p. 301-307.

Short, S. E. D., *Medicine in Canada Society*, Historical Perspectives, Montréal-Toronto, McGill-Queen's University Press, 1981, p. 1-19.

Stewart, R., *Bethune*, Montréal, Éditions du Jour, 1976.

Tanghe, R., *Montréal*, Montréal, Éditions Albert Lévesque, 1936.

Trudel, M., *Initiation à la Nouvelle-France*, Montréal, HRW, 1971.

Tunis, B., *In Caps and Gowns*, Montréal, McGill University Press, 1966.

«Medical Licensing in Lower Canada», *Medicine in Canada Society, Historical Perspectives*, Montréal-Toronto, McGill-Queen's University Press, 1981, p. 137-163.

«Public Vaccination in Lower Canada 1815-1823: Controversy and a Dilemma», *Historical Reflections*, vol 9, nos 1 et 2, 1982, p. 264-278.

«Inoculation for Smallpox in the Province of Quebec, a Re-appraisal», C. G., Roland, *Health, Disease and Medicine. Essays in Canadian History*, Toronto, The Hannah Institute for the History of Medicine, 1984, p. 171-193.

Vekeman Masson, J., *Grand-maman raconte la Grosse-Île*, Montmagny, Éditions La Liberté, 1985.

Wallot, H., «Perspectives sur l'histoire québécoise de la psychiatrie: le cas de l'asile de Québec», *Santé Mentale au Québec*, vol. IV, n° 1, 1979, p. 102-123.

Warrington, C. J. S. et R. V. V. Nicholls, *A History of Chemistry in Canada*, Toronto, Sir Isaac Pitman and Sons, 1949.

Weisz, G., «Origines géographiques et lieux de pratique des diplômés en médecine au Québec de 1834 à 1939», *Sciences et médecine au Québec. Perspectives sociohistoriques*, Québec, Institut québécois de recherche sur la culture, 1987, p. 129-161.

Wherrett, G. P., *The Miracle of the Empty Beds: a History of Tuberculosis in Canada*, Toronto, University of Toronto Press, 1977.

Index

Table des matières

Autres titres déjà parus dans la collection
«Études québécoises»

CENT ANS DE SOLIDARITÉ. HISTOIRE DU CONSEIL DU TRAVAIL DE MONTRÉAL 1886-1986 (FTQ), de Sylvie Murray et Élyse Tremblay

LA COMMUNAUTÉ PERDUE. PETITE HISTOIRE DES MILITANTISMES, de Jean-Marc Piotte

INTRODUCTION À L'HISTOIRE DES SPORTS AU QUÉBEC, de Donald Guay

MAURICE SÉGUIN, HISTORIEN DU PAYS QUÉBÉCOIS, VU PAR SES CONTEMPORAINS, suivi de LES NORMES, édition préparée par Robert Comeau

POUR UNE POLITIQUE. LE PROGRAMME DE LA RÉVOLUTION TRANQUILLE, de Georges-Émile Lapalme

ASSEMBLÉES PUBLIQUES, RÉSOLUTIONS ET DÉCLARATIONS DE 1837-1838, présentées par Jean-Paul Bernard et l'Union des écrivains québécois

HISTOIRE DE LA CLINIQUE DES CITOYENS DE SAINT-JACQUES, de Robert Boivin

LE RÊVE D'UNE GÉNÉRATION. LES COMMUNISTES CANADIENS, LES PROCÈS D'ESPIONNAGE ET LA GUERRE FROIDE, de Merrily Weisbord

ENTRE LES RÊVES ET L'HISTOIRE, entretiens avec Guy Rocher

UN NOUVEL ORDRE DES CHOSES. LA PAUVRETÉ, LE CRIME, L'ÉTAT AU QUÉBEC DE LA FIN DU XVIIIe SIÈCLE À 1840, de Jean-Marie Fecteau

LE DROIT DE SE TAIRE. LES COMMUNISTES AU QUÉBEC, DE LA PREMIÈRE GUERRE MONDIALE À LA RÉVOLUTION TRANQUILLE, sous la direction de Robert Comeau et Bernard Dionne

LA CONDITION D'ARTISTE: UNE INJUSTICE, de Jean-Guy Lacroix

JOURNAL TENU PENDANT LA COMMISSION D'ENQUÊTE SUR LE BILINGUISME ET LE BICULTURALISME, d'André Laurendeau

LA CRISE D'OCTOBRE ET LES MÉDIAS, de Bernard Dagenais

AUTOPSIE DU LAC MEECH. L'INDÉPENDANCE EST-ELLE INÉVITABLE? de Pierre Fournier
QUÉBEC: DIX ANS DE CRISE CONSTITUTIONNELLE, dossier constitué par Roch Denis
FLQ: UN PROJET RÉVOLUTIONNAIRE, sous la direction de Robert Comeau, Daniel Cooper et Pierre Vallières
OKA: DERNIER ALIBI DU CANADA ANGLAIS, de Robin Philpot
FEMMES ET POUVOIR DANS L'ÉGLISE, collectif sous la direction d'Anita Caron
LA VIE DE LOUIS RIEL, de Pierre Alfred Charlebois
ÉROS ET THANATOS SOUS L'ŒIL DES NOUVEAUX CLERCS, de Jean-Marc Larouche

À paraître dans la même collection

UNE RÉVOLUTION DANS L'IMPRIMERIE: L'AVÈNEMENT DE LA LINOTYPE. LE CAS DE MONTRÉAL, de Bernard Dansereau
MONTRÉAL, ESQUISSE DE GÉOGRAPHIE URBAINE, de Raoul Blanchard, réédition présentée par Gilles Sénécal
LE RÉFÉRENDUM CONFISQUÉ. HISTOIRE DU RÉFÉRENDUM QUÉBÉCOIS DU 20 MAI 1980, de Claude-V. Marsolais

La collection «Études québécoises» est dirigée par Robert Comeau

CET OUVRAGE
COMPOSÉ EN PALATINO 11 POINTS SUR 13
A ÉTÉ ACHEVÉ D'IMPRIMER
LE NEUF JANVIER MIL NEUF CENT QUATRE-VINGT-DOUZE
PAR LES TRAVAILLEURS ET TRAVAILLEUSES DES PRESSES
DE L'IMPRIMERIE GAGNÉ
À LOUISEVILLE
POUR LE COMPTE DE
VLB ÉDITEUR.

IMPRIMÉ AU QUÉBEC (CANADA)